陈广猛　主编
以色列研究经典译丛

以色列导论

Israel
An Introduction

［以］巴里·鲁宾　著　关媛　李兰兰　译

南京大学出版社

Israel: An Introduction
© 2012 by Barry Rubin
Originally published by Yale University Press

Simplified Chinese Edition Copyright © 2022 by NJUP
through Bardon-Chinese Media Agency

All rights reserved.

江苏省版权局著作权合同登记　图字：10-2020-427号

图书在版编目(CIP)数据

以色列导论 /（以）巴里·鲁宾著；关媛，李兰兰译. — 南京：南京大学出版社，2022.5
（以色列研究经典译丛 / 陈广猛主编）
ISBN 978-7-305-24950-1

Ⅰ. ①以… Ⅱ. ①巴… ②关… ③李… Ⅲ. ①以色列—研究 Ⅳ. ①D738.2

中国版本图书馆 CIP 数据核字(2021)第 172904 号

出版发行	南京大学出版社		
社　　址	南京市汉口路 22 号	邮　编	210093
出 版 人	金鑫荣		

丛 书 名　以色列研究经典译丛
丛书主编　陈广猛
书　　名　以色列导论
著　　者　[以]巴里·鲁宾
译　　者　关　媛　李兰兰
责任编辑　官欣欣

照　　排　南京南琳图文制作有限公司
印　　刷　南京爱德印刷有限公司
开　　本　635×965　1/16　印张 29　字数 380 千
版　　次　2022 年 5 月第 1 版　2022 年 5 月第 1 次印刷
ISBN 978-7-305-24950-1
定　　价　90.00 元

网址：http://www.njupco.com
官方微博：http://weibo.com/njupco
官方微信号：njupress
销售咨询热线：(025) 83594756

* 版权所有，侵权必究
* 凡购买南大版图书，如有印装质量问题，请与所购
　图书销售部门联系调换

总　序

近年来，国内掀起了一股"国别和区域"类图书出版的潮流，尤其是2013年"一带一路"倡议推出后，相关著作的需求快速增长，图书市场也呈现出一片繁荣的景象。但现有的"国别与区域"类书籍，在研究对象的分布上存在着明显的"冷热不均"：关于传统大国和地区如美国、俄罗斯、日本、欧洲等书籍较多，而中小国家如瑞士、肯尼亚、以色列等图书较少。同时，已有的"国别和区域"类图书，多是对相关国家和地区的简单介绍，缺乏较有深度的研究成果。虽然也出版了一些国外学者的学术译著，但较为零散，不成体系，难以构成对研究对象国和地区的全面深入了解。

"以色列研究经典译丛"聚焦当今世界最神秘的国家之一——以色列，通过译介有关该国最新、最权威的研究成果，包括以色列政治、经济、外交、军事、法律、语言、电影、音乐、教育、文化等各方面著作，以加强国内对以色列和中东地区的认知，提高该领域的研究水平。此类译著丛书的出版，目前在国内还是首创，也是中国的国别和区域研究发展到一定阶段的产物。虽然关于美国、俄罗斯、日本、欧盟等国家和地区的全方位译丛已有先例，但对于像以色列这样的规模不大、具有鲜明特色和战略重要性国家的系统性研究译丛尚不多见，这也是本套丛书的特色和亮点。

在译介对象的选择上，译丛的选择标准是最新、最权威。与历史研究和文学研究不同,国别和区域研究的时效性较强。一个国家和地区的形势,每隔几年就会有较大的变化,因而在译介对象的选择上,我们尽量选择目前这个领域最新的研究成果。但"新"不是唯一标准,同时还要讲求权威性,我们力求在全球范围内选择相关领域最具权威性学者的著作。如果两者不可兼得,我们也试图寻求一种平衡,争取做到,"凡我所选,皆为精品"。最终,第一批入选的著作有巴里·鲁宾的《以色列导论》（Barry Rubin, *Israel: An Introduction*）；格利高里·马勒尔的《以色列政府与政治》（Gregory S. Mahler, *Politics and Government in Israel*）；保罗·里夫林的《以色列经济：从建国到21世纪》（Paul Rivlin, *The Israeli Economy from the Foundation of the State through the 21st Century*）；伊曼纽尔·纳文的《以色列外交史》（Emmanuel Navon, *The Star and the Scepter: A Diplomatic History of Israel, Jewish Publication Society*）；耶胡达·沙洛姆的《以色列教育：多元文化社会中的创业精神》（Yehuda Bar Shalom, *Educating Israel: Educational Entrepreneurship in Israel's Multicultural Society*）；伯纳德·斯波斯基和艾拉娜·肖哈米的《以色列语言》（Bernard Spolsky & Elana Shohamy, *The Languages of Israel: Policy, Ideology and Practice*）；莫蒂·雷格夫和埃德温·塞罗西的《以色列流行音乐》（Motti Regev & Edwin Seroussi, *Popular Music and National Culture in Israel*）；伊兰·卡普兰的《以色列电影：历史与思想》（Eran Kaplan, *Projecting the Nation: History and Ideology on the Israeli Screen*）；纳拉·阿布多的《以色列女性》（Nahla Abdo, *Women in Israel: Race, Gender and Citizenship*）等研究力作。

译事难哉。高水平的译著,除了对于翻译对象的高标准选择之外,对于译者的选择,也是决定最终译作水准的关键因素。幸运的是,译丛的译者多来自四川外国语大学以色列研究科研创新团队。由于外语院校本身的特点，我们的译者多数是英语专业出身，具有较高的语言能力。同时，由于团队长期从事以色列相关的研究活动，成员多具有去以色列或中东国家访学调研的经历。我们力图在专业水平、英语水平之间寻找到一个最佳的结合点，为每本著作找到最合适的译者。

这里还要特别提及译丛的策划者和组织者——教育部国别与区域研究（备案）四川外国语大学以色列研究中心。川外以色列研究中心成立于2011年6月，是国内大学中首家从事"以色列研究"的专门机构，宗旨是整合校内外各种资源和力量，积极开展对以色列政治、经济、社会等问题的深入研究，争取以有特色的科研成果为社会服务，发展成为西南地区乃至全国知名的高校智库。自成立以来，中心在学术研究和对外交流方面发展迅速，2017年5月，中心获批成为教育部国别与区域研究备案中心。"以色列研究经典译丛"正是中心的标志性成果之一。

感谢南京大学出版社有这样的眼光和魄力，愿意支持对以色列这样一个小国研究成果的全方位译介。2022年，是中国和以色列建交30周年，希望译丛的出版，能够为中以两国的文化交流做出些微的贡献。

陈广猛
2021年12月20日于重庆

前　言

编写本书的目的非常简单：为学生和普通读者介绍以色列的概况。如果深入阐述，本书可以拓展引用大量的素材，所以必须加以选择。本书的主要目的是提供超越历史和政治范畴的全面概述。另外，关于以色列文化的英文材料十分有限，希望本书能填补这方面的空白。

关于以色列有很多争议。然而，这些争议往往是人为制造的谬论，是对历史的改写，并没有证据可以证实。我们力求在每一点上尽可能做到平衡和准确。

本书只是一个起点，而非终点。希望感兴趣的读者能够拓展阅读其他材料，以便更全面地了解以色列。如果本书未能提及某事件，或提及某事件的篇幅太多或太少，这是因为本书涉及话题较广；虽然以色列本身只是个小国。

本书也无关中东、巴勒斯坦人、阿以冲突或和平进程的历史。已经有很多此类著作，但缺少的是对以色列基本概况进行全面介绍的书籍。

本书是国际事务全球研究中心（Global Research in International Affairs，GLORIA）的一个项目，GLORIA 中心隶属以色列荷兹利亚跨学科研究中心（Interdisciplinary Center，IDC），主要关注中东问题以及世界其他地区与中东的关系，定期发布《中东国际事务评论》（*The Middle East Review of International Affairs*，简称 *MERIA Journal*），还出版了大量

的书籍,发表了很多学术研究论文,中心网址:http://www.gloria-center.org。

感谢 GLORIA 中心的工作人员和为本书各章做出贡献,及为文稿提出修改建议的众多同事。特别感谢叶鲁·阿哈罗尼(Yeru Aharoni)和安娜·梅尔曼(Anna Melman)所做的编辑工作,有时他们还要负责耗时费力的草稿撰写工作。我也尽我所能将所收集的材料编写成一本全面且准确介绍以色列的导论性书籍。

我本人负责总体编写和最终文本的审定工作,参与写作各章节基本文本的编者如下:《了解以色列》—巴里·鲁宾,《历史》—乔纳森·斯特尔(Jonathan Spyer),《土地与人民》—坦雅·斯卡拉(Tanya Sklar)和利·利布林(Leigh Libling),《社会》与《政府和政治》—安娜·梅尔曼(Anna Melman),《经济》—大卫·罗森伯格(David Rosenberg),《舞蹈、文学、诗歌和美食》—克伦·里博(Keren Ribo),《剧院》—吉尔·扎尔比夫(Gil Zarbiv),《电影》—什穆勒·杜夫德瓦尼(Shmule Duvdevani),《艺术》—尼西姆·加尔(Nissim Gal);《媒体》—艾坦·吉尔博亚(Eytan Gilboa),《体育》—以色列·罗森布拉特(Israel Rosenblatt)。另外,加里·纳坦(Gary Natan)准备了索引。

我们所有编者在此感谢布兰登·温斯托克(Brandon Weinstock)和拉娜·奥舍(Lana Osher)为本书提供的协助研究。最后,我还要指出,许多在此没有一一列出的人作为读者也做出了贡献,并提供了建议,在此一并感谢他们的协助以及补充、更正。特别感谢丹尼尔·巴赫曼(Daniel Bachman)、霍华德·瓦赫特尔(Howard Wachtel)、拉里·科恩(Larry Kohn)、博阿斯·加诺(Boaz Ganor)、朱迪思·科尔普·鲁宾(Judith Colp Rubin)、加布里埃拉·鲁宾(Gabriella Rubin)和丹尼尔·鲁宾(Daniel Rubin)。

目 录

前言 ··· 1
第一章 了解以色列 ································· 1
第二章 历史 ··· 21
第三章 土地和人民 ································· 100
第四章 社会 ··· 145
第五章 政府和政治 ································· 244
第六章 经济 ··· 304
第七章 文化 ··· 349
以色列大事年表 ···································· 428
术语表 ··· 435
索引 ·· 448

第一章　了解以色列

自1948年现代以色列建国以来，人们对它的研究通常聚焦于战争、阿以冲突和外交谈判，但这是有误导性的。以色列确实参与过多次战争，它遭受的恐怖袭击比世界上其他任何国家都要多，几十年来它也一直在努力缔造和平。虽然这些冲突和谈判经常占据新闻头条，但它们只是以色列生活的一小部分。本书讨论了一个更大也更重要的问题：现实中的以色列及以色列人的生活到底是什么样的？

对于这个问题，简单的答案就是：现代以色列已经建立了一个全面的政治、经济、社会和文化体系（尽管不完美也不完善）。以色列是一个正常的国家，但同时又具有许多与众不同的特性。

尽管现代以色列是从世界上最古老的社会和文化中发展而来，但这些古代文化遗产并没有让它的建国之路更加平坦。相反，宗教和世俗主义、多语种、经济发展不均衡以及公民的不同历史经历等因素都使这个国家的建设过程异常复杂和艰难。再加上自然资源匮乏、四周环绕敌对邻国，以色列相对成功的故事由此更加引人注目。

定义现代以色列

犹太人"只是"一个宗教团体概念，最早始于法国大革命，但直到19世纪中期才在西欧产生影响。但这种概念从未在东欧或中东犹太人社区中出现过。在西欧，同情犹太人的非犹太人以及想要被主流文化同化的犹太人，都试图把犹太人描绘成和其他所有公民一样的人。因此，在那个时候，不把犹太人视为拥有自己的文化、语言和身份的独立民族，是一种获得平等和减少反犹主义的策略，而不是他们实际历史和自我形象的反映。

但这种做法与历史不符，也与犹太人的自我认知相矛盾。从圣经时代直到1900多年前罗马人摧毁古以色列国，犹太人就是一个民族，可以说是历史上第一个民族。在此后的18个世纪中，犹太人形成拥有自己的非国家的管理机构、语言、习俗、思想，甚至服装和艺术的民族。像"希伯来人"和"以色列人"这样的词，一直到近代都比"犹太人"使用更普遍，这反映了一种超越宗教本身的民族认同和意识。

宗教是犹太人身份的一个标志，而犹太人的身份本质上是民族性的。与此同时，这两者之间并不矛盾。从古至今，甚至在当今的许多地方，独特的宗教一直是民族国家的主要特征之一。当代中东尤其如此，以色列在这方面只是更具有代表性，并非独树一帜。

纵观历史，犹太人具有特别强烈的民族认同感，这表现在拒绝接受统治过他们的罗马人、基督徒和穆斯林的神和宗教习俗。在很多情况下，人们接受了统治者或邻邦的宗教、语言和身份，从历史中消失。事实证明，犹太人持久的宗教民族认同感比其他任何群体都要强烈。

犹太人得以幸存既不是因为犹太民族的韧性，也不是因为他们对压迫的反抗。相反，尽管他们失去了对特定领土的控制，不能在这片土地上生活，但他们的行为更像一个现代国家。事实上，历代外来统治者均对犹太人发布过宗教禁令，要求犹太人淡化他们的习俗或融合其他民族的习俗，正因如此，犹太人顽强反抗希腊人并成功重建犹太国家。而反抗罗马人的战争以惨败告终，最终导致犹太国毁灭，犹太人也被逐出以色列地而流散到世界各地。

在犹太人生活中心从以色列转移到世界各地流散的犹太社区，远离中东故土，即使遭受歧视甚至屠杀，他们都一直尽可能像一个国家一样去运作。数个世纪以来，在犹太拉比的领导下，犹太人保持了他们自己的社区政府、法律、日历、语言和哲学观，这一切在犹太教经文、食物、习俗和服饰中都有所体现。

而这些现象并不仅存于个别社区，自漫长的中世纪到现代，即使各犹太社区之间相距遥远，生活条件截然不同，犹太人之间都能保持跨国联系。事实上，这也是犹太人能够成功进行远程贸易、保持相对（尽管不是完全）一致的习俗和统一语言的原因。

所有犹太人，即使住在最闭塞小村庄里、受教育程度最低的人和最穷的人，都知道他们来自《圣经》所记载的以色列地；许多人还和生活在那里的少数犹太人保持着联系，他们相信，随着弥赛亚的到来，他们注定会回到以色列。

在自觉意识和当代民族主义精神引领下，犹太复国主义更新了这些观念的定义。它提供了"犹太人问题"的答案，即犹太人，包括那些生活不再受宗教仪式约束的犹太人，应该如何应对现代世界的挑战和机遇。答案既不是同化，也不是用宗教来解决问题，而是建立国家，即在古老的故土上建立一个犹太国家。犹太复国主义者还认为，用人为行动代替宗教上的被动等待，既能保护犹太人的生命，又能促进犹太教的繁荣。

在生活着绝大多数欧洲犹太人的东欧，犹太人的民族生活贯穿整个十九世纪，很多地方还延续到二十世纪。大多数欧洲犹太人讲源于希伯来语和德语的意第绪语。他们每天都会去犹太教堂做礼拜。以色列地是犹太教信仰的中心，他们形成了一个完全独立于周围邻居的社区。直到后来遭到纳粹及其盟国的屠杀，以及共产主义的同化，这种生活方式才被迫结束。

中东的情况大致相同。犹太人几乎完全生活在独立的社区，遵守宗教律法，穿具有犹太特色的服饰，从事独特的职业，说着相当于意第绪语的阿拉伯-希伯来语或西班牙-希伯来语（拉迪诺语）的独特语言。

考虑到这样的历史，犹太人一直是"局外人"（不愿融入居住地的集体社会）的观念也是相对近代的认知。对于住在信奉基督教的欧洲和穆斯林占多数的中东地区的犹太人来说，从来没有（或者只有最近才有）任何完全融合的概念。尽管如此，绝大多数犹太人并不只从消极的角度看待自己的身份，而是将自己视为"局内人"，是具有凝聚力的犹太社区的一分子，无论身在何处或经济地位如何，都能够与其他犹太人拥有共同的世界观。

因此，现代以色列建国并不是出于随意或偶然，它也并不仅仅是大屠杀的结果。相反，它是漫长历史过程的发展延续。国家的建立并非不可避免，也并非所有犹太人都支持以色列建国。以色列建国和其他国家建国一样符合逻辑，它也是由拥有共同世界观、历史背景和想要共享命运的人民创建的。

然而，如果没有有组织的运动，仅仅存在于犹太社会、宗教和世界观中的原始犹太复国主义观念将毫无意义。19世纪中叶的思想先驱摩西·赫斯（Moses Hess）、利昂·平斯克（Leon Pinsker）等人提出了建立犹太国家的基本设想，但直到19世纪90年代，西奥多·赫茨尔（Theodor Herzl）才将这一想法变为现实的复国主义运动。

运动要求移居到以色列地。19世纪80年代，俄国的年轻犹太人开始率先实施这一行动，随后他们得到了犹太复国主义运动的支持。

到以色列地定居的犹太人加入当地已有的传统犹太教社区，形成伊休夫（Yishuv，希伯来语，意为"定居"）。伊休夫是19世纪80年代到1948年以色列独立建国期间以色列地的犹太人社区，它为后来建国奠定了基础。如果说犹太传统和历史是塑造现代以色列的首层因素，那么伊休夫在塑造现代以色列中的作用则位居其二。

伊休夫时代创造的文化和政治经济结构成为以色列国家和社会的基本属性。建国前这段时间最著名的行动包括：复兴希伯来语、成立自卫组织、建立具有社会主义性质的工业经济基础、发展综合社会服务体系、融合主要源于东欧的文化、创建基布兹(kibbutz，集体农庄)和莫夏夫(moshav，合作社)、建立一个以宗教为主的世俗国家。从建国前的其他众多因素来看，伊休夫年代对以色列建国的影响极为深远。

例如，考虑到宗教的作用，说以色列是犹太国家绝不仅仅是宗教身份宣言，而主要是民族身份宣言。伊休夫时期的绝大多数领导人，以及后来的以色列领导人都并非宗教人士，但他们都认识到宗教信仰对团结犹太人的重要性，尊重少数人的信仰，同时也确保宗教信仰在社会和民族文化中不享有太大的影响力。

因此，伊休夫和国家早期的领导层与当时正统派拉比领导层达成协议，允许宗教在社会的某些领域中占主导作用。比如遵守犹太饮食教规，商店通常在安息日关门(这种做法随着时间的推移已经逐渐消失)，遵守犹太宗教节日习俗，结婚、离婚和丧葬归拉比法院管理，全日制的授业座(yeshiva，犹太神学院)学生可以延期服兵役等。协议体现在维持现状的原则中，即双方接受世俗和宗教之间现有的权力平衡，并维持这种平衡。

然而，以色列在很大程度上是一个世俗社会，把源于宗教的观念、习俗和历史纳入世俗国家框架中。从某种意义上说，以基督教为基础的西方文明也经历过类似的过程。

在建国后头三四十年中，以色列犹太人一直把自己分为宗教和世俗两个群体。然而，到了20世纪90年代，人们意识到以色列存在着程度极为广泛的认知，人们宗教信仰的虔诚程度也不同。随着社会越来越世俗化，宗教意识也越来越淡薄，很多"传统"犹太人开始涌现，他们保留了一些传统习俗，但却过着世俗生活。这种生活方式在米兹拉希犹太人(Mizrahi Jews，来自中东和北非的犹太人)中非常普遍。

宗教政党自现代犹太复国主义诞生以来就一直存在。然而,这些政党并不试图改变国家。相反,他们是为自己群体提供工作和资金的利益集团,他们的目标不是寻求改变,而是维持现状。因此,尽管宗教与世俗的冲突和矛盾有时非常激烈,但随着时间的推移已经逐步在淡化。

对宗教的讨论是以色列根据历史经验、具体条件和建国要求制定的原创性解决方案的一个例子,不过外界对此常常产生误解。以色列也采用同样的方法来解决社会和政治等其他矛盾。

尽管存在多重挑战,也不实行地域选举制,如今的以色列已经形成适合不同群体和观点的多元化民主制度。最高法院权重增加和以色列的选举制度一直饱受争议。因为缺乏单一席位选区,且有许多小党派的存在,人们感觉政府并不稳定(事实并非如此)。事实上,在32年的时间里,以色列只有七位总理,两位总理因病离职,一位总理被暗杀,七位总理并不多。

以色列的经济体制建立之初缺乏金融资本和现代化机构,在不发达的条件下逐渐得以完善。最初由海外犹太资本支持的上市公司和企业为经济发展和就业提供了机会。在建国头几十年,以色列总工会和它的许多联营公司、合作企业在以色列经济中占主导地位。

但到20世纪90年代,以色列逐渐摆脱了这种社会主义模式的中央集权制,顺利向大规模私有化过渡。尽管缺乏自然资源与邻国之间的贸易,以及巨大的国内市场等关键因素,但它依靠计算机、农业、医疗和科学技术优势发展经济。通常作为其他国家政治主题的阶级和经济问题并不是以色列政治的核心问题。2011年,一场针对不断扩大的贫富差距和物价的上涨(尤其是住房价格)的抗议运动发展成大规模示威活动,但迄今为止几乎没有影响到政治选举。

以色列面对的另一个重大挑战是建立武装部队和国家安全机构，应对威胁民族存亡的敌对势力，这在当今世界200个国家中绝无仅有。这个任务要由过去2000年几乎没有任何军事经验的民族来完成。在伊休夫时期，形成了四支地下武装力量，其中两支反对伊休夫的领导，但在以色列赢得独立后，这些武装力量成功并入国家武装部队，形成了一个由平民主导的军事机构，并自此逐渐发展壮大。

建立一支能够反映本国民主方针，有效运作并把对社会经济生活的影响降到最低，同时保护以色列应对各种不利因素的军队是一项非常艰巨的任务。为此以色列建立了义务兵役制和可以快速动员后备役的独特军事体系。此外，以色列必须发展先进技术来抗衡敌人在数量上的优势，并制定相应战略，应对边界上可能出现的各种威胁。

这一军事体系取得了巨大的成功，考虑到以色列的具体情况，它必须成功，因为只一次重大失败就可能导致以色列灭国，以色列人民可能会遭到屠杀或驱逐。尽管军事问题和军事机构在以色列受到高度重视，但以色列并不是一个高度军事化的社会。

在以色列建国的头四十年中，它所有直接接壤的邻国，包括埃及、叙利亚和约旦，以及非直接接壤的邻国沙特阿拉伯和伊拉克的常规军对以色列都构成了直接威胁，阿拉伯世界给这些军队提供资金，苏联提供武器。但1979年和1994年，分别与埃及和约旦签署和平条约后，以色列消除了三支相邻阿拉伯军队中的两支军事威胁。后来随着第三支——叙利亚军队的退出，在以色列边境爆发常规战争的可能性近于零。随着苏联解体，伊拉克聚焦国内，阿拉伯国家更多关注伊朗和伊斯兰革命，以色列在这方面受到的威胁进一步减小。

然而，到了2011年，情况又发生了变化：哈马斯和真主党在以色列边境不断发射火箭弹，埃及2011年爆发的革命差点导致和平条约失效,巴以之间没有达成和平协议,还有不断爆发的伊斯兰革命等情况表明以色列的安全问题远未结束。毫无疑问,与世界上其他国家相比,以色列仍然面对很大的威胁。但最终以色列有效缓解了这些持续了几十年的冲突。

尽管危机四伏,以色列国民士气依然高涨。在每年的民意调查中,绝大多人对自己的生活满意并对未来抱有希望。近80%的以色列人表示,他们愿意为自己的国家而战,而在美国和英国,这一比例分别为60%和40%。有人悲观预测,年轻一代的以色列人比较自私,享乐主义盛行,但数据显示,准备志愿加入战斗的年轻人比例完全超出预期。

以色列发展的另一个因素是来自不同国家和文化的犹太移民成功融入了这个社会。1948年以色列独立前后,第一批欧洲移民到达以色列,随后来自中东和苏联的移民也先后抵达,也有少数来自埃塞俄比亚的移民。大多数移民作为难民抵达以色列,一无所有,而他们在原来生活的国家生活环境恶劣,还惨遭迫害,都遭受了剧烈的身心创伤。

尽管在独立后经济压力巨大,不得不实行定量配给制,但总的来说,以色列对这些移民一视同仁。然而,后来人们又抱怨吸收移民的政策是强制性的和歧视性的,是按照欧洲路线改造米兹拉希移民。20世纪80年代,这个问题成为一个热门的政治和文化问题。随着下一代人的出生,通过通婚,新出生的一代人更加融合,这种问题已经基本消失。

阿拉伯人约占以色列人口的20%,主要是穆斯林,也有少数基督徒和德鲁兹人。尽管以色列在阿拉伯少数民族方面有一些不足之处,也存在2003年奥尔委员会报告(Or Commission Report)中记录的问题,但令人惊讶的是摩擦很少发生。虽存在持续的军事冲突和恐怖主义威胁,但阿拉伯人少数族裔的权利几乎没有受到限制。

以色列定义为犹太国家,但它更像一个传统上多元的中东国家,拥有国家宗教和部分自治的少数民族,而不像二十世纪实行单一民族主义、在强迫同化过程中压制所有少数民族的欧洲国家。每个宗教团体都对本团体享有自治权,并保持文化、宗教和一定程度上的司法自治。

兼容并蓄、多元开放的宗教政策体现在以色列五个派别的划分上:国家(世俗)派、国家宗教派(*Datim* 达提,或现代正统派)、哈瑞迪派(*Haredi*,传统正统派)、阿拉伯语派(针对说阿拉伯语的人)和沙斯派(沙斯党支持者,主要是贫穷的米兹拉希犹太人)。

以色列从应对独立前后诸多挑战中发展壮大,其政治、世界观、经济和文化融合了许多不同元素:早期主要受传统犹太社会的影响,以及伊休夫对东欧、西欧和中东文化的创新和借鉴;随着时间的推移,增加了更多的中东、北美、地中海和现代俄罗斯文化元素,以及自治的阿拉伯文化元素。种族、语言、宗教和文化等各方面互相交叉融合,同时以色列还存在不同的政治意识形态和社会等级。

政治、政治文化和外部冲突

像许多国家一样,以色列在形成制度化秩序之前经历了一个英雄主义阶段。然而,与其他国家不同的是,在整个民族发展过程中,以色列的生存之战从没中断过。任何关于以色列的书籍都不可避免地用相当大的篇幅描述以色列与邻国之间不断的冲突及影响。但实际上,战争和冲突只是以色列面临的众多问题之一,而且它的影响力和重要性可能没有外界想象的那么大。

然而,要理解以色列,必须认识到生存威胁依然是以色列需要面对的重要问题。二战中欧洲的犹太人惨遭种族清洗,居住在伊斯兰世界的几乎所有犹太人流离失所,被剥夺生命和财富,以色列人永远不会忘记这些惨痛记忆。以色列在1967年与埃及、约旦和叙利亚的战争中取得的胜利意义非凡,因为战前以色列的处境非常严峻,如果战争失败,以色列和以色列人注定将遭受厄运。

从20世纪30年代到1977年,即建国前和独立时期,以色列一直由工党执政,工党成立了总工会。工党在建国、推动经济发展和塑造国家社会性质方面起了决定性作用,影响巨大。尽管1973年"赎罪日战争"中以色列最终击败埃及和叙利亚发动的攻击取得胜利,但由于在战争初期准备不足,工党29年的统治落下帷幕。保守党利库德党获得多数米兹拉希的支持也是工党下台的重要原因。米兹拉希对根深蒂固的腐败日益不满,他们选举出有东欧背景的梅纳赫姆·贝京(Menahem Begin)为总理。

对于文化、政治和军事机构内的大部分工党精英来说,工党选举的失败无异于一场地震。尽管政治上过渡顺利,但人们对这次选举充满了愤怒和不满。然而以色列并没有实行明确的两党制,自1977年以来,意识形态辩论急剧减少,取而代之的是一个尊重问题和个性的社会。

回顾过去,1977年的政治转变和随后发生的事件标志着以色列建国初期英雄时代的结束,以色列向一个更典型、更成熟的社会过渡。由于以色列已经正常化和制度化,建国前偏向社会主义、集体主义的概念和制度已不再满足社会发展需求,集体主义、理想主义让位于西方社会典型的个人主义、物质主义。与此同时,尽管人口存在多样性,有阿什肯纳兹(Ashkenazic)—米兹拉希(分别指来自欧洲、中东和北非的犹太人)、宗教与世俗、犹太与阿拉伯的区别,但人民更加融合。

社会发展伴随着持续不断的阿以冲突(但两者相对而言并无关联),如何应对这些冲突一直是1967年至1993年重要且抽象的争论焦点。在1967年的战争中,以色列从埃及手中夺取了西奈半岛和加沙地带，从约旦手中夺取了约旦河西岸和东耶路撒冷，从叙利亚手中夺取了戈兰高地。

以色列左翼政党认为，阿拉伯国家和巴勒斯坦人（虽然不一定是巴勒斯坦解放组织）会和以色列进行认真的谈判，如果真的进行谈判，以色列应该用1967年占领的大部分领土换取和平。右翼人士则认为永远不会有真正的和平，因此以色列应该把这些领土视为固有领土，并支持犹太人在那里定居。尽管包括许多左翼人士在内的绝大多数人支持将东耶路撒冷和戈兰高地并入以色列，但全国人民达成的基本共识是反对吞并西岸、加沙地带和西奈半岛。

无论对犹太人在被占领土上定居持何种观点，左右两党都未真正阻止过此事。毕竟，如果真的达成和平协议，这些定居点可能会被拆除；巴解组织（PLO）仍然领导着巴勒斯坦，该组织拒绝承认以色列。只要巴以之间没有达成和平协议，定居点政策和其他艰难的决定就可能被搁置。

尽管存在诸多争论，但以色列政府充分利用了任何可能出现的和平时机。第一次和平机会是埃及总统安瓦尔·萨达特（Anwar al-Sadat）出于本国利益需要，提出结束与以色列的冲突。1978年，时任以色列总理的梅纳赫姆·贝京在戴维营会议上对此做出积极回应，将西奈半岛归还埃及，并同意拆除那里的犹太人定居点，以换取和平条约。以色列右翼政党全国阵营领导人在这一事件中表现出务实性和灵活性。

以色列的内部争议一直持续到1993年签订《奥斯陆协议》之时。《奥斯陆协议》是冒险的尝试，目的是尝试能否实现和平。以色列将约旦河西岸和加沙地带的大部分地区交给巴解组织，数千名巴勒斯坦人包括曾对以色列平民发动过战争的巴解组织领导人进入了这些地区。巴解组织为管理该领土而创建的巴勒斯坦民族权力机构（PA）获得国际合法地位，并获得了数十亿美元的援助、数千件武器。作为回报，它承诺制止恐怖主义，停止煽动针对以色列的暴力行动,同时为和平和结束冲突做准备。

为了实现和平,以色列愿意做出巨大让步,归还几乎所有占领领土,并承认巴勒斯坦国家地位,但这些真的会带来和平吗?还是阿以冲突的根源在于巴勒斯坦、叙利亚和其他阿拉伯领导人拒绝接受以色列的存在呢?

以色列在1993年到2000年进行了长达7年的和谈,国内争论的焦点发生了变化。以色列左翼政党认为,如果巴解组织、巴勒斯坦当局和法塔赫领导人亚西尔·阿拉法特(Yasir Arafat)提出建立一个包括约旦河西岸和加沙地带的独立巴勒斯坦国,通过谈判达成和平协议并遵守这一协议,那么当务之急是结束战争,维护和平,建立工党领袖西蒙·佩雷斯(Shimon Peres)所称的共享繁荣的"新中东"。

而右翼政党则普遍认为为达成和平协议而做出让步是行不通的,而且让步可能会导致暴力程度和敌对势力的增加。如果双方无法达成协议,和平进程失败,以色列的安全局势将比以前更严峻。即使双方达成协议,巴勒斯坦国也将会被用作毁灭以色列的第二轮冲突基地。

20世纪90年代,这场辩论日趋激烈,1995年11月总理伊扎克·拉宾(Yitzhak Rabin)的遇刺使这种辩论更加激烈。巴勒斯坦当局并未全面制止恐怖袭击,继续煽动反以色列行动,也未能让巴勒斯坦人为真正的和平做好准备,它坚持要求占领以色列的所有领土。尽管如此,所有人都敦促各方保持克制,等候最后一轮的谈判结果。

2000年,发生了四起事件。美国主导举办了戴维营会议,阿拉法特在会上拒绝了未来会谈的框架协议,巴勒斯坦人决定恢复全面暴力。接下来,巴勒斯坦当局拒绝了克林顿(Bill Clinton)总统的和平计划,叙利亚政府也拒绝收回被占领的戈兰高地以换取全面和平协议的提议。

尽管以色列同意交出东耶路撒冷和1967年占领的全部领

土,并提供200多亿美元的赔偿,但巴勒斯坦领导层还是拒绝了,甚至以此作为进一步谈判的筹码。同样,以色列同意将戈兰高地交给叙利亚并恢复到1923年国际公认的边界,但叙利亚坚持要收回它在1948年之后非法占领的土地。这些土地为叙利亚提供了通往加利利海(希伯来语称为Kinneret,基尼烈湖)和其他战略领土的通道,这些领土对叙利亚来说唯一的价值就是干扰以色列的供水或发动对以色列的进攻,而以色列拒绝归还额外的领土。

到2001年,所有这些事件让大多数以色列人认识到,让步换不来和平,和平绝非易事。和平问题的关键是以色列的存在,而不是协议细节。随后的选举结果,特别是2001年和2003年的选举结果表明以色列人和平希望(或在许多人现在看来是幻想)的破灭。大多数人不再相信冒险让步会带来和平。这是以色列政治观念上的一次转变,其重要性不亚于1977年的"地震",甚至更甚。

以色列从20世纪90年代和平进程中吸取的另一个教训是西方国家并不会信守承诺。美国和欧洲敦促以色列做出让步并为之承担风险,坚称这些让步是必要之举,以证明以色列想要和平。如果和平提议失败,西方国家告诉以色列他们会加强对以色列的支持,因为他们明白以色列别无选择,只能自卫,不可能做出进一步的让步。

事实上,情况恰恰相反。尽管以色列从黎巴嫩南部和加沙地带撤出,与巴勒斯坦当局合作,并提出了前所未有的和平提议(包括放弃戈兰高地和加沙地带、东耶路撒冷大部分地区和西岸几乎所有地区,并接受独立的巴勒斯坦国),但和平协议并未达成。和平进程失败后,西方对以色列的批评日益增多,支持减少。事实上,这时候西方要求毁灭以色列的声音比以往任何时候都多。

在吸取20世纪90年代的经验教训,以及面对随后五年巴勒斯坦针对以色列的暴力和恐怖主义后,以色列形成了一种新的共识。左翼和右翼人士转向政治中间派,重塑以色列的政治框架。以色列对阿拉伯人(或至少是巴勒斯坦人和叙利亚人)的和平意向持怀疑态度,不再相信西方社会。以色列采取了一种新的模式:他们一边采纳左翼阵营的观点,即准备从1967年被占领土撤军并同意承认巴勒斯坦建国;另一边又吸收右翼阵营观点,也就是巴勒斯坦的任何人都不是真正的和平伙伴。

左翼和右翼政党都接受了这种新概念。他们一致认为,和平还没有到来;以色列正处于漫长的过渡时期,有必要与巴勒斯坦民族权力机构合作,限制煽动恐怖主义的行为,并确保巴勒斯坦民族权力机构不会崩溃而造成混乱(特别是在哈马斯控制加沙地带之后),但对和平绝不抱有幻想或期望。

从那时起,以色列人开始支持历届政府,赞成放弃加沙地带、西岸大部分地区和东耶路撒冷大部分地区,以换取全面而持久的和平。与此同时,历届政府都要求在达成此类协议之前,巴勒斯坦民族权力机构必须提供令人信服的证据,证明自己准备做出让步。

包括利库德集团和工党在内的联合政府于2009年提出的和平计划要求承认以色列为犹太国家,在新的巴勒斯坦国重新安置巴勒斯坦难民,限制其军事力量,为以色列提供安全保障,并坚持任何和平协议必须包括永久结束巴以冲突。

虽然以色列愿意实现和平,但其领导人和人民并没有接受迅速达成和平协议重比所涉及的风险或条件更重要的观念。这是事实,因为冲突本身已进入一个新阶段。阿拉伯民族主义政权和运动并不是以色列的主要敌人,以色列受到宗教极端主义者的极大威胁。伊斯兰革命势力(包括真主党和哈马斯)以及伊朗和叙利亚政府都致力于摧毁以色列,拒绝接受任何形式的和平。

以色列人基本上把2011年阿拉伯世界的政治动荡解读为

革命伊斯兰主义的进步,在西方通常被誉为"民主运动"。以色列认为,如果极端主义在中东盛行,做出让步将带来更大的危险,因为这将给以色列的劲敌带来更多战略资产。

在中东之外,尽管以色列面临西方媒体和学术界的质疑,但以色列与几乎所有的西方民主国家都保持良好的关系,与俄罗斯、中国、印度以及许多第三世界国家的关系比过去几十年也要好很多。

国内安全局势也有所好转。以色列平息了2000—2005年巴勒斯坦针对以色列的暴动,挫败了哈马斯和真主党的跨境袭击,与前几年相比,恐怖主义活动已经大大减少。虽然以色列仍面临外部威胁,但以色列人已经适应了这种情况。这一点在2000—2005年间得到例证,当时针对以色列平民的恐怖袭击并没有摧毁以色列人的士气。

在黎巴嫩和加沙地带发动大规模火箭弹袭击的可能性仍然存在,伊朗可能拥有的核武器也对以色列构成新的威胁,但鉴于以色列人的经历和期望,以色列还是比较安全的。虽然阿以冲突仍在持续,但以色列在很大程度上已成功为其公民提供了个人和集体的安全环境。对比西方国家的犯罪统计数据,总体上以色列人面临的危险比大多数欧美城市的居民还要少。

国家建设面临的挑战

以色列建国后既要确保战略生存,又要建立一个具有工业经济基础、士气高涨的民主国家;当富裕、人口稠密的邻国想要消灭它时,还需要维持国内和平。即使没有以上提到的种种问题,以色列的发展也困难重重。

首先,除了东部边境的高质量磷酸盐外,以色列缺乏用于制造业的自然资源。它几乎没有石油,只有天然气,还面临周期性缺水问题。此外,这个新国家缺乏基础设施,一,没有良好的道路网络,全国只有一个很短的铁路系统;二,和邻国也没有交通联络,因为边界已经封锁;三,甚至没有国家供水系统。

其次,来到以色列的犹太人缺乏建设国家或现代经济的知识或经验。大多数移民以色列的犹太人都是穷人,或者失去了以前的财产而一无所有。经历大屠杀幸存下来的年轻人根本没有接受教育的机会。来自中东国家的犹太人处境相似,都来自非工业化国家。

然而,这只是困难的开始。不同的语言和风俗习惯也增加了经济发展的难度。以色列没有工业或科学技术基础,潜在的贸易伙伴受阿拉伯经济抵制的威胁。而且,由于人口少、不富裕、缺乏必要的国内市场,以色列无法建立重工业,甚至无法以低于进口成本的价格大规模生产产品。

此外,以色列还有相当一部分通常被称为"极端正统派"的哈瑞迪人(虽然"极端正统"这个标签有误导性),该群体拒绝接受非宗教的现代教育,而且男性更倾向于终身从事宗教研究,就业水平极低。

在第二次世界大战后建立的国家中,很少有国家能成功建立起稳定的民主社会或经济发达的社会。虽然困难重重,以色列在经济、生活水平、民主自由和社会发展方面已跻身最发达国家之列。2010年,它加入经济合作与发展组织(OECD),该组织包含全球最先进和稳定的经济体。

如何解释以色列的巨大成功呢?它的成功主要是因为国家的缔造者遵循了成功的战略,而且他们的继任者愿意并且能够放弃这一战略。第一阶段始于1948年国家建立前,是由社会主义方法主导的发展时代,希伯来语称之为"建设中的国家",或者更确切地说是"正在前进的国家",早期为此进行了大量的规划和协调工作。

为建立农业基础不仅需要创立包括基布兹和莫夏夫两种农

业定居点和生产方式，还包括在自愿参与而非强迫的基础上建立广泛的合作销售和加工企业。如今，这些机构的从业人员并不多，但其产量在国民生产总值中占很大份额，没有它们，就没有以后的发展。

合作社和其他机构为社会发展进行了不懈的努力。如果像犹太复国主义者所说的那样，犹太移民是来"建设和被建设"的，那么就需要从根本上改变态度。其中之一就是要树立劳动光荣的观念，另外要为了集体利益牺牲个人利益。犹太复国主义者致力于塑造新犹太人，来到以色列的犹太人不再是受传统束缚的店主、工匠、商人和宗教学生，而是勇敢的开拓者、战士和工人。尽管这个雄心勃勃的计划中更浪漫和乌托邦的方面没有实现，但在职业、心理和实际目标方面基本上都实现了。

尽管如此，当以色列获得独立时，它还是个第三世界国家。早年的战略压力、大规模移民、住房短缺等等都使它的发展困难重重。以色列百分之一的人口在独立战争中丧生。此后几年里，以色列实行定量配给制，成千上万的难民从欧洲和中东来到以色列，大多数人除了身上的衣服之外一无所有。

由于诸多因素限制，以色列的经济发展强调创新性、科技性和灵活性，目的是根据具体条件制定相应的解决方案。例如，在农业领域，表现为如何在缺水的地方种植作物。为了提高生产力，以色列采用了滴灌、地膜覆盖、温室大棚、植物杂交等技术。在欧洲开辟了冬季种植的水果和蔬菜市场。轻工业和消费品工业是在同一基础上建立起来的。

在资本匮乏的情况下，民主社会主义是一个现实的选择。由于经济发展必须马上产生利润，因此早期并没完全实行社会主义做法。为了创造就业和为国家发展打下基础，往往需要承受经济损失，会给私营企业带来不可承担的风险。因此半国营企业和合营企业出现了。

然而，随着时代变化，这种制度最终不再适应国家的发展。

在西方国家,工会、政党、各种利益集团或纯粹的惰性使得变革困难重重。但在20世纪80年代,以色列政治环境宽松,社会成本较低,轻松完成了私有化转型,为企业家精神的培育提供了重要条件。早在伊休夫时代就形成的创新性、主动性、使命感、适应性使得以色列在新的经济、科技和全球环境中大有作为。

困扰许多其他国家的医疗保健制度的转型,就是一个例子。早些年,几乎每个人都通过以色列总工会购买医疗保险,因此都和工党有联系。还有一小部分人选择与保守派右翼自由党有关的基金。

随着法律的修订和完善,另外两个私人保健基金得以发展,以远低于欧洲或北美的成本提供良好而高效的服务。以色列还建立起制药业,以比其他地方更便宜的价格供应高质量的药品。因此,在私有化和社会化医疗之间形成了一种独特的混合模式,这种模式当然会存在一定问题,但相对而言,它比那些更富裕、资源更丰富地区的模式更好。

如今,以色列人通常会哀叹社会和经济变革所导致付出的代价巨大,如集体意识下降、个人利益至上、腐败、犬儒主义以及收入差距扩大。所有西方国家都有这些问题,但在以色列,它们的程度较轻,这标志着国家的制度化。尽管如此,以色列的"英雄"阶段元素仍然在社会结构中反复出现。

创新和国家安全战略一样,是持续发展战略的关键力量。科学、医学、技术、安全、农业设备,以及更广泛地说,通过研究和开发(包括初创公司)实现的创新,一直是人们关注的焦点。虽然人口稀少,但以色列人在很多领域的发明数量惊人,以色列也在迅速适应不断变化的新环境,开拓新市场,进入新领域。

位于雷霍沃特的魏茨曼科学研究所和希伯来大学的罗伯特·希尔顿·史密斯农业食品与环境学院,以及位于海法以色列理工学院在培养具有适应能力和创新能力的人才方面发挥了重要作用。研究成果包罗万象:从长寿花到渔业养殖,再到让网络聊天成为可能的 ICQ 系统,以及挽救生命的医疗程序。

以色列文化是另一种综合和创新的产物。悠久的历史,伊休夫时期的独特文化,流亡时期犹太人对其他文化的吸收和借鉴,以及以色列自身发展的跌宕起伏,加上当代文化(包括西欧、东欧和中东文化)的影响,一个拥有独特音乐、舞蹈、文学和艺术的社会文化出现了。

现代国家

在以色列,正如在其他所有国家一样存在社会等级。但是,在如此年轻并基于个人主义和反传统主义的社会中,社会阶层并没有政治意义;人们对政治没有浓厚的兴趣,阶级分化也不如其他国家严重。

随着更广泛意识形态的衰落,除了涉及阿以冲突和巴以冲突问题外,左右政党的区别已经不再明显。经历了 20 世纪 90 年代的和平进程之后,即使是阿以冲突和巴以冲突方面的分歧也有所减少。尽管仍有党派之争和激烈的争论,但更多表现为一种高度一致(尽管近年来有所减少)的社会共同体意识。

以色列最明显的分歧仍存在于犹太人和阿拉伯人之间,其次是犹太社区宗教和非宗教团体之间的分歧。另外因为民族起源的区别(虽仍然重要,但在不断下降),例如阿什肯纳兹人和塞法迪人的通婚约占犹太婚姻的 40%。同样,来自苏联的大量移民也融入了这个国家。

无论以色列多么独特,它与其他工业化国家并没有什么不同。它拥有稳定的选举制度,和与 21 世纪相适应的繁荣经济,是一个开放、多元和自由的社会。世界上许多地区,包括一些西方国家把以色列妖魔化,这和以色列的实际情况并不相符。

事实上,以色列人可能是世界上最具有自我批评精神的人,他们随时准备,也很热切地重新思考他们的信仰、思想和行为。伟大的以色列幽默作家埃夫莱姆·吉辛(Ephraim Kishon)在谈到他1949年抵达以色列时说道:"当船靠近海岸时,天气变得非常炎热,人们开始因为天气而批评政府。"尽管这种习惯具有破坏性,也会让外界误会以色列人民对国家多有不满,但在解决问题和纠正弊端方面却非常有用。自我批评是开放、进步、适应和创新的基本组成部分,也一直是一个成功国家的基本组成部分。

政治方面,激进人士认为,在巴以问题上做出让步意味着放弃生存权或者自我毁灭。人们对宗教团体权力过大、国家犹太复国主义的本质(主要来自以色列-阿拉伯人)以及把一个开创性的社会变为西方式的,物质主义和消费主义的社会等等感到强烈的不满。

在很大程度上,以色列把发展的重心放在社会、文化、经济和生活等方面,而非战争或外交方面。它已成为一个现代与传统并存、面貌独特、带有明显欧美色彩的地中海-中东国家。最重要的是,尽管危机四伏,饱受非难和争议,也面临着种种威胁,以及在很大程度上只能依赖自己的资源,但以色列不仅生存了下来,而且还在不断发展繁荣。

第二章 历 史

当代以色列是在漫长的历史过程中发展而来的,它的历史可以追溯到大约 4000 年前犹太民族最初形成时期。大约 3000 多年前,犹太人在地中海东部建立了王国;2100 年前,他们在反抗希腊-叙利亚统治的马加比家族起义后重获独立;1900 年前,罗马人摧毁了古以色列,但犹太人幸存了下来。

被罗马人打败后,虽然大多数犹太人被迫流散在外,以色列地(Land of Israel),或称锡安(Zion),仍生活着犹太人。犹太法律和宗教习俗的两部经典著作《密什那》(希伯来语משנה,英语 Mishnah)和《耶路撒冷塔木德》就是在罗马征服以色列后的三个世纪在以色列地创作而成的。直到 1100 年,以色列地共有 50 个犹太人社区,其中最大的一个在耶路撒冷,这里的犹太人曾惨遭十字军屠杀。17 世纪,采法特(Safed,位于现在以色列的北部)成为犹太神秘主义和研习的主要中心。到 19 世纪中叶,在耶路撒冷居住的犹太人数量众多,很多学者都认为耶路撒冷是最大的犹太人社区。

几个世纪以来,犹太人一直认为他们是一个拥有共同宗教信仰的民族,是一个民族而不仅仅是一个宗教派别。他们使用犹太民族特有的希伯来语。那些生活在以色列地以外的犹太人认为自己仍在流散(*galut*,希伯来语中称为"盖鲁特"),每日都会祈祷重返故国。同时,无论在宗教上还是文化上,流散在外的犹太人与以色列地都保持着联系。即使远至波兰、摩洛哥等地的犹太人仍根据以色列地的季节变换来庆祝节日。那些用于教授犹太学生、供成人研习以及为拉比教育提供基础的律法都会在以色列国重建之后复兴,犹太人对此从未有过丝毫怀疑。

犹太人和以色列地在宗教方面的联系一直是犹太教的主题。虽然历史上对《圣经》有多种解读,许多世纪以来,所有犹太人和当今所有信教的犹太人都相信:这块土地是上帝给犹太人的应许之地。

在流散后的《妥拉》(希伯来语תּוֹרָה,英文 Torah)和《圣经》其余部分(前者为后者的前五卷)教规书中,尤其《密什那》和《塔木德》以及犹太教律法著作中有很多段落都表达了这种观点。比如,上帝命令亚伯拉罕说:"你要离开本地,本族,父家,往我所要指示你的地去。我必叫你成为大国……然后耶和华向亚伯拉罕显现,他说:'我要把这地赐给你的后裔。'"

然后上帝又向以撒许诺这块"应许之地",他说:"你寄居在这地,我必与你同在,赐福给你,因为我要将这些地都赐给你和你的后裔。我必坚定我向你父亚伯拉罕所起的誓。"

《妥拉》中说,犹太人出埃及的目的就是为了让摩西率领以色列人回到以色列地。当他们到达之时,耶和华对约书亚说:"现在你要起来,和众百姓过这约旦河,往我所要赐给以色列人的地去。凡你们脚掌所踏之地,我都照着我所应许摩西的话赐给你们了。"

受膏者扫罗王、大卫王和所罗门统治过的就是这块土地。第一圣殿就建在这里的耶路撒冷,第一圣殿被毁之后又建造了第二圣殿。这些圣殿都不仅作为普通神殿而建,《圣经》中反复说明:这是犹太教的中心,地位之重要,其他任何礼拜场所都不应与之同时存在。《以斯拉记》和《尼希米记》中确实描述了一些犹太人从巴比伦回归,重建圣殿的情形。

所有先知都在犹太人中看到一个共同特性,即犹太教和犹太人注定要回归以色列地。《旧约·诗篇》第 137 首中的诗句说:"耶路撒冷阿,我若忘记你,情愿我的右手忘记技巧。"

先知以西结(the prophet Ezekiel)说上帝让他看到枯骨谷,那些骨头连接到一起复活了:"这些骸骨就是以色列全家。他们说,'我们的骨头枯干了,我们的指望失去了,我们灭绝净尽了。'所以你要发预言对他们说,'主耶和华如此说,我的民呐,我必开你们的坟墓,使你们从坟墓中出来,领你们进入以色列地。'"

流散后期的文学仍延续回归主题。拉比西蒙·巴尔·约该(Shimon Bar Yochai)说以色列地是上帝给的大礼之一。生活在19世纪伊拉克的拉比纳赫逊·加翁(Nachshon Gaon)写到:每个犹太人都有这片土地的一部分继承权。许多在宗教学识方面备受尊敬的拉比都一直在重复这样的训令:犹太人居住在这片土地上是一种义务。他们中有些人自己也身体力行去那里居住。

无论人们是否接受这种久远而根深蒂固的宗教观点,或把它当作神谕,抑或是犹太群体历史观的表达,这种观点对犹太人的影响力和凝聚力应该说是很明显的。直到19世纪下半叶民族同化主义和其他意识形态出现以前,犹太人从未对此有过任何疑问。争论的焦点从来不是回归以色列这一中心点,而是其实现方式:靠人为还是靠弥赛亚?

因此,耶路撒冷和以色列地的意象无所不在,存在于犹太信仰、信念和书本中,每天都被居住在世界各地的犹太人一再重复。在犹太复国主义运动出现很久之前,所有犹太人的目光都朝向耶路撒冷。直到19世纪晚期,随着欧洲民族主义意识的觉醒,犹太人进入主流社会,开始认同世俗犹太人身份,一个致力于通过人为组织和行动让犹太人回归以色列的政治民族运动才开始逐渐形成。

因此,犹太复国主义思想既是非常现代的,同时也是建立在世界历史上最古老民族自我定义基础之上的。半个世纪的犹太复国主义运动,加上以色列地内部组织和个人的共同努力,以色列得以在1948年建国。外交、教育、政治组织、经济投资、移民、定居点、国防和大量体力和脑力劳动为以色列建国做出了贡献。

虽然犹太复国主义运动的先驱遍布各地,思想家摩西·赫斯(Moses Hess)和利昂·平斯克(Leo Pinsker)等思想家以及"热爱圣山运动"(Hovevei Zion)中的积极分子们早在19世纪中期就提出建立犹太民族家园的思想。犹太复国主义运动的主要创始人是奥匈帝国犹太人西奥多·赫茨尔。他认为欧洲不会完全接纳犹太人,让他们平等融合于其他公民之中,赫茨尔在他的《犹太国》一书中提出了解决"犹太人问题"的建立犹太国家方案。该方案收到了热烈反响,1897年8月,赫茨尔在瑞士巴塞尔组织召开了第一届世界犹太复国主义大会。

几十年来,以色列地上的犹太人数量一直在增加。19世纪,越来越多的犹太宗教人士移民到耶路撒冷和采法特,他们中大多数人来自东欧和也门。19世纪80年代,出于某种政治目的,在奥斯曼帝国统治下的巴勒斯坦(面积大致相当于当今的以色列和西岸地区),犹太人定居点迅速增加。这主要受"热爱圣山运动"组织的年轻俄裔犹太人理想主义思潮的影响。犹太复国主义运动的发展加速了移民进程。第一次世界大战期间,奥斯曼帝国与俄罗斯为敌,将很多从俄国来的犹太人驱逐出境。留在巴勒斯坦的犹太人支持盟军,组织了一个有效的间谍网络帮助英国人。被驱逐出境的犹太人在战争结束后又很快返回。

以下三个重要事件为以色列建国奠定了基础:1. 1917年11月2日,英国发表《贝尔福宣言》,支持建立犹太人家园;2. 1917年,英国军队占领巴勒斯坦,并在战争中打败奥斯曼帝国;3. 由泽耶夫·亚博廷斯基(Ze'ev Jabotinsky)组织的两个犹太复国主义营队加入英国军队。一战后,国际联盟将原属于奥斯曼帝国的巴勒斯坦划归英国托管,使英国在这一地区的统治合法化。国际联盟委托英国执行《贝尔福宣言》,即在巴勒斯坦建立"犹太人的民族家园"。当国际联盟同意英国对巴勒斯坦托管地实行分治时，外约旦分离出来，实行自治。英国直接管辖比原来小很多的巴勒斯坦。

多个因素抑制了犹太人的移民浪潮，使犹太人数量未能按照本来可以达到的较快速度增加。找工作难是个问题，尤其在20世纪20年代。另外来自阿拉伯人的反对渐增，他们向犹太人发动周期性暴动和袭击，造成大量伤亡。德国纳粹上台后，越来越多的犹太人寻求庇护之地。而此时英国却发布限制移民的政策，1939年更是发布《关于巴勒斯坦问题白皮书》来限制移民，以此寻求阿拉伯国家的政治支持。最后这个政策间接造成几十万犹太人被困在纳粹统治下的欧洲，惨遭屠杀。

尽管如此，犹太复国主义运动和伊休夫（以色列地的犹太社区）保留了下来。20世纪30年代，有社会主义倾向的派系成为犹太复国主义运动和伊休夫的领导人。对资源实行集权管理，让可用资金得到了有效利用。

虽几经变迁，到1945年，伊休夫的犹太人数量达到60万。他们建立了一个机构网络，统称为"在建中的国家（the state-in-the-making）"。这些机构覆盖全面，从独立而有条理的经济、民主决策、多党共存、农业营销合作社，包括可生产简单武器的作坊在内的防卫力量、集体制（基布兹）和合作制（莫夏夫）农业定居点，到功能强大的工会联合会、卫生保健基金、提供就业的企业，以及其他所有在条件允许时快速建立一个国家所必需的机构和体制。制定决策的领导人精力充沛、魅力超凡，思维灵活，他们带领犹太人做出一系列高风险且复杂的选择。同时，伊休夫还成功重新恢复了数个世纪以来仅用于宗教仪式和学习研究的希伯来语。

第二次世界大战期间，虽然资源有限，伊休夫在集中全力打败纳粹德国的同时，还在与英国的移民限制做斗争，秘密营救犹太人。到战争快结束时，犹太民兵组织伊尔贡（Irgun，英国统治巴勒斯坦时期进行地下活动的犹太复国主义右翼组织）加入了小规模的极端主义组织莱希(Lehi),发起游击战逼走英国人;莱希组织之前正是为此从伊尔贡分离出来的。英国当局逮捕了很多犹太人并继续阻止移民。当时对持有武器的惩罚是绞刑,很多犹太人被处死,有一次,作为报复,伊尔贡杀死了几个绑架的英国士兵。

以色列犹太代办处(根据《贝尔福宣言》设立的犹太官方机构)和哈加纳(Haganah 犹太准军事组织)曾尝试与英国人合作,寻找政治上的解决方案。他们不仅在阿拉伯人的袭击中保护犹太人,还在1945年发动"季节(法语 Saison)"行动,帮助英国人逮捕伊尔贡和莱希组织成员。但第二年英国无视这些合作仍继续压制伊休夫,哈加纳加入其他组织反抗英国人,与英国的冲突再次发生。

犹太人反抗英国人在巴勒斯坦统治的最重要的一次袭击发生在1946年7月22日,当时由哈加纳、伊尔贡和莱希组织组成的联合抵抗运动制造了大卫王酒店(英国托管政府主要办公地)爆炸事件,91人被炸死,其中包括犹太人、英国人和阿拉伯雇员,另外还有56人受伤。而这些组织宣称之前曾向酒店发出过撤离警告。

第二次世界大战后,英国人想要撤离此地。面对反叛活动、英国国内问题以及战略撤退的需要,英国决定撤离并把巴勒斯坦的未来问题交给联合国处理。在一系列调查和计划之后,1947年11月29日,联合国大会投票将巴勒斯坦分治为两个国家:一个犹太国家和一个阿拉伯国家,分治决议于1948年5月15日实施。当时33个成员国赞成,30个反对,10个弃权。

根据分治计划,耶路撒冷将成为由联合国管理的国际区。阿拉伯国家占43%的领土(11655平方公里),大部分在耶路撒冷周边;共有80.4万阿拉伯和10万犹太居民居住在这个区域。犹太国家占56%(14245平方公里),共有53.8万犹太和39.7万阿拉伯居民,此外还有成千上万的欧洲大屠杀犹太幸存者准备在移民政策放开后来这里。

犹太领导人接受了分治计划,但巴勒斯坦的阿拉伯领导人既不同意分治计划也不承认以任何形式存在的犹太国家,他们的首领穆罕默德·阿明·侯赛尼(Mohammed Amin al-Husayni)战时与德国人合作,这时刚刚从柏林返回巴勒斯坦。他们发动了自1946年就开始准备的战争。接下来5个月,大约1700人被杀,约70万阿拉伯人逃离,一些阿拉伯人被从耶路撒冷走廊(连接耶路撒冷和划分给未来犹太国家的沿海土地之间的领土)赶走,还有的在战争后期被从北部地区赶走。而巴勒斯坦上层精英们是最先离开的,继而掀起整个巴勒斯坦社会的恐慌性逃亡。

虽然大多数外国观察者认为犹太人肯定会在战争中失败,但伊休夫的组织性、纪律性、团结一致和事先准备得到了回报。1948年4月,犹太军队发动全面进攻。到1948年5月14日英国托管结束之时,他们已经占领了大量领土。

在战斗开始的时候,犹太军队还不完全统一。5月13日(托管结束前一天)宣布独立之后,这个新犹太国家的新政府下令将所有民兵部队合并到新国家军队——以色列国防军(IDF, Israel Defense Forces)之中。伊尔贡最初同意参加国防军,但到1948年6月却试图用"阿尔塔莱纳"号(Altalena)将大量武器和志愿者们运送进来。政府下令将这些武器转交给新以色列军队。但谈判失败了,于是以色列政府下令由年轻军官伊扎克·拉宾带领的队伍向这艘船开炮,当时船上乘客中包括伊尔贡的指挥官梅纳赫姆·贝京。"阿尔塔莱纳"号起火下沉,炮击中共有16名伊尔贡战士和3名以色列国防军战士身亡。

此次战斗本会引发内战,但却很快得到解决,伊尔贡也并入以色列国防军。此事件确立了国家政府的威望,坚定了以色列人为了统一和生存愿意做出妥协的意志。

以色列建国，赢得独立

1948年5月14日，在特拉维夫市政厅（后改名独立纪念馆）举行的会议上，以色列正式宣布建国。《独立宣言》中呼吁阿拉伯邻国与以色列和平共处。美国和苏联以及其他一些国家随即承认了这个新成立的国家。戴维·本-古里安（David Ben-Gurion）任第一届总理，组成了一个多党政府。

阿拉伯和以色列之间的冲突很快上升到新阶段。英国托管一结束，伊拉克、叙利亚、约旦、埃及和黎巴嫩联合军队就进入原来的英国托管区，向犹太人占领区发动袭击。大多数观察者认为以色列会被这些早就建立起来且装备精良的阿拉伯军队消灭。以色列四周都是敌对国家，国际武器禁运也对阿拉伯方有利。阿拉伯领导人预计他们会很容易取得胜利，将犹太人赶入海中。

但阿拉伯联合战役北部由叙利亚主导的进攻并没有取得多少进展。南部埃及军队最初在向前推进，但最终于5月29日在距特拉维夫仅16英里（10公里）处停了下来。由英国人统帅的约旦军队取得了阿拉伯人的最大胜利，他们于5月28日占领了耶路撒冷老城并把所有犹太居民驱逐出去。犹太军队，即现在的以色列国防军，继续占据犹太人居民区西耶路撒冷，但耶路撒冷城却处于约旦军队的围困之中。

6月11日，联合国强制停火。仅两天前，以色列国防军修建成了一条叫作"博马之路"（Burma Road）的陡峭、迂回路线，绕过约旦占领区，将物资运入西耶路撒冷。停火期间，以色列收到了从捷克斯洛伐克运来的首批武器。成千上万的犹太移民也抵达以色列，他们中许多人在接受很少训练或根本没有训练的情况下马上被派往前线参战。

在7月8日首次停火到7月18日第二次停火的10天间隔期内，以色列国防军发动了一次进攻，占领了下加利利和卢德、拉姆勒两镇，这两个镇对与耶路撒冷之间保持联络至关重要。联合国提议实行国际监管，即不成立阿拉伯国家，只成立一个很小的犹太国家，但遭到阿拉伯和犹太双方的拒绝，联合国外交努力失败。9月19日，犹太极端分子暗杀了联合国调解员贝纳多特伯爵(Forke Bernadotte)，他曾提议让犹太人做出较大妥协。

在埃及军队炮击以色列国防军的补给船之后，以色列于10月14日发动反击，在8天内攻占贝尔谢巴并把埃及军队赶回边界处(除加沙地区以外)。

以色列损失惨重，6000名阵亡士兵占总人口的1%。然而不管怎样以色列毕竟达到了建立独立国家的目标，此外，它现在所占据的领土比之前联合国分治计划中提出的还多21%。1949年3月11日，联合国承认以色列为联合国成员国。

无论是巴勒斯坦阿拉伯人还是阿拉伯国家都没有在前英国托管地建立新的国家。1950年，约旦国王阿卜杜拉·伊本·侯赛因(Abdullah I bin al-Hussein)占领了约旦河西岸地区，而事实上没有一个国家承认约旦对此区域拥有主权。而埃及则占据了加沙地带。以色列在有15万阿拉伯人口的加利利地区实行军事管制；在那里，从1949年第一次选举开始，阿拉伯居民就可以参加竞选并进入以色列议会。但以色列的邻国既不承认已有边界，也不承认以色列。阿拉伯国家只接受停火，不接受和平。阿拉伯和以色列之间的冲突由此开始。

阿拉伯人占据了东耶路撒冷和西岸地区(约旦)还有加沙地带(埃及)。从1947年11月到1948年5月的交战期间，也就是在做出分治决议和实施过程中，约40万巴勒斯坦阿拉伯人逃往邻近的阿拉伯国家或由阿拉伯军队控制的地区。随着战争的继续，从1948年4月到1949年1月，又有30万人逃离。

因为所有阿拉伯国家和巴勒斯坦阿拉伯组织都坚持认为以

色列建国不合法,战争状态一直持续,国防成为以色列的头等大事。这个新国家不得不随时准备应对阿拉伯国家在所有边界发动的攻击。从20世纪50年代开始,受加沙地带埃及官方以及叙利亚和约旦的支持,巴勒斯坦非正规部队不时越过边界。以色列奉行的基本战略原则是:保留较小的军队编制,但可通过预备役召集体系快速扩容;保持质量和技术优势;此外,因以色列面积较小,需先发制人,尽量在敌方领土作战。

大规模移民

除了在边界上面临虎视眈眈的敌国,这个刚刚成立的小国还面临同样严重的国内问题。它必须建立稳定、民主的管理机构;在自然资源匮乏且缺少重工业的情况下发展经济;把大量一无所有的移民融入现有居民中。在独立后的18个月里,34万犹太人来到以色列,这个数字相当于当时人口总数的一半。到1953年,分治计划提出5年后,以色列人口数翻了一倍。以色列急需新来人口,但同时应该如何解决这些人的住房、吃饭、教育、学习新语言问题呢?如何使他们对生活感到满意并投入生产呢?

第一大批移民者主要包括从欧洲来的27万大屠杀幸存者,他们所经历的创伤可能会让他们难以融入社会。在建国后两年内,大约5万也门犹太人移民以色列;20世纪50年代早期,11.3万伊拉克犹太人移民以色列,他们都需要经历巨大的文化调整。除此之外,还有大量来自罗马尼亚、叙利亚、利比亚、阿富汗和埃及的移民。

到1957年,以色列的犹太人口从1948年11月的71.2万增加到了166.7万。然后在短暂停歇后,1958年又开始了另一波移民潮。这次的新来者来自非洲,主要来自摩洛哥,在极短的时间内,共有16万非洲犹太人移民以色列。

为了解决随之而来的住房短缺问题,先是建立帐篷城市,然后是建立叫作"Ma'abarot"的临时宿营地(到1951年底有127个),设施条件虽有所好转但仍十分简陋。后来到50年代中后期,移民一到以色列就被送到开发中的新城,这些城市通常位于北部或南部,目的是让人们居住在靠近边界的地方。

这些帐篷城市、临时宿营地以及新城常常是贫穷、偏远、就业率低下的地方。许多移民失去他们在原家园的财产,在这里还面临社会地位下降的问题。那些从欧洲来的人财产都被纳粹和战后政府剥夺,从中东地区来的人则眼睁睁看着他们的财产被阿拉伯政府或邻居们强占。很少有人能在以色列还不成熟的经济中找到与移民之前相同的工作。

虽然自然资源有限,新以色列在建国后15年间最大可能地吸收了几十万移民。然而,最后一批移民潮中到来的人还是充满怨恨和孤立感,尤其从摩洛哥来的人更是如此。大部分较富裕的北非犹太人都去了法国,而剩下的移民到以色列的人相较之下更穷困,所受的教育也更少。作为晚到者,他们更不容易找到工作和住房,而且被送到更偏远、生活条件比其他地方更糟糕的地方。令他们不满的还有那些政府官员,这些人专横自大,逼迫他们同化到欧化文化之中,不让他们保留传统的中东文化。

这种欧洲犹太人和部分中东犹太人之间的差距导致了摩擦的发生。一些人认为米兹拉希犹太人成为更穷、更没有影响力的"二等公民"。到20世纪70年代和80年代,这种摩擦达到顶峰,上升为严重的政治问题,尽管它后来随着政治转变、文化拓展、向第三代人口过渡而慢慢消失。第三代人口出生在以色列,互通婚姻且没有先前移民所经历的创伤。

无论是新移民还是本地出生的犹太人,大家都争取在与这片土地重新连接在一起的基础上建立新的以色列身份,这一目标从大家对考古学的热情可见一斑。当时在以色列,成群结队的年轻人在周末从事业余考古探险活动。他们的主要想法是找到将古代犹太人与以色列地相联系的古代器物。

人口的急剧增长,再加上独立战争带来的经济衰退,50年代的艰苦生活不可避免。虽然得到了仍流散在外的犹太人,尤其是美国犹太人的帮助,国家运转仍然困难重重。

1950年以色列政府提出要求德国对纳粹期间犹太人财产损失和遭受的苦难向以色列赔款,引发强烈反响。有些人认为在大屠杀后这么快就接受赔款等同于拿沾着鲜血的钱,也就等于接受"钱可以补偿对欧洲犹太人屠杀"的观点。而政府却持不同观点,认为德国攫取了巨大数量的犹太财产,战后就应该归还给犹太人。

经过以色列和德国之间的几次初步会谈,1951年1月,以色列议会批准了进一步谈判的议案。1953年3月,双方达成协议,德国承诺向以色列赔偿8.2亿美元,同时设立一个专门处理个人索赔的机构。赔款问题对于刚建国的以色列来说是痛苦的,一度引发由自由党(Herut)领导的反对者暴乱。但后来的赔款确实在非常关键的时刻为以色列经济注入了至关重要的资金。

1956年苏伊士危机

在以色列巩固国家和社会的时候,它的阿拉伯邻居却在经历极度不稳定时期。最重要的是1952年的埃及军事政变,法鲁克王朝被推翻。两年后贾迈勒·阿卜杜·纳赛尔(Gamal Abdel Nasser)就任埃及总统,纳赛尔自己以及许多阿拉伯人都把他当作阿拉伯世界的领导人,而作为领导人的关键点就是随时准备和以色列开战。

加沙地带的埃及官员一直在帮助招募和组织巴勒斯坦游击

队，针对以色列发动跨境袭击。以色列对此展开了报复。最大的一次袭击发生在1955年2月28日。以色列国防军也在无意间造成埃及军队的人员伤亡，两国之间局势愈发紧张。

埃及政策的另外一部分是与超级大国苏联结盟，提高埃及的地区影响力。1955年8月，埃及与苏联达成一项大型武器交易协议。以色列担心如果这些武器被交给埃及军队，埃及也许会联合其他阿拉伯国家进攻以色列。但纳赛尔还有其他敌人，与苏联的结盟，再加上1956年7月苏伊士运河公司的国有化，这些激进政策疏远了英国和法国。英法两国同意以色列在埃及军队使用苏联武器之前进攻西奈半岛。法国和英国将出手干预并结束战争，把纳赛尔赶下台。

以色列信守承诺，于1956年10月29日发动袭击。以色列军队占领了加沙地带，然后直达西奈半岛。但是英国和法国畏缩了，计划暴露后，英国国内舆论一片哗然。美国为了解救纳赛尔而介入干预，这也为英法联军带来压力，其后苏联也威胁要进行军事干预。1957年年初，以色列军队撤出被占领土。

不过，以色列从这次战争中也有收获，埃及决定停止组织跨境袭击，以免以色列再次采取报复行动。另外一个明显改善就是美国承诺保证以色列有权使用埃拉特海湾，以色列航只经西奈半岛南端的沙姆沙伊赫，在埃及大炮威胁之下到达埃拉特海湾。国际部队也进驻西奈维和。1967年上述安排的瓦解带来了另一场战争，即以色列先发制人、大败阿拉伯邻国的"六日战争"。

基础设施建设和核计划

20世纪60年代前期，从东欧和北非来的大规模移民潮一直在持续。1967年，以色列人口达到238.4万人。人口的增多使国家的自然资源最大限度地得到了充分和必要的利用,其中水资源尤其重要。1960年,以色列出台国家灌溉计划,重点建设从约旦河引水的管道。

虽然与阿拉伯国家在边界附近因用水而摩擦不断,1964年,以色列建成了国家输水工程,横跨全国2/3的土地,年输水3.2亿立方米。到1967年,水资源的有效引流使以色列南部内盖夫沙漠中接近57公顷的荒地得以利用,成为可耕地。

同时,供水系统使得内盖夫沙漠最南端的埃拉特港得到发展。1956年以埃战争后,埃拉特海湾的入口蒂朗海峡开放,这个曾经沉睡的渔村开始在促进以色列与新独立亚非国家之间的贸易方面起了重要作用。内盖夫沙漠的铜矿和钾肥资源得到开发和利用,南部出现了许多新的城镇:内提沃特、迪莫那、阿拉德、耶鲁哈姆和阿什杜德等,25万新移民在这些地方安家。

虽然以色列国内在不断发展,但安全需求和历史教训永远不能忽视。以色列人试着忘记大屠杀,但一些事件的发生却不时在提醒着他们。其中最主要的就是1960年5月23日,以色列情报机构在阿根廷俘获纳粹战犯阿道夫·艾希曼(Adolf Eichmann)。对他的审判和幸存者的骇人证词把以色列人的注意力再次拉回到对欧洲犹太人的屠杀上来。艾希曼被判有罪,并于1962年5月31日被处以绞刑,他是以色列历史上唯一被处死之人。

这件事让以色列人下定决心"永不"再让犹太人落入种族屠杀的无助境地。在这种精神支持下,1952年,以色列组建了原子能机构。1953年,从内盖夫沙漠材料中提取铀的工艺以及用于早期核反应堆的重水生产新方法得到了完善。50年代末,在法国帮助下,以色列在南部城市迪莫那设计并建造了一个核反应堆(最初对外宣称是纺织厂、农业站或冶金研究所)。1960年,以色列总理本-古里安宣布这是一个用于"和平目的"的核能研究中心。

1968年,美国中央情报局证实了他们长久以来的怀疑——以色列确实在制造核武器。以色列坚持永不公开承认的原则,用西蒙·佩雷斯的话说:"这个问题迷雾重重……加强我们的威慑力。"据报道,这些核武器并没有组装完成,所以以色列可以说没有真正的核武器。这些武器可以快速装入导弹头或炮弹,成为防止以色列遭到军事毁灭的最后撒手锏,虽然从未证明有此必要。1986年,左翼以色列人莫迪凯·瓦努努(Mordehai Vanunu,前以色列核武技术员,后叛变)声称以色列有100—200个小型核弹头,比美国中央情报局估计的要多。

20世纪50、60年代的外交政策

以色列外交,尤其在建国早期面临的主要问题是如何与其他国家建立密切且正常的外交关系,而当时很多石油和自然资源丰富的国家允诺要奖赏抵制或反对以色列的国家,并惩罚与之为友的国家。2010年的两个统计数据表明,这种力量的不平衡带来的影响贯穿以色列历史之中:

1. 阿拉伯海湾国家——波斯湾的阿拉伯国家(沙特阿拉伯、卡塔尔、科威特、阿曼和阿联酋)进口的西方商品是以色列的6倍。

2. 以色列在联合国中仅占一个投票权,而阿拉伯国家却有25个,穆斯林占多数的国家(大部分对以色列不甚友好)有50个。

尤其在20世纪50年代和60年代,存在一些相互对抗的力量,其中包括国外自由主义和社会主义阵营对以色列的狂热拉拢;反对反犹主义的后大屠杀反应;以及对以色列民主体系、经济发展和军事成果的敬佩。不过,当时西方国家犹太社区的亲以色列游说效果不太明显。

因为很多阿拉伯国家参加了第三世界运动,在冷战时期又参加了不结盟运动,再加上一些阿拉伯国家与苏联结成联盟,以色列的外交任务更加艰难。后来这种情况一度有所改变,有两个战略因素:其一,激进的伊斯兰国家与西方为敌,给西方国家支持以色列提供了额外的动力;其二,以色列表现出的稳定、1967年六日战争的胜利以及地区力量的失衡使其成为美苏冷战下的一枚棋子。

从20世纪50年代到1967年,以色列的主要盟国是法国。因为共同的社会主义领导方式、反法西斯斗争中的战时联系,以及法国反对阿拉伯国家破坏其在北非殖民地的统治,以法两国交好。1958年戴高乐将军任法国总统时的政策是放弃阿尔及利亚,然而,法国的战略慢慢发生了变化。1967年以法关系破裂,当时戴高乐因不满以色列先发制人的进攻政策,放弃与以色列联盟,转而试图与阿拉伯国家结盟。因而,以色列失去了主要的武器来源。

在与欧洲国家的关系中,第二重要的交往对象是西德,部分因为它对纳粹屠杀犹太人的悔罪行为。但西德并没有法国那样的国际影响力,也没有能力提供先进武器。而且因为西德和社会主义东德之间争夺国际支持,西德担心与以色列关系太近会让阿拉伯国家与其受苏联支持的敌人东德结盟。因此,西德友谊的战略价值对以色列来说很有限。虽然以色列与西欧、南美和小一些的亚洲国家关系较好,但他们都不能为以色列提供战略支持、重大援助或先进武器。

对以色列来说,一个最重要的外交问题是在冷战中的立场。鉴于以色列的民主倾向,且中国和苏联都支持以色列好战的阿拉伯敌人,保持中立不太可能,而美国成为显而易见的战略伙伴之选。但美国认为以色列不是很有价值的盟国,并且与以色列结交会疏远所有的阿拉伯国家,因此美国在20世纪50年代以及60年代并不是很愿意与以色列结盟。但由于主要阿拉伯国家越来越支持苏联，美国逐渐相信与以色列结盟会对其利益有利。

早在1962年肯尼迪执政期间，美国就开始向以色列提供武器。随着以色列赢得1967年战争的胜利，打败了苏联支持的激进阿拉伯政权，美国的政策制定者们才决定公开结盟。1970年，以色列威胁叙利亚如越过边境就会发动攻击，帮助约旦免受叙利亚侵略，这时美国和以色列的关系才上升到今天的高度。

然而同时，以色列并没有放弃与第三世界国家建立重要外交关系的努力。以色列认为自己与它们一样同属发展中国家，希望越过周围的敌对地区，与非洲、亚洲和拉丁美洲国家建立贸易和外交关系。

以色列能够提供的特殊资产就是高新科技和先进设备方面的科技技术，尤其是农业技术。以色列与许多撒哈拉沙漠以南的非洲国家、亚洲非共产主义国家和拉丁美洲国家建立了外交关系。从1958年到1970年，大约4000名以色列专家服务于第三世界国家（主要在非洲）。即使当第三世界国家在外交上支持阿拉伯国家反对以色列，以色列与它们其互利共赢的外交关系仍一直持续下来。但1967年战争后，阿拉伯国家向非洲国家施压，用经济利益作为交换要求这些国家与以色列断交。在很多情况下，这种施压成功。

1967年六日战争及其后果

20世纪60年代中期，以色列与敌对邻国的短暂平静期结束了，当时阿拉伯世界被激进主义（受阿拉伯国家之间的竞争推动）席卷，埃及的领导、纳赛尔的广受欢迎以及许多巴勒斯坦人、阿拉伯民族主义者还有新马克思主义团体的革命运动则推波助澜。埃及、约旦和叙利亚针对以色列发起的跨境游击战时有发生,以色列-叙利亚边界发生的小规模枪击事件层出不穷。

1959年,一群包括阿拉法特在内的巴勒斯坦民族主义者创建了法塔赫组织。该组织和其他巴勒斯坦组织当时的目标就是消灭以色列,他们认为如果阿拉伯军队和巴勒斯坦游击队进攻以色列,或者阿拉伯国家对以色列实行经济封锁,以色列就不会长久存在。五年后,巴勒斯坦解放组织成立,主要充当埃及政策的工具。在阿拉伯政治舞台上,扭转1948年以色列赢得独立战争的结果以及消灭这个犹太国家再一次成为首要议题。阿拉伯国家政客以及知识分子断言:要不惜一切代价毁灭以色列,取得完全胜利。

阿拉伯国家之间为了证明对以色列的反对,互相竞争,局势紧张,直接导致了1967年重大危机的发生。苏联为了让阿拉伯人相信他们需要莫斯科的帮助,诬陷以色列要进攻叙利亚。同时,埃及总统纳赛尔急于对抗以色列而与叙利亚和约旦结盟,然后又要求自1956年开始就驻扎在西奈维和的联合国军队撤离。联合国立即照做,这让埃及进犯以色列边界成为可能。纳赛尔还在蒂朗海峡对以色列船只设置了完全封锁,不顾美国1956年保证以色列通过蒂朗海峡的承诺,也不理会以色列就封锁海峡将引发战争的声明。

没人知道以色列领导人为何不愿意针对这些威胁发起进攻。纳赛尔和其他阿拉伯领导人公开宣称要一决胜负,消灭以色列。许多外界观察者也都认为以色列会被消灭。对以色列来说,战争一旦失败就意味着国家灭亡、人民惨遭屠戮。进攻的决定充满危险,即使主张采取主动防御的拉宾,据报道也因为责任之重而发生过短暂的精神崩溃。

1967年5月,列维·埃希科尔(Levi Eshkol)总理在国家电台讲话时明显的犹豫不决让以色列民众、其他政治领导人和军队深感不安。作为回应,工党和主要反对党组成联合政府。退休将军摩西·达扬(Moshe Dayan)任国防部部长,拉宾担任以军总参谋长。

根据独立以来的国家信条，以色列宁愿主动进攻，也不愿意在有限的领土上遭受攻击。其结果就是1967年6月5日清晨，以色列先发制人，对埃及发动突袭。虽然战争发生之前咄咄逼人，以色列的敌人对此却根本没有准备。以色列空军将埃及空军消灭在地面，以色列军队迅速推进至西奈，占领从西奈半岛到苏伊士运河东岸的地区。

与叙利亚作战的以色列军队因"戈兰高地防御地图"而取得优势，该地图是由以色列间谍伊利·科恩（Eli Cohen）用生命换来的。以军冲上斜坡占领了所有的高地，而叙利亚长期以来用这些高地炮击下面的以色列城镇。

然而，在约旦前线以色列却犹豫了。埃希科尔总理曾向侯赛因国王承诺过，如约旦不参与战争，以色列将不进攻约旦。但是约旦国王的中立却面临太多的公众压力，而且纳赛尔曾向他保证阿拉伯人会取得巨大胜利。因此，约旦加入了这场战争，却由于得不到盟国帮助而惨败。以色列占领了整个西岸和东耶路撒冷地区。对以色列人来说具有特殊意义的是夺取对所有犹太人来说最神圣的地方——耶路撒冷老城和圣殿西墙，这些地方位于东耶路撒冷，自1948年以来一直由约旦统治，这里的犹太教堂和犹太人墓地一直遭到蓄意毁坏。

在六天之内，以色列经历了行将灭绝到胜利的转变。取得了完全的胜利，而且伤亡极小，以色列人将之视为奇迹。

六日战争是否影响到了大的政治局势？答案来自1967年11月在苏丹喀土穆举行的阿拉伯首脑会议。与会各国决定对以色列实行不讲和、不承认、不谈判的"三不原则"。

另一回应来自联合国安理会，1967年11月22日安理会通过第242号决议，为将来实现公平且长久的和平打下基础。决议号召以色列撤离在六日战争中占领的领土（但未明确指定这些领土的范围），以此换取终止冲突。

因此1967年标志着持续数十年之久"和平进程"开始。需要解决的主要问题体现为两种完全不同的心态：西方国家想要进行和平谈判，而阿拉伯国家则拒绝谈判。在以色列人看来，联合国的决定是以色列撤离"被占领土"不是"所有被占领土"，也就是说不需要完全撤离。美国和英国驻联合国大使阿瑟·戈德堡（Arthur Goldberg）和卡拉登勋爵（Lord Caradon）是决议的起草者，他们也支持这种观点。以色列坚持直接谈判，逼迫阿拉伯谈判人员做出某种形式的事实承认。

这次战争的结果为以色列的政策以及其后几十年的国内辩论确定了基本框架——战后几十年，以色列高度自信，但不会幻想结束冲突实现和平。以色列人的共识是在完全取得和平前（这肯定要用很长时间），将保留被占领土作为安全保证，也作为获得满足以色列要求的全面外交解决方案的杠杆。以色列右翼人士认为等待意味着事实上永久保留这些领土，因为以色列本来就对某些土地拥有历史和宗教上的所有权，而且阿拉伯国家永远不会与以色列握手言和。

六日战争后多年，以色列人认为，只有阿拉伯人，尤其是巴勒斯坦和叙利亚用完全和平换回被占领土才能解决这个问题。同时，工党和国民舆论都赞同以色列可能要保留在一些特定地区建立的定居点，包括东耶路撒冷、戈兰高地、约旦峡谷和与1967年前边境相邻地区。右翼人士还赞同在加沙地带和西岸地区建立定居点。

阿拉伯世界1967年战败的另一个影响是苏联在阿拉伯国家中的声望受到严重削弱。为修复其影响力，苏联重建了叙利亚和埃及空军。1968年，纳赛尔在苏伊士运河西岸使用苏联提供的强大火炮，开始进行消耗战，以削弱以色列在西奈半岛的兵力。以色列军队伤亡惨重，尤其在1968年7月和10月，苏联飞行员还一度为埃及空军执行任务。作为报复，以色列发动空袭和炮击，逼迫埃及疏散附近城镇、航运和炼油厂，给埃及造成较大损失。

这种不稳定局势引发了西方尤其是美国在和平方面的努力。1970年6月,美国国务卿威廉·罗杰斯(William Rogers)在与阿拉伯国家单方磋商后提出:"鼓励双方停止交火,开始谈判"。美国国家安全顾问亨利·基辛格(Henry Kissinger)嘲笑这一提议太过片面,不会有任何结果。以色列只勉强同意单方撤离苏伊士运河东部地区,但很快就抱怨埃及违反停火协议,将防空导弹发射地搬到运河边。罗杰斯计划很快遭弃,美国和以色列之间的关系也因为其他事件越发紧密。

以美关系改善的主要因素之一是大规模巴勒斯坦恐怖活动的出现,这些恐怖活动受一些阿拉伯国家的支持,苏联也在暗中帮助,攻击目标是以色列,在某些情况下,还把与美国结盟的温和阿拉伯政府当作目标。当时接管巴解组织的法塔赫领导了这些活动。他们的目标之一就是逼迫阿拉伯国家向以色列发起新一轮战争。战斗有四个前线:西岸地区、约旦、国际恐怖主义阵营和黎巴嫩。

在第一前线,法塔赫和巴解组织在约旦国内组织行动,试图在西岸地区和加沙发动游击战,向以色列发动袭击。以色列很快击败了这些意志,铲除了这些地区的武装敌人。

在随后的第二前线,巴解组织从约旦的基地进攻以色列。约旦政府不愿或不能够阻止这些行动。以色列还以颜色,打击约旦的巴解组织安全区,促使约旦政府开始对巴勒斯坦袭击采取行动。因为不愿意被拖入与以色列的武装冲突中,约旦军队和政府不断加强抵抗巴解组织,巴解组织试图自己接管约旦。1970年9月,紧张局势不断升级,侯赛因国王和他的武装力量发动攻击并彻底打败了巴解组织,将他们逐出约旦。在危急时刻,激进的叙利亚政权作为巴解组织的盟友命令军队入侵约旦,推翻约旦国王;以色列警告叙利亚若入侵约旦,以军将采取武力对抗。最后叙利亚放弃进攻。

第二章 历 史

第三前线是国际战线。巴解组织成员解放巴勒斯坦人民前线（PFLP）曾制造过劫机事件，试图攻击以色列的海外设施。在巴解组织被逐出约旦后，法塔赫沿用同样的策略，成立了一个叫作"黑色九月"的合法组织作为掩护。法塔赫和巴解组织制造的最严重的一次袭击是 1972 年德国慕尼黑奥运村绑架和杀害以色列运动员事件。作为回应，以色列发动报复行动，暗杀了法塔赫和巴勒斯坦人民解放阵线在巴黎、罗马、尼科西亚（塞浦路斯）和贝鲁特的代表。

1976 年 6 月，一个四人恐怖团伙，包括两名巴勒斯坦人和两名德国支持者劫持了一架法国航空公司客机，机上有 248 名乘客和 12 名机组成员，飞往乌干达恩德培机场。劫机者要求释放之前因恐怖袭击被关押在以色列的 50 名和被关押在其他国家的 13 名巴勒斯坦人。劫机者将以色列和犹太乘客与非犹太乘客分开，释放了非犹太人。7 月 4 日，由 100 人组成的以色列国防军特遣队抵达恩德培，成功实施了救援行动。所有劫机者被击毙，剩余 105 名人质中有 3 人被杀害。特遣部队的指挥官约坦纳·内塔尼亚胡（Yonatan Netanyahu）中校在行动中牺牲。

20 世纪 70 年代，在第四前线，巴解组织武装小分队离开黎巴嫩新巴解组织基地，越过边界，试图在自己被俘或被杀之前尽可能多地杀害以色列人。这些恐怖袭击中最知名的两起事件是 1974 年 5 月 15 日由巴勒斯坦解放民主前线成员实施的 27 名以色列人被杀事件，遇害者中包括 21 名儿童；还有 1974 年 4 月 11 日在凯尔耶特谢莫纳城由巴勒斯坦解放人民前线实施的 18 名以色列人被杀事件，遇害者包括 8 名儿童。1982 年，以色列"加利利和平行动"结束巴解组织对黎巴嫩南部的控制，很大程度上阻止了巴勒斯坦组织继续实施恐怖袭击。

巴勒斯坦恐怖袭击的实质和以色列的成功反击，尤其是拯救约旦政府免于被亲苏联的叙利亚和巴解组织推翻，都让美国和西方政策制定者们印象深刻，为结盟打下基础。

1973年赎罪日战争

1969年2月埃希科尔总理去世,以色列建国元老、工党核心人物、外交部部长果尔达·梅厄(Golda Meir)出任总理。1970年9月纳赛尔去世后,萨达特任埃及总统,他多年来一直在威胁要发动新的战争,以扭转埃及1967年的战败结果。然而,1973年秋,以色列情报机构因为后来广为人知的"思维定式(conception)"[①]错误估计了埃及的企图,以色列情报人员认为埃及在上次惨败后不会再与以色列交战。在认同这种"思维定势"心态并急于避免打扰正常生活的思维影响下,梅厄夫人和国防部部长摩西·达杨没有意识到危险的来临,直到袭击发生前几小时才开始调遣军队。

1973年10月6日是犹太历中最神圣的赎罪日,这一天以色列全国都在休息,此时埃及和叙利亚同时发动攻击。起初,南部苏伊士运河和北部戈兰高地的进攻将以色列军队节节逼退。在最初反击战中,因为埃及掌握了新式苏制反坦克武器,以色列在运河沿岸遭受了严重损失。在戈兰高地,有几个小时,只有六辆以色列坦克在叙利亚军队和延伸到地中海的低地之间顽强抵抗。

但以色列很快就恢复了战略优势。以色列国防军穿越苏伊士运河包围了埃及第三军,并把叙利亚军队逼退到大马士革。1973年10月25日,交战各方签订停火协议。接下来开始了为期数月、由基辛格领导的美国"穿梭外交"。1974年1月,以色

---

① 译者注:六日战争后的几年内以色列国民过度自信,普通民众和高层领导都深信国防军拥有绝对的军事优势。这种心态在军队高层和情报系统表现得尤为明显。

列与埃及和叙利亚签署撤离协议。所有军队撤回到战前边界。

在此期间,以色列缺乏国际支持引发国内担忧。美国反应迟缓,只在战争开始时运来几批军事装备。以色列人普遍认为这种延迟是有目的的,因为美国认为战事更接近平局的时候进行和平谈判结果会更好。更糟的是,当美国政府请求欧洲国家借用飞行跑道给以色列空运军事物资的时候,除葡萄牙外,其他欧洲国家都拒绝了,而葡萄牙即使答应也是因为屈服于美国的压力。战争期间,阿拉伯国家实行石油禁运,意在惩罚美国和葡萄牙对以色列的支持,造成高油价时代来临,给阿拉伯国家增添了新的威胁武器和经济影响力。

虽然战争只持续了三周,但以色列损失惨重,接近3000人死亡或失踪。国民情绪比1967年战争后更加清醒并更具有自我批评精神。政府因准备不足而广受诟病,这也为以色列国内剧烈的政治变化打下了基础。

政治和社会转变

1977年选举是以色列历史上的一个转折点,这是独立后三十年来最大的政治变革。公布选举结果的电台播音员称之为"地震",此后大家一直沿用这一比喻。工党首次失去权力,而且是惨败于对手。造成这种结果的原因有:以色列人对1973年战争的处理不满意,感觉需要做出改变,以及许多米兹拉希犹太人政治思想发生较大的转变。

这一代米兹拉希犹太人主要是大规模移民时期从阿拉伯国家而来,尤其是从北非移民来的犹太人,他们大多保守、遵循犹太教传统,在保守党派中占绝大多数。比如,超过50%的莱希组织成员和很大一部分伊尔贡战士都有米兹拉希背景。

从早期移民时期到70年代,许多米兹拉希犹太人认为工党政府鄙视他们并强迫他们遵守规定。他们（尤其是那些从北非来的米兹拉希犹太人）在军事、经济、政治和文化上层领导中的人数与他们在普通民众中的数量不成正比。因此大多数米兹拉希犹太人都支持梅纳赫姆·贝京领导的保守民族主义利库德党，利库德党赢得了1977年选举。工党的腐败丑闻和中立派人数的短暂增多也起了一定作用。

对于许多世俗左派阿什肯纳兹犹太人权力集团来说，利库德党的胜选是一种创伤。接下来几十年，在以色列国内争论之下潜藏的是一种文化苦涩，这种苦涩感的原因是这些权力集团认为保守力量正在转变并毁灭这个国家。不过，到20世纪90年代，阿什肯纳兹和米兹拉希/塞法迪犹太人之间的分歧逐渐变小，也许主要因为90年代和平进程试验后达成的共识。

70年代也是一些以色列阿拉伯人激进化的时期。阿拉伯地区的军事化管理在1966年结束。但是这种转变的主要因素是巴解组织和法塔赫组织的兴起，在年轻一代的阿拉伯人中推行阿拉伯和巴勒斯坦民族主义。最激烈的事件是在1976年3月30日，以色列阿拉伯人抗议土地征用举行大罢工，后演变为暴力事件，有六名以色列阿拉伯人在与警察的冲突中身亡。

投票行为也发生了相应的转变。以前以色列阿拉伯人一直投票给工党，但70年代阿拉伯人投票给共产党和其他左翼政党的比例增多。只有极少数以色列阿拉伯人参加了革命活动，其中最重要的组织是阿尔-巴拉德组织（Abna al-Balad，意为家园之子）民族主义运动。此外虽然被占领土附近混乱时有发生，但以色列阿拉伯人很少参与这些暴力行动。

埃及-以色列和平条约

1977年上台的民族主义政党利库德集团对阿拉伯国家的

和平意愿持怀疑态度,并且出于民族主义、宗教和战略原因,不愿放弃1967年占领的区域。不过贝京总理还是得出埃及萨达特总统想要达成和平协议的结论。埃及与苏联关系破裂,正在寻求美国的支持。此外,因为西奈油田的损失和苏伊士运河的关闭(1973年战争让这里破烂不堪,遍布地雷)都让埃及经济濒临崩溃。最后,敢于冒险的萨达特准备尝试完全不同的外交政策。

因此当贝京邀请萨达特访问耶路撒冷时,这位埃及总统同意了。尤其重要的是萨达特还于1977年11月在以色列议会上发表致辞。第二年,由美国总统卡特(Jimmy Carter)主持,萨达特和贝京在美国马里兰州的戴维营举行会晤。两国同意进入过渡时期,西岸和加沙地带的巴勒斯坦居民将组建自治政府。他们希望这一步能带来全面和平谈判,进而解决以色列和巴勒斯坦的和平问题。然而巴勒斯坦人拒绝了这次机会,而且还联合大多数阿拉伯国家宣布埃及是阿拉伯世界的叛徒。巴解组织领导人阿拉法特甚至威胁要杀死任何接受该提议的巴勒斯坦领导人。

尽管如此,埃及和以色列还是在1979年3月26日签订了双边和平条约,约定以色列于1982年4月25日前撤出西奈半岛,两国停战并恢复正常外交关系。虽然埃及在遵守和平条约上不太积极,与以色列的商业、旅游和其他往来一直很少,但还是转变了地区战略形势,大大减少了阿拉伯国家向以色列开战的机会。

1982年黎巴嫩战争

除与埃及签署和平条约以外,1981年,以色列还在没有任何伤亡的情况下空袭并摧毁了伊拉克位于奥西拉克的核反应堆。1981年6月,虽然人们对通货膨胀和经济不景气有所担忧,这些行动的成功还是帮助贝京政府再一次赢得选举。1981年12月,以色列占领了戈兰高地,但此举未获国际承认。北部的其他新情况引发了政府的最大危机。

在1970年被逐出约旦后,巴解组织将基地转移到黎巴嫩,在那里建立了一个"国中国"。巴解组织经常在黎巴嫩南部对以色列发动跨境袭击,造成平民伤亡。到1981年,巴解组织在南部召集武装力量并建立了常规军(或相当于常规军的军队)。在这地区发生重大冲突之后,巴解组织和以色列间接进行了停火谈判。法塔赫基本上也遵守了停火协议,但私底下仍允许或鼓励规模较小的巴解组织继续攻击以色列。以色列一直担忧该地区武装力量的积聚会引发未来大规模战争。

1982年6月,形势恶化,巴勒斯坦恐怖分子枪击以色列驻英国大使施洛摩·阿尔戈夫(Shlomo Argov),致其终身瘫痪。以色列秘密与马龙派天主教(Maronite Christian)民兵结盟,后者一直在黎巴嫩内战中与巴解组织及其联盟力量斗争,双方提出一项行动计划,计划的主要起草者是以色列国防部长阿里尔·沙龙(Ariol Sharon)。计划的目的是打败巴解组织和它的叙利亚伙伴,帮助天主教赢得黎巴嫩内战、组建新政府,并达成双边和平协议。

1982年6月,以色列开始进攻,发动名为"加利利和平行动"的第五次中东战争。以色列军队快速向前推进,打败巴解组织和叙利亚军队,数以万计的黎巴嫩平民向北逃离。以色列军队很快到达贝鲁特,但考虑到占领整个城市会造成大量人员伤亡而没有继续推进。美国特使菲利普·哈比卜(Philip Habib)介入调停,双方签署协议,规定叙利亚和巴勒斯坦军队于9月1日前离开贝鲁特,代之以大部分由美国、法国和意大利士兵组成的国际维和部队;待时机成熟,基督教领袖巴希尔·杰马耶勒(Bashir Gemayel)成为黎巴嫩总统。然而,行动失败了。

为了阻拦以色列在黎巴嫩的霸权并保证自身影响力，叙利亚暗杀了杰马耶勒。以色列军队包围了萨布拉和夏蒂拉难民营，并允许基督教民兵进入这些难民营，以清除残留在贝鲁特附近难民营的巴解组织和法塔赫武装。这些民兵为了给自己领袖以及内战中遭屠杀的基督教徒报仇，杀死了一千多名居住在难民营中的平民，其中大部分是巴勒斯坦人。

此事件引发国际社会的强烈抗议，同时也在以色列国内引发抗议浪潮。这次战争早已备受批评，因为在有些人看来，与之前战争不同，这场战争是"可选择的"而非"必须的"。贝京责成首席大法官伊扎克·卡汗（Yitzhak Kahan）对屠杀事件和以色列在其中所起的作用进行全面司法调查。1983年2月8日发表的《卡汗报告》将直接责任推在黎巴嫩民兵身上，但同时也批评了一些以色列领导人未能控制或阻挡民兵进入难民营。报告严厉斥责了贝京，并建议将沙龙免职。

另外，该计划并未完全达到战略目标。1983年5月17日，以色列和黎巴嫩宣布达成协议，结束两国交战。兄长被暗杀后，阿明·杰马耶勒（Amin Gemaye）成为总统，但他太软弱，不能抵抗叙利亚，执行停火协议。此外，虽然巴解组织领导人阿拉法特和他的军队转移到突尼斯，成立了新的指挥部，叙利亚仍拒绝撤离黎巴嫩的贝加山谷。他们在那里向以色列军队发动游击战，以色列伤亡人数日渐增多，人们对贝京政府的支持率也越来越低。

1983年后半年，以色列通货膨胀猛增，国家实行财政紧缩措施，这些都加剧了国内的不满情绪。1983年8月30日，贝京因黎巴嫩事件以及9个月前妻子的去世而抑郁辞职。外交部部长伊扎克·沙米尔（Yitzhak Shamir）接替贝京成为总理，他当选的原因是承诺保证以色列军队继续在黎巴嫩驻扎，在西岸地区建立新定居点，以及解决国家的经济问题。

正如在危急时刻经常出现的情形，一件大的成功事件就能让民众士气高涨。有两件事改变了国民情绪：其一是1984年的"摩西行动"，将犹太人通过苏丹偷运出埃塞俄比亚；其二是"所罗门行动"，在短短36小时之内把全部留在埃塞俄比亚的犹太人空运至以色列，第一批8000人，第二批1.43万人。在1984年7月23日的选举中，工党赢得46席，利库德党赢得41席，但因双方均未能达到议会多数党要求的61个席位，两党同意组建联合政府，工党的西蒙·佩雷斯执政两年后，利库德党的沙米尔再执政两年。

以色列军队仍留在黎巴嫩，只是从贝鲁特稍往南撤离。伊朗和叙利亚支持新成立的真主党和其他激进组织与以色列军队斗争。1983年，沙米尔继续之前的政策，拒绝在叙利亚撤出黎巴嫩南部之前完全撤离。成立于1984年的新联合政府改变了立场，承诺如有必要将单方撤离黎巴嫩。1985年与黎巴嫩和平谈判破裂后，以色列政府批准实行"三阶段计划"，逐步将以色列国防军撤离到国际边界。而在以色列国防军撤离的时候，真主党发动了袭击。3月，撤离速度加快，第二批撤离在4月底前完成。同时，以色列还用1150名黎巴嫩和巴勒斯坦战俘交换了3名以色列战俘。

以军撤离的最后一个阶段提前于1985年6月完成。在黎巴嫩内战中，超过650名以军死亡。以色列留下大约500名士兵和顾问帮助新成立、配备以色列装备的南黎巴嫩军，在黎巴嫩边界内大约7—12英里（11—20公里）宽的缓冲区执行巡逻任务。即使巴勒斯坦军队已经撤离，并且真主党无法单独攻击以色列，但南部黎巴嫩战争仍持续不断。

80年代的和平和安全问题

虽然在黎巴嫩战争中没有成功达到更长远目标，而且给以色列带来了沉重的经济负担,但在一段时间内也削弱了巴解组织进攻以色列的能力,巴解组织势力渐弱。20世纪80年代,双方为了和平做出数次努力。虽然尝试了很多达成和平协议的途径,但最终进展甚微。

80年代的前5年,各方都在做最后努力,以其他方式与巴解组织相处,但巴解组织不愿为了和平做出妥协,继续表现出毁灭以色列的决心。以色列的立场是只有在巴解组织改变立场,即接受联合国242号决议,承认以色列作为一个国家的存在权利,并且放弃恐怖主义时,才愿意谈判。

既然与巴解组织进行谈判的可能性不大,以色列尝试采取两种手段:其一,按照埃及-以色列合约中的承诺——给当地巴勒斯坦人自治权,但这种方式以失败告终,因为巴解组织威胁那些考虑接受这种提议的西岸地区市长,其中两人遭到暗杀;其二是"约旦方案",即尝试与约旦政府进行谈判。以色列曾寄希望于将1967年战争中从约旦那里取得的西岸地区归还给约旦,从而为"解决巴勒斯坦问题的方案"奠定基础。

回顾过去,分别发生于1948年、1956年、1967年、1968年—1970年、1973年和1982年的六次阿以战争,很明显早已让阿拉伯国家尝够了被以色列打败的滋味。接下来几十年间,战争的主角不再是这些阿拉伯国家,而是那些非国家行为者,他们是某些阿拉伯国家的委托者,其中有伊朗背景的越来越多。巴解组织、哈马斯、真主党这样的组织攻击和杀害以色列平民,将被占领土施入混乱境地,但他们无法在很大程度上危害到以色列,更别说打败以色列。因此尽管一些事件时有发生,以色列国内继续不断发展,安全程度反而远高于过去。

约旦政府比较稳定,也显示出在境内控制巴勒斯坦势力的能力。此外,约旦受益于以色列的存在,得以与更强大的阿拉伯邻居抗衡,保证了自身的主权。约旦和以色列曾共同与巴解组织作战,从约旦政府的立场来看,巴解组织控制下的西岸地区将是一个威胁，并不值得支持。

西蒙·佩雷斯在1984年到1986年任以色列总理，卸任后又任两年外交部部长，他是约旦方案的主要倡议者。这一时期的主要政治行动是约旦国王侯赛因尝试建立约旦和巴勒斯坦之间的合作。侯赛因国王的主要努力是在1985年2月，当时他提议成立约旦-巴勒斯坦代表团与以色列谈判，巴解组织领导人阿拉法特告诉他巴解组织会接受这一提议，后来却违约了，一年努力无果，国王宣布与巴解组织断绝政治关系。不过，侯赛因在1987年与以色列外交部部长佩雷斯秘密来往后又做了一次努力。但双方还是没有达成一致。与萨达特掌权的埃及不同，约旦不希望与所有阿拉伯国家以及巴勒斯坦对抗。1988年初，侯赛因国王永久放弃了约旦对西岸地区的主权。

20世纪80年代，巴解组织隐藏在遥远的突尼斯，继续向以色列发动恐怖行动，但是因为在以色列边境上缺乏安全区域，转而在其他许多国家发动袭击。比如，1985年9月，阿拉法特的精英保镖卫队——第17军杀害了三个航行到塞浦路斯的以色列平民。作为对此事件和其他袭击的报复，以色列轰炸了巴解组织突尼斯总部。其后不久，10月，一队巴解组织成员实施了蓄谋已久的恐怖行动，他们在地中海东部劫持"阿奇里·劳罗"号意大利游艇，杀害了一名美籍犹太乘客。后来意大利允许该组织的首领逃离。

1987—1991年巴勒斯坦大起义

以色列建国的二十多年中，1987年巴勒斯坦大起义是在西岸和加沙地区发生的最大暴乱。起初，当地武装力量因不满巴解组织领导，组织了这次起义，不过很快巴解组织就介入进来。这种新策略标志着国际恐怖主义的失败和跨境行动并没有产生多大作用。同时也表明其他伊斯兰势力的出现,尤其是哈马斯,正在取代法塔赫和巴解组织的领导。

起义开始于 1987 年 12 月 8 日,起因是两辆巴勒斯坦人驾驶的汽车与以色列军用卡车在加沙地区一个军事检查点相撞,造成 4 名巴勒斯坦人死亡,后有谣言称该事件是以色列故意计划实施的,其后几年这种谣言愈演愈烈。

不久后,起义全国统一领导联盟(UNLU)开始领导这次大起义,该联盟属于包括哈马斯在内的巴勒斯坦组织,但归巴解组织和法塔赫领导。哈马斯源于穆斯林兄弟会运动的巴勒斯坦分支,它最初只参与宣传和社会活动,因而以色列并没有予以禁止,但当它转变为暴力组织后以色列对它的政策开始改变。1988 年 8 月发表的《哈马斯宪章》拒绝承认以色列的存在,并将建立伊斯兰国家作为哈马斯的目标。哈马斯认为他们将取代法塔赫和巴解组织成为巴勒斯坦的领导组织。

同时,法塔赫和巴解组织认为他们有权取代约旦接管西岸地区。巴解组织在 1988 年 11 月紧急召开巴勒斯坦全国委员会立法会议,原因有三:其一,他们错误地担心以色列会回应侯赛因国王放弃西岸地区主权的决定,吞并该地区,巴解组织想要提出自己的主权要求,成为西岸地区的合法政府;其二,巴解组织需要对这次大起义在政治层面上做出有组织的回应,包括向本地活动分子表明是总部位于突尼斯的巴解组织在领导这次起义;其三,美国一项外交倡议建议,如果巴解组织承认以色列并放弃使用恐怖主义,美国将会与巴解组织进行对话。美国和以色列都将这些条件作为巴解组织进入外交和平程序的前提。

1988 年 11 月举行的巴勒斯坦全国委员会会议并没有就满足谈判的前提条件达成一致意见。虽然这次会议的最终决议暗含接受条款的语句,但正如美国国务院所认为的:巴勒斯坦全国委员会并没有接受该条件。其后不久,在日内瓦举行的一次新闻发布会上,阿拉法特给了美国政府可接受条款的少许暗示,虽然以色列不能接受，但至少与巴解组织展开了公开对话。会谈期间，法塔赫虽未直接攻击以色列，但其他巴解组织成员组织攻击行动，这表明巴解组织并没有改变其策略。

1988年以色列选举的结果与1984年相似：利库德占40个席位，工党占39个席位，故而需要组建另外一个联合政府，沙米尔任总理，佩雷斯任副总理和财政部部长。放弃约旦选项后，佩雷斯想要与那些接近巴解组织但并不是其成员的巴勒斯坦人谈判，但沙米尔反对这种想法。1990年3月，佩雷斯相信他自己能够组建一个多数党政府而退出联合政府，政府随之解体。

佩雷斯的退出后来成为众所周知的"令人讨厌的诡计"。有些人认为这是一种狡诈行为，其他人则认为这是一次失败。因为佩雷斯难以找到必要的支持，1990年6月8日，沙米尔组建了更保守的新政府，拒绝了美国提出的以色列和巴勒斯坦代表团之间进行直接谈判的提议。然而，这些进展很快被两件大事蒙上阴影——苏联解体和伊拉克入侵科威特，改变了整个战略版图。

美国和巴解组织的对话最终在1990年5月结束，巴解领导人被发现支持在特拉维夫杀害平民的一次恐怖活动，虽然该活动被以色列海军拦截于海上而未能得逞。此次行动的副指挥，穆罕默德·艾哈迈德-哈马迪·优素福（Muhammad Ahmad al-Hamadi Yusuf）告诉审问官，他的命令是"不要留下任何活口。全部杀光……儿童、妇女、老人"。到这时，大起义逐渐消失，并未对以色列政策造成任何改变，也没有给以色列带来任何大的损害。

冷战结束及科威特战争

1991年，苏联解体，冷战随之结束，这对以色列来说有较大的积极影响。首先，苏联解体让那些与以色列交战的阿拉伯国家和巴解组织失去了最强大的联盟和军火供应国。其次，之前作为苏联一部分或者在苏联势力范围内的国家逐渐独立，他们想要改变共产主义时代的政策，这意味着以色列在中欧和高加索地区拥有了新朋友。从1989年9月的匈牙利开始，新成立国家和俄罗斯都与以色列建立了外交和商务关系。那些在六日战争后与以色列断绝外交关系的第三世界国家，尤其是非洲国家都开始恢复与以色列的外交关系。再次，苏联解体使得从原苏联来的犹太移民急剧增加。自20世纪50年代早期，最大的移民潮中有一百多万人从原苏联移民到以色列，其中大部分都是高技能人才。人口的剧增给以色列带来自信和国内市场，呈现给它的敌人一个更加强大的以色列——以色列在战争中将会比以前更难对付。也许他们会相信时机对以色列有利，对他们不利，这可能是促进和平努力的一个新因素。

1990年8月，伊拉克占领科威特，目的是攫取科威特的石油财富并成为阿拉伯世界的领袖。大部分阿拉伯国家的政府害怕伊拉克会威胁到自己而向美国寻求保护。为了建立国际联盟，美国政府要求伊拉克在1991年1月15日之前撤离科威特，否则将攻打伊拉克。

巴勒斯坦人普遍而狂热支持的阿拉法特和巴解组织，选择支持伊拉克独裁者萨达姆·侯赛因（Saddam Hussein）。他们相信伊拉克人会取得胜利，转而进攻以色列，然后所有阿拉伯国家都会跟着进攻以色列。然而他们完全想错了，沙特阿拉伯、科威特流亡政府和其他阿拉伯政府都把支持伊拉克当作背叛，转而反对巴解组织。海湾国家的阿拉伯人停止资助巴解组织，使其陷入重大财政危机之中。

在多国部队进攻科威特后，伊拉克错误地认为进攻以色列能够带来阿拉伯国家的支持。从1991年1月18日开始，伊拉克不断向以色列发射飞毛腿导弹。在六周的时间里，伊拉克总共发射了39枚导弹。以色列担心这些导弹中可能装有化学或细菌弹头,宣布将对袭击进行核报复,但后来表明伊拉克并没有此能力。

按照维护国家安全原则,以色列本该立刻对伊拉克的导弹攻击予以还击,但美国劝说以色列保持克制,除非这种攻击将战争扩大。美国承诺会破坏伊拉克导弹发射台,但后来却并没有信守诺言;它还承诺给以色列安装美国防空系统,但后来证明毫无作用。

因为弹头较小,导弹发射也不精准,伊拉克的袭击只直接造成两人死亡,但仍有200多人受伤,许多老年人死于压力造成的心脏病或其他疾病。以色列经济很大程度上已瘫痪。为了确保以色列在袭击中保持克制,美国承诺增加战后赔偿,但伊拉克战败后美国并没有对此做出具体的回应。

奥斯陆协议

随着伊拉克在科威特战败,再加上阿拉伯人对巴解组织支持减少,阿拉伯国家分歧渐增,人们对传统的阿拉伯政策产生怀疑,这些似乎都对以色列有利。考虑到几十年来巴解组织试图摧毁、打败或严重破坏以色列的企图均告失败,巴解组织遭受了更直接的损失,巴勒斯坦运动也许会有所转变。此外,美国此时是世界上唯一超级大国,它刚刚从伊拉克控制下解救了大多数阿拉伯国家。似乎做出重大和平努力的时机已经成熟。

战争结束后,美国国务卿贝克(James Baker)访问了以色列、埃及和叙利亚,他提出在联合国安理会第242号决议的基础上举行地区和平会议。叙利亚因为失去了苏联的支持,惧于美国的全球霸权,首次答应参加与以色列的直接谈判。后来各方又一致同意约旦-巴勒斯坦代表团中将不包括巴解组织成员,但以色列接受了名义上独立的巴勒斯坦人（以色列明白这些人其实是法塔赫成员）。1991年8月4日，以色列内阁同意在已拟订条款条件下参加和平会议。

该国际会议始于1991年10月在马德里召开的分会议。当看到其他阿拉伯国家都没有参加时，叙利亚试图退出，但没有成功。后来，会议分两部分进行。以色列和叙利亚、黎巴嫩和约旦-巴勒斯坦代表团之间分别举行了三次双边会谈。其他由多个代表团联合举行的会议，议题主要围绕具体地区问题展开，包括军备控制、经济合作、巴勒斯坦难民、水资源和环境问题等。虽然以色列做出了额外的让步——在没有约旦代表出席的情况下与巴勒斯坦人会面，但会议和谈判一直持续到1992年仍未取得实质性进展。

1992年6月23日，以色列举行大选，由拉宾（Yitzhak Rabin）领导的工党获得44个议会席位，而利库德党只有32席。拉宾以62席组建中间偏左的联合政府。在竞选期间，拉宾曾提出把以色列和巴勒斯坦居住地"隔离"开。拉宾与外交部部长佩雷斯打算弄清楚当时的形势和经历是否已迫使巴解组织改变其世界观和目标。

以色列领导人开始在挪威与巴解组织秘密接触，并达成了协议的基础。然后他们将这些进展通知美国。1993年9月13日，双方在美国华盛顿正式签署了《原则宣言》（即《奥斯陆协议》）。在这历史性时刻，拉宾和阿拉法特握手言和，两者中间站着主持和发起和平协议的美国总统比尔·克林顿。

对以色列来说，和平协议是两国方案的尝试：巴解组织是否接受以色列和巴勒斯坦两个国家共同存在于中东地区，准备与以色列和平共处？如果一切按计划进行，巴解组织将会急于达成全面妥协，其最终目标是在当前以色列占领地建立巴勒斯坦国。按照《奥斯陆协议》，5年的过渡期将于1998年12月结束，在此期间双方可建立互信。以色列相信阿拉法特和巴解组织会考虑管理领土、满足巴勒斯坦人的需要，立场将更加温和。

最重要的问题是巴解组织是否会用新的管理权、大额国际财政捐助和安全部队来阻止恐怖主义，建设稳定的政治和经济基础设施。如果巴解组织和巴勒斯坦人确实渴望建立国家，并想要结束以色列的长期占领，他们就会积极地推动和平进程，以色列也希望如此。

以色列对巴解组织的设想体现在《奥斯陆协议》和1994年以及1996年的补充协议中。以色列和巴解组织互相予以承认，根据协议建立巴勒斯坦民族权力机构来管理现在由以色列占领的领地，这些领地从整个加沙半岛（以色列定居点除外）到杰利科。

西岸地区分成三个区域：A区，即所有除希伯仑（在1996年决定该镇归属）以外的城镇均归巴勒斯坦民族权力机构完全管辖。B区，为本应归巴勒斯坦民族权力机构管辖的村庄，但以色列保留因安全原因进入这些村庄的权利。C区，犹太人定居点和无人居住区继续归以色列管辖。巴解组织同意所有犹太人定居点维持现状直至全面和平协议签署。以色列申明将不再建立任何新定居点来扩大现有定居点领土，但以色列保留在现有定居点修建房屋的权利，巴解组织对此并无异议。

在达成完全和平条约之前，双方应需对所有问题进行共同协商，包括领土、犹太人定居点、耶路撒冷和巴勒斯坦难民的未来。一个国际捐助者联盟将提供大额援助，为巴勒斯坦民族权力机构提供经费。

1993年10月6日，拉宾和阿拉法特在开罗会面，商议《奥斯陆协议》的补充细节，包括巴勒斯坦民族权力机构运行基本法则，以及成立双边委员会解决争议问题，为全面谈判做准备。到最后时刻，在协议达成并且所有领导都上台签署协议之时，阿拉法特却又提出更多要求。会谈主持人埃及总统穆巴拉克（Hosni Mubarak）当场谴责阿拉法特，最后他虽然同意协议，但加了一条注释，表明他对协议的接受是有条件的，要从以色列那里得到更多。

另一个危机发生于希伯仑一个清真寺（同时也是犹太圣地），一名极端犹太人杀死了29名穆斯林信徒。即便如此，1994年5月4日，以色列和巴解组织在开罗签署协议，规定巴勒斯坦在加沙和杰利科实行自治。根据协议，以色列国防军将从加沙和杰利科撤军，巴勒斯坦人将在那里部署9000名警察，巴勒斯坦民族权力机构开始运作。1994年7月1日，阿拉法特返回加沙开始他的管理。

但从一开始就出现了一些令人不安的迹象。例如，拉宾很快得知阿拉法特和他的随从们进入加沙时，偷偷将四名曾杀害以色列人的恐怖分子带入加沙，而以色列明确要求禁止这些人进入。在拉宾的坚持下他们离开了，但很快又返回，这预示着未来必然会经历挫折。拉宾和佩雷斯想要让和平进程尽可能快地发挥作用，不想因为阻碍和平进程顺利进行而受到指责，因此他们对人们就此事的抱怨保持沉默。

虽然巴解组织签署了《奥斯陆协议》，但阿拉法特在巴解组织执行委员会中仅勉强获得大多数人对他行动的支持。一些领导人辞职表示反对，其他人继续反对任何与以色列之间的协商或妥协。两个巴勒斯坦伊斯兰组织哈马斯和小一点的伊斯兰圣战组织反应更为激烈，他们用恐怖主义来破坏和平进程，争取巴勒斯坦人对他们立场的支持。

巴勒斯坦民族权力机构必须决定如何处理这个问题。根据《奥斯陆协议》，巴勒斯坦民族权力机构的工作是阻止针对以色列的袭击；逮捕、起诉和关押袭击者；建设能稳定提高人民生活水平的国家所需要的基础设施；以及让巴勒斯坦人做好与以色列人和平地比邻而居的准备。以色列则在这些地区监督其进展。

在对待伊斯兰主义者、更激进的巴解组织成员和法塔赫问题上,阿拉法特有几个选择。其一是管束自己的队伍,履行阻止恐怖主义的承诺,或者促使哈马斯服从他的命令或镇压这个组织。巴勒斯坦民族权力机构可以把目标放在有效管理自己领土、改变自我定位,从使用暴力达到目标的革命组织转变为以建立国家为目标的政府。

有时,巴解组织确实会遏制哈马斯,阻止极端分子向以色列发动攻击;但在其他时候,巴解组织会鼓励或放任针对以色列的暴力行动。参与恐怖袭击的人虽被关押,但仅从巴勒斯坦利益角度出发指控他们发动袭击的时机不对,然后就被悄悄释放了。巴勒斯坦民族权力机构从来不认真宣传和教育,号召人们节制和采取温和态度,但它确实降低了期望值:其在两国方案上的妥协,虽不是对以色列的完全胜利,也是可以接受的。

以色列对巴勒斯坦民族权力机构心存怀疑,巴勒斯坦民族权力机构和伊斯兰极端主义者容忍激进行动的发生,巴勒斯坦抱怨以色列的政策并持续发动暴力行动,所有这些结合在一起都影响了双方民众对和平进程的支持。1995年,民意调查反映了这种怀疑:大多数以色列人不满和平进程,而大多数巴勒斯坦人仍支持对以色列发动自杀式袭击。尽管如此,以色列政府仍一直坚持和平进程。根据1995年9月28日的《过渡时期协议》,以色列将所有剩余西岸地区城镇都交还巴勒斯坦民族权力机构,其中包括纳布卢斯、拉姆安拉、杰宁、图勒凯尔姆、凯勒基利亚和伯利恒以及希伯仑(唯一有犹太定居者的西岸城市)部分地区。

与约旦和叙利亚的谈判

奥斯陆和平进程还带来与约旦关系的巨大突破。虽然约旦政府长久以来一直想要退出和以色列的冲突,但其国内以及阿拉伯国家施加的压力成为它退出的阻碍。伴随苏联解体、伊拉克战败,阿拉伯国家势力渐弱,巴解组织开始和以色列谈判,约旦与以色列的会谈也相应展开了。

1994年10月26日,约旦和以色列在共同边界附近签署全面和平协议。双方认同1948年设定的边界(大多以约旦河为界),并开始正常贸易。以色列还向约旦归还了1967年占领的约120平方英里(311平方公里)的区域;租用一块沿边境线约1平方英里(2.6平方公里)的土地,因为以色列农民在这块土地上种植了果园;并同意为约旦提供水资源。1996年,两国还签署了一个贸易协定。

约旦国内有很多人,尤其是极端主义者和巴勒斯坦人反对和平协议的签署。约旦后来声称它很失望,和平并没有给它带来更大的经济效益,政府也尽量减少与以色列的接触。尽管如此,对以色列来说看到一个阿拉伯邻国退出冲突,具有极大的战略意义。

以色列在这一时期还取得了其他类似的外交成果。1994年9月,摩洛哥与以色列建立了低级别外交关系。随后,突尼斯、阿曼和卡塔尔也与以色列建立了低级别外交关系。与叙利亚的谈判要困难很多。1994年2月,以色列和叙利亚暂停马德里会议后的双边会谈。叙利亚不仅反对以色列-巴解组织协议,还阻止约旦与以色列言和,但它的影响力有限,并不能阻止这些进展,当时叙利亚已失去了苏联的支持,且又有美国势力延伸的影响。

1995年3月,美国主持的双边会谈重新开启。叙利亚坚持要求将1967年前的边界作为实现和平的边界,这会把他们在1948年战争中占领的以色列领土重新划归叙利亚,这部分领土虽小但具有重要的战略意义。同时,叙利亚尽一切可能破坏以色列-巴勒斯坦和平进程,除了一些破坏行动,它还支持哈马斯和黎巴嫩内部的巴解激进组织武装力量。虽然1995年和1996

年举行了几次协商，叙利亚和以色列之间的谈判并没有取得实质性进展。协商解决的细节不是真正的问题，与以色列言和并不是叙利亚政府的根本利益所在。

拉宾遇刺及其后果

1995年11月4日，以色列总理拉宾和外交部部长佩雷斯在以色列国王广场特拉维夫市政厅出席和平集会。当两位领导人离开讲台的时候，一个名叫伊加尔·埃米尔（Yigal Amir）的年轻人开枪打死了拉宾，作为宗教极端主义者，他相信刺杀拉宾会破坏和平进程，阻止以色列从西岸地区撤离。这一行为让整个国家受到严重创伤，其程度之深也许在以色列历史上没有哪个事件能与之相比。人们将之怪罪于对国家政策的激烈争论和极端右翼分子对拉宾的妖魔化。此后，全国对和平进程的争论逐步减少，因为大家都意识到争论已经过头了。佩雷斯就任代理总理，18天后恢复拉宾的联合政府。佩雷斯相信出于对刺杀事件的厌恶，国家情绪已经倾向于全心全意支持和平进程，他提出在1996年5月进行新选举。

此时，一个新事件进入公众视线，改变了民意。1996年2月下旬和3月上旬，一名炸弹制造商被杀，他制造了之前多起袭击事件所用的炸弹。对此，哈马斯在耶路撒冷、阿什克伦和特拉维夫发动一系列自杀式炸弹袭击，造成50多名以色列人死亡，和平进程暂停。以色列再一次关闭西岸地区和加沙地带边界，这次是无限期关闭，并且要求巴勒斯坦民族权力机构控制哈马斯和伊斯兰圣战组织。

虽然拉宾遇刺加强了以色列国内对和平进程的支持（和平进程现在是这位已故领导人留下的宝贵政治遗产），但巴勒斯坦人的袭击开始让以色列人质疑其效果和发展方向。毕竟，如果成立巴勒斯坦民族权力机构并做出妥协后,恐怖主义不减反增,这种策略怎么能有效果呢?为了回应质疑,政府试图通过提出如果恐怖分子阻止和平进程的图谋得逞,那么恐怖分子就会用胜利的论点来争取民众支持。

1996年2月份举行的选举是对和平进程进行的公投,并首次直接选举总理。佩雷斯本有望赢得选举,但巴勒斯坦恐怖主义不断升级,再加上他本身受欢迎程度较低,以及其他一些因素,尽管得票数很接近,最后利库德领袖本雅明·内塔尼亚胡(Binyamin Netanyahu)赢得了选举。内塔尼亚胡组建了一个大联合政府,由六个中间派、宗教政党和右翼政党组成。

虽然内塔尼亚胡和他的支持者们一直对奥斯陆进程持怀疑态度,作为总理他还是接受了该协议,只是宣称他会让谈判更加有效。他的政策的关键因素是"互惠",即只有巴勒斯坦民族权力机构更加完全和明确地履行自己的承诺,以色列才会做出更多让步。然而以色列对该进程的处理还是没有多大变化,最终导致右翼党派解散内塔尼亚胡政府。

1996年9月,以色列政府重新开放耶路撒冷犹太区古隧道,或许是为了考验或破坏以色列政府权威,巴勒斯坦民族权力机构以此为理由组织了暴力示威活动。巴勒斯坦民族权力机构安全部队第一次向以色列国防军开火。在内塔尼亚胡威胁要投入更多军队后,冲突停止,事件造成50名巴勒斯坦人和18名以色列人死亡,上百人受伤。

看来似乎漫无止境、停滞不前的会谈再一次重启,内容包括建立互信措施,以色列再向巴勒斯坦民族权力机构移交一部分领土,以色列抱怨巴勒斯坦民族权力机构煽动针对以色列的暴力行动,还有所有其他近期问题,以及确定全面和平协议应该包含的内容。1996年10月,双方在希伯仑问题上达成一致。希伯仑是以色列唯一保留管辖权利的西岸城镇。巴勒斯坦民族权力机构控制希伯仑的80%,以色列控制剩余20%。

两年后,1998 年 10 月,在美国主持的一次会议上,内塔尼亚胡和阿拉法特同意签署《怀依河协定》,其中规定以色列分三个阶段重新进行军事部署,向巴勒斯坦民族权力机构归还超过 13.1% 的西岸地区领土。作为交换,巴勒斯坦民族权力机构承诺修改《巴勒斯坦民族宪章》中否认以色列存在的条款,并且会加强安全措施,防止恐怖主义行动。11 月 17 日,以色列议会以 75:19 投票批准《怀依河协定》。三天后,以色列国防军开始第一阶段从西岸撤离,250 名巴勒斯坦囚犯被释放。

　　巴解组织召开巴勒斯坦全国委员会会议,修改宪章并去除呼吁使用暴力和消灭以色列的条款,克林顿总统出席了这次会议,并敦促做出改变。会议通过了一项决议,表面上似乎满足了以色列的要求,但巴勒斯坦全国委员会仅任命了一个委员会来决定如何处理这一事件。事实上,他们并没有采取任何行动,而是出台了另一个声称建立互信的措施,这让以色列对巴解组织和巴勒斯坦民族权力机构做出转变的信心降低。这一事件综合其他一些因素,包括巴勒斯坦民族权力机构安全政策松懈,内塔尼亚胡宣布以色列将不会继续原定于 1998 年 12 月 18 日进行的第二阶段撤离西岸计划。两天后,以色列议会投票暂停履行《怀依河协定》。

　　内塔尼亚胡实际在走政治钢丝,他怀疑巴勒斯坦民族权力机构是否真正想要履行承诺,去建立稳定的政权,阻止恐怖主义和对以色列的袭击。他奉行有限妥协政策,他自己所在的右翼党和小一些的联盟政党对这种政策均持反对意见。

　　内塔尼亚胡要继续执政必须要考虑的重要力量是沙斯党(Shas Party)。1997 年 1 月,他曾任命罗尼·巴安(Roni Bar-On)为司法部部长。三个月后,有人指控内塔尼亚胡任命巴安是要为阿里耶·德里(Aryeh Deri)做辩诉交易(德里是沙斯党领导人,面临腐败罪名指控),此举是为了让沙斯党支持以色列从希伯仑撤兵的决定。后巴安辞职,德里被控妨碍司法公正;巴安的继任鲁宾斯坦（Elyakim Rubenstein）做出裁决：因缺乏证据不指控内塔尼亚胡。这一事件表明内塔尼亚胡必须做出很大努力才能将联合政府团结在一起。

到1998年12月，因为在履行《怀依河协定》中所作的妥协，内塔尼亚胡遭到所属利库德集团内和执政联盟的诸多反对，右翼政党成员退出联合政府，这时很明显内塔尼亚胡不能再继续担任总理职位。以色列通过召开新选举动议，定于1999年5月17日举行新选举。

巴拉克任总理期间

1999年选举是以色列人第二次直接投票选举总理，在内塔尼亚胡和埃胡德·巴拉克（Ehud Barak）之间二选一，巴拉克是前军事参谋长，曾是拉宾的门生。巴拉克以56%选票赢得选举，内塔尼亚胡仅得到44%选票。在以色列议会选举中，巴拉克的统一以色列党占26席，利库德党只有19席，相比之前的32席显著下降。另外一个赢家是塞法迪宗教党派沙斯党，虽然他们的领袖被指控腐败，但该党还是赢得了17个席位（之前为10个）。内塔尼亚胡宣布辞去党首和议会首脑职位。阿里尔·沙龙（Ariel Sharon）成为新的利库德党主席。

1. 与叙利亚的谈判

正如拉宾赢得1992年选举是开启以色列-巴解组织和以色列-叙利亚和平进程的基础，巴拉克赢得1999年选举为成功完结这些进程奠定了基础。在竞选中，巴拉克誓言要尽一切努力与巴解组织和叙利亚达成协议。经过六年的努力，恰好也刚刚超过原定的达成和平条约的最后期限，是时候有结果了，尤其西方国家政府一直告诉以色列，阿拉法特需要得到实质结果来让选民满意,从而继续掌权。

从1999年12月开始,克林顿在西弗吉尼亚州谢泼兹敦主持以色列和叙利亚之间的谈判,但没有取得任何进展。最后万不得已,2000年3月25日,克林顿与叙利亚总统哈菲兹·阿萨德(Hafiz al-Asad)会面,提出受美国支持的以色列方提议。巴拉克提议以色列撤出整个戈兰高地,退回到国际边界处。但叙利亚要求更多,为了进一步满足他们的要求,巴拉克提议给叙利亚在加利利湖上的捕鱼权,并在东北向岸建造一个联合和平公园。但阿萨德的回答是"不"。

以色列-叙利亚和平进程从1991年的马德里会议开始,持续数十年,最终失败。大多数以色列人认为即使以色列做出较大让步,叙利亚政府也根本不会和解。

2. 从黎巴嫩撤军

1998年4月1日,内塔尼亚胡政府决定接受联合国安理会第425号决议,从黎巴嫩全面撤军,巴拉克政府对黎巴嫩的政策仍和内塔尼亚胡政府一致。20世纪70年代巴解组织从黎巴嫩发动进攻,导致以色列分别在1978年和1982年进攻黎巴嫩,最后只在边境处保留一个安全缓冲区。以色列政府提出撤离的条件是黎巴嫩政府保证共同边界的安全,而黎巴嫩予以拒绝。结果,以色列国防军留在安全区,以防巴勒斯坦组织以及新出现的威胁——真主党发动跨境袭击。

1998年,在主要由真主党发动的袭击中,黎巴嫩安全区内有23名以色列国防军士兵被杀,但以军成功阻挡了从黎巴嫩向以色列发动的袭击,避免了更为惨重的代价。随着时间推移,伤亡人数不断上升,在黎巴嫩的行动越来越受到以色列国内的质疑。由以军士兵母亲们成立的"四母亲团体"发起支持撤军运动。

就任总理不久之后,巴拉克于1999年7月15日发表声明称即使和叙利亚达不成协议,他也将单方面将以色列国防军战士撤离黎巴嫩。撤军在 2000 年 5 月 24 日进行,联合国确认以色列服从安理会决议实施撤军。

在以色列国内,执行撤军被当作有损以色列威慑力的行为。撤军进行的很快,致使与以色列结盟的南黎巴嫩军队猝不及防。在南黎巴嫩军队瓦解后,真主党接管了南黎巴嫩。该激进组织在这个地区设置了防御工事,并宣布获胜,这让以色列的行动看起来并非策略调整,而更像是一种失败。

真主党提出了新的领土要求,即小小的沙巴农场地区。人们普遍认为这个地区是叙利亚的一部分,是被占领的黎巴嫩领土,这就意味着以色列仍然占领着黎巴嫩的部分地区。真主党开始向以色列发动小规模攻击,发射火箭弹,还试图派遣小分队跨越边界发动袭击。再一次,敌对势力控制了以色列的北部边界,他们随时准备发起战争。除了向叙利亚妥协并没有带来和平的认知外,许多或大部分以色列人认为放弃领土让以色列战略形势更加恶化,实际上增加了发生战争的可能性。

3. 戴维营谈判

巴拉克想要成功结束和平进程。1999 年 9 月 4 日,他在埃及的沙姆沙伊赫会见了阿拉法特,并签署《怀依河协定(修订版)》,修订版提议到 2000 年 2 月 13 日,双方将签订有关永久性地位问题的框架协议;到 2000 年 9 月 13 日,争取达成全面和平协定。在此期间,以色列将把西岸地区的一些土地归还给巴勒斯坦民族权力机构。

1999 年 10 月 25 日,以色列为巴勒斯坦人开通加沙和西岸地区之间的"安全通道"。但阿拉法特提出反对说:以色列给他的地图不完整,交还地区人烟稀少、位置偏僻。谈判虽然破裂,2000 年 3 月,以色列还是将另外 6.1% 的兵力撤离西岸地区。

1999 年 11 月,巴拉克、阿拉法特和克林顿在奥斯陆会面,讨论和平进程的目标——终止冲突、达成全面和平协定的最佳方式。多年来，以色列一直被提醒为了实现和平，阿拉法特需要取得巨大进展，并期望建立一个巴勒斯坦国家。克林顿也知道自己在2000年11月后成为"跛脚鸭"①，届时将选出他的继任者，他的总统任期将在2001年1月结束，促成和平协定的时间已不多。美国和以色列都确信达成全面和最后和平的时机已经到来。克林顿邀请巴以双方到戴维营谈判，本意是使这次会面成为实现和平进程的最后行动。

因为担心巴拉克会在峰会上向阿拉法特过多妥协，三个右翼政党退出联合政府，在他离开前夕，以色列举行了不信任案投票，后来巴拉克险胜暂时度过危机。但巴拉克愿意为了和平去冒这种风险，他在取得授权后继续以总理身份前往美国参加会谈。以色列政府第一次愿意为了和平甘愿放弃东耶路撒冷大部分地区，这种妥协到现在都难以想象。巴拉克的总参谋长丹尼·雅通(Danny Yatom)为巴拉克辩解说："我们去戴维营参加谈判，是因为那是找到可能达成协议的唯一方式。"巴拉克自己说他希望"阿拉法特能抓住时机，展示他的伟大，就像萨达特和侯赛因国王在关键时刻所做的那样"。

2000年7月11日，持续两周的戴维营谈判正式开始。会谈涵盖所有问题，包括耶路撒冷、巴勒斯坦难民、两国边界及以色列定居点等。最后，克林顿提出按照以色列的提议来做进一步谈判。谈判伊始，以色列提出愿意给阿拉法特所有加沙地带、92%的西岸地区(具体地点未定)以及东耶路撒冷大部分地区建立巴勒斯坦国。美国愿意补偿巴勒斯坦人210亿美元。对此，阿拉法特予以拒绝并提出他的提议。很明显阿拉法特无意达成协议，克林顿责怪他使谈判破裂。

自1967年六日战争胜利后，2000年发生的这些事件改变

---

① 译者注：指即将届满卸任的无实权总统。

了以色列人的世界观。阿拉法特拒绝提议是否意味着以色列的设想是错误的呢？以色列曾认为如果自身提出的条件足够好，巴勒斯坦方就会和解。是不是有些什么细节或以色列的行动导致和平进程失败呢？还是巴勒斯坦方，至少是巴勒斯坦领导人不准备签署和平协议呢？2000年后以色列政治和政策发展所围绕的就是这些问题，尤其在第二次大起义发生之后。

以色列给出的提议大大超出叙利亚和巴解组织90%的要求，这是史无前例的，然而叙利亚和巴勒斯坦民族权力机构却予以拒绝，因此人们开始质疑妥协是否真能带来和平。主流政治家和团体不再争论：叙利亚仅仅是想要回戈兰高地，巴勒斯坦人也仅仅想建立他们自己的国家。2000年12月，阿拉法特再一次拒绝了克林顿给出的以色列最后提议。这让谈判更像是以色列的单方妥协，因此人们对上述观点的质疑更加强烈。

此外，从南黎巴嫩、西岸地区和加沙地带撤军不但增加了以色列遭受恐怖袭击的概率，而且还降低了以色列的威慑力。这种结果削弱了放弃领土会减轻邻国敌意的假设。随后2000年年底爆发的第二次巴勒斯坦大起义，以及数年后以色列从加沙完全撤军所产生的结果，都强化了这种结论。

戴维营谈判失败后，西方和国际舆论大肆批评以色列，并减少了对以色列的支持，这也证明了多年来大家一直对以色列灌输只要以色列做出妥协、承担风险，世界就会承认以色列确实想要和平，并且会站到以色列这边的想法是错误的。

第二次巴勒斯坦大起义（阿克萨群众起义）

戴维营谈判破裂后，美国仍继续试图挽救谈判结果，但巴勒斯坦领导人早已开始策划第二次暴力起义，法塔赫的西岸草根领袖马尔万·巴尔古提（Marwan Barghouti）组织了这次起义。

2000年9月28日,利库德领导人阿里尔·沙龙到访耶路撒冷老城的谢里夫圣地圣殿山,在那里停留了一个小时,这为起义提供了借口和时机。在阿拉法特的支持下,巴尔古提的坦兹姆民兵团领导了这次起义,该民兵团隶属于法塔赫。阿拉法特主持了协调会议,哈马斯也参加了会议。巴尔古提后来解释说在起义发生前"我知道9月底是最后时刻,但当沙龙到访阿克萨清真寺时,这就是起义爆发的最合适时机"。

因为巴拉克仍把重点放在恢复谈判上,不想对暴力行为反应太过激烈,尤其是刚开始并不清楚沙龙到访清真寺而引发巴勒斯坦人和以色列军警之间的暴乱和摩擦是一次突发事件还是一次大运动的开始。所以他对这一事件的政策调整得比较缓慢。对很多以色列人来说,巴拉克的迟疑让他的政府更加不受欢迎。

随着巴勒斯坦暴力事件以及以色列国防军在西岸地区和加沙行动的不断升级,2000年10月4日,阿拉法特和巴拉克来到巴黎与美国国务卿马德琳·奥尔布赖特(Mcdeleine Albright)、美国中情局局长乔治·特尼特(George Tenet)、联合国秘书长安南(Kofi Annan)和法国总统雅克·希拉克(Jaeques Chirac)会面。最终巴拉克和阿拉法特同意,以色列军队撤离到2000年9月28日之前的位置,阿拉法特平息抗议和暴力活动。但在其他问题上的分歧阻止双方达成停火协议。阿拉法特一度起身离开,奥尔布赖特不得不追着劝说他返回谈判桌。

10月12日,两名以色列预备役士兵进入拉姆安拉后被巴勒斯坦警察拘留。他们因迷路不小心驶入巴勒斯坦民族权力机构控制的拉姆安拉镇中心,一伙巴勒斯坦暴徒冲入警察局将以色列士兵打死,将他们残破的尸体扔到大街上。这一事件被一位意大利船员拍摄下来并在以色列电视上放映,公众认为这一事件以及其他类似对手无寸铁的以色列平民的故意谋杀,显示出巴勒斯坦人对以色列的仇恨程度,巴勒斯坦民族权力机构根本无意履行承诺。

另外一轮外交谈判带来了 10 月 16—17 号在沙姆沙伊赫举行的紧急会议,会上双方同意停止暴力行为,建立调查委员会。虽然以色列释放了一些巴勒斯坦囚犯,重新开放边界并撤离军队,阿拉法特并没有或没有明显做出阻止起义的行为。作为回应,10 月 22 日,巴拉克正式暂停和平进程。

巴拉克数周之前还在带领以色列实现全面和平,现在却深陷战争的泥潭之中。到 2000 年 11 月中旬,以色列在西岸地区和加沙地区的军事部署增加了三倍兵力,并采取其他措施迫使巴勒斯坦民族权力机构停止战斗。11 月和 12 月,巴拉克批准暗杀了 10 名巴勒斯坦人,以色列情报机构确定这 10 人指挥并组织了恐怖袭击。

为挽救和平进程,克林顿和巴拉克再一次发挥卓越的谈判技巧,做了最后一次努力。阿拉法特拒绝了以色列在戴维营提出的条件。现在即使这位巴勒斯坦领导人不做任何妥协,以色列已经提出了最好的条件。2000 年 12 月 23 日,克林顿将以色列条款交给阿拉法特,条款中包括:巴勒斯坦国将包括 94%—96% 的西岸地区,再加上以色列和巴勒斯坦之间交换的 1%—3% 土地。这样巴勒斯坦人的领土相当于 1967 年六日战争之前的整个西岸地区。以色列的目的是想将靠近边界的小面积区域纳入以色列领土,因为这些区域集中了西岸地区 80% 的犹太定居者。以色列将用领土和巴勒斯坦换取犹太定居者所在的土地,这同时也能让巴勒斯坦国的领土最大限度地毗邻在一起。

此外,以色列提议保留接近巴勒斯坦和约旦边界上的三个预警站,以确保阿拉伯军队不会进入这一地区。巴勒斯坦官员可到场确保这些设施的妥善使用。

在耶路撒冷,巴勒斯坦人拥有阿拉伯社区以及圣殿山上谢里夫圣地的全部主权。以色列只会得到老城的犹太区、犹太社区以及圣殿西墙的主权。以色列在圣殿旧址上的权利将仅限于挖掘许可权,巴勒斯坦同样可拥有对西墙后面挖掘的否决权。

最后将成立国际委员会帮助巴勒斯坦难民返回"历史上的巴勒斯坦"和"他们的家园",这意味着他们会在巴勒斯坦新国家或其他地方得到重新安置。而且会从全球筹得数十亿美元资金用来补偿难民。

克林顿计划能满足巴勒斯坦人约99%的要求,除了在以色列重新安置难民,还比以往任何时候都降低了以色列的要求和安全考虑。很明显,这个计划是专门用来赢得阿拉法特的认可的。

2000年12月28日,以色列内阁批准了克林顿提议,条件是巴勒斯坦人也接受这一提议。但阿拉法特还是拒绝了,仍然重复原来的要求:所有巴勒斯坦难民和他们的后裔有"返回居住在以色列的权利";巴勒斯坦民族权力机构应拥有整个圣殿山、整个西岸地区和东耶路撒冷主权;在与约旦接壤地区不能设置以色列观察员。

在阿拉法特拒绝这一协议之前,巴拉克因为外交策略的失败,国内批评陡增。因为急于有所进展,他授权左翼支持者在埃及塔巴与巴勒斯坦代表团举行非正式会谈,但这一努力也无果而终。和平进程时间有限,克林顿和巴拉克任期都即将结束。面对右翼和左翼政党的批评,联合政府也受到影响,公众认为他软弱无主见,这些都使巴拉克陷入严重的政治危机中。在试图说服沙龙加入民族团结政府失败后(巴拉克拒绝了利库德领导人沙龙与其同享安全决定权的要求),2000年11月28日,巴拉克辞职。但以色列议会投票决定不解散议会,所以新选举不是为了选议会席位,而只是选总理,两位候选人为巴拉克和沙龙。

沙龙任总理期间

2001年2月6日,阿里尔·沙龙以压倒性优势获得62%的选票当选总理,巴拉克得票38%。受和平进程结果和持续进行的起义影响,很多传统上为左翼政党投票的人都转投沙龙。许多阿拉伯选民抵制竞选,进一步加大了沙龙获胜的优势。

只需要选举总理,旧的议会得以保留,这在以色列历史上是唯一一次,这种情况促使以色列返回到旧体系——保留议会不进行国家选举,而是间接选总理。因为利库德党只在120个议会席位中占19席,沙龙必须组建包括工党、三个宗教党派、一个中间党派和三个右翼党派的联合政府。

2001年3月,沙龙就任总理。大起义仍然继续,甚至在2001年愈演愈烈,以色列平民因为恐怖袭击伤亡惨重。经过90年代寄希望于和平进程取得重大进展的期望落空之后,以色列国民士气低落。由于放弃西岸地区和加沙地带的大部分地区,提供或允许巴勒斯坦民族权力机构安全部队的武装和培训,以色列面临比以往更艰难的安全处境。秘密潜入以色列、发动威力较大的自杀式炸弹袭击远比以前容易得多。此外,因为全世界一再被重复告知(即使以色列人都如此说),巴勒斯坦人现在只想建立自己的国家,而不是想让以色列毁灭,国际舆论对以色列的批评达到前所未有的高度。毫不奇怪的是,尽管许多以色列人非常赞同和平进程,却都认为长达7年的和平努力事与愿违。

90年代和平进程的另外一个影响就是,西方国家现在接受甚至提倡建立独立的巴勒斯坦国,以此作为解决争端的唯一方法。2001年10月2日,美国总统小布什(George W. Bush)宣布支持通过谈判建立巴勒斯坦国。

最终，因恐怖袭击频发，再加上巴勒斯坦拒绝接受结束争端的条款，传统民族主义领导人面临更加强硬的伊斯兰组织的挑战，其中主要是哈马斯。阿拉法特曾想把这些组织作为他的工具，但他们与法塔赫一样越来越受人们欢迎。这种趋势与其他中东地区甚至世界各地的变化并行发展，正如2001年9月11日美国发生的恐怖袭击。

同时，巴勒斯坦恐怖分子对以色列平民的袭击继续，给以色列国内带来比以往更多的伤亡。如，2001年12月1日至2日，海法和耶路撒冷发生恐怖袭击，25名以色列人被杀，还有更多人员受伤。通过外交结束这些冲突的努力一再失败。阿拉法特甚至想要让冲突继续升级，还从伊朗购买了大量军火武器。2002年1月3日，以色列海军突击队在红海缴获一艘代号为"卡琳A号"(Karine A)的货船上载有50吨重型武器，其中包括火箭弹，这些武器能够让巴勒斯坦民族权力机构攻击以色列机场和主要城市。2002年2月10日，哈马斯从加沙向以色列首次发射火箭弹。

从2000年9月到2002年3月的18个月间，暴力行动持续发生，共有1065名巴勒斯坦人和344名以色列人死亡。仅2002年3月，就有130名以色列人死于一系列自杀式炸弹袭击和武装袭击。3月27日，袭击达到顶峰，哈马斯人体炸弹进入位于特拉维夫北部内坦亚一个酒店内，杀死了29名参加逾越节晚餐的以色列人。

冲突还影响到了其他人。2002年4月2日，法塔赫、哈马斯以及伊斯兰圣战组织控制了基督教最尊崇的圣地——伯利恒圣诞教堂。这伙人把基督教神职人员劫持为人质，向以色列国防军开火。围困一直持续到5月10日双方达成妥协。巴勒斯坦武装人员被转移或驱逐到加沙和欧洲。

随着伤亡人数的上升，通过外交途径解决问题已然无望，巴勒斯坦民族权力机构明显不愿停止冲突，2002年3月29日，以色列政府发动名为"防御盾牌行动"的大规模进攻以平息叛乱。巴勒斯坦民族权力机构及其相关机构似乎是冲突的根源，所以以色列坦克攻击了巴勒斯坦民族权力机构安全部队设施，进入巴勒斯坦城镇，1994年以来首次控制了大部分巴勒斯坦城镇。阿拉法特被围困在法塔赫总部大楼中。

"防御盾牌行动"中最激烈的战斗发生在西岸地区北部的杰宁难民营，以军与巴勒斯坦武装人员在那里进行巷战。以色列士兵经常为了遵守防止平民伤亡的交战规则而面临生命危险。4月9日，13名以色列预备役军人在进入难民营一处设置了陷阱的建筑时被炸死。交战中共有23名以军士兵战死。后来，一些国际媒体报道说以色列军队摧毁了大部分难民营，而航拍照片显示并非如此。巴勒斯坦发言人也宣称以色列军队在杰宁屠杀了将近500名巴勒斯坦平民，很多西方媒体未经甄别便发布了这一消息。后来，联合国调查显示这些指控失实，冲突中死亡的巴勒斯坦平民人数很少。

对以色列军事行动的夸大和误传日渐成为以色列面临的难题。不仅巴勒斯坦武装力量歪曲事实，指控以色列犯有战争罪行和其他罪行，国际媒体、外国组织甚至西方政府都开始相信这些指控。

为了解救巴勒斯坦民族权力机构，美国督促以色列克制进攻态势。4月6日，联合国安理会通过第1403号决议，要求双方停火，并要求一旦巴勒斯坦民族权力机构接受停火协议，以军就要撤出巴勒斯坦城镇。但美国促成停火的努力均告失败，因为沙龙不同意撤军时间表，阿拉法特不愿意保证将管束恐怖组织。

沙龙宣布以色列将继续战斗，直到消灭恐怖主义势力，4月9日，美国再一次要求以色列撤兵。以色列军队撤离凯勒基利亚和图勒凯尔姆，但在其他地方继续其军事行动。作为对美国要求和施压的回应，在阿拉法特同意审判暗杀以色列旅游部部长泽维（Rehavam Zeevi）的凶手后（2001年10月泽维被解放巴勒斯坦人民阵线暗杀于耶路撒冷一个酒店内），以色列允许阿拉法特离开他在拉马拉的官邸，5月2日起可在巴勒斯坦民族权力机构控制的区域自由行动。但阿拉法特这次还是没有信守承诺。

在"防御盾牌行动"中约有4000名巴勒斯坦人被捕，包括巴尔古提（Marwan Barghouti），他后来因为组织和领导大起义而受审并定罪。在这次行动结束后，暴力行动虽然有所减少，但仍在持续。2002年6月，又有26名以色列人死于发生在耶路撒冷的两次自杀式炸弹袭击中。当月末，以色列军队开始重新占领西岸地区的大部分区域，防止发生更多袭击。

2003年到2004年，虽然巴勒斯坦民族权力机构并未信守承诺停火，但针对以色列的恐怖袭击大幅减少。从2000年9月27日大起义开始，到2004年3月23日，总共造成2728名巴勒斯坦人和917名以色列人伤亡。巴勒斯坦死亡人数中大约35％都是非战斗人员，而以色列死亡人数中有78％都是平民。巴勒斯坦死亡者中大约5％是妇女，而以色列这一比例为31％。巴勒斯坦人中大多数受害者是极端主义分子，而巴勒斯坦自杀式炸弹袭击中的大多数以色列受害者都是平民。

以色列继续有针对性地暗杀那些领导并实施对以色列发动恐怖袭击的巴勒斯坦人。其中最重要的暗杀对象是哈马斯的精神领袖艾哈迈德·亚辛（Ahmad Yassin），他于2004年3月22日在加沙被暗杀；还有哈马斯首领兰提西（Abd al-Aziz al-Rantisi），他在4月17日被暗杀。2004年8月31日，也就是沙龙宣布撤离计划时间表的同一天，哈马斯在贝尔谢巴的两个公交车上发动自杀式炸弹袭击，造成16死、93伤。10月7日，西奈半岛度假胜地又发生两次重大袭击事件，33人死亡（大部分为以色列游客），120多人受伤。不过此时，大起义已经在很大程度上受到遏制，并逐渐消失。

1. 国内政策

虽然在 2001 年至 2004 年,恐怖袭击频发、以色列人伤亡惨重、国民士气低落,但公众并没有归责于政府。因为很明显以色列并没有其他军事和外交选择。尽管如此,沙龙政府仍需应对庞大的经济问题和复杂的联合执政。

2002 年 5 月,为提振经济,政府出台紧缩方案,减少对贫困人口的补贴。极端正统派犹太人社区受到的影响最大。议会中的联合政府成员——两大宗教党派沙斯党和妥拉统一党拒绝支持紧缩方案,因为他们的选民依赖国家补贴生活,故而紧缩方案在议会投票中未获通过,反对和支持票数之比为 47∶44。沙龙解散了内阁中两个极端正统派犹太人政党。2002 年 10 月底,工党因 2003 年预算问题退出联合政府,工党尤其反对向西岸定居点拨款。此时沙龙被迫进行提前选举,选举于 2003 年 1 月举行,只选举议会席位。利库德党以大幅优势打败工党,组建另一复杂的 5 党联合政府。

2. 对抗恐怖主义

考虑到暴力事件频发,应对军事措施不足,以色列内阁批准了新的防止恐怖袭击策略:修建隔离墙,将西岸和以色列城镇分开。修建工作从 2002 年 6 月开始。到 2003 年 10 月,大多数以色列民众(83%)支持这一工程,主要的反对和批评来自左翼政党梅雷兹党支持者,他们抱怨隔离墙占用了太多土地,而右翼民族联盟党支持者则抱怨所占土地太少。由于这一地区的地形特点,出于安全因素考虑,隔离墙并没有按照 1967 年边界线修建(只有 19%的公众认为应该遵循该边界),但以色列政府明确表示隔离墙并非要标记未来边界,将来一旦巴以双方达成边界协议,隔离墙是可以拆除的。

虽然隔离墙招致国际批评,但它确实保护了以色列人,巴勒斯坦对以色列的成功袭击大幅减少。2003年9月,内阁又通过了耗资10亿美元的第二阶段修建工程的提议,隔离墙保护了80%居住在西岸地区的犹太人,他们居住在毗邻1967年边界线的较大犹太人定居点,但只把8%的西岸地区领土置于以色列一边。大多数定居点仍留在隔离墙之外。由于西岸地区巴勒斯坦人在以色列最高法院提起诉讼,美国也一再催促,隔离墙路线有过好几次改变。

在隔离墙问题上,如同杰宁大屠杀指控以及其他许多问题一样,国际社会的批评让以色列人更加团结。这些批评无凭无据、不考虑以色列人的安全,以色列人对这些不公平的批评做出了回应。总之,无论以色列采取什么样的行动,都会招来批评,而所做的妥协似乎很快就被人遗忘。比如,2004年7月,国际法庭大多数法官做出无约束裁决,谴责以色列修建隔离墙,并要求将其拆除。

2003年4月30日,美国、欧盟、联合国和俄罗斯组成的中东问题四方集团公布了三阶段和平计划,目标是到2005年或2006年建立巴勒斯坦国。其后巴勒斯坦人将停止制造暴力,以色列撤离到2000年9月28日边界处,并拆除自2001年3月以来建立的定居点军事基地。预想中的计划第二阶段将包括和平会谈,建立临时巴勒斯坦边界,所有阿拉伯国家都承认以色列的存在权利。计划最后阶段为达成和平协议以及建立巴勒斯坦国。5月,以色列接受了该计划,但和以前一样,除了数以百计的会议、演说和访问之外什么结果都没有。看到这些西方主导的计划根本不起作用,沙龙和其他以色列政府官员想要寻求自己的解决方案。

3. 单边撤离计划

巴勒斯坦人大起义以及和平进程的失败让多数犹太以色列人开始重新思考以色列的政策。新国民共识主要有两点:一、以色列人准备放弃几乎所有1967年战争中所占领土，接受独立的巴勒斯坦国。二、他们不相信巴勒斯坦人真的愿意为了和平而合作。从中间派到左派，很多或绝大多数人仍主张达成和平协议以终止冲突，形成一个稳定的两个国家解决方案，但大家早已放弃了这种希望。他们仍主张以色列保留大部分西岸地区，但不再相信这会长久下去，而更多把这看作是必要的而不是对自己有好处的权利。

巴拉克在1999年大选时曾提出一种新的方式，即撤离政策：以色列从西岸和加沙地带撤离。在巴拉克的设计下，撤离很大程度上是达成完全和平协议前的过渡步骤。在2003年竞选期间，沙龙再次当选总理，工党提议单方从西岸和加沙地带撤离，并解散50多个定居点。

有中立派背景的利库德党人埃胡德·奥尔默特（Ehud Olmert）与沙龙关系密切，其后来也提出类似想法，得到大约一半以色列民众的支持。2003年12月18日，在荷兹利亚跨学科研究中心的演讲中，沙龙正式提议单方从加沙地带撤离。他解释撤离不会妨碍最终的两国方案，但两国方案短时间内不可能达到。在此过渡期需采取措施创建最好的战略条件。国防军对此想法表示支持，因为相对于每天派军队进入敌对地区，在清楚确定的长边界驻防要容易得多。

因此沙龙计划从整个加沙地带撤离，并解散那里所有的17个定居点以及西岸北部的4个定居点。以色列的撤离给了巴勒斯坦民族权力机构机会，以证明他们恪守承诺，以和平的邻国身份管理加沙，集中精力进行经济建设。就最乐观的一面来看，撤离将是重要的建立互信措施。

2004年4月，小布什总统认可撤离计划。但沙龙在利库德集团和联合政府内部却遇到了阻力。在2004年5月2日举行的公投中，60％的利库德党员反对这一计划。后来在内阁最终批准计划的时候，两个右翼党派退出联合政府表示反对。然后沙龙向工党建议一起组建联合政府,来保持他在议会中的多数党地位,但2005年8月18日,利库德会议上58%的成员反对这一提议。这些因素都促使沙龙后来决定建立独立政府。

然而,沙龙的计划却为普通民众所欢迎。2004年6月进行的民意调查表明,68%的人支持单边撤离计划。巴勒斯坦方面6月的调查也显示,34%的巴勒斯坦人欢迎撤离计划,65%的人反对。此外,59%的巴勒斯坦人说即使以军撤离后,他们仍支持对以色列平民发动袭击。2004年10月25日,议会以较大投票优势批准撤离计划。另外还通过了一项法律补偿迁走的定居者。

12月反圣职变革党退出政府,沙龙的联合政府进一步被削弱。虽然他们支持撤离计划,但反对向极端正统派拨款,并对此议案投了反对票。沙龙从内阁中解雇变革党部长转而任命工党部长,工党随后于2005年1月进入联合政府。

2004年11月11日,阿拉法特去世。在他生命的尽头,国际社会和巴勒斯坦人对其腐败的批评日益增多。很多人把他的死看作是以色列和巴勒斯坦关系的新的转折点。阿拉法特从未任命过继任者,2005年1月9日,马哈茂德·阿巴斯(Mahmoud Abbas)赢得选举,担任巴勒斯坦民族权力机构领导人,权力开始转移。阿巴斯当政后,出现了新的乐观主义。2005年2月21日,以色列释放了500名巴勒斯坦犯人,以此来建立互信并加强阿巴斯和以色列的关系,巴勒斯坦民族权力机构也尝试加强对安全部队的管理。总之,双方的关系似乎开始好转。

自2000年9月发生第二次大起义后,巴勒斯坦和以色列之间首次举行了高层会议,结果颇有成效。2005年2月8日,阿巴斯和沙龙在沙姆沙伊赫举行的会议上发表联合停火宣言,呼吁完全停止暴力行为。在这次会议后,埃及和约旦重新将2000年暴力发生时召回的外交大使派驻到以色列。哈马斯和伊斯兰圣战组织并不支持停火宣言,但整体袭击水平已经下降。

4．大起义平息

2005年3月28日,在单边撤离之前进行全民公投的议案未获通过,沙龙撤离计划的最后一个障碍得到清除。当时以色列国内出现了反对撤离计划活动,抗议者的口号是"犹太人不驱逐犹太人"离开他们的家园。8月7日,在内阁投票批准第一阶段计划之前,内塔尼亚胡因对撤离计划不满,辞去财政部部长职务。他批评政府不能从撤离中得到任何回报,此计划将有损以色列的安全。后来沙龙任命奥尔默特取代内塔尼亚胡。内塔尼亚胡宣布他将与沙龙竞争利库德领导人职位。

2005年8月15日,撤离计划开始实施,加沙地带向以色列人关闭,防止更多抗议者前来。接下来两天,愿意离开加沙的以色列居民首先撤离。8月17日开始武力清退,政府部署了大约1.4万以色列军人和警察,确保撤离顺利进行。到8月22日,留在内察利姆定居点的最后一批以色列居民撤离。拆迁人员开始拆除定居点房屋。8月23日开始撤离西岸地区北部的4个定居点。2005年9月12日,最后一批以军人员撤离加沙。

因有拉宾遇刺的前车之鉴,大家都希望尽量避免暴力,加沙定居点撤离并未发生重大事件,显示出以色列人的力量和团结,这也是以色列社会的骄傲之处。

5．组建前进党

撤离事件极大地影响了利库德党的团结和沙龙的领导。压垮骆驼的最后一根稻草源于沙龙想要任命他的两个盟友齐夫·波依姆(Ze'ev Boim)和罗尼·巴安(Roni Bar-On)为部长,遭到议会60:54投票否决,其中反对撤离计划的利库德部长们都投了反对票。然后在2005年11月20日,沙龙宣布因为党内不同意见而退出利库德集团,组建新的中间派政党,即后来的前进党。13名利库德部长随沙龙加入该党,此外资深工党成员西蒙·佩雷斯、达利亚·伊吉克（Dalia Itzik）、伊姆·拉蒙（Haim Ramon）以及变革党的尤利尔·瑞克曼（Uriel Reichman）都随之加入前进党，增加了该党的公信力和吸引力。

工党内部发生的事件也造成了这些工党人士的脱党。代替西蒙·佩雷斯的以色列总工会主席阿米尔·佩雷茨（Amir Peretz）排挤很多资深党员。11月21日，在沙龙宣布退出一天后，佩雷茨从政府辞职，迫使以色列进行提前选举。12月份，内塔尼亚胡被选为利库德主席代替沙龙。

新大选日期定于2006年3月28日。一开始，沙龙的新前进党在民调中一路领先。然而，2005年12月18日，沙龙突然中风。虽然两天后他就出院了，但2006年1月4日，他再次中风并陷入昏迷。财政部部长埃胡德·奥尔默特出任代理总理。选举如期举行，奥尔默特为前进党主席，民调显示对前进党的支持仍保持稳定。到1月中旬，前进党成为留在内阁中的唯一党派。之前，内塔尼亚胡说服四位利库德部长辞职，以此抗议政府政策。

3月28日，以色列竞选活动表现非常的克制。工党的竞选重点几乎完全放在社会和经济问题上，这些都是佩雷茨主要兴趣所在。利库德竞选重点为警告进一步实行单方撤离将有损以色列安全。竞选期间，奥尔默特宣布，一旦当选他将实施第二轮单方撤离行动，撤去西岸地区的一些犹太人定居点，他把这称为"趋同计划"。他提议以色列仅保留约10%的西岸控制权，将这些地区作为安全区，其中包括3个大定居点：耶路撒冷以南的古什埃齐翁（Gush Etzion）、耶路撒冷以东的马阿莱阿杜米姆（Ma'ale Adumim）和特拉维夫以东耶路撒冷以北的埃里尔（Ariel），以及约旦峡谷。

在选举中，前进党获得最多的29个席位；工党第二，为19个席位；利库德惨败，仅获12席。2006年5月4日，埃胡德·奥尔默特总理领导下的新政府获得批准，主要由前进党和工党联盟管理。佩雷茨任副总理及国防部部长,齐皮·利夫尼(Tzipi Livni)任外交部部长。

哈马斯赢得竞选及 2006 年黎巴嫩战争

一些发生在以色列以外的事件正在影响奥尔默特的"趋同计划"以及沙龙的撤离计划。2006 年 1 月 25 日,巴勒斯坦举行大选,45%的人口参加选举,在 132 个议会席位中,哈马斯赢得 74 席。哈马斯不承认以色列,它想要在约旦河和地中海之间的区域建立一个伊斯兰国家,并公开采用反犹主义和种族灭绝言论。

以色列政府拒绝与哈马斯领导的新行政机构进行任何接触,除非该组织承诺接受以色列和巴勒斯坦民族权力机构之间签署的协议,放弃使用恐怖主义,并接受以色列的存在权,这几点也是"中东问题四方集团"安排的和平路线图。而哈马斯无意改变他们的政策。

就在奥尔默特新内阁宣布就职当天,一名来自哈马斯的巴勒斯坦自杀式袭击者在特拉维夫引爆炸弹,炸死 9 名以色列人。哈马斯和小一些的同盟组织开始从加沙地带向以色列发射火箭弹,这让许多以色列人意识到从加沙撤离似乎是个错误,他们不再愿意支持继续撤离。2006 年 6 月 25 日,哈马斯从加沙地带向以色列发起跨境袭击,绑架以色列士兵吉拉德·沙利特下士(Gilad Shalit),杀死另外两名以军士兵,危机进一步升级。

另外一个威胁来自北部的黎巴嫩真主党,他们利用以色列从黎巴嫩南部撤军的间隙控制了该区域。7 月 12 日,真主党第三次发动跨境袭击,绑架了两名以色列士兵,杀害了另外三名士兵。以色列政府用空袭和炮火还击,其中一些目标是真主党控制的贝鲁特居民区。以色列政府宣布它并非与温和的黎巴嫩政府开战,而是与真主党开战。

在接下来的冲突中,真主党又向以色列平民发射多枚火箭弹,总共约 4000 发。虽然他们的火箭弹很小,也不精准,常常落在开阔区域,但仍然给以色列北部的经济活动和正常生活带来影响。以色列在黎巴嫩和叙利亚边界处发动轰炸行动,毁坏了真主党的长距离导弹和许多由伊朗和叙利亚提供的武器。

对战争管理不力的奥尔默特,缺乏经验的佩雷茨,首位空军军官丹·哈鲁兹中将(Dan Halutz)出任总参谋长一职都招致了很多批评。人们质疑的问题有:最初开战的决定是否正确?是否缺乏清楚的战略目标?为何早期阶段只使用空军力量?预备役军队的准备是否不够?以及在缺乏适当支持的情况下地面部队为何后期加入攻击真主党的牢固据点?奥尔默特政府确实在推迟实施停火方面赢得了美国的支持,但并没有利用这个时间来完成任何大的目标。

2006 年 8 月 11 日,联合国安理会一致通过第 1701 号决议,要求沿边界部署黎巴嫩军队,大幅增加联合国军队的部署,以阻挡真主党返回南部地区并修建的防御工事。此外,还将派遣联合国部队帮助黎巴嫩政府,阻止真主党从叙利亚进口军火,进而解除真主党民兵武装。而上述承诺没有一项得到遵守,以色列对西方政府和国际组织的保证不再心存幻想。

虽然伤亡率较高,但以色列军队一般都能在与真主党的激烈战斗中取得胜利。防止真主党发射火箭弹尤其困难。交战中总共有 119 名以色列士兵阵亡,43 名以色列平民死于火箭弹袭击。大约 1000 名黎巴嫩人死亡,据以色列估计其中有 600 人为真主党战士。虽然以色列打败了真主党军队,显示以色列有派遣军队进入黎巴嫩的能力,还打死了多名真主党现役士兵,但阿拉伯世界很多人都庆祝这是他们的战略性胜利,因为真主党没有被消灭,还造成了以色列人的伤亡,而且显示出其能够使用火箭弹在以色列内部进行打击的能力。

以色列人不满政府的表现,被遣散的预备役士兵发起游行示威,要求对政府进行调查。他们在总理办公室附近支起帐篷抗议。在公众压力下,奥尔默特承认有必要接受调查,埃利亚胡·维诺格拉特(Eliyahu Winograd)法官领导调查委员会实施了调查。

2007年4月30日,调查委员会发布中期报告,严厉批评奥尔默特、佩雷茨和哈鲁兹(哈鲁兹早已在1月份辞职)。奥尔默特和佩雷茨均拒绝辞职。奥尔默特很清楚前进党内部几乎没有人希望举行新选举,因为民调显示前进党支持率不高。外交部部长齐皮·利夫尼因为犹豫不决广受媒体批评。尽管批评奥尔默特,但她拒绝辞职,拒绝与其竞争党首职位,这帮助把赶奥尔默特下台的运动压了下去。2007年5月3日,10万人举行大规模示威游行活动,要求奥尔默特辞职,但没有结果,抗议活动慢慢消失。

佩雷茨却没那么幸运。很久之前就定于5月29日举行工党领袖预选。巴拉克宣称只有他们在安全方面的资历可以让他和他的中立派在选举中打败内塔尼亚胡,第二轮竞选中巴拉克获得多数党席位。之后巴拉克在奥尔默特的政府中出任国防部部长,但同时明确表示他认为奥尔默特应该辞职。

新国民共识

对许多左翼和右翼以色列人来说,发生在2006年夏天的事件让单边撤离策略备受质疑。此政策缺乏威慑作用。单边撤离好似在告诉对方以色列软弱可欺,一直在退缩,其后果就是带来侵略性攻击而不是和平。巴勒斯坦和黎巴嫩部分组织拒绝承认以色列,伊朗和叙利亚对这些组织的支持使得以色列处境受到威胁,因为以色列撤离的地方成为这些组织的管辖地。即使是前进党领导人都承认不能再采取任何撤离计划。

这些事件加强了新的公众共识：即使以色列不再需要西岸和加沙地带，愿意用它们来换取全面和平和巴勒斯坦建国，也不会起任何作用，土地并不能换来和平。因此工党、前进党和利库德三个主要政党都沿用相同的基本政策，结束从1967年开始就贯穿和平进程始终——到底是以领土换和平还是保留领土之间的争议。以色列新闻局局长丹尼·西曼（Danny Seaman）在2010年11月接受新闻采访时对以色列的国家共识做了很好的总结：

> 我们一直被灌输这样的"真理"：如果我们采纳联合国决议，就会实现和平；如果我们承认巴勒斯坦的民族自决权利，就会实现和平；如果我们撤离定居点，就会实现和平。过去25年，以色列的立场不断发展变化：以色列承认巴解组织为巴勒斯坦人民唯一合法代表；放弃领土；撤离定居点。至于黎巴嫩，以色列履行了所有联合国决议。然而最终结果并不是承诺给我们的和平……和平对以色列来说是一种战略需要。但是……这些向我们承诺的"真理"从未出现。相反，它只增加了暴力行为，增加了极端主义。

这种思维因为伊朗领导的伊斯兰集团的出现更加强烈，他们对以色列更加不妥协，公开否认曾发生过大屠杀，声称要消灭以色列。伊朗急切地想要获得核武器，而且还为哈马斯和真主党提供支持，这些都让伊朗问题成为以色列人辩论中的首要问题。同时也促进以色列形成全民共识。

确保美国和西方反对伊朗获取核武器，对以色列的战略利益非常重要，尤其在伊朗领导人频频提到将以色列从地图上抹去，支持哈马斯、真主党和其他袭击以色列的组织后。以色列的头号敌人不再是邻近的阿拉伯国家、阿拉伯民族主义运动及巴解组织，而是伊斯兰主义运动和伊朗。

因此，在经过多年和平努力后，现在的重点是国家防卫。除了对伊朗的担忧外，现状似乎要比以前更令人满意且稳定。对伊朗核野心威胁的担忧增多，2006年黎巴嫩战争后以色列威慑力减弱，前进党和工党内部对领导人批评渐增，这些都让利库德集团和内塔尼亚胡迅速获得翻盘转机。内塔尼亚胡任财政部部长期间在经济的私有化方面获得民众认可，这帮助他重新成为领导人之选。加沙地带发生的事件也对这些趋势有所加强。

哈马斯攻占加沙地带和以色列反击

2007年6月，哈马斯在加沙地带成功发动政变，打败法塔赫武装，控制了整个加沙地带。现在两个巴勒斯坦实体并存，用谈判解决巴以冲突的想法更加难以实现。然而，它也让以色列领导人把法塔赫控制的西岸地区巴勒斯坦民族权力机构看作较好的一个。即使他们还是怀疑能否与巴勒斯坦民族权力机构达成和平协议，以色列领导人知道巴勒斯坦民族权力机构领导人需要应对哈马斯的挑战，避免新的战争。以色列利用情报、军事和经济杠杆帮助其实现这一目标。

2007年11月，美国在安纳波利斯、马里兰召开会议，重启以色列和巴勒斯坦之间的会谈及以色列和叙利亚之间的间接交流。以色列领导人仍怀疑叙利亚是否真的想要达成协议，但进行交流能够显示出以色列想要和平，让美国满意，并给叙利亚遏制真主党的动力。

接管加沙地带后，哈马斯增加了对以色列的跨境火箭弹和迫击炮袭击。仅2008年一年，哈马斯在以色列南部就发射了1700颗火箭弹。虽然造成的伤亡不大，但该地区生活被严重扰乱，到2008年年底，共有15名以色列平民被杀。

在这些袭击之后，以色列频繁报复，定期或临时封锁除食品或药品以外的其他商品进入加沙地带——哈马斯利用进口商品巩固统治，甚至用来扩大军事规模。以色列的最低目标是削弱和动摇哈马斯政权；最高目标是推翻哈马斯政权。

2008年6月，哈马斯在压力下同意停火6个月，但利用这段时间在埃及边界封锁区偷挖地道来运送武器。伊斯兰圣战组织等小的联盟组织不断向以色列发射火箭弹和迫击炮，破坏停火协议。哈马斯也拒绝了以色列提出的用数百名巴勒斯坦囚犯交换被俘以军士兵沙利特的提议。

2008年12月，哈马斯宣布结束停火，开始再次向以色列发射大量火箭弹。因此，12月27日，以色列发动"铸铅行动"(Operation Cast Lead)，对哈马斯目标进行空中轰炸，后又在2009年1月3日发动地面攻击。1月17日，以色列单方宣布停火，对此哈马斯回应称停止火箭弹攻击一周。以色列军队四天后撤出加沙地带。

"铸铅行动"动作快速、目标明确、伤亡极小。与真主党不同，哈马斯不擅长打仗，伤亡惨重、设备严重损毁。通过这次短暂的加沙战争，以色列恢复了以往的威慑力，此后哈马斯被迫在攻击以色列时更加谨慎。以色列政府决定不进入人口最稠密的区域，而哈马斯军队正藏身于此，因此哈马斯并没有丧失权力，也没有遭到本该遭受的痛击。以色列希望无论自己的军队还是巴勒斯坦平民都能避免重大伤亡。

国际上对这次进攻的反应是另外一个考虑因素。过去在以色列与巴解组织和阿拉伯国家之间的冲突中，包括美国在内的西方国家一直避免以色列完全获胜。以色列也不愿意与美国新当选总统巴拉克·奥巴马(Barack Obama)之间的关系以摩擦开场。

由于不能在常规战场上打败以色列，哈马斯试着采用其他策略。它利用巴勒斯坦平民作为人盾，将哈马斯主指挥部设在一所医院的地下室中,从学校、居民区、医院或者附近地点发射导弹。它还将被杀的哈马斯战士假装成平民受害者,发动反以色列宣传活动,指责以色列故意杀害平民、实施过激破坏行动报复巴勒斯坦人,甚至指控以色列犯有战争罪行。

曾有一个叫戈德斯通委员会(Goldstone Commission)的联合国人权理事会代表团来加沙调查,他们中很多成员之前都抨击过以色列,他们把巴勒斯坦人的证词作为事实向联合国报告。以色列拒绝配合此次调查,称报告有偏见。虽然联合国大会支持该报告,但它并没有产生多大的实际影响。就连报告的主要作者理查德·戈德斯通(Richard Goldstone)后来都批评了该报告。

但此报告和对其他以色列努力的质疑,包括外国媒体的报道仍然存在:以色列被妖魔化,被非法化了吗?西方政客、学者、媒体和公众舆论是不是都开始视以色列为侵略者,而非国家的守卫者呢?

和平进程陷入僵局

虽然以色列人普遍支持奥尔默特的外交和战略决策,但因为对黎巴嫩战争问题的处理不当和经济丑闻而对他个人持怀疑态度。在整个任期,奥尔默特都被控犯腐败罪。有关他受贿的证据和证词越来越多,在公诉似乎不可避免的时候,2008年7月,奥尔默特宣布不再寻求连任前进党领袖。2008年9月,利夫尼击败前参谋长沙乌勒·莫法兹(Shaul Mofaz),以微弱优势赢得内部竞选。利夫尼当选后,奥尔默特辞去总理职位,在利夫尼组建新政府之前任代理总理。但利夫尼未能组建新政府,以色列定于2009年2月举行全国选举。

在选举中,前进党只比利库德多得一个席位,双方得票数为

28∶27。虽然前进党席位最多,但议会成员更倾向于内塔尼亚胡,给了他组建政府所需要的议会多数党席位。新联合政府包括利库德和工党,再加上其他几个小党派,巴拉克任国防部部长。2011年1月,巴拉克为了顶住退出联合政府的内部压力而脱离工党,他后来成为新中立派政党独立党的领袖。

内塔尼亚胡现在是中立派议员,他明确表示接受巴勒斯坦国的存在,条件是达成全面和平协议并满足以色列的要求。内塔尼亚胡、巴拉克、利夫尼和佩雷斯都持相似立场。但如果"两国"方案会让以色列比以往更不安全,以色列对此并无兴趣。除了以色列面临的所有地区和国际问题,当前的处境比过去要好得多。

2月份,以色列政府出台新的和平计划,反映出国家在这些问题上的共识。以色列人将坚持在"两国方案"和平协议中包括以下五点:一、巴勒斯坦人承认以色列是犹太国家,巴勒斯坦人将建立阿拉伯伊斯兰国家;二、完全结束冲突,巴勒斯坦停止所有对以色列的索求;三、做出强有力的安全安排,国际上严格保证执行这些安排;四、巴勒斯坦国不能是军事化国家;五、在巴勒斯坦重新安置所有巴勒斯坦难民,除非他们希望留在原来居住的地方。

奥巴马当选美国总统给以色列联合政府带来特殊影响,以色列政府担心新美国政府对以色列没有以往那么友善。同时,奥巴马政府表现出迫切希望推进以色列和巴勒斯坦的外交谈判程序,而且坚信这个问题能够很快得到解决。这就意味着美国政府将主要通过向以色列施压,使其做出单边妥协来取得进展。

但事情的发展并非如此,2009年1月,奥巴马总统就职,巴勒斯坦民族权力机构早已因以色列和哈马斯在加沙交火而暂停对话。新美国政府把重点放在停止以色列在现有西岸地区定居点的建设上。作为交换,美国试图说服阿拉伯统治者给以色列一些回报,但这种努力彻底失败了。与美国所期望的相反,阿拉伯国家对持扩张主义的伊朗的担心远远要超过以色列-巴勒斯坦冲突。巴勒斯坦民族权力机构本身对会谈并不是特别积极，在 2009 年 9 月否决了奥巴马在两个月内召开以色列和巴勒斯坦密集会谈的公告。

美国积极调解数月后，2009 年 11 月 25 日，内塔尼亚胡总理同意将定居点建设冻结十个月，称此举是"痛苦的一步，但会促进和平进程"。这一决定受到美国国务卿希拉里·克林顿（Hillary Clinton）的极力赞扬，希拉里称这是"前所未有的"妥协。在对以色列政府冻结定居点建设的正式回应中，美国国务院将美国的目标定义为"调和巴勒斯坦目标和以色列目标，巴勒斯坦的目标是建立独立、稳定的国家，以 1967 年前边界为基础，且双方同意互换领土；而以色列的目标是保证边界安全，犹太国家身份获认可，边界划分能够让以色列得到发展并满足安全要求。"该声明很重要，因为它表明美国偏向以色列，支持对 1967 年前边界的修改，把一些定居点纳入以色列领土中，保证以色列的安全需求，并承认以色列为犹太国家。但美国政府会信守这些承诺吗？

2010 年 3 月，答案浮出水面，当时耶路撒冷分区委员会例行批准了拉马希洛摩地区大型住宅开发项目，项目位于耶路撒冷东北部，横穿 1967 年前边界，美国对此异常愤怒。而美国政府知道，耶路撒冷并不在定居点住宅冻结范围内。为满足美国要求，以色列政府将冻结范围延伸到耶路撒冷。

虽然如此，巴勒斯坦民族权力机构仍拒绝与以色列谈判。直到 2010 年 9 月，在冻结期结束前他们态度有过短暂变化，同意了谈判。但几天后，巴勒斯坦民族权力机构再一次退出谈判。2010 年 9 月 27 日，10 个月冻结期结束，巴勒斯坦民族权力机构再一次拒绝谈判。12 月，美国政府在要求增加 3 个月的冻结期未果后放弃了这一努力。因为如果内塔尼亚胡接受另外一个包括耶路撒冷在内的冻结期，他的联合政府就会垮台，且不说之前的冻结并未带来什么结果。

无论如何,冻结定居点建设带来的几个问题马上显现出来。第一,巴勒斯坦民族权力机构与以色列谈判了16年,却从未认真质疑过以色列的立场,而以色列的立场在《奥斯陆协议》签署之时就已经阐明,以色列认为《奥斯陆协议》允许在现有定居点内进行建设。也就是说,奥巴马政府比巴勒斯坦民族权力机构要求的还要多。既然巴勒斯坦民族权力机构因为加沙冲突与以色列中断联系,冻结不会使会谈在短期内重新启动。第二,美国从一开始就采取强硬立场,而且不给以色列人任何回报,这并不能激励以色列做出妥协。第三,美国让阿拉伯国家给予以色列补偿的承诺并不能实现,因为这些阿拉伯国家拒绝合作。

即使不能完全解决以色列和巴勒斯坦之间的冲突,以色列也有能力保持国内的和平和繁荣。虽然缺乏外交进程,西岸地区的局势总体保持稳定,以色列包括隔离墙在内的应对措施确实抑制了恐怖主义。事实上,在西岸地区部署经过西方训练的巴勒斯坦安全部队,总体保持冷静,外国的援助,再加上以色列放开旅游限制,所有这些因素都让西岸经济活动有所增加。自1987年爆发第一次大起义以来,驻守在西岸的以色列国防军比以往任何时候都要少。

不过,加沙地带的情况则不同。哈马斯一直把加沙当作独立的国家来管理。哈马斯派干部或允许同盟组织使用火箭弹、迫击炮和武装匪帮进行跨境袭击。西方国家支持将西岸地区分开,部分由巴勒斯坦民族权力机构统治,部分由法塔赫统治;伊朗和叙利亚支持哈马斯控制加沙地带,这使得外交进程不可能发生,价值也有限,因为即使他们宣称对加沙地带拥有领土权,巴勒斯坦民族权力机构实际控制的领土只有1/2。

虽然外交进程停止,但总体上暴力事件没有再发生,冲突也有了新的形式。以色列的反对者们通过宣传、抵制、制裁以及其他方法诋毁以色列的合法性,主要目的是将以色列描绘为压迫别国的形象,影响西方民主国家对以色列的支持。

此类行动最严重的一次发生在2010年5月。因为担心伊斯兰极端主义组织在两国边境上的活动给本国人民带来危害,以色列和埃及对加沙实施进出口制裁。制裁目的是阻止哈马斯政权发展壮大,并且如有可能让它失去公众支持而被推翻。土耳其的伊斯兰教IHH集团组织了由六艘船组成的小舰队,表面上是给加沙地区带来人道主义援助。实际上,该组织的政治目标是帮助哈马斯破坏制裁,他们拒绝将援助物资运到以色列的阿什杜德港,而货物只有在那里接受检查后才能运入加沙。5月31日,为了防止这些船进入加沙,以色列军队登上其中的五艘船,在没有造成伤害的情况下将这些船开到了阿什杜德。但在以色列海军突击队试图登上第六艘"蓝色马尔马拉"号的时候,大约40名与伊斯兰极端主义组织有关的土耳其人暴力反抗以色列海军,把一些士兵扣押为人质。在接下来的交火中,九名土耳其"圣战"分子被杀。

在这些组织看来,这些舰队是成功的。该事件带来了国际社会对以色列的大量批评,土耳其的伊斯兰政府之前早已结束和以色列的亲密外交关系,这次更是显示出很大的敌意。尤其因为美国的压力,以色列将制裁范围缩减到仅禁止走私武器和有军事用途的物品。随着放开大部分制裁规定,再加上外国援助,哈马斯政权得以继续活动,而哈马斯一心想要毁灭以色列并破坏任何巴以和平进程。

2011年,加沙地带形势急剧变化,这更加坚定了2000年后以色列人的世界观,即和平进程没有伙伴;西方安全保证不可信;中东地区的伊斯兰革命势力日渐强盛,他们决心攻击并希望彻底消灭以色列。在很多西方观察者眼中,"阿拉伯之春"是温和的民主转变,而在以色列人看来,尤其因为埃及国内极端主义的发展,埃及和以色列之间的和平协议随时都可能被取消。

2010年6月,民意调查显示:77%的以色列人反对回到

1967年前的边界，即使这会带来和平协议；85%的人赞成在任何和平协议中都应保留以色列对整个耶路撒冷的管辖；大约60%的人相信，加强边防比任何和平协议都能确保和平；而82%的人认为安全问题比任何外交协议都重要。所有这些统计比例都有所上升，因为在1993—2000年《奥斯陆协议》进程失败、接踵而至的大起义以及其他一些事件发生后，以色列人的世界观发生了转变。

评价以色列在21世纪早期的总体局势，牵涉的既有积极进展，也有问题。几十年来一直存在的与邻国和其他阿拉伯国家之间的战争威胁已经消失。以色列社会繁荣发展，军事力量强大，足以保证对潜在敌人的优势地位。以色列对恐怖主义也有很强的防御能力，目前正在开发对抗火箭弹和导弹的多级防御体系。从加沙地带向以色列发射的火箭弹袭击从2008年的2048次下降到2009年的569次，2010年更是下降到150次。尽管缺乏外交进程，西岸地区的局势总体保持稳定，包括隔离墙在内的对抗措施，成功抑制了恐怖主义的活动。对以色列的攻击次数，包括从加沙发起的攻击也从2009年的1354起下降到2010年的798起。

然而同时，包括国家和激进组织在内的阿拉伯民族主义势力已经为伊斯兰革命主义所取代，他们决心与以色列对抗到底，直至毁灭以色列。新出现的敌人对以色列有三个新策略：一、哈马斯和真主党向以色列平民和城市发射大量火箭弹；二、伊朗在发展可能用于针对以色列的核武器和远程导弹；三、许多形形色色的政府和非政府组织试图诋毁以色列的合法地位。以色列有充足的理由相信，无论是伤害还是毁灭以色列企图将一直存在，它将继续迎接这些问题和挑战。

有所改变但稳定的社会

以色列建立了稳定的政府和成熟的社会,在此过程中经受住了战争、恐怖主义和形形色色冲突的考验,度过了艰苦卓绝的时代。以往的艰苦朴素和社会主义方向政策现在被具有同样特征但更注重个人和物质的政策所取代,现在以色列人的愿望不是建立乌托邦式的社会,而是以其他方式获得成功。保持以色列的民主和犹太国家特征仍然是核心目标。确实,尽管随着时间流逝,高达70%的以色列阿拉伯人也都接受了以色列的国家定义,用民意调查的原话就是作为"犹太的和民主的国家,其中犹太人和阿拉伯人共同生活"。这些阿拉伯人也目睹了周围国家伊斯兰革命主义的发展和由此带来的不稳定环境。

当然,人们还是对中东地区的不稳定、伊朗的不断强大,以及以色列北部和南部边界伊斯兰反叛活动的迅速发展非常担忧。一直擅长自我批评的以色列人也对社会中很多方面都有诸多抱怨,尤其是政治腐败和政府的低效。人们批判对过去的理想主义意识形态的否定,但同时褊狭和狂热倾向也在慢慢减弱。

然而以色列人普遍都有积极的信念,相信生活是美好的,将来会更好。以色列2009年的国民生产总值为人均2.84万美元,和意大利相同。多年来大部分以色列人的生活水平一直在提高,国家的基础设施建设也越来越好。无论在社会方面还是政治方面,以色列比过去半个世纪任何时候都要团结。

如今,世界上几乎一半的犹太人都是以色列人,而建国时这一比例仅为10%。以色列也从最初的农业占主导地位变成当前在医药、科学、农业和军事技术以及高科技等许多领域领先世界的国家。曾经前途渺茫、饱经挫折的军事防卫型国家,现在已成为具有多元文化、稳定、民主、工业经济坚实、人民富有创造力、社会欣欣向荣的国家。

参考文献

Ajami, Fouad. *Dream Palace of the Arabs: A Generation's Odyssey*. New York: Vintage, 1999.

Arens, Moshe. "Consequences of the 2006 War for Israel." *MERIA Journal: The Middle East Review of International Affairs* 11, no. 1 (March 2007). http://www.gloria-center.org/meria/2007/03/arens.html.

Begin, Menachem. *The Revolt*. New York: Nash Publishing Co., 1977.

Ben-Aharon, Yossi. "Negotiating with Syria: A First Hand Account." *MERIA Journal: The Middle East Review of International Affairs* 4, no. 2 (June 2000). http://www.gloria-center.org/meria/2000/06/ben-aharon.html. YUP NOT FOR DISTRIBUTIONHISTORY79

Ben-Gurion, David. *Like Stars and Dust: Essays from Israel's Government Year Book*. Sede Boker: Ben Gurion Research Center, 1997.

Catignani, Sergio. *Israeli Counter-Insurgency and the Intifadahs: Dilemmas of a Conventional Army*. Abingdon, UK: Routledge, 2008.

Chafets, Ze'ev. *Heroes and Hustlers, Hard Hats and Holy Men: Inside the New Israel*. New York: William Morrow, 1986.

Cohen, Stuart. *Israel and Its Army: From Cohesion to Confusion*. London: Routledge, 2008.

Collins, Larry, and Dominique La Pierre. *O Jerusalem*. New York: Touchstone Books, 1988.

Dershowitz, Alan. *The Case for Peace: How the Arab-Israeli Conflict Can Be Resolved*. Hoboken, NJ: John Wiley, 2005.

Elon, Amos. *The Israelis: Founders and Sons*. New York: Penguin,

1983.

Friedman, Thomas. *From Beirut to Jerusalem*. New York: Anchor, 1990.

Gelber, Yoav. *Palestine 1948: War, Escape and the Emergence of the Palestinian Refugee Problem*. Brighton, UK: Sussex Academic Press, 2000.

Gluska, Ami. "Israel's Decision to Go to War, June 2, 1967." *MERIA Journal: The Middle East Review of International Affairs* 11, no. 2 (June 2007). http://www.gloria-center.org/meria/2007/06/gluska.html.

Harel, Amos, and Avi Issacharoff. *34 Days: Israel, Hizballah and the War in Lebanon*. New York: Palgrave Macmillan, 2008.

Hertzberg, Arthur. *The Zionist Idea: A Historical Analysis and Reader*. Philadelphia: Jewish Publication Society of America, 1997.

Herzl, Theodore. *The Jewish State*. New York: Dover, 1989.

Hourani, Albert. *A History of the Arab Peoples*. London: Faber and Faber, 1991.

Israel Security Agency. *2010 Annual Summary: Data and Trends in Terrorism*. December 25, 2010. http://www.shabak.gov.il/SiteCollectionImages/english/TerrorInfo/reports/2010summary-en.pdf.

Jabotinsky, Ze'ev. *The Political and Social Philosophy of Ze'ev Jabotinsky (Selected Writings)*. London: Vallentine Mitchell, 1999.

Johnson, Paul. *A History of the Jews*. New York: Harper Perennial, 1988.

Karsh, Efraim. *Arafat's War: The Man and His Battle for Israeli Conquest*. New York: Grove Press, 2003.

Kimmerling, Baruch, and Joel S. Migdal. *The Palestinian People: A History*. Cambridge, MA: Harvard University Press, 2003.

Kramer, Martin. *Arab Awakening and Islamic Revival: The Politics of Ideas in the Middle East*. New Brunswick, NJ: Transaction, 1996.

Kramer, Martin. "Israel vs. the New Islamist Axis." *MERIA Journal:*

The Middle East Review of International Affairs 11, no. 1 (March 2007). http://www.gloria-center.org/meria/2007/03/kramer.html.

Laqueur, Walter. *A History of Zionism: From the French Revolution to the Establishment of the State of Israel*. New York: Schocken, 2003.

Laqueur, Walter, and Barry Rubin. *The Israel-Arab Reader*. 7th ed. New York: Viking/Penguin, 2008.

Lasensky, Scott B. "Friendly Restraint: U. S. -Israel RelationsDuring the Gulf Crisis of 1990—1991." *MERIA Journal: The Middle East Review of International Affairs* 3, no. 2 (June 1999). http://www.gloriacenter.org/meria/1999/06/lasensky.html.

Levitt, Matthew. *Hamas: Politics, Charity and Terrorism in the Service of Jihad*. New Haven: Yale University Press, 2006.

Lewis, Bernard. *The Crisis of Islam: Holy War and Unholy Terror*. New York: Random House, 2004.

Lewis, Bernard. *The Middle East: A Brief History of the Last 2,000 Years*. New York: Touchstone Books, 1997.

Lozowick, Yaakov. *Right to Exist: A Moral Defense of Israel's Wars*. New York: Doubleday, 2003.

Makiya, Kanan. *Cruelty and Silence: War, Tyranny and Uprising and the Arab World*. London: Penguin, 1994.

Melman, Yossi, and Meir Javedanfar. *The Nuclear Sphinx of Tehran: Mahmoud Ahmedinejad and the State of Iran*. New York: Carroll and Graf, 2007.

Morris, Benny. *1948: A History of the First Arab-Israeli War*. New Haven: Yale University Press, 2008.

Morris, Benny. *Righteous Victims: A History of the Zionist-Arab Conflict, 1881—1999*. New York: Alfred A. Knopf, 2000.

Netanyahu, Benjamin. *A Durable Peace: Israel and Its Place Among the Nations*. New York: Grand Central Publishing, 2000.

Norton, Augustus Richard. *Hezbollah*. Princeton, NJ: Princeton University Press, 2007.

Oren, Michael. *Six Days of War: June 1967 and the Making of the Modern Middle East*. Oxford: Oxford University Press, 2002.

Oz, Amos. *In the Land of Israel*. Orlando, FL: Mariner Books, 1993.

Qassem, Naim. *Hizbullah: The Story from Within*. London: Saqi, 2005.

Rabinovitch, Abraham. *The Yom Kippur War: The Epic Encounter That Transformed the Middle East*. New York: Schocken, 2004.

Rabinovitch, Itamar. *Waging Peace: Israel and the Arabs, 1948—2003*. Princeton, NJ: Princeton University Press, 2004.

Ross, Dennis. *The Missing Peace: The Inside Story of the Fight for Middle East Peace*. New York: Farrar, Straus and Giroux, 2004.

Rubin, Barry. *The Tragedy of the Middle East*. Cambridge: Cambridge University Press, 2002.

Rubin, Barry. *The Truth About Syria*. New York: Palgrave Macmillan, 2007.

Rubin, Barry, ed. *Conflict and Insurgency in the Contemporary Middle East*. New York: Routledge, 2009.

Rubin, Barry, ed. *Lebanon: Liberation, Conflict and Crisis*. New York: Palgrave Macmillan, 2009.

Rubin, Barry, and Judith Colp. *Chronologies of Modern Terrorism*. Armonk, NY: Sharpe, 2008.

Sachar, Howard M. *A History of Israel*. Vol. 2: *From the Aftermath of the Yom Kippur War*. Oxford: Oxford University Press, 1987.

Sachar, Howard M. *A History of Israel from the Rise of Zionism to Our Time*. New York: Alfred A. Knopf, 1998.

Said, Edward. *The Politics of Dispossession*. New York: Random House, 1994.

Segev, Tom. *One Palestine, Complete: Jews and Arabs Under the British Mandate*. New York: Metropolitan Books, 2000.

Shanks, Hershel. *Ancient Israel: From Abraham to the Roman Destruction of the Temple*. Upper Saddle River, NJ: Prentice Hall, 1999.

Sharon, Ariel. *Warrior: An Autobiography*. New York: Simon and Schuster, 2001.

Shepherd, Robin. *A State Beyond the Pale: Europe's Problem with Israel*. London: Weidenfeld and Nicholson, 2009.

Sofer, Sasson. *Zionism and the Foundations of Israeli Diplomacy*. Cambridge: Cambridge University Press, 1998.

Spyer, Jonathan. "The Impact of the Iraq War on Israel's National Security Conception." *MERIA Journal: The Middle East Review of International Affairs* 9, no. 4 (December 2005). http://www.gloria-center.org/meria/2005/12/spyer.html.

Spyer, Jonathan. "Lebanon 2006: Unfinished War." *MERIA Journal: The Middle East Review of International Affairs* 12, no. 1 (March 2008). http://www.gloria-center.org/meria/2008/03/spyer.html.

Spyer, Jonathan. *The Transforming Fire: The Rise of the Israel-Islamist Conflict*. New York: Continuum, 2010.

Sternhell, Ze'ev. *The Founding Myths of Israel*. Princeton, NJ: Princeton University Press, 1998.

Tessler, Mark A. *A History of the Israeli-Palestinian Conflict*. Bloomington: Indiana University Press, 1994.

Wasserstein, Bernard. *Divided Jerusalem: The Struggle for the Holy City*. New Haven: Yale University Press, 2001.

Weizmann, Chaim. *Trial and Error: The Autobiography of Chaim Weizmann*. London: Hamish Hamilton, 1949; New York: Schocken, 1966.

第三章　土地和人民

从北部黑门山白雪皑皑的山峰到南部多岩石的内盖夫沙漠荒野，从西部相对绿意葱葱的地中海海岸到东部死海的月球景观，以色列面积虽小，却蕴含了丰富多样的地貌特征。在1967年以前的边界内，以色列的面积为7992平方英里（20700平方公里），在全世界近200个国家中排名第152位，与吉布提、伯利兹、萨尔瓦多和斯洛文尼亚四国面积相当，比美国的新泽西州略小。以色列人口不到750万，世界排名第97位，与塞尔维亚、塔吉克斯坦、保加利亚或萨尔瓦多等国的人口数接近，是其邻国埃及人口的1/12左右。

以色列不仅是一个人口比许多大城市（比如德黑兰和曼谷）都要少的小国，且被敌对邻国包围，但与埃及和约旦签订的和平条约让这种危机有所缓解。与黎巴嫩和叙利亚接壤的边界分别为49英里和47英里（相当于79公里和76公里），两国均曾与以色列正式交战。与哈马斯统治的加沙地带接壤的边界长32英里（51公里）。与西岸接壤的边界长191英里（307公里），因此容易遭到游击队和恐怖分子的攻击。另外两条边界近年来基本保持和平，即与埃及的165公里的边界（266公里），和与约旦的148公里的边界（238公里），但过去都曾发生过恐怖分子和阿拉伯军队越界事件。

至少就目前的技术水平而言，以色列超过80%的国土都不适宜发展农业。国内淡水资源匮乏，除磷酸盐外，没有多少有价值的自然资源——尽管未来有可能从海上油田开采大量的天然气。以色列除了约旦河外没有其他大的河流，这条世界著名的河流杂草丛生。境内仅有两处湖泊：加利利海和死海。

按照这些标准，以色列应该是在自己的边界之外没有利益的无名国家。那么，以色列为何在世界各地新闻报道和人们心目中如此重要？主要原因有三：地理位置、历史意义和当代冲突。以色列位于欧洲、亚洲和非洲三大洲以及红海和地中海这两个战略要地的十字路口。历史上，思想和文化在这个通往各文明和大国之间的十字路口交汇，并发展更新。因此，该地区向来具有重要的战略价值。几千年来，从圣经时代到十字军-穆斯林战争，到第一次世界大战，再到现代阿拉伯-以色列战争，大多都围绕这条贸易路线和这片领土展开。

作为犹太教和基督教的诞生地和伊斯兰教的重要发源地，以色列地成为世界宗教和知识发展的焦点。对犹太人而言，以色列一直都是应许之地；同时它也是基督徒和穆斯林眼中的圣地。几个世纪以来，三大宗教都视耶路撒冷为自己的圣地。全世界对以色列历史和地理的细节描述都来自《圣经》，《古兰经》为其传播做出了一定的贡献。即使是目不识丁、住在几千英里以外的农民，虽从未踏出村庄几步，都知道这个地方以及它的过去。在犹太人的生活里，以色列从来都是意识、文化和宗教活动的中心，是流散犹太人的应许之地，他们相信终有一天会回到这里。

围绕以色列领土及1967被以色列占领的领土的争端已经引发了6次大规模战争、数次暴乱以及现代史上最持久、激烈的外交工作。今天的以色列仍是国际关注的焦点。几乎每天都有各种各样的新事件发生，同时也引发了全球范围的激烈争吵、学术研究、媒体报道和各种不同的政策。世界大国很大程度上都卷入了这些冲突和争论。

以色列北临黎巴嫩，东北靠叙利亚，东倚约旦，南接埃及，西面是地中海，南北长 290 英里(470 公里)，这意味着汽车行驶约 9 小时即可从最北端到达最南端的埃拉特。东西最宽阔地带横穿内盖夫沙漠北部，最快 90 分钟、行驶 85 英里(135 公里)即可走完全程。最狭窄地段位于 1967 年前的边界内，东西仅 9 英里(12 公里)宽。连接耶路撒冷和以色列其他地方的最狭窄走廊，从北到南仅 4 公里宽(不超过 6 公里)，也位于 1967 年前的边界内。

1948—1967 年边界

以色列的边界实际上是 1948 年以来的停火线，由此划定了独立战争结束后以色列的领土。以色列与埃及、约旦、叙利亚和黎巴嫩均签订了停战协议，确认了这些边界。因此，以色列包括北部的加利利山区，从加利利海延伸至地中海，包括阿卡和海法两个城市。沿海岸包括特拉维夫在内的狭长地带，将这个地区与人烟稀少的内盖夫大沙漠连接起来，然后向南穿过贝尔谢巴，到达流入红海的埃拉特湾尽头的埃拉特。在以色列的中心，另一个狭长地带耶路撒冷走廊向东延伸，连接耶路撒冷和以色列其他地区。

1948 年英国在巴勒斯坦的托管结束。英国托管的其他几个领地不在以色列境内，埃及占领并统治了加沙地带；约旦夺走约旦河西岸(犹太历史上的朱迪亚-撒玛利亚)和包括老城在内的东耶路撒冷，这在很大程度上并未得到国际认可。

1947 年的联合国分治计划提议在前巴勒斯坦托管领土上建立两个国家——一个犹太国，一个阿拉伯国。根据该计划，耶路撒冷将处于联合国的管控之下。但犹太人和阿拉伯人均反对这一决议，双方都没有实施该计划的打算。因此，几乎所有国家都拒绝承认耶路撒冷是以色列的首都，并将大使馆设在特拉维夫。

以色列1967年前的地理环境显示了其地形上的战略弱点。在北部,叙利亚的戈兰高地俯瞰着平坦、没有任何自然防御屏障、一直延伸至附近地中海的以色列平原。

往东是蜿蜒的边界线、山区以及连接西耶路撒冷和以色列其他地区的狭长地带,为约旦军队和1967年后的巴勒斯坦部队提供了众多军事优势。在1967年前的耶路撒冷,约旦的狙击手可以并且确实曾从老城的城墙向以色列城区开火。

往南,西奈半岛为埃及提供了一个大型的军事行动区,并与人口中心和苏伊士运河分隔开来,同时给了以色列一个难以防守的漫长边界。埃及炮兵从沙姆沙伊赫最窄处控制埃拉特湾,可以很容易地切断通往以色列南部埃拉特港的船运交通。

游击队和恐怖分子部队可以在许多地方越过以色列边界,进入人口集中区,实施破坏行动。以色列面积较小,这也使它很容易受到短程导弹的攻击。事实上,1967年前的边界如此之近,以至于离开以色列本-古里安机场的飞机无法像世界上其他地方的飞机那样向东飞行,利用地球自转来协助起飞;相反,他们不得不向西行驶,需要额外的燃料费用,以避免进入约旦和后来的巴勒斯坦民族权力机构的领土。

敌对国家的包围在给以色列带来战略挑战的同时也带来了商业上的挑战。只有地中海对以色列开放。1948年,所有进出邻国的公路、铁路和管道都被关闭;通往黎巴嫩和叙利亚的公路至今仍处于关闭状态。

在独立战争之后增加的其他边界问题中,包括叙利亚占领的英国托管巴勒斯坦的两个小地区。其中之一是哈马特加德尔温泉,这是一个可以追溯到罗马时代的温泉,靠近以色列、叙利亚和约旦的边界。

更重要的是叙利亚占领了靠近加利利海的一块狭长土地。1923年的边界协议让以色列控制了整个海域(实际上是一个湖），包括东海岸一条 164 英尺（50 米）宽的狭长地带和其他一些邻近地区。然而，独立战争后不久，叙利亚人占领了这个地区。这使叙利亚有可能控制约旦河和附近海域，并向边境另一侧的以色列农民开火。20 世纪 50 年代和 60 年代，这里曾多次发生小规模冲突。以色列在 1967 年的战争中夺回了这两个边境地区。

在以色列和约旦统治的耶路撒冷地区，沿边界开辟了另一片小无人区。1949 年停战协议的一项不寻常的条款，让以色列控制了斯科普斯山上的一小块飞地，希伯来大学的主校区就在这里。以色列有权在山上保留一支小规模警察部队，但这所大学不得不搬到耶路撒冷的其他地方。1967 年以色列占领整个耶路撒冷后，将许多设施归还给了斯科普斯山。

尽管 1949 年签订的停火协议是临时性的，但几年后这些边界就被当作国家边界。1967 年，地理形势发生了变化，但即使在今天，1949 年边界线仍被国际社会视为以色列的实际边界。非正式地说，这些边界被称为"绿线"，因为以色列人在其一侧种植树木和农作物，在以色列地图上这条线也用绿线标示。

1967 年后

1967 年战争中，以色列打败了埃及、约旦和叙利亚的联盟军队，夺得大片领土：从埃及获得西奈半岛（9650 平方英里，即 25000 平方公里）和加沙地带（146 平方英里，即 378 平方公里），从约旦夺得西岸（2270 平方英里，即 5879 平方公里）和东岸以及耶路撒冷其他地区（27 平方英里，即 70 平方公里），从叙利亚占领了戈兰高地（444 平方英里，即 1150 平方公里）。领土上的大获全胜改善了以色列的战略条件，但以色列必须管理这些地区的人口：西奈半岛的贝都因部落；戈兰高地的德鲁士人；西岸、加沙地带和东耶路撒冷的巴勒斯坦阿拉伯人。同样,它还必须决定如何处理这些领土,是暂时、长期还是永久的占领。因为这个边界过去在地图上用紫色标注,所以被称为"紫线"。

以色列人几乎一致认为,他们将一直控制这些领土,直到与阿拉伯国家和巴勒斯坦人签订全面和平条约。一些人认为和平条约永远不可能签署,其他人则认为达成和平协议需要很长时间。每个组织都有一份以色列应当放弃或保留地区的清单,东耶路撒冷和戈兰高地位居"保留"清单榜首,西奈和加沙地带则垫底。

拓宽耶路撒冷走廊,继而扩大以色列在约旦河谷的军事布署,能够保证耶路撒冷和以约边界的安全,因此一开始就被认为是重中之重。到 20 世纪 90 年代中期,以色列人对"大定居点"(大多数以色列人希望保留的以色列与西岸边界附近几个人口稠密的定居点)和他们愿意放弃的西岸内部的大量小定居点作了区分。主要大定居点包括古什埃齐翁定居点(Etzion Bloc)和马阿莱阿杜米姆定居点(Ma'ale Adumim)。

总的来说,以色列主要政治团体一致同意保留东耶路撒冷、戈兰高地和一部分西岸地区,普遍愿意放弃西奈半岛、加沙地带和大部分西岸地区。总体而言,大部分以色列人同意总理伊扎克·拉宾以和平换领土的方案——如果以色列能获得更有利、更安全的和平协议,以色列就会归还更多被占领土。

与埃及达成和平协议后的变化

1973 年赎罪日战争期间,以色列军队深入埃及和叙利亚境内,但作为停战协议的一部分,后又退回到了 1967 年后的边界。以色列和埃及 1979 年达成的和平协议包括以色列完全撤出西奈半岛;1982 年,以色列将领土归还埃及,由此埃及控制了西部的油田。作为交换,埃及同意限制其在西奈半岛的军事存在,并允许派遣一支国际部队进行维和。以色列和埃及的国际边界与英国和奥斯曼帝国1906年划定的边界完全一致。

然而,双方对一个名叫塔巴(不到0.5平方英里,即1平方公里)的小地方存在分歧。塔巴位于埃拉特湾北端,以色列声称该区域在1906年被错误地交给了埃及。经过几年的争论,两国将这个问题提交给了为此而成立的国际委员会。委员会的裁决有利于埃及,1989年,以色列归还了这块土地,其中主要是一个度假酒店。作为协议的一部分,以色列人无须正式入境埃及、无须签证即可进入该地区。

1. 吞并戈兰高地

1949年7月20日,以色列与叙利亚达成的停战协议略微偏离了1923年巴勒斯坦托管区和叙利亚之间的边界,因为叙利亚在1948年战争后占领了26平方英里(67平方公里)的土地。根据1948年以前的边界,有三个小区域属于以色列,包括加利利海东北岸33英尺宽(10米宽)的狭长地带、整个约旦河和巴尼亚斯泉。1967年,以色列重新夺回了这些土地。1973年赎罪日战争后,以色列放弃了戈兰高地5%的土地——这是一条沿停火线的狭长地带,现在是由联合国维和部队巡逻的非军事区。叙利亚一直要求,除了戈兰高地外,国际边界以色列一侧的所有土地都要移交给叙利亚。这个问题很重要,因为拥有它将使叙利亚拥有约旦河和加利利海水域的主权。

从1967年到1981年,以色列将戈兰高地纳入其军事管辖范围。1981年,在以色列将西奈归还埃及的几个月前,以色列议会通过了《戈兰高地法》,将该地区置于以色列民法、司法权和行政管辖之下。以色列给予德鲁兹派和少数阿拉维派(叙利亚伊斯兰什叶教派教徒)公民身份,但只有少数人接受,部分因为居住在那里的人担心遭到报复及最终戈兰高地可能会归还叙利亚。

2. 1993—2000年巴以和平进程和领土移交

1993年,以色列和巴解组织签署了《奥斯陆协议》,建立了巴勒斯坦民族权力机构(PA)。以色列的计划是将加沙地带和约旦河西岸阿拉伯人居住的部分地区移交给巴勒斯坦民族权力机构,以色列保留对部分领土包括关键道路和犹太人定居点的控制权。以色列和巴勒斯坦国(包括东耶路撒冷)之间的最终边界将通过双边谈判确定,最终达成全面和平条约。

1994年,以色列将加沙地带(除某些道路和以色列定居点外)以及约旦河西岸杰里科地区的控制权移交给巴勒斯坦民族权力机构。第二年,以色列将约旦河西岸的所有城镇(除希伯仑)和村庄移交给了巴勒斯坦民族权力机构实行政治管控,但以色列保留了对这些村庄实施安全控制的权利。1996年,以色列将希伯仑80%的土地移交给巴勒斯坦民族权力机构,但保留其余20%的土地,部分由犹太定居者居住,受以色列管理。

1994年与约旦签订的和平条约确保了以色列与现有邻国之间最长的边界。自从约旦在1988年放弃了对约旦河西岸和东耶路撒冷的主权要求后,这些地区的未来就留给了巴勒斯坦民族权力机构去谈判。以色列确实把1967年占领的一小块116平方英里(300平方公里)的领土归还给了约旦。这块领土的一部分被重新命名为和平岛,以色列人可以去参观,以色列农民租用了其中一小部分土地作为果园。两国还同意在作为两国边界一部分的约旦河的管理方面进行合作。

2000年,以色列提出向叙利亚交还整个戈兰高地直至国际边界的所有土地,以换取全面和平。叙利亚拒绝了这一提议,就像以前以色列秘密提出此提议时叙利亚所做的那样。在2000年7月的戴维营会议和2000年12月的克林顿计划中,以色列提出与巴勒斯坦民族权力机构谈判达成和平协议,协议包括建立一个独立的巴勒斯坦国(包括整个加沙地带、几乎全部约旦河西岸和部分东耶路撒冷)。但阿拉法特拒绝将此作为进一步谈判的框架。

因此,直到 2005 年 8 月以色列单方面从加沙地带撤出所有军事力量和定居点,以色列的边界才有了进一步的重大变化。这样做的目的是给巴勒斯坦民族权力机构机会展示其治理该地区并实现和平的能力。然而,巴勒斯坦民族权力机构在 2006 年 1 月的选举中败给了哈马斯。哈马斯在 2007 年 6 月完全占领了该地区,并驱逐了巴勒斯坦民族权力机构。作为 2005 年 8 月和平姿态的一部分,以色列还拆除了约旦河西岸北部的几个定居点。

由于谈判失败,以色列仍然控制着戈兰高地、东耶路撒冷和约旦河西岸的部分地区。

3. 边界问题对以色列政治和社会的影响

自 1967 年战争以来,边界问题在以色列关于以阿冲突和以巴冲突以及任何可能的解决方案的辩论中占据了重要位置。随着时间的推移,这些提议和论点已经发生了变化。例如,在埃以和平条约之前,国防部部长摩西·达扬说,控制沙姆沙伊赫(Sharm al-Shaykh)比与埃及的和平更重要。沙姆沙伊赫是埃及在红海沿岸西奈半岛的领土,埃及曾禁止向埃拉特运送船只。但当埃及在 1979 年提出达成一项协议时,达扬很快表示支持。

最基本的战略争论在左右派之间展开。左翼人士认为,用土地换取和平可以结束冲突,而右翼人士则认为,与巴勒斯坦之间根本不会实现和平。在 1993—2000 年的和平进程受到考验之前,这种交流一直是抽象的。1967 年战争结束后至 1993 年奥斯陆和平进程开始之前,东耶路撒冷、戈兰高地和约旦河西岸的一小部分地区在左翼人士的"保留清单"中名列榜首;右翼人士在其中增加了西岸的大部分地区。在两份名单中都垫底的是加沙地带(以色列在 1994 年部分撤离,2005 年完全撤离),最后是西奈半岛，以色列在1979年与埃及达成和平条约后离开了。与此同时，在20世纪70年代和80年代，右翼信仰者集团运动（Gush Emunim movement）的成员认为，定居约旦河西岸将带来宗教救赎，并能增强以色列的安全。

人们普遍认为1967年的边界本身起不到防卫作用。戈兰高地给叙利亚提供了巨大的战略优势；约旦河西岸丘陵地带则带给约旦或任何一个建在此处的巴勒斯坦政权同样的优势。国家面积狭窄意味着它很容易被一分为二，而耶路撒冷走廊的狭窄也很容易切断这座城市与以色列其他地方的联系。在完全和平和没有冲突的情况下，这些问题都不重要，但如果没有稳定与和平呢？

另一个令人担忧的因素是，1967年后所有大的定居点实际上都位于非常靠近以色列绿线的战略位置，如1948年前重建的古什埃齐翁定居点，以及位于耶路撒冷郊外的大型城镇马阿莱阿杜米姆。这引起了一些诸如对边界稍做修改、交换土地和"定居点"方面的争论。总而言之，解决办法就是达成全面和平协议——西岸大部分地区将成为巴勒斯坦国的一部分，作为交换，巴勒斯坦民族权力机构割让这些集中定居点等特定区域（面积约占西岸的4%）。一些人甚至提议拿以色列土地换取这些土地。

绝大多数以色列人（远超90%）都住在绿线以内，很少人去往有争议的地区。且这些地区资源匮乏，因此对以色列的经济并无太大影响。在20世纪90年代和平进程时期，大量巴勒斯坦工人在以色列工作，因此巴勒斯坦经济得到发展。但2000年后，这些巴勒斯坦工人被外国工人取代。

以色列的最终边界只有通过与叙利亚及巴勒斯坦达成和平协议才能确定。

地理区域划分

以色列有 4 个主要的地理区域：西部的地中海沿岸平原，延伸至西岸的上加利利山区；东部的约旦大裂谷，以及南部的内盖夫沙漠。每个区域内的子区域都有其独特性。以色列位于三大洲的交汇点，是气候模式、动物迁移、植物生命和构造板块的关键地区。

1. 沿海平原

沿海平原沿地中海或从地中海附近一直绵延 118 英里（190 公里），起自以色列北部与黎巴嫩边境的哈尼卡拉洞穴旁的白垩悬崖，终到南部与加沙地带和埃及交界处的沙漠。除了海岸上的沙子外，这里还有大量的沃土，这个地区尤其以柑橘林闻名。沿着沿海高速公路和主要铁路沿线，坐落着一系列城市——纳哈里亚、阿卡、海法、内坦亚、特拉维夫-雅法、里雄莱锡安、阿什杜德和阿什克伦，这些城市使得沿海平原成为以色列人口最密集的地区。实际上，以色列半数人口都居住在这些地方。

以色列地中海沿岸大约四分之一的地区仍处于自然状态。主要港口有海法和阿什杜德。位于南部海湾的埃拉特海岸线长达 8 英里（13 公里）。很多居住在沿海地区的人们，直接或间接地从海上获取生计，如航运、渔业，尤其是海滩旅游业。

沿海平原沿地中海延伸，北部宽 9 英里（14 公里），南部宽 25 英里（40 公里）。该区域分为三个部分。北部包括西加利利、阿卡、海法和一直延伸到塔尼尼姆湖、山石林立的迦密山地区。很多基布兹和莫夏夫以及小型的德鲁士和阿拉伯村庄都分布在这一地区。阿卡城是一个犹太-阿拉伯人混居城市，城内有雄伟的十字军建筑和色彩斑斓的小港口，此处曾被拿破仑围困未果。

迦密山有葡萄园，还有石器时代的洞穴，在那里发现了 8 万年前的人类遗骸。

海法是以色列第三大城市和工业中心，拥有全国主要的炼油厂、海港和粮仓。在全球所有城市中，它被 *Monocle* 杂志评为 2011 年最具商业潜力的城市。海法旅游胜地包括巴哈伊教神庙、坟墓和空中花园，这一切组成了巴哈伊教的圣地，该教起源于伊朗，其领导者曾被奥斯曼人放逐到海法。海法大学坐落在一座山的山顶上，可以俯瞰整座城市和海法湾的壮丽景色。附近是以色列理工学院——以色列最重要的工程和技术大学。海法历来都支持工党。

在海法以南，沙仑地区富饶的红色土壤上种植着世界上最好的橘子。这是人口最为稠密的地区，特拉维夫及其郊区坐落于此。拥有大型发电厂的哈代拉以及内坦亚和荷兹利亚沿海岸一直延伸到特拉维夫。由于西岸的撒马利亚地区向西隆起，这也是以色列最狭窄的地方，有的地方宽度仅为 9 英里（14 公里）。

特拉维夫本身就是一个地中海风格浓烈、拥有海滩和白色混凝土建筑的大型世俗城市，同时还是世界上最大的包豪斯建筑（国际建筑学派）集中地。这里是以色列的文化、商业和技术中心，一直以活跃的夜生活和众多咖啡厅闻名。特拉维夫还聚集了以色列的服装设计工业、证券交易所以及所有主流报纸和各个政党的总部。

雅法位于特拉维夫的南端，是犹太-阿拉伯人混居地区。雅法拥有世界上最古老并延续使用的海港，尽管现在已变成了一个小渔港。特拉维夫有很多社会经济水平各不相同的郊区，包括拉马塔维夫、里雄莱锡安、拉马特甘、霍隆和给瓦塔伊姆。

再往南的阿什杜德和沿海小城市阿什克伦也是主要商业港口。越过阿什杜德后，南部沿海平原变得越来越干燥，逐渐进入西部的西奈沙漠和东、南部的内盖夫沙漠。以色列的核反应堆就在这个地区。在加沙地带对面,斯德洛特小镇和几个农业村庄成为来自加沙地带数的百枚火箭弹的目标。

2. 中部山地

中部山地平行于海岸平原,东部是多岩石的山区,其中大部分位于西岸。在以色列中部山地,即以色列最北端、戈兰高地、以色列与黎巴嫩和叙利亚的交界处,坐落着以色列的最高峰黑门山(9232英尺,2814米高)。南部则是加利利高原。位于该区域中心的撒马利亚和朱迪亚山主要坐落于西岸地区。以色列通往耶路撒冷的走廊横穿这些山脉。再往南就是内盖夫沙漠的丘陵地带。

在中部山地的北端,岩石地形被以色列肥沃的耶斯列山谷和胡拉山谷截断,这两个山谷都是重要的农业区,同时也有轻工业。古代,穿越耶斯列山谷的路线将地中海和东方的帝国连接起来。山谷中有很多古代和《圣经》遗址。如今,这里种植着玉米、向日葵和小麦,牛羊在牧场上吃草。

胡拉山谷曾经是疟疾肆虐的沼泽地区。20世纪50年代这里建造的排水设施曾是以色列的重大工程项目;最近几年,为平衡生态系统又重新蓄积了一些水。这个山谷还是鸟类在欧洲和非洲之间迁徙的重要停歇点。

以色列中部的丘陵看似连绵不绝,但是在不同时期形成的,地质情况也不一致。它们由欧亚板块和附近的非洲-阿拉伯板块运动形成,是欧洲阿尔卑斯山的兄弟山脉,但高度上要低得多。加利利山高达4000英尺(1219米),大多是石灰岩、白云石和白垩岩。然而,靠近戈兰高地的山上则主要是由火山爆发形成的玄武岩。

本地区最著名的是历史名城耶路撒冷,也是以色列的首都,是犹太教、基督教、伊斯兰教三大主要宗教的重要中心。在耶路撒冷发现了第一圣殿、第二圣殿的遗迹,以及其他对犹太人宗教和政治历史至关重要的遗址,许多地方与耶稣的生与死有关,还有伊斯兰阿克萨清真寺和圆顶清真寺。

朱迪亚山地以东延伸至约旦大裂谷的地方是一个丘陵沙漠地区——朱迪亚沙漠。罗马时期,一些小的宗教派别撤到了这个荒凉的地区。其中一组写下了《死海古卷》,这是探索早期《圣经》文本和公元初宗教思想的重要信息来源。

3. 约旦大裂谷和阿拉瓦

约旦大裂谷西侧位于以色列境内和约旦河西岸,东侧在约旦,是世界上最特别的地方之一,大部分地区降雨稀少。裂谷长达260英里(418公里),这一地质特征包括约旦河、约旦河谷、胡拉山谷、加利利海和死海。死海是地球上陆地最低点。约旦大裂谷属于非洲-叙利亚大裂谷的一部分,位于两大板块结合处。裂谷部分地区在巴勒斯坦民族权力机构控制下的西岸;接着继续在以色列境内延伸,由此向南,从死海穿过阿拉瓦地区,沿着埃拉特湾的东部海岸线绵延110英里(177公里)。

地壳板块运动会引发地震。近代最大的一次地震发生在1837年,震级介于里氏6.5到7.5级之间,严重袭击了包括提比里亚和采法特在内的加利利北部地区。1927年7月11日,最近一次发生在当今以色列土地上的大地震位于死海北部附近,震级达里氏6.2级。2004年2月11日,在埃拉特附近发生了以色列建国以后最大的一次地震,震级达里氏5.4级,但几乎没有造成任何损坏。研究人员警告说,很可能再次发生破坏性地震,这也是以色列建筑法规考虑的一个因素。

约旦大裂谷最北端农业发达,这里可从约旦河引进水源,降水也很充沛。然而,往南到死海和阿拉瓦,气候越来越干旱,陆地基本无人居住。著名的约旦河从北部流入加利利海,再从南部流出,这种路线在世界上独一无二。如今,死海已成为很受欢迎的旅游目的地,它富含矿物质的泥浆被认为具有治疗作用。

该地区另一个重要的产品就是磷酸盐,这是以色列最丰富的具有商业价值的地质资源。

阿拉瓦山谷以东是红色的以东山脉,以西则是褐色的内盖夫沙漠,这里温度可以超过 105 华氏度(40 摄氏度)。只有约3000 人居住在那里,主要居住在莫夏夫,如艾因·亚哈夫(Ein Yahav)和法然(Faran),以及 20 世纪 50 年代建立的约特瓦塔等基布兹;还有贝都因人住在这里。约特瓦塔有自己的连锁餐厅,向全国配送乳制品和其他产品。

正是在这干旱炎热的阿拉瓦山谷发展出了现代滴灌技术,这是以色列最重要的技术创新之一。滴灌慢速将水送达植物,将蒸发带来的损失降至最低。值得注意的是,以色列超过 40%的蔬菜目前都种植在这一地区,产出的瓜果花卉还出口到欧洲。

4. 内盖夫沙漠

呈三角形的内盖夫面积达 4633 平方英里(11999 平方公里),几乎占以色列 60%的领土。内盖夫沙漠西临埃及(西奈半岛),东接阿拉瓦和大裂谷,南面是红海的埃拉特湾。它的最北端是内盖夫地区最大的城市贝尔谢巴,最南端是埃拉特。该地区还包括以色列最贫穷的小镇迪莫纳和耶鲁哈姆以及贝都因人定居点。除了其他资源外,还有盐、硫黄、大理石和黏土等小型矿厂。

内盖夫有四个主要的地理分区。西北部主要由沙丘和肥沃的黄土组成,属于地中海气候带。东北部有山脉、溪流、峡谷和火山口;在地质上以白垩石和白云石为主。迪莫纳、耶鲁哈姆镇和拉蒙大峡谷都位于这个分区。内盖夫最高的山脉海拔 3395 英尺(1035 米)的拉蒙山也位于该区域。拉蒙大峡谷坐落在拉蒙火山口(拉蒙凹地)边缘,这是内盖夫五个火山口中最大的一个,它实际上是一个天坑。这个引人注目的火山口长 24 英里(39 公里),宽 25.5 英里(9 公里),深约 1/3 英里(0.5 公里),岩层丰富多彩,是国家自然保护区。

内盖夫中部的主要城市贝尔谢巴是重要的工业中心,本-古里安大学就坐落在这座城市,它成立于1965年,是以色列发展最快的高等教育机构。

内盖夫南端是第四个分区:花岗岩地质的埃拉特山脉和埃拉特城。埃拉特既是港口,也是以色列人和欧洲人的旅游胜地,因为它整个冬季都很温暖。在埃拉特可以浮潜也可以轻装潜水,这里有水族馆、潜艇、海滩,以及有着丰富珊瑚礁和海洋生物的毗邻水域。

戴维·本-古里安大力提倡人们在内盖夫沙漠定居。从总理之位退休后,他在斯德博克基布兹生活,在那儿一直劳作直到去世;死后长眠于自己耕作的土地。然而,内盖夫依然人口稀少,仅占以色列8%的人口。内盖夫约85%的土地属于国有,以色列国防军将大部分土地用作训练基地。同时,内盖夫还是实验农业和鱼类养殖等企业所在地,内盖夫的潜力还远未挖掘出来。

气　候

以色列的气候因地理区域而差异巨大。森林覆盖的高地,繁茂的绿色山谷,荒芜的山脉,石质沙漠,漫长的海滩,肥沃的海岸平原,每一处都有自己的微气候,且彼此之间距离很短。但总的来说,有两个主要季节:温暖的冬天和漫长炎热的夏天。以色列南部属于亚热带,受干旱气候的影响较大;北部则是东地中海温带气候。

温带地区通常温度较为适中,降雨充沛,有利于农业和人类集中居住,尽管降雨量不太稳定,每年变化很大,年平均降雨量在19—27英尺(50—70厘米)之间。夏天温度在71到86华氏度(22—30 摄氏度)之间。高湿度(沿海平原可能达到 70%)还会把人的体感温度提高 5 到 10 度,内陆则相对较低。

以色列的冬季很短,通常从 12 月持续到 3 月,这段时间气温适中,但山区较冷。耶路撒冷偶尔会下小雪。冬季最低温度从北部山区的 35 华氏度(2 摄氏度)到沿海平原的 50 华氏度(10 摄氏度)不等。每年 65% 的降雨量都集中在 12 月、1 月和 2 月,主要在北部地区。

以色列气候不寻常的一个特点是夏拉夫风(Sharav),一种炎热干燥的夏季风。以色列的天气通常受西部影响,但夏拉夫风从阿拉伯沙漠往东刮。气压上升,湿度骤降,沙尘毁坏庄稼,导致人们发生脱水、急躁易怒的状况。

以色列的半干旱气候区位于北部温带和南部亚热带沙漠之间的一小块区域,包括北部内盖夫、凯尔耶特盖特和加沙地带。年降雨量为 8—16 英尺(20—41 厘米),而沙漠地区不到 7.5 英尺(19 厘米)。这样的降雨,加上北部内盖夫肥沃的黄土土壤,推动了农业的商业化发展。

约占以色列一半国土面积的南部内盖夫以及东部朱迪亚沙漠都属于亚热带沙漠气候区,其气候特点是高温少雨,夏天有沙尘暴、骤发的洪水和灼热的热浪,而冬天天气寒冷。

尽管该地区人口稀少,但许多创造性解决方案的应用使之适于耕种,或以其他方式进行经济生产。这些措施包括特殊温室、室内养鱼、先进的灌溉系统,以及引入能在此气候下生存的粮食作物和花卉杂交品种。

水资源

以色列面临着非常严酷的环境,沙漠太多,降雨或水源不足。因此采用了一些技术手段节约水资源,并有效利用边际资源。然而现在,水污染已成为一大威胁,对自然积聚的地下蓄水层而言更是如此。

《圣经》中提到以色列地经常在多年丰年后又会经历多年饥荒年,降雨很不规律。即使在今天,数年的充沛降雨后接踵而来的仍是数年的干旱。人类学家发现,独创的水收集和灌溉系统可追溯到前罗马时代。英国托管时期,常年缺水使托管当局怀疑这一地区是否能养活今天居住在那里的人口。自1948年以来,有三个主要的干旱期:1957—1963年,1989—1991年,以及1998—2001年。迄今为止,以色列最严重的干旱发生在1962年到1963年的冬天,当时降雨量仅8英尺多一点(20.6厘米),比往常降雨少的年份还少三分之一。

20世纪90年代之前,以色列的自然水还能满足需水量。然而,自90年代初以来,水资源的质量和供应急剧恶化。以目前的使用水平,水资源无法自我补充。随着以色列、加沙地带和西岸用水需求的上升,以及农业、工业和市政需水量的日益增长,供水量进一步减少。高人口密度、污水、化肥污染和糟糕的环境政策,如巴勒斯坦民族权力机构(西岸控制地区)过度挖井,导致天然地下水库盐碱化和污染。

不断增长的人口和日益提升的生活水平导致2000年的用水量超过了以色列的产水量,尽管以色列人均用水量不到美国南加州的一半,而后者的气候条件与以色列相似。少雨和数年的干旱使以色列目前的水资源短缺估计达到706亿立方英尺(20亿立方米)。以色列需要做的是最大限度地利用水资源,提高农业生产率,循环废水,节约用水,并通过海水淡化创造新的可用水。

以色列的雨水主要集中在三个地方:加利利海,滨海含水层和山脉地下蓄水层。溪流、地下水和天然泉水也被用作淡水资源,但过多地利用这些资源会增加它们的含盐量,从而破坏淡水供应。

1. 加利利海

加利利海，又称基内雷特湖，是以色列北部的一个大湖，表面积达 65 平方英里（168 平方公里）。这个天然水库蓄水量达 1410 亿立方英尺（40 亿立方米）。水从约旦河直接注入加利利海，黑门山、戈兰高地、拿弗他利山和加利利山等周边山区的溪流也注入此海。

1964 年，一个由管道、运河、沟渠、地下隧道和泵站组成的输水网络投入运行，构成了以色列国家输水系统（NWC）。这使得加利利海的水可供以色列全国使用，提供了全国需水量的 25％。

为了满足需求，加利利海被过度取水，因此以色列在开发替代水源上付出了很大的努力，包括处理或回收污水供农业和工业使用。这些水源的增加逐渐减少了以色列在农业用水上对加利利海的依赖，因此加利利海的水现在主要为生活用水。目前，负责国家输水系统的麦考罗特公司利用加利利海和其他水源为以色列提供了 80％ 的饮用水。

加利利海的水量取决于天气和降雨量。抽水率必须时时调整。当湖内的水位低于海平面 698 英尺（213 米）时，就必须停止抽水以防余下的水变得太咸。干旱有时会导致水位降至很低。近几年，危险的低水位比在高水位更普遍。2001 年水位低至海平面以下 707 英尺（215 米），抽水过程产生的高温溶解了湖或含水层周围的岩层盐分，导致高盐度，由此降低了水质。

2. 滨海含水层

以色列另一大水源就是沿海砂岩含水层，沿朱迪亚山脉的西部边缘延伸到地中海沿岸。水经由透水砂岩、白垩岩和砾石下渗，然后被硬化的黏土阻止，形成天然的地下储层，全年都可以从井中取水，必要时还可缓解基内雷特湖的压力。然而，近年来,由于地中海海水中盐和其他物质的渗透,含水层的水质有所恶化。

3. 山脉地下蓄水层

石灰石-白云石山脉地下蓄水层是以色列第三大淡水水源,沿迦密山延伸至贝尔谢巴,一直到朱迪亚山的山顶。其西部被称作雅孔-塔尼尼姆盆地(Yarkon-Taninim Basin)。山脉地下蓄水层的水源是降雨,相对滨海含水层而言地下水位要深得多,难以抽取,但水质更好。

4. 其他水源

溪流和泉水同样构成了以色列总体水资源的一部分,尽管在数量上少于其他水源。一般而言,以色列水质最好的水来自泉水和溪流,供瓶装水公司使用。位于黑门山的丹泉是以色列产量最高的泉水区。国家输水系统还将北部的溪水转移至水库,防止水流入约旦和加利利海。

由于缺乏基础设施,一些替代水源被浪费了。例如,冬季大量洪水流入了地中海。以色列有两大取水站,沿海地区的纳哈尔·迈纳舍站和南部地区的迈阿伽·哈什克姆站。其他地方还有一些小水库,但在南部经常发生特大洪水的内盖夫地区,蓄积阶梯利用洪水水平仍然非常有限。

定价政策旨在通过对超过一定用水量的家庭收取更高费用来鼓励节约用水,同时政府也付出大量努力生产更多的清洁水。用人工降雨增大降雨量的方法因过于昂贵而不实用。

更划算的方法是海水淡化。地中海沿岸四座世界上最大的海水淡化设备,目前为以色列提供了约40%的饮用水,随着另外两座设备的启用,这一比例有望达到50%。

5. 死海

死海位于海平面以下1365英尺(416米),是地球陆地的最低点。湖长35英里(56公里)，宽2到12英里(3—19公里)不等。由于死海含盐量约为30%，是大洋海水的10倍，因此其希伯来语名为盐海(Yam HaMelach)。高比例的盐度赋予死海额外的浮力，人们很容易在死海浮起来，但同时也无任何生物(除了细菌)可以存活。死海附近有几处温泉，以来一直富含矿物质的水和泥浆长久被认为具有治疗功能。

死海没有流向其他水源的出水口，绝大部分水份都在炎热气候下蒸发掉了，这是其含盐量增加的主要原因。然而，死海水位的下降速度超出了正常的蒸发速率。过去50年来，死海表面积减少了三分之一，水位下降了大约82英尺(25米)。近年来，以色列、约旦和叙利亚都将约旦河的水改道用于农业和工业用途，减少了流入死海的水量。目前，死海的水位正以每年3英尺(1米)的速度下降。

死海工厂和许多约旦公司使用死海的天然矿物质制作食盐、化肥、化妆品和医药产品。他们以死海的水供应为代价，建造蒸发池以生产磷酸盐和矿物质，进一步导致水位下降。人们几乎没有做出避免生态破坏的任何努力。

自然资源和替代能源

以色列是一个自然资源有限且没有重工业的国家。主要矿产资源是死海盐，用于提取镁、盐、柠檬酸钙、碳酸钾、磷酸盐和溴。这些产品通过蒸发池提取出来并由铁路运送到埃拉特港口出口，其他可用的建筑材料，包括沙子、大理石、石膏、陶土和玻璃。南部内盖夫的石英矿床可用来生产玻璃。埃拉特附近的提姆纳矿场在过去法老时期就开始开采，曾一度出产铜，但在1983年就关闭了。

尽管以色列一直缺乏自然资源，但最近在阿什杜德和海法附近海岸发现了天然气。2010年在北部海岸附近发现了储量达16万亿立方英尺（4.5万亿立方米）的天然气田，虽与全球天然气储量相比这一数字微不足道，但由此产生的收入却能极大地促进以色列的经济增长，尤其是当以色列成为天然气出口国后。

以色列也是世界领先的太阳能和替代能源技术先驱之一。以色列85％的家庭使用太阳能热水器，这种系统主要在以色列得到开发，太阳能供应占全国总能源需求的4％。内盖夫地区在太阳能发电方面极具潜力，位于内盖夫西部的雷姆基布兹是世界上第一个完全依靠太阳能的地区。

此外，以色列在其他领域的研究也走在世界前列，如地热能、生物燃料、利用废弃物生产低成本电力、提高现有燃料效率和风电场等。以色列政府的目标是到2020年实现可再生材料发电量占全国电量的10％。

以色列最大的创新项目是电动汽车开发，不仅包括电动汽车，也包括电池交换站和汽车充电站国家系统。目前与一家丹麦公司合作进行，力图减少以色列对进口石油的依赖并降低污染。

自然与环境问题

以色列大约有100种哺乳动物、500种鸟类、100种爬行动物、7种两栖动物和2600种植物，受保护的物种包括秃鹰、羚羊、野山羊和豹子。以色列的两个主要野生动物保护区——北部的迦密山保护区和东南部的海巴保护区，致力于保护现存物种并努力恢复曾在以色列消失的物种。重新引入的物种包括北部保护区的波斯小鹿、狍子和南部保护区的中亚野驴、阿拉伯大羚羊。以色列地理位置的一个显著特点是它位于世界上一条主要的鸟类迁徙路线上,据估计,每年秋季有5亿只鸟飞过以色列到达非洲,然后在春天又途经以色列到达亚洲或欧洲。

以色列有非常多的自然保护区,由自然与公园管理局管理,总面积达2300平方英里(6000平方公里)——约占国土面积的20%。其中的142个自然保护区以保护森林、绿洲、沙漠以及部分海滩和海洋为目的,另外44个自然公园保护考古遗址和历史古迹。

大规模的自然灾害虽有,但并不频繁,比如地震、低降水量区的洪水、小型洪涝灾害、狂风以及森林火灾等都曾出现过。发生在1202年、1546年和1837年的三次地震曾给以色列带来毁灭性的灾难:整个城市沦为废墟,成千上万的人失去生命。1927年,发生在以色列中部地区的一次大地震造成300人丧生,1000座建筑毁于一旦。现今以色列的建筑法特别提出了抗震规定。最近一次大地震发生在1995年的埃拉特和西奈半岛,不过得益于现代化的建筑方法和通信技术,破坏被降到了最低。

以色列历史上最严重的一次火灾发生在2010年12月海法附近的迦密山地区。当时,一个十几岁的孩子玩火偶然引发了这场延绵数千英亩的大火。一辆公共汽车被困火海,车上载有正前往疏散一座监狱的41名警卫,最终车上乘客全部遇难,多个国家以及巴勒斯坦民族权力机构都参与了灭火援助。

以色列以向其他面临自然灾害的国家提供迅速有效的援助而闻名。以色列开发的一些处理战争和恐怖主义的技术在这些情况下非常有效,如探测被困在倒塌建筑物下人群的特殊设备。在这方面做出的重大努力包括:在1999年地震后向土耳其和希腊,以及在1985年和1988年分别向墨西哥和亚美尼亚派出了搜救队和野战医疗队。2010年海地发生毁灭性地震后,以色列援助10吨医疗设备并派出了200多人,其中包括医生、护士等医务人员,警察和一支搜救队。以色列在海地建立了第一家野战医院,每天至少救治500名受害者。

与西方国家相比，以色列在处理环境问题方面起步较晚，但狭小的国土面积和脆弱的生态平衡迫使其严肃对待环境问题。过去以色列一直把人烟相对稀少的内盖夫作为垃圾倾倒场，尤其是杜达姆和拉马特霍瓦夫两地已经成为主要的废物处置场。拉马特霍瓦夫从1979年开始用来存放有毒废物，有研究表明，有毒物质泄露导致当地较高的先天性缺陷率和癌症发病率。

不到十年的时间，以色列的汽车数量从1999年的100万辆增加到250万辆，这给城市带来了严重的空气污染和交通拥堵问题。而工业发展导致有限的水资源受污染的问题同样令人担忧。为减少污染，地方政府采取了与欧盟一致的车辆和燃料标准，同时还推广电能和液化石油气等替代燃料的使用。

不过以色列在资源回收利用方面一直跻身世界前列。该国大约70%的废水被回收利用，是其他任何国家废水利用率的三倍；材料的整体回收率从20世纪90年代的3%上升到2008年的21%。随着新设施的建成和创新方法的应用，以色列计划在2020年将资源回收利用率提升到50%。

考 古

悠久的历史、独特的地理位置和文化交融使得以色列成为世界考古学领域最重要也是发现最多的地区之一。随着以色列和其他一些国家的考古业余爱好者及学术专家的参与，从某种意义上讲，考古已经成为以色列的一种全国性的爱好。

以色列的考古发现可以追溯到石器时代。考古学家在迦密山脉发现了古代人类遗骸，在约旦河谷发现了史前猎人猎杀大象的遗址。而最令人震惊的早期发现之一是在中部山区发现的米吉多城（Megiddo）（《圣经》中世界末日善恶决战之地）。

以色列的很多考古发现都与《圣经》中的历史有关。这些发现追溯到铁器时代和以色列人到来之时,然后历经罗马、伊斯兰和十字军等时期。基色(Gezer)是第一个被发掘出来的《圣经》城市,而挖掘的物品基本证实了犹太《圣经》中的历史概况。有两个最重要的发现:一是马萨达(Masada),在反抗罗马的起义中,犹太人为了避免被捕,在马萨达一直坚持抵抗,最后选择自杀;另一个是死海古卷,这是已知最早的《圣经》文本。其他重要发现可以追溯到罗马和拜占庭时期,包括发现整座城市、精美的马赛克地板和犹太教堂。

控制耶路撒冷圣殿山(阿克萨清真寺和圆顶清真寺所在地)的伊斯兰当局一再丢弃在建筑和修复工程中挖掘出的物品,这些物品含有重要的考古文物。以色列考古学家对这些物品进行了检查,发现了大量公元前8世纪到公元前6世纪(从第一圣殿时期开始)的遗物,包括带有希伯来名字(《耶利米书》中提到的一个家族)的封印。

在以色列有几个涉及考古的争议。巴勒斯坦民族权力机构领导层和其他巴勒斯坦机构一直否认犹太人与该地区有任何关联,当以色列与埃及达成和平协议时,所有西奈半岛的考古发现都交给了埃及人。而在以色列内部,哈瑞迪极端正统派犹太教徒经常反对考古挖掘,称挖掘亵渎了古代犹太人的坟墓,是犹太法律禁止的行为。

基础设施

以色列与任何邻国都没有主要的交通联系,这对当今世界上任何国家来说都是一种不同寻常的情况。尽管以色列在许多方面拥有先进的交通系统,但该国周边地区的基础设施并不发达,甚至在人口密集的地区也只是最近才发展起来。尽管如此,过去几十年的变化仍然巨大。

20世纪80年代,以色列唯一的国际机场本-古里安机场简陋得像是美国中西部一个小城市的机场,机场内只有一个午餐柜台提供膳食。经过多次升级后,本-古里安机场现已成为一个可以与西方大国首都机场相媲美的崭新的现代化机场。

尽管重税使得在以色列购买汽车几乎比在世界上任何一个国家都要贵,但与该国公路里程数相比,其汽车数量还是远远超标,导致通勤交通拥堵(尤其在特拉维夫地区)且交通事故频发。

以色列有143英里(230公里)高速路级别的公路。特拉维夫-耶路撒冷主干道靠近1967年之前的边界线,甚至有些地方超越了边界,如果回到这些旧边界,就会构成重大的战略风险。特别重要的是6号高速公路,尽管官方称其为伊扎克·拉宾高速公路,但一般被称为"穿越以色列"高速公路,是一条贯通以色列南北的最先进的收费公路,2009年基本完工。

在汽车普及之前的几十年里,组织有序的公交系统占主导地位。"鸡蛋"(Egged)合作社是以色列最大的公交公司,其业务遍及全国。以色列的主要城市都有本地公交系统和大量出租车。

对高效通勤铁路系统的需求促进了以色列国营铁路的扩张,包括在沿海主要路线铺设双向轨道、进口现代化设备、增设新车站以及扩大本-古里安机场和特拉维夫市之间的路网。以色列计划在耶路撒冷地区建立轻轨通勤铁路,同时将建设特拉维夫地铁提上日程,这两个项目都是成本高、期限长的大工程。

以色列货轮公司以星航运公司(Zim)和以色列航空公司(El Al)提供国际交通服务。以色列人对国外旅行的喜爱推动以色列航空公司设立了一个特许子公司 Sun d'Or。由于以色列航空公司面临袭击和破坏等特殊威胁,Sun d'Or 坚持在国外机场自行提供安保措施,但有几个城市不同意这一要求,因此 Sun d'Or 不再飞往这几个城市。

Sun d'Or 航空公司创造了杰出的安保记录,其安全与保养措施被其他航空公司奉为榜样。但 El Al 作为国家航空公司由于不能在安息日（犹太教的安息日）和主要的犹太假日飞行而收入大幅缩水。此外，El Al 航线必须绕过以色列的交战国，因此数条航线被迫延长。

尽管以色列面临安全和其他方面的一些问题，包括零星暴力袭击和联合抵制等，观光旅游业仍然发展迅速。为了支持旅游业的发展，以色列建立了大批酒店和其他基础服务设施。2010 年到以色列观光旅游的人数超过 310 万，比 2009 年增长了 18%，比 2008 年增长了 10%。除去机票费用，每年游客在以色列的消费总额都超过 30 亿美元。

人口及人口趋势

以色列的人口超过 750 万。作为一个先进的西方国家，以色列的人口结构相对年轻：14 岁以下人口约占 28%，15 岁到 64 岁之间的人口超过 62%，65 岁以上人口约占 10%。

以色列的年均人口增长率是 1.8%，与马来西亚和萨尔瓦多相当。相比之下，美国的人口增长率只有 0.97%，而英国只有 0.28%。以色列的人口出生率是 19.8‰，远远高于美国（13.8‰）和英国（10.6‰）。2009 年以色列的生育率是平均每个妇女生 2.96 个孩子：犹太人是 2.9，穆斯林是 3.73，基督教徒是 2.2，德鲁士人是 2.49。无论是从总体还是从个别上讲，以色列的生育率都远高于英国（平均每个妇女生 1.66 个孩子）和美国（平均每个妇女生 2.05 个孩子）。

虽然战争和恐怖袭击带来了一定数量的人员伤亡，以色列人口的平均寿命却接近 81 岁，排在世界第十三位，高于英国（79 岁）和美国（78 岁）。92% 的以色列人居住在城市，97% 的人受过教育。

随着生活水平和妇女地位的提高,人口出生率呈下降趋势。例如,国内穆斯林阿拉伯公民的生育率从20世纪90年代的4.67%下降到2009年的3.73%。不过由于宗教和文化原因,以色列犹太人相对于欧洲人和北美洲人仍保持较高的出生率。

尽管75.4%的以色列人被正式划分为犹太人,但大约有4%的人宗教信仰不明,其中大部分是俄罗斯移民,虽然没有得到犹太拉比官方的认可,但他们认定自己就是犹太人;另外一小部分俄罗斯移民认为自己是俄罗斯东正教徒。

2009年,阿拉伯人占以色列总人口的20.3%,穆斯林占16%,基督徒占1.7%,德鲁士占1.6%。穆斯林人口大约125万,包括东耶路撒冷居民。

1948年以后随着犹太移民的增多,以色列人口迅速增加。第一次人口普查显示以色列的人口数是87.2万,但到1958年已经接近300万。原苏联移民的涌入使以色列人口数在1998年达到600万,2007年上升到724万,以色列成为世界上人口增长最快的国家之一。

本地出生人口所占的比例越来越大,从1972年的8.4%上升到2004年的67%还多,2009年已经达到76%。从2003年开始,以色列总人口以每年1.8%的速度增长,其中,阿拉伯人的增长率是2.6%,犹太人是1.6%,虽然两者差距已经缩小,但阿拉伯人的增长率仍远超犹太人。

人口快速增长加上国土面积狭小导致以色列的人口密度较高,1995年到2007年的人口密度增长超过125%。以色列是西方国家中人口最稠密的国家之一,平均每平方英里883人(每平方公里341人),即便这样统计也低估了城市的拥挤程度,因为超过一半的以色列国土是人烟稀少的沙漠和岩石山丘。斯洛文尼亚国土面积和地形与以色列相似,而其人口密度仅为每平方英里256人(每平方公里99人)。

独立战争之后,一半的以色列人居住在特拉维夫、沿海岸中心区域和耶路撒冷，只有13%的人居住在南部和北部地区。早年间，以色列的第二大人口城市是北部的海法。多年来，特拉维夫市和以色列中部地区的人口数量相对下降，而周边地区的人口一直在增加，该区域人口现在约占总人口的30%。

以上种种趋势都是个人居住偏好选择的结果。现今，几乎一半的以色列犹太人居住在中部地区，犹太人占该地总人口的90%；特拉维夫市犹太人占93%；在南部和北部地区只有不到四分之一的犹太人，相比之下，大部分阿拉伯人居住于此。大约有10%的犹太人居住在耶路撒冷，约5%居住在约旦河西岸。

以色列北部略超过一半的人是阿拉伯人，1980年之前该地区的犹太人和阿拉伯人人数达到了相对平衡。1967年第三次中东战争（六日战争）之后，阿拉伯人开始从北部地区迁往东耶路撒冷，现在以色列近五分之一的阿拉伯人居住在东耶路撒冷。从1948年开始耶路撒冷地区犹太人的数量相对下降，犹太人口比例从97%下降到70%，这种变化主要是东耶路撒冷阿拉伯人口增加引起的，西耶路撒冷人口没有太大变化。

平均每个以色列家庭有3.73人。阿拉伯人的家庭人口更多些，平均每户4.87人，犹太人的家庭人口较少，平均每户3.53人。家庭规模的大小也因城市有所不同，比如在耶路撒冷，平均每个家庭4.26人，因为正统派犹太人（哈瑞迪和达提）所占比例较大，他们通常生的孩子较多。而特拉维夫市平均每户2.98人，海法平均3.05人，里雄莱锡安平均3.35人，阿什杜德平均3.56人。

过去几年里犹太人口数增加主要源于犹太移民的增加，而阿拉伯人口数增加则源于较高的人口出生率。然而，现在这两种因素都在下降，宗教虔诚对出生率的影响越来越大。在犹太人中哈瑞迪派的人口出生率最高，尤其与世俗犹太人相比。

在阿拉伯群体中，穆斯林比基督徒的人口出生率更高。除宗教因素外，导致穆斯林人口出生率较高的原因还包括职业机会、受教育程度和文化背景等。建国初期阿拉伯群体的人口出生率是犹太人的三倍,然而现在阿拉伯人口出生率仅比犹太人口出生率高33%,而且这种差距正在迅速消失。

以色列人的寿命普遍大幅延长,医疗卫生服务的改善和生活水平的提高降低了死亡率,不过穆斯林和德鲁士人的死亡率高于犹太人。

自20世纪50年代以来,犹太人的平均寿命延长了12年,以色列全部人口的平均寿命延长了8.5年左右。整体看,1971—1974年以色列男人平均寿命70.1岁,女人平均寿命73.4岁,到2005年男人平均寿命延长到78.3岁,女人平均寿命延长到82.2岁。

以色列的教育水平也大幅提高。建国初期,大多数阿拉伯妇女甚至连中学都没上过。1961年的人口普查表明70%的阿拉伯妇女没有受过教育(没上过学或只接触过一点),而三十年后这一比例下降到了10%。

其他统计资料也表明了这种显著变化。1985年,21%的女性和23%的男性接受了大学教育,到2005年这一比例分别上升到40%和42%,之后女性比例超过男性。高等院校的学生数量在2005年也相应增加:录取男学生9.1万名、女学生11.3万名,女学生数量占总学生数的56%,其中攻读学士学位的女学生占55%,攻读硕士学位的女学生占57%,攻读博士学位的女学生占52%。

随着人口数量的增加,就业率也随之上升,且女性员工所占的比例越来越大。1955年约有63.1万人就业,到2007年这一数字上升到290万,女性员工所占的比例则由1955年的25%上升到2007年的47%。从业人员数量大幅下降的行业是农业:1968年有10%的人从事农业,2007年下降到2%;而就业与从商人员的比例在这期间则由56%上升至76%。

城市和居住区

以色列拥有 214 个城区，包括人口数超过 2 万的城市、郊区和较大的城镇。其中大约 130 个城区主要或者全部是犹太人，大约 90 个城区主要或全部是阿拉伯人。全国城市人口达 583 万，超过以色列总人口的 90%。以色列大约有 1000 个村庄、基布兹、莫夏夫和小城镇，人口大约 54 万，仅占以色列总人口的 8.5%，其中 950 个属于犹太区，33 个属于阿拉伯区，剩下的属于混住区。

根据定义，城市是人口数超过 20 万的集体居住区。最大城市耶路撒冷拥有 74.7 万居民，特拉维夫 38.44 万，海法 26.63 万，里雄莱锡安 22.2 万，阿什杜德 20.42 万，贝尔谢巴 18.5 万。然而，这些数据有一定的误导性，特拉维夫大都市区是以色列人口最密集的地区，人口超过 120 万；而中部地区人口则是 170 万（除特拉维夫市之外）。

造成这种差别的原因是：耶路撒冷实际上没有郊区，但它可以向外扩张，而特拉维夫市却被一个个独立管辖的郊区城镇包围。它也是以色列人口密度最大的城市，平均每平方英里 18388 人（每平方公里 7100 人）。耶路撒冷城区有 90 万人口，紧随其后的是有 87 万人口的海法城区。以色列北部和南部人口分布基本平衡，分别有 120 多万和 100 万多一点。

尽管从统计学上来讲以色列的人口密度很大，但以色列也有很多开阔地区。原因之一是市郊发展相对缓慢，这与人们拥有私人汽车并且有能力购买私人住宅有关。在以色列，洋房（别墅）和排房（村舍）在建筑密集区并不常见，大多数人居住在公寓楼中。此外，犹太国家基金虽在城外拥有大量土地，但受重农观念的影响，一直不愿将土地移交给住房开发项目。

小城镇定义为居民数不足 2000 的地区,包括基布兹(集体农庄)、莫夏夫(合作社)和阿拉伯村庄。过去,这些定居点以农业为基础,现在则常为在附近较大城镇工作的人群提供郊区住房或住宅用房。如果这些地区离人口中心区太远,或者不适宜耕种,则很容易陷入赤贫,尤其是交通等基础设施依然简陋的北部和南部地区。

1. 城市

有一句流行语这样描述以色列的三个主要城市:在耶路撒冷祈祷,在特拉维夫游玩,在海法工作。虽然这种描述有些夸张,却也展示出每个城市的不同特色。

耶路撒冷

耶路撒冷是以色列的首都,是以色列最著名的城市,也是以色列最重要的特色城市之一。它包含许多圣地——圣殿山(Temple Mount),其中包括犹太圣殿建筑群的西墙,它与古代以色列的国王有关;圆顶清真寺和阿克萨清真寺;以及与拿撒勒人耶稣的生与死有关的基督教教堂和遗址,包括圣墓教堂。很多圣地都集中在耶路撒冷老城内及周边区域。

然而,耶路撒冷并不仅仅是以色列的宗教中心和文化象征,它还是一座实实在在的居住型城市,约 75 万人居住于此,三分之一是阿拉伯人,三分之二是犹太人。阿拉伯人主要居住在东耶路撒冷,犹太人主要居住在西耶路撒冷。

独立战争期间,约旦军队占领了东耶路撒冷并驱逐了居住在那里的所有犹太人,接下来的二十年里,耶路撒冷由以色列和约旦各统治一半。在 1967 年第三次中东战争中,以色列夺回东耶路撒冷,结束了耶路撒冷的分割状态。现在,尽管犹太人在耶路撒冷早前的空地,老城的犹太区尤其是城西的拉莫特,以及城北的很多地方都建了居所,但总体人口分布依然呈现划分居住特点。极端正统派哈瑞迪犹太人是犹太人口的一大组成部分,居住在西耶路撒冷几个地区，主要是靠近耶路撒冷中心地带的米歇雷姆区（Mea Shearim）和格拉区（Geula）。耶路撒冷东侧也修建了许多新社区，大量阿拉伯人从约旦河西岸搬到了东耶路撒冷。

在19世纪中期以前3000年的历史长河里，耶路撒冷的面积只限于老城围墙内的小块范围，由犹太、阿拉伯、基督和亚美尼亚等四个区组成。现今，耶路撒冷的大部分街道依然狭窄，只限行人通过。为了保持耶路撒冷相对传统的外貌，该市的其他区域禁止修建高楼大厦，并且所有建筑物的外墙必须使用白色的耶路撒冷石。

但耶路撒冷的地位问题一直饱受争议。耶路撒冷的未来一直并将继续是巴以谈判中最敏感的热点问题之一。对以色列来说，耶路撒冷是首都，是以色列总理和总统居住的地方，是以色列议会和最高法院所在地，是以色列政府总部所在地，是以色列博物馆和希伯来大学等文化机构所在地。

对巴勒斯坦来说，无论是东耶路撒冷还是以色列灭亡后的整座耶路撒冷都是他们未来的首都。在巴勒斯坦民族权力机构眼中，约旦河西岸的中部城市拉马拉只是临时首都。尽管大多数以色列人希望维持耶路撒冷的统一，但以色列政府已经提出分割计划（特别是在戴维营会谈和"克林顿计划会议"上）。以政府提议将大部分东耶路撒冷划给巴勒斯坦，以色列保留耶路撒冷老城内的犹太区和亚美尼亚区以及其他一些居民区。但巴勒斯坦民族权力机构拒绝了这个提议。

尽管以色列和巴勒斯坦都反对分割耶路撒冷，但世界上大多数国家还是坚持1947年关于耶路撒冷由联合国管辖的决议；不论是对整个耶路撒冷还是1967年之前的西耶路撒冷，这些国家都拒绝承认是以色列的首都。以色列和巴勒斯坦任何一方都不希望耶路撒冷国际化，但除了双方协商达成全面和平的耶路撒冷分割协议外，没有更好的解决办法。

巴勒斯坦人在耶路撒冷不时针对以色列制造恐怖袭击事件，有时安全形势严重恶化，尤其是 2000—2005 年。伴随着持续升温的紧张局势，阿克萨清真寺附近多次发生巴勒斯坦暴乱，由约旦河西岸进入耶路撒冷的通道被迫关闭。不过不应过多估计暴乱的次数，因为政治暴乱只发生在某个时间和地方，耶路撒冷一般都正常运转。

耶路撒冷的第二个分歧是世俗犹太人和信教犹太人之间的分歧。耶路撒冷约有一半的犹太人都是虔诚的教徒（达提派或哈瑞迪派），其中三分之一是哈瑞迪派。信教犹太人的人口出生率高于世俗犹太人，而世俗犹太人已有向城外迁移的倾向。哈瑞迪派犹太群体比世俗犹太群体更团结，所以他们的宗教政治权利（尤其是哈瑞迪派）不断增长。许多世俗居民认为整座城市都在正统化，这可以从市政府组成上反映出来。耶路撒冷在安息日没有公共交通，汽车也不能进入宗教社区；犹太社区的大部分企业和餐馆在安息日停止营业，而且大多数餐馆都遵循犹太洁食教规（kosher）。

执政近三十年（1965—1993 年）的耶路撒冷市长泰迪·科勒克（Teddy Kollek）在很大程度上塑造了耶路撒冷的当代形象。科勒克帮助建造了许多新设施，并对这座城市进行了现代化改造。1993 年，埃胡德·奥尔默特（Ehud Olmert）击败老科勒克成为耶路撒冷市长；十年后耶路撒冷选出了第一位哈端迪派市长乌里·卢波良斯基（Uri Lupolianski）；2008 年世俗商人尼尔·巴尔卡特（Nir Barkat）击败另一位正统派犹太候选人成为耶路撒冷市长。在国家政治层面上，耶路撒冷属于保守派，多数居民支持利库德集团。

虽然以色列授予东耶路撒冷阿拉伯人以色列国籍，但只有很少人接受，一是迫于巴勒斯坦民族权力机构的压力，二是因为一部分阿拉伯人支持分割耶路撒冷或已融入巴勒斯坦生活。然而民意调查显示，大多数耶路撒冷的阿拉伯人愿意继续接受以色列的统治而不是成为巴勒斯坦国的一员。所有阿拉伯人都有权参加市政选举，但很少有人行使这一权利，他们响应巴勒斯坦民族权力机构的联合抵制，抗议以色列对耶路撒冷的吞并和统一。由于他们在市政府没有代表席位，也就几乎没有什么政治影响力。

特拉维夫

1990年，特拉维夫在雅法(Jaffa)北部沙丘上建立，是现代世界的第一座犹太城市。到20世纪30年代，特拉维夫的规模已经超过了耶路撒冷，并且有了自己的小港口。在欧洲接受过培训的建筑师回国后建造了三层或四层高的包豪斯平顶（国际风格）混凝土建筑，为工人阶级提供通风、舒适的生活空间。由于这种独特风格的房子，特拉维夫市被称为"白城"。独立战争中雅法被占领，之后并入特拉维夫市。

直到20世纪60年代特拉维夫市才开始兴建高层建筑。1965年特拉维夫市的第一座摩天大楼——三十层的沙洛姆梅厄大厦(Shalom Meir Tower)落成，高度超过466英尺（142米）。从那时起，特拉维夫地区开始兴建摩天大楼，如拉马特甘(Ramat Gan)的钻石交易所和由三幢楼组成的阿兹列里大厦(Azrieli Towers)。由于耶路撒冷易受攻击，以色列的国防部和几乎所有的外国大使馆都设在特拉维夫。一连串的海滩和高层酒店吸引着游客和当地居民，人们可以沿着一直延伸到雅法的塔耶勒海滨大道散步(tayelet)。

值得注意的是，40%的以色列人居住在特拉维夫及其周边通勤距离以内的城镇。虽然没有耶路撒冷那样的历史和宗教意义，但它却是现代以色列的象征。当然，也是文化、知识、金融和商业生活的中心，其钻石和时尚产业非常有名，拥有数百家咖啡馆和丰富热闹的夜生活。特拉维夫市的文化资产包括赫莲娜·鲁宾斯坦(Helena Rubinstein)现代艺术馆、特拉维夫艺术博物馆、果尔达·梅厄表演艺术中心、卡梅尔和哈比玛剧院、曼恩礼堂（以色列爱乐乐团所在地）、特拉维夫表演艺术中心以及苏珊娜·达拉尔舞蹈和戏剧中心。

特拉维夫市的商业生活经历了转型。沿着赫茨尔街和艾伦比街的老式小店已经让位给有空调的购物中心（kanyonim）。尽管户外市场和小型杂货店面临大型超市的竞争挑战，但大型连锁商店取代本地家族企业的范围远没有北美那么广。随着阿拉伯抵制运动的减弱，大型西方零售与食品商店已经进驻以色列，但民众对传统品牌和企业的忠诚度仍然很强。

尽管有汽车和通勤者，特拉维夫依然主要是个步行城市。从20世纪30年代到60年代，迪岑哥夫街是散步的好地方，那里有很多时髦的咖啡馆，但这座城市已经去中心化。沙因克因街已经成为波西米亚生活中心，也是城市宗教人口最集中的地方。特拉维夫的行政区域包括格林威治村式的内夫茨德克区（Neve Tzedek）和也门人区（Yemenite Quarter），以及东部的哈提克瓦（HaTikva）、南部的特拉维夫区（Tel Aviv）和老中央汽车站附近的破败地区，那里是外国工人经常光顾的地方。特拉维夫北部是富裕的拉马特阿维夫（Ramat Aviv），东部是中产阶级居住的拉马特甘和给瓦塔伊姆（Giva'tayim），再远一点是佩塔提克瓦（Petah Tikva）和犹太教城镇贝尼·布拉克（Bnei Brak），南部是霍隆（Holon）。

特拉维夫将自己定位为享乐主义地中海城市，并将自己喻为"大橙子"和"永不眠之城"。在政治方面，特拉维夫历来被工党和利库德集团的支持者平分。

海法

如果说特拉维夫是以色列的金融和商业中心，海法则是其主要港口和工业中心。这个现代化的港口在英国的赞助下于1933年开放，食品加工业、纺织业、水泥业、化工业和石油炼化厂随之发展起来。海法是以色列北部事实上的首都，横跨从迦密山北斜坡一直延伸到海法湾港口的山坡。港口附近有巨大的粮仓、火车站和其他工厂,迦密山山坡上是住宅区和商业区,而靠近山顶的地方是建于1912年的以色列理工学院和建于1964年的海法大学。海法也是世界上巴哈伊教(Baha'i)的大本营,巴哈伊教起源于伊朗。

基布兹和莫夏夫

基布兹(以色列的集体农场)是以色列特有的社区定居点,最初是基于乌托邦计划而建立的,但随着情况的变化进行了调整,并取得了不同程度的成功。第一个基布兹德加尼(Degania)于1910年在加利利海附近建立,当时十二个年轻人将各自的财产上交公有,平分工作和收益。此后共建成268个基布兹,主要分布在北部地区和边界地区。

在基布兹中,所有成员都在集体所有制企业中工作,虽然工作越来越多样化,不过还是以农业为主,通过交换商品和服务满足需求,实现自给自足。传统上,基布兹不需要借助外来帮助。所有成员享有平等收入和权利,不存在私人财产,所有物品归全员所有,所有决策通过民主大会多数选票产生。在早期的大多数基布兹中,孩子们一起生活在托儿所里,大人们实行轮换工作制,不过这些做法在很久以前就停止了。

以色列建国初期,很多基布兹都是盈利颇丰的农业企业,很大一部分以色列高级军官都有基布兹背景。然而,20世纪80年代以色列遭遇严重的通货膨胀和经济衰退,很多基布兹深陷债务危机,就算有政府救助也无能为力;此外,物质主义和个人野心等综合因素进一步加剧了基布兹的衰败。

自20世纪90年代以来,很多基布兹做出重大转变,开始允许成员在外找工作、允许财产私有(包括汽车),开始雇佣职业经理人管理企业、向外出租住房、收取食品和服务费、按照不同的工作支付不同的薪酬,并(或)在基布兹行业中雇佣外部人员。对主要涉及轻工业、旅游业和零售业的基布兹来讲,这些新举措是成功的;但对边远地区的基布兹来讲效果不大,它们依然深陷债务危机。

成功的例子之一是马阿干米谢尔（Ma'agan Michael）基布兹。它是以色列最大的基布兹，有1400多名居民，于1949年8月建成。现在它拥有多样化的经济，包括农作物（棉花、牛油果和木瓜、香蕉）果园，家禽、奶牛和鱼类（包括食用鲤鱼、鲻鱼、多纹鲈鱼等和卖给日本收藏人士的观赏金鱼）养殖业。其主要收入来源和就业渠道有两个：一是动物饲养系统和管道配件、马桶配件的塑料生产厂，二是金属部件和电镀产品的生产厂。

人们也曾尝试大量新形式的基布兹。1987年，一群年轻人在贝特谢梅什镇（Beit Shemesh）建立了塔穆兹（Tamuz）基布兹，由17个家庭共享财产、平分工作；1980年南部的加利利建立了哈拉里特（Hararit）基布兹，有50个家庭居住在一个超自然冥想社区里。也有基布兹生产和销售素食产品，或以养猪为业。还有一个曾经是一个贫穷的渔村，现在开了一家大获成功的购物中心。随着时间的推移，基布兹在以色列慢慢变得不那么重要了，但在塑造国家形象方面它依然占据着重要位置。

莫夏夫（以色列的一种土地私有、本人劳动、共同销售的农业合作居民点）是以农业为基础的社区，通常有60到100户家庭，社区成员在自己的田地里耕种并且拥有自己的房屋，不过须共享一些设备，协同开拓市场。最早的两个莫夏夫建于1921年，分别是纳哈拉（Nahalal）和卡法叶赫泽克（Kfar Yehezkel）。20世纪80年代，以色列经济衰退导致农产品价格下降，莫夏夫深受影响。在很多莫夏夫，有其他工作的居民买了房子并把土地转交给职业经理人经营。现在很多莫夏夫扩大了范围，允许他人在自己的土地上建设新的社区。

2. 阿拉伯城镇和村落

以色列的122个城镇和村庄中绝大多数或全部是阿拉伯公民，其中89个城镇或村庄中的阿拉伯居民超过2000人。大约一半的阿拉伯人分布在以色列北部地区,包括混居城市海法和阿卡、阿拉伯城市拿撒勒(最大的阿拉伯城市,人口超过 6 万)和阿拉伯大镇乌姆阿法姆镇(Umm al-Fahm);20%的阿拉伯人居住在耶路撒冷地区;其余 30%的阿拉伯人和大量贝都因人居住在南部地区,拉哈特(Rahat)是该地区最大的城镇。

20 世纪 80 年代,随着人口增长,阿拉伯村落开始在原有的建筑物上加层改造。与以色列的其他地方相比,阿拉伯村落的这种建筑风格与邻近的阿拉伯语国家有更多共同点。这些村落包含学校,教学使用阿拉伯语。

这些村庄和一般较大的犹太城镇之间仍然存在明显的差距。2003 年,阿拉伯工人的平均工资比犹太工人低 29%,这与教育水平和居住地点有关,与种族无关。阿拉伯人的就业集中在农业、建筑业和工业。阿拉伯妇女在经济中的参与率极低。大约 7%的大学生(约占阿拉伯高中毕业生的四分之一)是阿拉伯人。于是,很多阿拉伯人开始迁往阿卡、拿撒勒及其周边村庄和海法等地。

3. 约旦河西岸、加沙地带和戈兰高地定居点

自 1967 年以来,以色列犹太人在约旦河西岸共建了 121 个定居点,1993 年以色列与巴勒斯坦解放组织达成协议,以色列政府保证不再允许建立新定居点或扩大已有规模。有时,特别是 2005 年,一些活动团体建立了被称为"非法定居点"的前哨,以色列政府虽通常予以拆除,却未尽全力。

这些定居点的建立有多方面原因。1967 年战争之后不久,出于安全考虑,以色列政府在约旦河谷和戈兰高地等地建立了一些定居点。到 1977 年,犹太人已在戈兰高地建立了 20 个基布兹和莫夏夫,现已发展到 33 个定居点,犹太人口达到 1.8 万。约旦河西岸最大的定居点是商业公寓住宅区,刚好穿过 1967 前的边界,为在以色列工作的巴勒斯坦人和约旦人提供合适的住

房。古什·埃齐奥恩(Gush Etzion)比较特殊,建立它是为安置独立战争期间被约旦人驱逐的犹太人。

然而,大多数较小的定居点,无论是在加沙地带,还是在距离1967年之前的边界更远的西岸,都是那些想要确保以色列保留那片土地的人士的政治行为。在一些达提社区,他们相信:定居在这片土地上会带来弥赛亚。

约旦河西岸是以色列在1967年第三次中东战争时从约旦手中夺来的,很多以色列人按历史上的犹太名字称该地为"朱迪亚-撒马利亚"。由于一直未能就领土归还问题达成和平解决方案,以色列开始在西岸建设定居点,截至1977年,所建定居点不下25个。现在,以色列人中大约有18.7万居住在约旦河西岸,2万居住在戈兰高地,17.5万居住在1967年边界线外的耶路撒冷地区;在2005年以色列撤出加沙地带之前,大约4500名以色列人生活在那里。

希伯仑的定居点是独一无二的,因为它位于一个巴勒斯坦城市的中部,源于此,1996年的以-巴协议将该城20%的地界划归以色列军队管辖,其余80%归属巴勒斯坦。1929年的大屠杀迫使希伯仑原住犹太人逃离,现在的希伯仑定居点始建于1968年4月,有600户居民,附近的基亚特·阿巴(Kiryat Arba)定居点建于1970年,有7000户居民。希伯仑也是男女族长的墓穴(洞穴)所在地,是犹太教、伊斯兰教和基督教的圣地,但在1967年之前犹太人不被允许在此地祈祷,1994年一名犹太定居者在此杀害了数名穆斯林。该建筑的大部分现在作为穆斯林捐赠物进行维护。

国际社会一直对以色列定居点问题表示谴责,认为这种做法既不合法也有悖和平。在以色列国内,反对派认为定居点削弱了以色列的军事力量,因为防御定居点使士兵置身于危险之中,而且定居点维护费可以用来满足国内需求。不过在1993年以及以后的协议中,巴勒斯坦解放组织和巴勒斯坦民族权力机构同意在全面和平条约签订之前，以色列的这些定居点可以继续留存。

在以色列国内，甚至大多数评论家赞成达成和平协议后以色列可以将所有定居点归还巴勒斯坦。但巴勒斯坦方面没有同意和平协议，这也就意味着定居点将继续存在，此举引发了人们对定居点的批评，即定居点本身就是通往和平道路上的绊脚石。

事实上，以色列曾两次拆除与它从被占领土撤离有关的定居点。第一次在1982年，在执行埃及-以色列和平协议期间，以色列拆除了西奈半岛上的所有15个定居点。第二次是2005年，以色列从加沙地带撤出，拆除了21个定居点，以及约旦河西岸北部的几个定居点，以此向巴勒斯坦人发出信号，表明和平将给他们带来好处。

突破资源限制取得发展

以色列既是一个现代化的西方国家，又是一个非常独特的社会。很多不利条件限制以色列作为一个国家的生存条件：首先，土地面积狭小并且大部分是沙漠或干旱地区；其次，人口稀少并且很多人可谓身无分文；第三，缺乏具有商业价值的自然资源；第四，降水量很有限；第五，与强大的敌国为邻；第六，国防开支庞大。不过，多数不利因素已通过一系列创新和策略转变成为优势。

以色列制定了多个发展阶段，前两个阶段——保卫与维持国家生存和实现普遍繁荣——都已成功实现，现在面临第三阶段的任务。第三阶段除了要继续保证国家安全与发展外，也要关注后续发展问题。比如，对以前忽视的领域加强社会关切，包括环境问题、健康问题、社会福利问题和教育问题——简单来说就是提高人们的生活质量和生活水平。

这项任务既涉及对不同区域和不同人群——新移民、阿拉伯人（尤其是贝都因人）和哈瑞迪派——进行更高层次的整合，也包括解决性别差异、民族差异（犹太人）以及其他一些问题。然而，解决这一目标的能力要求把威胁和安全问题控制在一定范围，因为在引导国家的发展资源和活动方向时，这些问题是必须优先考虑的。

参考文献

Bronner, Ethan, and Sebnem C. Arsu. "Facing Its Worst Natural Disaster, Israel Appeals for Help." *New York Times*, December 4, 2010.

Central Bureau of Statistics, State of Israel. "Men and Women in Israel, 1985—2005," February 1, 2007.

Central Bureau of Statistics, State of Israel. "Population and Demography," January 1, 2007. http://www.cbs.gov.il/reader/?MIval=cw_usr_view_SHTML&ID=389. [In Hebrew.]

Central Bureau of Statistics, State of Israel. "Sixty Years of Statistics," May 1, 2008. http://www.cbs.gov.il/reader/publications/statistical_new.htm#901. [In Hebrew.]

Central Intelligence Agency, United States. "Israel." *CIA World Factbook*. https://www.cia.gov/library/publications/the-world-factbook/geos/is.html.

Consulate General of Israel to the Pacific Northwest. "Electric Cars Soon to Charge in Israel," May 3, 2010. http://www.israeliconsulate.org/index.php?option=com_content&view=article&id=167：electriccars-soon-to-charge-through-israel&catid=49：economy&Itemid=240&lang=en.

Dever, William G. "Gezer Revisited: New Excavations of the Solomonic and Assyrian Period Defenses." *Biblical Archaeologist* 47, no. 4

(December 1984): 206-218.

Faiman, David. "Solar Energy in Israel," November 2, 2002. Israel Ministry of Foreign Affairs, http://www. mfa. gov. il/MFA/Facts%20About%20Israel/Science%20-%20Technology/Solar%20Energy%20in%20Israel.

Gabbay, Shoshana. "The Environment in Israel," August 2002. Israel Ministry of Foreign Affairs, http:// www. mfa. gov. il/MFA/MFAArchive/2000 _ 2009/2002/8/The%20Environment%20in%20Israel.

Goldreich, Yair. *The Climate of Israel: Observation, Research and Application*. New York: Kluwer Academic / Plenum Publishers, 2003.

Henderson, Simon. "Seismic Shift: Israel's Natural Gas Discoveries." *Policy Watch*, no. 1736, January 4, 2011. https://www. washingtoninstitute. org/templateC05. php? CID=3286.

Invest in Israel. "Israel: Global Center for Breakthrough Innovation: Climate Change," 2009. http:// www. investinisrael. gov. il/.

Israel Land Administration, State of Israel. March 11, 2007. http:// www. mmi. gov. il/Envelope/indexeng . asp? page =/static/eng/f _ project. html.

Kloosterman, Karin. "Quenching Your Thirst with the Sea." *Israel 21C*, July 1, 2010. http://www. israel21c . org/201007018072/environment/quenching-your-thirst-with-the-sea.

Knesset, State of Israel. "Bedouins in the State of Israel," 2010. http://www. knesset. gov. il/lexicon/eng/ bedouim_eng. htm.

Medzini, Aaron. *The River Jordan: Frontiers and Water*. London: Water Research Group of the School of Oriental and African Studies, University of London, 2001.

Milstein, Mati. "Solomon's Temple Artifacts Found by Muslim Workers."*National Geographic*, October 23, 2007. http://news. nationalgeographic. com/news/2007/10/071023 - jerusalem-artifacts. html.

Ministry of Environmental Protection, State of Israel. Official website: http://www. sviva. gov. il/bin/en. jsp? enPage = e _ homePage&enDisplay=view&enDispWhat=Zone&.

Ministry of Environmental Protection, State of Israel. "Contaminated Land and Fuel Pollution," December 13, 2010. http://www. sviva. gov. il/bin/en. jsp? enPage=e_BlankPage&enDisplay=view&enDispWhat = Zone&enDispWho = contaminated _ land&enZone = contaminated_land.

Ministry of Environmental Protection, State of Israel. "Recycling," December 24, 2009. http://www. sviva. gov. il/bin/en. jsp? enPage =e_BlankPage&enDisplay=view&enDispWhat = Zone&enDispWho = recycling&enZone=recycling. m.

Ministry of Environmental Protection, State of Israel. "Vehicular Pollution," June 30, 2010. http://www . sviva. gov. il/bin/en. jsp? enPage= e_ BlankPage&enDisplay = view&enDispWhat = Zone&enDispWho=Vehicular_Pollution&enZone=Vehicular_Pollution.

Ministry of Foreign Affairs, State of Israel. "Israeli Settlements and International Law," May 20, 2001. http://www. mfa. gov. il/MFA/ Peace + Process/Guide + to + the + Peace + Process/Israeli + Settlements+and+International+Law. htm.

Ministry of Foreign Affairs, State of Israel. "Israel's Story in Maps," 2008. http://www. mfa. gov. il/MFA/ Facts+About+Israel/Israel +in+Maps/.

Mor, Amit, Shimon Seroussi, and Malcolm Ainspan. *Large Scale Utilization of Solar Energy in Israel: Economic and Social Impacts*, June 16, 2005. Eco Energy, http://www. ecoenergy. co. il/Portals/ 0/ Solar%20Energy%20in%20Israel%20-%20a%20cost-benefit%20analysis. pdf.

National Campus for the Archaeology of Israel. "Temple Mount First Temple Period Discoveries." Friends of the Israel Antiquities Authority, http://www. archaeology. org. il/.

Nature and National Parks Protection Authority, State of Israel. http://

www. parks. org. il/BuildaGate5/ general2/company _ search _ tree. php? mc=378~All.

"The Place Race: Global." *Monocle* 4, no. 39 (December – January 2010). http://www. monocle. com/ sections/business/Magazine-Articles/The-Place-Race/.

Rebhun, Uzi, and Gilad Malach. *Demographic Trends in Israel*. Jerusalem: Metzilah Center for Zionist, Jewish, Liberal and Humanist Thought, 2009. http://www. metzilah. org. il/webfi les/ fck/ Demo%20eng%20fi nal. pdf(1). pdf.

Shragai, Nadav. "Temple Mount Dirt Uncovers First Temple Artifacts." *Ha'aretz*, October 19, 2006. http://www. haaretz. com/hasen/ pages/ShArt. jhtml? itemNo=776621.

Stypin'ska, Justyna. "Jewish Majority and Arab Minority in Israel Demographic Struggle." *Central and Eastern European Online Library* 1, no. 157 (2007): 105-120.

Tal, Alon. *Pollution in a Promised Land: An Environmental History of Israel*. Berkeley: University of California Press, 2002.

Tidhar, David. *Encyclopedia of the Founders and Builders of Israel*, 1971. http://www. tidhar. tourolib. org/.

第四章 社 会

以色列成功融合了东方和西方、古代和现代、宗教和世俗、传统和创新等特征,尽管以色列社会极其多样化,但它的社区意识也非常强烈。

犹太人决定着以色列的主基调。数世纪以来犹太人一直散居于世界各地,他们来到以色列的时候也带来了具有各地印记的不同风俗、语言和宗教仪式。不过他们仍有大量共同之处,以色列的重点一直是建设统一的社会,因此上述差异虽保留程度不同,但显然是次要的。

虽然犹太人之间存在明显的分歧,但按照宗教和种族差异来评判以色列社会是错误的。和其他国家一样,生活环境(农村、小镇、大城市)、居住地区、年龄、阶层和职业等因素决定着其他差异。但也有许多因素减少了这些差异,如,以色列有宗教也有世俗群体,但还有很多人介于两者之间。正如宗教群体重要的子群体:阿什肯纳兹犹太人(Ashkenazim 东欧裔犹太人)和塞法迪犹太人(Sephardim 西班牙或葡萄牙裔犹太人);哈瑞迪极端正统派和达提派(现代正统派);哈瑞迪极端正统派内部还有密那德(*Mitnagdim*)和哈西德派(*Hasidim*)之分。

同样,米兹拉希犹太人(Mizrahim 中东裔犹太人)和阿什肯纳兹犹太人之间也有历史、政治和文化差异。塞法迪犹太人(大多数为米兹拉希犹太人)和阿什肯纳兹犹太人的宗教仪式也存在差异。然而随着各派之间"通婚"的增多,越来越多的以色列人都成为多族群后裔。

对左派或右派（这两个术语在以色列有特殊含义）的政治忠诚已经成为不同世界观的重要指标。曾经，对某一政党的支持会表明某人支持哪个足球队，阅读哪种出版刊物以及加入哪个医疗基金。这种更深层次的文化-意识形态差异都已不复存在，而是趋向全民共识、实用主义和政治中心化。

现在这些思想、政治和"种族"以及在较小程度上而言宗教与世俗之间的争论已不像过去那么突出。伴随着个人主义和物质主义的发展，族群意识有所衰落，差异的减少一定程度上平衡了这些趋势。以色列人仍然有强烈的民族凝聚力。

关于以色列流传最广的缪见是以色列是以宗教为基础的国家。然而以色列建国的原则是：犹太身份的基础纯粹或主要是民族性的。确实，犹太身份的主要标准是宗教，至少在犹太人的历史背景方面如此，但这种认同并非基于神学观点或神权世界观。例如，西班牙、波兰和意大利历史上都是天主教国家，然而他们的国民身份基础主要是民族性和共同的历史，而非宗教。

与其他现代宗教不同，犹太教是一种只与一个民族有关的信仰。"Jewish"（犹太人的，犹太族的）这个词看似一个宗教术语，实际上同时指宗教和民族身份。这个引申义如果用历史上具有清晰民族指向的词语替代，如"Israelite"（以色列人）或"Hebrew"（希伯来人）时，意义马上就明显了。当然，和西班牙、波兰或意大利天主教人士移民到其他国家一样，犹太人也可以选择同化到不同的民族文化中，无论他或她是否保留原来的犹太教信仰。

即使最虔诚的哈瑞迪极端正统派犹太人也把拥有犹太血统的非教徒或无神论者当作犹太人，即只要这些人的母亲是犹太人，他们就是犹太人。出于吸引移民的目的，以色列法律承认任何至少有一位犹太祖父/母的人即为犹太人。虽然以色列人承认犹太教为国教，是他们历史和文化的中心要素，但大部分人是不信教的。因此，以色列是以民族主义为基础的国家，而非神权国家。

然而同时，由于犹太历史和宗教互相交织，以色列很多官方认可的宗教活动确实起源于宗教结构和宗教传统，在适应过程中逐渐世俗化。例如，以色列的假期直接从犹太教风俗而来，但这种宗教体系也起源于古以色列地的主要农业循环周期。因此，我们可以说犹太教是以色列社会和历史的一个方面，也可以简单说以色列是"犹太国家"。

如光明节是一个宗教节日，但它纪念的是一个政治历史事件：马加比家族起义后犹太人重新独立。虽然大部分以色列犹太人点燃光明节烛台，但许多人并不接受或采用相关的宗教律法。住棚节是一个宗教节日，但它主要是为了庆祝收获。换言之，除了结婚、离婚和丧葬等一些例外情况，透过共同的历史或民族背景看，宗教和世俗主义之间并没有多少冲突。

尽管以色列将宗教纳入国家治理的程度比其他当代西方民主社会要广，但它的方式也与历史上截然不同。因此，以色列社会和宗教之间的紧密关系没有阻碍现代主义、创新和实用主义的发展，这使得以色列与受传统束缚、以宗教为导向的社会有很大不同。这种矛盾通常表现在一些俗套的照片中：全身黑衣的犹太教信徒与街边身着超短裙的女人擦肩而过，或世俗基布兹的就餐者们坐在一起享用传统的逾越节家宴。

正如这些例子所要表明的，以色列社会具有打破常规且有叛逆倾向的特点。这个社会在反抗犹太人大流散的历史中诞生。犹太复国主义运动以及大多数以色列创建者们反对神权和社区领导，主要以民族和现代词汇，而非宗教、传统或主张社会同化等词汇定义犹太身份。

以色列各个领域都以不同方式表现反叛冲动，但总体趋势是强化个人主义和多元主义。社会主义犹太复国主义在拒绝宗教和阶级划分方面尤其打破陈规；自由犹太复国主义强调现代主义,而保守犹太复国主义则着重于民族主义。此外,以色列社会还有很强的志愿传统,兵役制度就是最好的例证。所有这些不合常规、个体的力量形成了强大的混合力量,拒绝任何形式的社会独裁与专制。

社区和身份

　　以色列对社区和身份的态度是其独特社会的核心,这种态度包括通常发生在相同个体或群体之中,表现为反叛和传统之间的冲突:高度团结和集体感与强烈的个人主义共存;源自战争和创伤的团结以及巨大的个体差异性;相对缺乏阶级认同,但阶级确实存在且日益扩大;怀疑当下民族象征但又比当代西方民族国家更加尊重民族象征;军队的强大影响力和反军国主义态度对照;高满意度与强烈批判共存;低犯罪率和高恐怖威胁同在;认同希伯来语和本地文化在形成社会的重要性的同时高度接受外国思想和文化产品。

　　以色列社会的主要特点是对现实和犹太大流散的反叛。两千年的大流散是犹太人流亡于以色列地以外的时期,这段时间犹太人传统刻板、生活节奏慢、拘泥于传统,除了受迫害时期以外都保持一成不变。那个时期的犹太人被看作是犹太社区内部的因循守旧者,对周围的非犹太人世界极为屈从。与此相反,当今大多数以色列人工作和生活节奏快,以创新和即兴创作为荣。他们非常自信有能力控制周围环境,即使面临强大的敌人反对时也能实现自己的目标。

　　随着人们对历史上的散居犹太人社会的认识,特别是对大屠杀时代的了解不断增加,历史上犹太人大流散时期的刻板模式在以色列人生活中已经有所减少,但仍对以色列与现代散居犹太人社区关系有一定影响。在某种程度上,哈瑞迪极端正统派仍继续表现出大流散时期特征,并且因此被世俗犹太人或达提(现代正统派)人所否定。

事实上,尽管有意识地拒绝大流散历史,但当今的以色列确实代表着原来在欧洲、中东和北非传统犹太社会的延续。仍流散在外的犹太群体受所在国社会的影响极大,因此与主张社会同化的犹太人之间有些不同。但因为他们仍体现出犹太宗教、文化和政治特点,所以虽然有差异,他们与以色列犹太社会之间仍然还有许多共同点。

人们对犹太传统和历史经历的尊重调和了以色列社会传统与反叛之间的对立,即使是那些不信教的人和对过去持批评态度的人也是如此。当以色列人绕过规则(包括宗教规则)的时候,他们仍然知道这些规则是存在的,且会尊重这些规则。确实,虽然看似矛盾,这种"反传统"行为却有其传统的一面。毕竟,在犹太法律和社会中,寻找适当的方式绕开而不去破坏规则一直被认为是合法的。例如,一位信徒可以使用自动定时器在安息日开关灯,并且他永远也不会直接用手去开关灯,因为这在那天是被禁止的。

因为历史上没有经历过"清楚自己地位"的受压迫农民或工人阶级阶段,大家都知道以色列人顽固、崇尚平等主义,并且坚持人权。由于过去他们缺乏屈从思想或阶级意识,因而缺乏完善的礼仪体系,但个人主义和好争论的特点因为整个以色列社会强烈团结的思想而弱化。

以色列的"*rosh gadol*"(直译为"大头",指的是把社会需求放在首位的人)以及"*rosh katan*"(直译为"小头",指的是将自己个人需要放在首位的人)概念表达了这种集体意识和个人主义之间的分裂。大众期待的是社会和国家的需要占上风,过度贪婪或炫耀物质优势的人应感到羞耻而转变行为。

另一个表达激进个人主义如何得到缓和的词是"Sabra"(萨布拉),用来描述出生在以色列的犹太人。在希伯来语中,萨布拉的意思是仙人掌的果实，外表多刺而内心柔软，用于形容以色列人。这个词将他们的粗糙、敏感、个人主义行为与他们潜在的多愁善感形成对比，是群体团结、家庭紧密以及传统主义导向、小城镇敏感性的产物。虽然这种描述早已是老生常谈，但大体上比较准确。

以色列毕竟是个小社会，正如一个大家庭一样，人与人之间可能只有2度分隔，而非5或6度①。人们互相了解或者有共同的熟人和相似的经历。在军队中服役就是一种经历，能够把永远不可能产生交集的人们带到一起。甚至幼儿园的班级成员几十年后还会再聚会。

用家庭做比喻并不只是出于情感方面，因为个人并不是非得像对待陌生人那样友好地对待家庭成员。一个经常用来解释以色列社会风格的比喻是：一个莽撞的司机把你撞倒，然后送你去医院，护理你恢复健康。礼仪不是高度优先的。然而，必要的时候，那种每个人都有很多共同点并且同在一条船上的感觉为社会稳定提供了重要缓冲。

使用别的任何国家都没有的民族语言也增加了民族和社会凝聚力。希伯来语的复兴就这种语言本身而言是一种成就，因为它在超过2000年的时间都没有用于日常生活。以色列人增加了用来表达他们的经验和世界观的希伯来语现代词汇。

但希伯来语的使用并不排外，人们普遍掌握英语，使用英语并不是件耻辱的事。相反，讲英语还有社会声誉价值，在教育体系的较高层次中大量使用英语，因为很多重要的文本资料并没有希伯来语版本。与反对外国影响建立保护主义措施完全不同，以色列人对此持非常开放的态度，如果舶来品与核心价值观不冲突的话，人们会很快将他们吸收进自己的社会。

---

① 指6度分隔理论，又称小世界现象，假设世界上所有互不相识的人只需要很少中间人就能建立起联系。——译者按

较小但凝聚力强的社会的另外一个结果是用非正式沟通方式做事很重要，从找工作到以折扣价买东西，越过政府官僚主义获得内部信息等。这样的交流技巧在以色列有一个专门的词汇，即 *protectzia*，意为一种私下交往，或直接，或通过朋友、亲戚或其他关系搞定对某人有利的事。

这种联系不一定非得是某个有权势的人，使用这种关系当然也不意味着贿赂，而是一种私人帮忙。通常一个级别较低的关系，比如说一个职员都可能比高层经理更有价值。政府官僚主义在以色列和其他地方一样让人发狂，常常比别的地方更甚，但通过紧密结合的人际网络往往能帮助绕过这种官僚主义。

以色列人经常会有言语冲突、具有叛逆倾向以及会做无情的自我批评，常常让外界在观察者低估以色列的力量和团结。然而这些举动的另一面，即强烈的认同感和团结意识下，虽然明显有这类摩擦，但不会给社会架构带来较大威胁。以色列并未杜绝犯罪、不公正和虐待行为，但也有很明显的界限感，尤其在公共问题方面。真正严肃的国家层面的争议包括20世纪70年代的阿什肯纳兹犹太人和塞法迪犹太人的不合，1995年对前总理拉宾遇刺的反应，以及民众对90年代和平进程的激烈争论，都必须通过公众做出很大努力来解决。

鉴于以色列是犹太国家，是单一民族国家（大多数国家过去几个世纪或更久一直是单一民族国家），民众有某种联系，比仅仅生活在相同地理区域和受相同政府统治带来的联系要更紧密。生活在一直遭受攻击的国家，并了解历史上受压迫的代价，也让以色列人更加团结。

然而除上述几点外，还有人为选择的因素。总之，虽然以色列犹太人过去和现在都有机会可以在别处生活，但他们还是选择了在此居住。下面几段话选自吉伯特和沙利文（Gilbert and Sullivan）的小歌剧《皮纳福号军舰》（*HMS Pinafore*），就很好地体现出了这种选择感。

> 他也许是俄罗斯人,
> 法国人,或土耳其人,抑或普鲁士人,
> 或者也许是意大利人!
> 但尽管有所有这些诱惑
> 让他成为其他国家的人,
> 他仍是英国人!

最初,这是首滑稽歌。毕竟,作者想表达的是(观众也想当然的认同),出生在英国的人不是英国人,这是不可想象的。但许多以色列犹太人本可以决定成为法国人、土耳其人或英国人,以及许多其他选择;他们本可以待在流散社区或迁移到别的地方。因此,以色列人身份的基础是自觉拒绝这样的同化,接受生活在经常处于战争中国家的风险,而且这个国家常常在国际上不受欢迎,四周又都是敌对国家。

以色列社会的开拓精神、家族观念和对势利小人或阶级划分的鄙夷反映在它的不拘小节中。除了哈瑞迪派,大多数以色列人穿着随意。世界上无处不在的西服和领带静静待在衣柜中,即使婚礼和葬礼都不拿出来穿。学生同他们的老师交流直呼其名,商业往来通常与社交对话一样随意。准点守时并不是高度优先的,一些事件甚至电视节目比预定时间开始的晚一点也很平常。

以色列人很看重不可预测性、独创性和跳出固有思维模式。正如美国投资人、商人及慈善家巴菲特所说:"以色列拥有不成比例数量的智慧和想法。"这也反映在按比例而言较多数量的以色列诺贝尔奖获得者上。这种灵活、多少有些随心所欲的方式有优点也有缺点。创新促进了创造力,这从以色列人偏爱创新和适应新环境以及他们在科学、医药和高科技方面取得的进步可见一斑。然而,同时也存在对等的无组织、拖延和缺乏责任感倾向。这种缺乏系统地解决问题的方式意味着这些问题会存在很长时间而得不到解决。

以色列诺贝尔奖得主

达尼埃尔·谢赫特曼（Dan Shechtman）（化学，2011）因发现符合数学法则，但不以重复形态出现的准晶体而获奖。

阿达·约纳特（Ada Yonath）（化学，2009）因对"核糖体的结构和功能"（从细胞中的酸中制造蛋白）的研究而获奖。

罗伯特·奥曼（Robert Aumann）（经济，2005）因通过博弈论分析研究冲突与合作而获得诺贝尔经济学奖。

阿龙·切哈诺沃（Aaron Ciechanover）和阿弗拉姆-赫尔什科（Avram Hershko）（化学，2004）发现泛素介导的蛋白降解与多种疾病的潜在治疗相关，包括癌症、阿尔茨海默病和帕金森病。

丹尼尔·卡内曼（Daniel Kahneman）（经济，2002）研究心理学家，因"前景理论"（描述在结果不确定的选择之间的决策）的研究而获得经济学奖。

伊扎克·拉宾（Yitzhak Rabin）和西蒙·佩雷斯（Shimon Peres）（和平，1994）在拉宾担任总理、佩雷斯担任外交部部长期间因他们的外交努力促成《奥斯陆协议》而获奖。

梅纳赫姆·贝京（Menahem Begin）（和平，1978）在他担任总理期间和埃及总统安瓦尔·萨达特（Anwar al-Sadat）因达成埃及和以色列之间的《戴维营和平协议》而获奖。

萨缪尔·约瑟夫·阿格农（Shmuel Yosef Agnon）（文学，1966），小说家，描写了犹太人在欧洲和以色列的生活，借鉴《圣经》和现代的写作手法发展了自己的希伯来语风格。

以色列社会另外两个核心模式是：相对缺乏阶级身份、对国家的情感依恋，和对民族象征、政府的强烈怀疑之间的拉锯。这些模式在历史上是有相关因素的。

在以色列建国前以及建国后早期，必要的国家项目风险高、利润低，而且个人金融资本很少。建立国家需要一个以国家为本、温和家长式统治的社会主义，尽管通常较小规模的私营企业会拥有完全的自由。因为在建立国家和各公共企业与个人的安全和幸福之间有密切联系，领导精英们着重强调牺牲和公共服务，公众对这种呼吁反响也很热烈。这些精英阶层中大多成员通常都出生在俄罗斯或波兰，来自宗教家庭但自身已世俗化，早期从事体力劳动或者在伊休夫机构中任职，支持工党，穿白衬衫但不系领带或穿外套。他们对财富或奢侈不感兴趣，也不愿获取财富或奢侈品。他们颂扬体力劳动、艰苦劳作、崇尚农村生活和农业，早期尤其如此。

从德语国家来的移民通常在20世纪20年代和30年代来到以色列，即在东欧裔伊休夫领导人掌权之后移民以色列，他们在政治上持中立倾向，从事专门职业或商业，受更正式、更高等级的教育，且更同化于之前所在的国家。一个流传很久的笑话是叫他们 Yekkes，即意第绪语中的"夹克"一词，表明他们穿运动服外套或穿西服打领带。他们一般不参与政治或担任领导职务，但形成了一个稳固的中产阶级。

久而久之，统治机构受到下一代的挑战。这些土生土长的以色列人更多受世俗环境影响，而且绝大多数人在基布兹长大。他们的成长经历通常与军队生活有关，因为他们的成年期经历了第二次世界大战和独立战争。这些人包括伊扎克·拉宾和摩西·达杨，体现出萨布拉性格，而这正是国家创始人想要努力培养的性格特征。他们在军队形成之初占主导地位，并在20世纪70年代以后主导以色列的政治舞台。

1977年选举大地震标志着另外一群精英进入权利舞台。

其领导人梅纳赫姆·贝京在性格上与第一代有很多共通之处，但持完全不同的观点，吸引着迥然不同的支持者。

这个新的群体起因于希鲁特党（后来的利库德集团）对工党的基于民族主义的反对，也同时植根于以色列建国之前的伊尔贡，而不是工党主导的哈加纳民兵组织。在工党历经三十年之久的管理中，这种反对具有亚文化特征，且产生了第二代，即领导人的儿子们——"王子们"。

但米兹拉希犹太人的支持改变了这个组织，让它从小的反对党发展到大统治集团。因为希鲁特党的民族主义立场，虽然它是世俗党派，却得到了宗教犹太人的支持，这些人既包括阿什肯纳兹达提现代正统派也包括传统的塞法迪犹太人。

然而，希鲁特党和它的右倾联合伙伴上台后并没有解散由工党建立的社会主义机构。这种经济问题并不是以色列的重点。而社会主义慢慢衰退，到90年代很大程度上最终为私有化所代替。因为以色列缺乏重工业，也没有根深蒂固的利益集团阻碍变革，而且以色列人有很强烈的灵活性和创新倾向，它很快成为一个后工业社会。

以色列社会的持久性也因战争、恐怖主义和其他外界威胁得到加强，这些经历必然会把人们团结在一起。创伤过后，许多看似矛盾的反应，包括家庭和国家团结、享乐主义或活在当下的思想，以及宗教信仰都提供了一种庇护。所有这些心理都深深地共存于以色列社会。

此外还存在另外一种特征，与犹太人历史高度一致，即强烈的幽默感。以色列人的幽默与历史上意第绪和大流散时期的犹太人幽默不同，表现为更加直接，较少使用文字游戏且有较强的政治和社会讽刺意味。

这种幽默最显著的例子就发生在1991年1月14日晚，以色列唯一的电视频道上播出了一个未提前通知、计划之外的电视节目。当时因为在美国领导下对占领科威特的伊拉克军队发动袭击,以色列面临伊拉克可能发动的袭击。那时,许多人认为化学和生物武器会在几小时内密集发射到以色列。公众好似被胶粘住一般坐在电视机前。

在没有任何介绍的情况下,一位和伊拉克独裁者萨达姆·侯赛因长相非常相似的喜剧演员出现在屏幕上。他说着阿拉伯口音的希伯来语,描述将如何摧毁以色列。起初,他的语调还颇为严肃,但后来越来越兴奋、越来越愚蠢。和一些烹饪节目一样,这个"萨达姆"拿出一些蔬菜,开始把这些蔬菜塞进一个食品处理机中,演示他会如何对付以色列。等所有观众渐渐明白这是种调侃的时候,恐惧转变为大笑,以色列人也开始准备好面对接二连三的伊拉克火箭弹袭击。

这种对待生活和政治的方式既保证了军队在国家中的强大作用也避免了国家向军国主义转变。其他防止军队掌握过度权力的因素还有缺乏军人阶层或传统,军队缺乏纪律性以及高度的个人主义。大多数人只是临时服役完成义务服役期,然后成为预备役,即便是全职军官也会早点退役追寻第二次事业。因此,相比其他国家而言以色列并没有军事阶层或军事游说团体。

军队本身也以特殊的以色列形式运行,其成功在很大程度上归功于与普通军队品质相反的价值观。以色列国防军具有不拘小节、反阶层情绪、不断自我批评的特点,且与平民社会保持紧密的联系。对即兴随机而非系统计划的偏爱有时会是严重的缺点,正如2006年在黎巴嫩与真主党作战的时候。但同样,这些问题会被快速确认和处理,并很快得到解决。

总体上,以色列并没有其他国家理解的那种侵略性民族主义。除了争取有限的、以防御为目的的越过1948年巴勒斯坦托管边界线的要求,以色列人从未表达出明显的要占领一个地区或统治其他民族的要求或渴望。由于犹太历史的发展轨迹,希伯来语中并没有"爱国主义"一词。尽管有反犹主义阴谋论,犹太民族并没有全球性野心。他们的最大目标,以及那些更激进的民族主义者的目标,也不过是要获得历史上以色列地的全部领土,即便是这个目标也从未得到过大众的支持。

以色列人有很强的抱怨、自我批评和对即使最基本的设想也要无止境重新评估的倾向,也许有人会认为以色列社会充满不满和悲观情绪,民众士气低落。然而自20世纪90年代以来定期举行的民意调查显示,绝大多数以色列人对国家和个人情况持肯定态度。如2007年,以色列社会调查中央统计局的数据显示,近85%的以色列成年人是快乐的,而54%的人认为他们的生活会持续改善。53%的人对自己的财务状况满意或非常满意,45%的人认为自己的财务状况会有所改善。该年度的调查与每年的调查结果都非常相似。

虽然以色列犹太人比以色列阿拉伯人更满足,但民意调查显示阿拉伯人也持积极态度:86%的犹太人和79%的阿拉伯人对他们的生活很满意。更值得一提的是,虽然认为生活会得到改善的犹太人比例较高,持同样态度的阿拉伯人比例更高,达61%。在犹太人中,哈瑞迪派满意度最高,95%的人很满意,而认为自己是达提派的人中有89%的人满意,认为自己"传统"的人有84%的满意,认为自己"世俗或非宗教"的人中有86%表示满意。

男性和女性普遍满意度比例相似(86%的男性和84%的女性表示满意),但男性的财务满意度稍高于女性,56%的男性满意或非常满意,而相比之下,51%的女性对财务状况满意。

2006年政策和战略研究所的调查发现,85%的人会为了保卫以色列而战,这个比例明显高于其他任何西方民主国家。87%的犹太人和82%的阿拉伯人表示虽然会面临安全、经济和社会问题,他们仍希望继续生活在以色列。引人注目的是,相信以色列比其他国家更好的以色列阿拉伯人比以色列犹太人多(分别为77%和66%),尤其在社会福利方面,可能因为他们把以色列和穆斯林占多数的阿拉伯国家相比较。

犹太复国主义

犹太复国主义的信念是：犹太人是一个民族，为了本民族的生存和壮大，需要建立自己的国家。正因如此，犹太复国运动可与其他民族解放运动相比。但犹太复国主义的三个因素使其不同于其他民族主义，它们各自又对以色列社会产生了重要的影响。

第一，犹太复国主义诞生之时，世界上还没有犹太国家。当时犹太人必须被运送到以色列地，不断扩建疆域。需要外交努力获得移民许可、动员民众支持以及创建新机构和建立新国家。

第二，在犹太复国主义形成和发展期，它只是犹太人未来愿景中的一个，这些愿景包括：要么实现一个纯粹的宗教犹太身份，要么融入其他国家的文化，或移民北美，或在其他国家建立自治区（犹太社会主义同盟），或依附于共产主义或社会主义运动。其倡导者必须争取支持者和捐款。犹太复国主义成功的根本原因在于伊休夫组织建立并守卫这个国家，使 1948 年之前建立一个犹太国家成为可能，然后建国成为现实。

大屠杀摧毁了欧洲的犹太社区，很多犹太人被杀害，幸存者无家可归，他们除了建立国家以外别无他法，但犹太复国主义取得成功并不是大屠杀造成的结果。二战使得各国纷纷建立共产主义政权，由此导致中欧犹太人的瓦解，促使犹太人融入西欧或者移民到其他国家。

此外，二战之后，反犹主义减弱，世界日益繁荣，西方犹太人社区更加安全，激励犹太人考虑支持建立以色列国，他们可以在这样做的同时仍保持对居住国的忠诚。讽刺的是，因为阿拉伯国家反对犹太复国主义，且民族主义、伊斯兰主义及反西方情绪渐增，很多犹太人被驱逐出这些国家，犹太移民增多并开始支持以色列。

第三，犹太复国主义运动范围宽泛，包含多种不同观点，从近共产主义到虔诚宗教主义，从社会民主派到自由派再到保守派。单就宗教层面来说，又包含从激进世俗主义到正统宗教主义等不同意见。

上述犹太复国主义运动从各个不同方面促进以色列社会最终形成。社会主义犹太复国主义者在建立工会、供销合作社、农场和国家机构等方面起了核心作用。他们认为体力劳动是一种美德，并将其与欧洲犹太人区的商业经济相对比——居住于东欧的犹太人一般都不能拥有土地，不得不从事非农职业谋求生计。

虽然大多数社会主义犹太复国主义者都是以色列工人党（工党的先驱组织）成员，但一些偏左的社会主义犹太复国主义者组建了"青年卫士运动党"（HaShomer HaTzair），他们提倡基布兹生活方式。仅有一小部分伊休夫生活在基布兹（1948年前仅15%居住在农业定居点），但基布兹的出现既是犹太复国主义目标的象征，也是其主要范例。在基布兹，每个人都为了集体的利益努力工作。基布兹内三餐、教育甚至安排儿童睡觉等所有活动都是公共的；并且所有任务平等，获得同等酬劳。

从20世纪20年代开始，社会主义在犹太复国主义运动中占据优势地位，原因有三：首先，东欧大多数犹太人生活贫穷，右翼运动对犹太人不友好。因此，不管是不是犹太复国主义者，犹太政治都向左翼运动倾斜。第二，社会主义领导人办事效率高，号召力强，组织性最好。社会主义犹太复国主义以近乎乌托邦式的生活为目标，以集体利益为重，激励年轻的开国先驱为此目标艰苦奋斗，不怕牺牲。

第四，社会主义犹太复国主义者建立了农业定居点、以色列总工会（Histadrut）、自卫武装力量、生产和营销企业，以及医疗和教育体系等组织机构。犹太人认为在以色列建国之后，这些组织将长期在以色列社会起主要作用。因此,社会主义方向的犹太复国主义者的形成不仅仅是自身偏好所致,也是客观条件所需。

社会主义党派,尤其是工党的势力庞大,执政时间较长,因此中间派中产阶级和保守民族主义力量的贡献常常被低估。然而,这些中间派中产阶级和保守力量在建立商业和国家机构中起了关键作用,尤其对塑造城市生活更是如此。社会主义运动本身有阶级性,看不起私人农场主和小店店主。在以色列的政治文化中,几乎世界上任何地方都存在的阶级制度在某种程度上被颠覆了。

宗教主义犹太复国主义反映的是大多数达提(现代正统派)人士的思想,在以色列社会的形成过程中也发挥了作用,虽有冲突,但它促进了以色列的稳定和多元化,既防止以色列与犹太传统的脱离太过剧烈,也避免犹太人之间产生巨大的分裂。宗教犹太复国者(指米兹拉希运动)不得不与反对犹太复国主义的哈瑞迪犹太拉比较量,拉比在很大一部分犹太人中影响力很大,其中东欧犹太人受影响最大,因为东欧犹太人将宗教虔诚当成头等大事。如果没有米兹拉希运动,宗教主义犹太复国主义运动不可能争取到这么多人的支持。

在欧洲,标准的犹太教徒曾是今日所说的正统派,他们严格遵守犹太传统。但是达提派(现代正统派)和哈瑞迪派(通常指极端正统派)开始分离。在这两个派别中,达提派在完全遵守犹太教义的前提下,强调接受现代方式,他们更支持犹太复国主义运动,因此如今达提又被称为"民族宗教"阵营,几十年来他们的主要党派就是民族宗教党。

亚伯拉罕·艾萨克·库克(Abraham Isaac Kook)是现代以色列的首位首席拉比,达提派根据库克拉比的教义,以宗教禁令维护自己的观点:居住在以色列地是至高无上的荣誉,只有在这里才能履行某些戒律,在这里定居将使这一神圣计划更进一步。

他们认为自己的使命是确保国家不仅保护公民的物质生活，也保护犹太人的生活。为了实现这些目标，达提派愿意与世俗犹太人合作。虽然意识到他们将不会主宰这片家园，但他们仍然想把宗教活动最大化，确保以色列和犹太教的纽带得以维系。

哈瑞迪犹太人反对犹太复国主义运动的原因有二。其一，他们坚信救世主弥赛亚到来之时才是犹太人返回以色列地之日，不能操之过急。其二，他们担心无论世俗主义犹太复国主义者是否有意为之，这些人和新国家将会削弱宗教的影响力。

哈瑞迪派认为：为了生存，犹太人要"给犹太律法书《妥拉》(Torah)建防护栏"，尽可能脱离世俗世界且拒绝变化。《妥拉》由《旧约全书》前五卷组成，是最神圣的犹太教教义。哈瑞迪派甚至反对在宗教活动以外使用希伯来语，坚持在日常交流中说意第绪语。哈瑞迪派发起的阿古达运动（Aguda movement）一直延续至今。

1948年之后，哈瑞迪犹太人向国家做出一系列妥协。一部分人继续反对犹太复国主义，更多的持中立态度，剩下的（最显著的是Chabad沙巴德或Lubavitcher犹太教仪式派）积极支持犹太复国主义运动。越来越多的哈瑞迪犹太人逐渐融入以色列社会并且接受犹太复国主义运动，这是当今以色列最微妙的变化。

修正犹太复国主义是挑战社会主义支配地位的主要团体。泽耶夫·亚博廷斯基是一位精于文墨的作家和极具魅力的演说家，自20世纪20年代起他领导发起修正犹太复国主义运动。亚博廷斯基曾预测大屠杀的来临，指出犹太人离开欧洲的时间所剩无几，也正是自这个时候起，他们立即开始组织大规模移民。该运动虽然对英国托管巴勒斯坦立场强硬，但并没有采取强硬的亲资本主义立场，因为阶级和经济问题不是犹太复国主义运动争论的核心。

移民：流亡者的集结

以色列的犹太复国主义先驱们具有"汇集流亡者"的宗教救世主情怀。他们把这种情怀发展成一种民族主义信条。英国人在以色列建国前对外来移民进行严格的限制，然而犹太复国主义运动却尽可能地绕过这些移民限制，将那些本会死于法西斯之手的难民偷运入境。

直到 1948 年，一切才有所变化。以色列《独立宣言》宣称："以色列国将对犹太移民开放。"两年之后的 1950 年，以色列议会通过《回归法》，宣称只要没有潜在安全风险或公共卫生风险，每个犹太人都有权移民以色列。从 1948 年到 2000 年，在《回归法》的引领下，至少 290 万人移民以色列。在以色列建国前后，每一批移民都带来了他们的民族性和其他特性，拓宽了国家视野，形成了现代以色列社会。

20 世纪 30 年代、40 年代及 50 年代，大屠杀导致的大量难民逃离欧洲，同时犹太人纷纷逃离阿拉伯国家，以色列成了这些人首选的避难之地。1948 年，约 65 万犹太人居住在以色列，其中 85% 是阿什肯纳兹犹太人，11 万人居住在农业定居点。来自亚洲和非洲的犹太人和非常虔诚的犹太人群体集中居住在城市中，尤其在耶路撒冷和采法特，形成了人口最密集的居住群。因此，在以色列建国前几年，欧洲对以色列社会产生了很大影响，整个社会受欧洲思想主导。建国后这种影响仍然持续，即使在更多塞法迪犹太人和虔诚的欧洲犹太人到来之后仍是如此。到 1965 年，塞法迪犹太人在数量上超过了阿什肯纳兹犹太人。

不过，一旦以色列国建成，犹太人便可以自由移民。在建国伊始的三年半里，68 万犹太人移居以色列，以色列人口翻了一倍。这些移民中既有大屠杀幸存者，也有中亚和北非犹太人，这是两个迥然不同的移民群体，他们的需求、文化、期望以及技能都多少有些差异。

这些移民群体中相互间有很多差异。举例来说，来自伊拉克和叙利亚的移民，大部分原来居住在城市，这些人相对更现代化，受过较正式的教育。来自也门和摩洛哥的犹太人通常有农村生活背景，并且既传统又虔诚，一些也门的犹太人甚至仍在奉行一夫多妻制。而北非的精英阶层犹太人移民法国，来以色列的北非犹太移民的平均教育程度和经济状况欠佳。

欧洲犹太移民彼此之间也存在普遍差异，他们的受教育程度、宗教信仰程度以及对非犹太社会的接纳程度（取决于原居住国）都有所不同。尤其来自东欧的犹太人，他们先前有的生活在城市里，有的住在小镇上，有的则又住在乡村。移民大潮从1948年持续到20世纪60年代中期，以色列要把这些不同的群体融合起来，就不得不面临无数的社会问题。

六日战争结束后，以色列出现了一次小规模移潮。当时看似奇迹的胜利吸引来了许多北美犹太人和其他以英语为母语的犹太人，这些人中有很大一部分是一直渴望在耶路撒冷生活的现代正统派犹太人。在耶路撒冷的某些社区，仍在广泛使用英语。

20世纪70年代中期苏联开始局部放开移民出境政策，到1991年苏联解体时，移民完全自由化。在这段时间，苏联犹太人陆续移民以色列，移入总数超过一百万之多。

最后到来的是从20世纪80年代开始持续二十年的埃塞俄比亚移民，在所有群体中他们是最贫困的。几百年来，埃塞俄比亚犹太人很大程度上与其他犹太世界隔绝。埃塞俄比亚的战争和政治动荡使他们的处境愈发恶化，因此以色列通过一次秘密行动拯救了他们。随后，埃塞俄比亚首都亚的斯亚贝巴附近一处难民营的移民也陆续来到以色列。虽然埃塞俄比亚犹太人的背景不同寻常，且一直有人质疑他们是不是真正的犹太人，并对

第四章　社　会

他们偏离主流的犹太教充满疑问,但以色列还是很好地接纳了他们。不到三十年的时间里,一些出生在以色列以及自幼来到以色列的埃塞俄比亚犹太人通过接受教育,已经能够胜任技术性及专业性工作。

到 2000 年,由于原苏联想要移民到以色列的人大部分都已来到以色列,犹太人的入迁速度大幅放缓。随着一些国家经济体的瓦解和反犹事件的增加,从阿根廷、土耳其和法国来的移民稍有增加。世界上约一半的犹太人已经在以色列生活,无法推断以色列会不会再有像以前那样大规模的移民潮。

每当新一批移民到来,以色列都会投入大量资源帮助他们,因为以色列建国的宗旨就是为犹太人创造一个家。1950 年的《回归法》里并没有"犹太人"一词的定义,但这种省略并没有实际含义,因为所有想移民到犹太人国土的人都能得到许可。1970 年,以色列议会修订《回归法》,根据犹太律法对"犹太人"进行了定义:每个"母亲为犹太人或皈依犹太教且不信奉其他宗教的人"。另外还有一项补充条款,授予"犹太人的子孙、配偶、子孙的配偶"以犹太人资格,但"曾经是犹太人而自愿改变其宗教信仰的人"除外。对犹太人的界定越来越严格,很多犹太人的家庭成员达不到要求,而对于接纳这些家庭成员,这条补充条款很有必要。

如何定义合法皈依犹太教的问题引起了一系列争论。在以色列,解决这个问题通常主要适用正统派对犹太教的解释,但有时也有会个别案件及复杂情况。总体而言,那些在国外通过改革派与保守派犹太拉比皈依犹太教的人,只要找到能灵活解释犹太律法的教士就可以达到移民要求。然而有时候,皈依者并不知道如何操作,或者他们会请求承认非正统派犹太教皈依。为了解决这个问题,人们提出了各种方案。有些案例通过授予公民身份得以解决,但其他申请或遭拒绝,或陷入烦琐的审批程序中。

在认定犹太人身份方面，拉比法院（The Orthodox Rabbinate）坚称只能使用正统派方法。大部分以色列人对其他形式的犹太教没有什么直接经验，所以他们也不怎么关心。然而，人们一致认同所谓的弥赛亚犹太人成为基督教徒或使用某些犹太用语和礼制的基督徒不是犹太人，他们中的一些西方移民被拒绝授予公民身份。

以色列的国民意识中一直崇尚移民。犹太移民在希伯来语中叫"*aliya*"，意思是"上升"，具有来到以色列生活的积极内涵。以前，以色列社会有时偶尔会面临新老居住者、本地人与外来人口的关系问题。虽然以色列人为外来移民做出了很大牺牲，如接纳成本、安排工作和住房，除此之外移民还享有一些特殊权利，同时还有文化差异需要调整和接受，但摩擦、抗议和公开批评始终非常少。

在所有为帮助移民本土化而创立的机构中，有一个叫乌尔潘（*ulpan*），是以色列用集训办法为移民开设的希伯来语课程或学校。新移民除了要学习基本希伯来语，还要增强民族认同感。与来自不同国家的人一起学习，了解以色列各方面的文化，这些教学都是免费的。除此之外，移民还能享受政府给予他们的其他福利，帮助他们适应新环境。不同的时期对应的福利也大不相同，但一般都会包括购买住房与汽车等用品的津贴和现金付款时的税收优惠。

到 2005 年，以色列犹太人口达到 550 万，以色列首次成为世界上犹太人最多的国家。同期，美国犹太人口总共约 530 万，世界上所有犹太人口总数约 1320 万。到 2020 年，世界上犹太人口总数预计将达到 1360 万，以色列则将有 630 万犹太公民（包括不居住在以色列的公民），而之后不久，世界上大多数犹太人将拥有以色列国籍。以色列人口增长主要是本国犹太人比流散的犹太人出生率更高，而且流散的犹太人容易通过联姻等方式被当地人同化。

135 据以中央统计局的数据,以色列人口预计将在 2030 年达到 1000 万左右,其中犹太人口约 720 万人,占 72%(2010 年占 76%),阿拉伯人口 240 万左右,占 24%(2010 占 20%)。如果再来一次规模庞大的移民潮,或者东耶路撒冷成为巴勒斯坦领土,犹太人口比例将会更大。

向外移民

在移民问题上,尽管迁入人口超过迁出人口,但一些以色列人还是选择离开以色列。这一举动被称为"*yerida*"(希伯来语,指以色列犹太人迁出以色列国)或直译为"下降"。在以色列独立伊始,迁出以色列是十分可耻的行为,人们都选择秘密离开。随着以色列社会的逐步正常化和犬儒主义思想(指拒绝表现真诚、美德和利他主义,坚持个人利益是人类行为的基本动机)的盛行,人们不再把迁出以色列看作是一种罪孽。

迁出以色列可以分为两种基本类型:一些短期移民在逃离欧洲(或后来的苏联)后不想继续留在以色列;许多来自北美的移民发现很难适应这里的生活,或者找不到合适的工作。此外,还有一些经济原因导致各自领域的专业人士愿意移民至西方(尤其是美国)从而获得高薪工作。

据报道,约 70 万以色列人生活在国外,其中,45 万左右生活在北美地区。据以中央统计局估计,2010 年约 6600 名以色列犹太人离开以色列,这些人通常在外停留较长时间。他们迁出以色列的主要原因有:渴望更高的生活水平、就业机会和接受高等教育,而以色列的安全局势和逃避紧张生活等被认为是这些人移民的次要动机。

许多以色列移民仍会和以色列保持密切联系。以色列不时出台一些措施吸引移民回国定居。例如:2008 年,以色列移民吸收局启动了一项措施,给回国移民提供包括减税政策在内的财政奖励。这些措施取得了一定的成效。

从民族大熔炉到多元化社会:社会亚文化

像其他移民国家一样,以色列也一直在探索如何在同化和保留亚文化前提下更好地发展有凝聚力的社会。在独立早期,政府有计划地采取措施来推动犹太人之间的同化。那时,为了成为"标准的"以色列人,人们断绝与原来生活过的国家之间的联系,全面奉行欧洲化文化。迁入以色列的移民在建设家园的同时接受"改造";他们还应摒弃那些流散犹太人的典型特征,比如:畏惧,缺少与大自然的接触,与体力劳动相比更热衷贸易等。为了重生为以色列人,这些移民或者至少是他们的子女不得不放弃以前的很多习惯。可以说,阿什肯纳兹犹太人几乎经历了和米兹拉希犹太人一样的转变——他们从俄罗斯、波兰或者德国犹太人转变为以色列人。

到20世纪80年代,以色列社会有了鲜明的特色,国家已经建成,一个凝聚的以色列民族形成了。国家日益成熟,呈现出轻松自信的氛围,原居住国之间的差异更容易被接纳,甚至融入了以色列民族文化。但是,多元化毕竟建立在强大的民族同一性的框架之下,大多数以色列人并不关心他们的祖先来自何方;他们的民族意识或对民族亚文化的坚守非常有限。在以色列社会中最为显著的单一民族亚文化当属摩洛哥犹太人亚文化。这些摩洛哥犹太人迁入以色列相对较晚,迁入初期十分贫穷,一些人因此对主流社会有怨恨。从某种程度上说,沙斯党就是这种亚文化的产物。以色列最著名的民族节日就是摩洛哥犹太人的米诺纳节(Mimouna,这个节日在逾越节后,庆贺大自然复苏和大自然的保佑)。

从 20 世纪 70 年代开始,到 90 年代有所加快,以色列再一次迎来大规模移民,主要来自苏联和埃塞俄比亚,但国家对这次移民的管理容易得多。相比独立后处理移民问题的境况,这时的国家机制更健全,国家也更富裕和安全。而且,尽管此次移民潮的规模仍然很大,但比之前都小。以色列社会更趋向个人主义,意识形态减少,更加多元化。

对来自苏联的移民来说,以色列官方并没有对他们施加压力,要求他们成为某种类型的以色列人。而且,相比之前的移民,这些移民通常受教育程度较高,并习惯于技术发达的现代社会。事实上,有些人还认为以色列社会发展程度不够高而为子女创办了很多重要的补充教育项目。随着出生在以色列的下一代显示出以色列的主要特征,民族同化已成为自然过程。

而来自埃塞俄比亚的移民虽然数量较少,对整个以色列社会不足以带来任何挑战,但是他们也与之前的移民不同。在长期与主体犹太人隔离的过程中,他们形成了自己独特的习俗,有自己的神职人员。但是他们对埃塞俄比亚没有任何眷恋,因为这个国家待他们非常不友好,因此迫切地想要融入以色列社会。基于这些原因,他们与以色列犹太人的大部分差异很快得以消除,民族同化以惊人的速度完成。

多年来,在面临军事威胁和经济挑战的过程中,以色列社会不断吸收外来移民,促进民族同一性,不断朝着更加多元化的社会迈进。社会对待移民的态度也开始转向接受这些亚文化传统,甚至吸收其中的某些元素,这主要体现在食物和音乐方面。

1. 米兹拉希犹太人和塞法迪犹太人

米兹拉希犹太人指那些在移居以色列前在北非或中东地区居住长达数个世纪的犹太人。米兹拉希(Mizrahi)一词也指这些犹太人的后裔。塞法迪(Sephardic)一词即"Spanish",通常指 1492 年被驱逐出西班牙的犹太人。该词后来也泛指中东、北非、土耳其和巴尔干半岛地区犹太人信奉的犹太教；这些犹太种系差别很小，每个犹太会堂既不遵循阿什肯纳兹犹太教仪式，也不遵循塞法迪犹太教仪式，虽然这两种仪式差别甚微。

阿什肯纳兹犹太人在以色列社会各个领域都处于支配地位，因为他们最早迁入以色列，而且在以色列建国之前领导了复国主义运动。一般来说，米兹拉希犹太移民地位较低，他们不仅迁入以色列较晚，而且他们迁入的时候身无分文，平均受教育程度低，通常不具备现代社会所需要的技能。

这两个犹太人群体对建国初期有自己的叙述。在所有阿什肯纳兹犹太人的记忆中，20世纪50年代对所有犹太移民来说都是贫困和物质匮乏的艰难时期。在以色列建国后头十年移民到此的欧洲和中东犹太人几乎没有任何财产，而且身体状况欠佳。他们都需要住房，但是移民潮初期的住房十分有限。大规模移民还导致严重的失业和食物配给问题。即使面对建国初期的经济困难、移民受教育程度低和缺少资金等现实，以色列人仍然把帮助成千上万米兹拉希犹太移民当作国家的首要任务。

尽管并非所有的米兹拉希犹太人都有同样的观点，但是很多米兹拉希犹太人把20世纪50年代看作贫困的艰难时期，他们被剥夺了属于自己的传统和文化，不能忘记那段遭受歧视和排挤的日子。阿什肯纳兹犹太移民和米兹拉希犹太移民的不同观念造成日后不同的政治倾向。阿什肯纳兹犹太移民依然主宰工党和其他左翼政党；米兹拉希犹太移民则更倾向于非宗教的右翼政党和沙斯党（强调米兹拉希犹太人身份和地位的正统犹太教政党）。尽管如此，这些倾向也不会带来观点完全一致的投票群体。

阿什肯纳兹犹太移民和米兹拉希犹太移民之间的分歧和摩擦在20世纪80年代达到顶峰，但是，随着时间推移，这些分歧和摩擦也在减少。尽管与阿什肯纳兹犹太移民相比，米兹拉希犹太移民通常更贫穷，社会和经济地位也不如前者，但他们之间的分歧确实在减少。值得注意的是,由分别来自这两个群体的犹太男女结成的婚姻约占25%。许多以色列人,包括前面提到的"通婚"产生的后代,都已融入以色列主流文化中,因为他们对自己家庭的过去并不十分了解,也无法将自己纳入任何一方。在外观上,也很难区分某个以色列人是阿什肯纳兹犹太人还是米兹拉希犹太人。

米兹拉希犹太移民的民族意识,或者说民族身份中最为显著的特征可以在耶路撒冷和特拉维夫一些相对贫穷的城镇中体现出来。总体上,米兹拉希犹太人在社交行为方面要更保守一些,在宗教活动方面也更遵循传统。而阿什肯纳兹犹太人要么有很强的宗教信仰(现代正统派或极端正统派),要么不信教,许多米兹拉希犹太人则介于两者之间。

阿什肯纳兹犹太人和米兹拉希犹太人之间显著的差异(在20世纪50、60年代更为明显)在于家庭结构。米兹拉希家庭通常孩子较多,女性结婚较早,较少出去工作;男人和女人都严格遵守传统意义上的性别角色分配。当米兹拉希犹太人到达以色列的时候,以色列主流文化期望他们的家庭结构能够变得和阿什肯纳兹犹太人一样。随着时间推移,也确实发生了这种变化。到20世纪70年代,这两个犹太人群体的平均结婚年龄几乎一样。到20世纪90年代,他们的第二代和第三代的出生率几乎相同。在妇女参与工作和整体收入水平方面,两个群体的差异也在逐渐缩小。

在宗教信仰方面,随着米兹拉希犹太人越来越世俗化,两个群体也变得越来越相似。米兹拉希哈瑞迪极端正统派运动的发展是一个例外。这种宗教运动是米兹拉希犹太人迁至以色列之后才出现的。当虔诚的米兹拉希犹太人到达以色列后,他们开始在阿什肯纳兹犹太教派管辖下的一所名为授业座(yeshivot)的宗教学校学习,在那里,他们偶尔会受到低人一等的待遇。在生于伊拉克的奥瓦迪亚·优素福拉比(Ovadia Yosef)的精神指引下,一个庞大的大多数来自摩洛哥的米兹拉希犹太群体逐渐形成对犹太教的哈瑞迪极端正统派诠释。具有讽刺意味的是,这个运动包含很多非米兹拉希传统。比如:米兹拉希犹太高校学生和拉比穿的服饰是阿什肯纳兹犹太人穿的具有18世纪欧式风格的服饰。

沙斯党成立于1984年,拥有自己的社会福利机构和由国家资助的学校体制,通过为选民提供工作和服务来赢得支持。当沙斯党领袖因为贪污遭到控告或被定罪的时候,沙斯党和他们的支持者都会将其归因于对米兹拉希犹太人的偏见,而大多数米兹拉希犹太人认为这是推卸责任的说法。沙斯党通常拥有全国约10%的选票,这与米兹拉希犹太人约1/5的人口比例相符,他们大多数来自北非地区。

与阿什肯纳兹犹太人相比,米兹拉希犹太人普遍在政治上比较保守。米兹拉希犹太人的支持对自由党(后来被称为利库德集团)来说十分关键,原因包括:他们的社会和宗教背景更为保守;他们对处于特权地位的左翼政党(这些人看不起米兹拉希犹太人)的态度;以及他们对阿拉伯邻居所持的怀疑态度,这源于这些人(或他们的父母们)在大流散期间在阿拉伯语社会中受到的压迫。

以色列的米兹拉希犹太人在一些领域仍为数不多,最明显的是在学术界。但是,在过去的几十年中,他们的社会地位确实有所提高,也更融入以色列社会。尽管以色列从来没有过米兹拉希犹太人总理,但是,几乎其他所有政治高层——总统、武装部队司令和内阁职位——都有米兹拉希犹太人的身影。

在很大程度上,20世纪七八十年代十分普遍的阿什肯纳兹犹太人和米兹拉希犹太人之间的矛盾已经消失。进入新千年后,超过50%的米兹拉希犹太人成为中产阶级;现在,在阿什肯纳兹犹太人和米兹拉希犹太人之间只剩些许收入差距。这两个群体之间互相"通婚",米兹拉希犹太人在政府、军队和商界也担任高层,这些通常都是逐渐同化的证据。

总体上,米兹拉希犹太人已融入以色列社会。以色列民意调查表明,根据移民前居住的地理位置来决定效忠于哪一群体的犹太人越来越少,而且,现在两个群体的犹太人都认为以色列人是他们的第一身份,而远非任何特殊的"种族划分"可以取代。随着受教育程度的提高,他们越来越认同以色列人这个第一身份。

2. 俄罗斯和原苏联移民

20世纪20年代的苏联犹太人和19世纪的东欧犹太人极为相似。他们都非常传统,有强烈的社区意识和宗教信仰,聚集于"*shtetls*"(犹太人小村庄和小镇),在现在属于白俄罗斯和乌克兰的地方生活了上百年的时间。城市中更为现代化和世俗的犹太人说俄语,而非意第绪语。

但是,共产主义制度给农村和城市的犹太人都刻上了俄国印记,这种情况在他们后代身上尤为明显。他们的共识、文化、宗教组织被摧毁,大部分本族语言消失,集体忠诚度受到侵蚀。他们吸收了俄罗斯文化,遗忘了大部分甚至全部本族文化。这些犹太人高度世俗化,与俄国的基督徒频繁通婚。

早前他们的族亲从东欧一些地区移居以色列地,包括保加利亚、捷克斯洛伐克、匈牙利、波兰和罗马尼亚,在1945年以前这些地区还并未完全由共产主义政权接管。相较于来自苏联的后共产主义犹太人,尚未接触共产主义制度的东欧犹太人更接近传统犹太人的生活方式。相反,经历共产主义制度后来到以色列的犹太人经历了几十年的同化,习惯于现代社会。但列宁和斯大林对他们的影响远胜于拉比和犹太社区对他们的影响。他们中大多数人不把自己视为犹太复国主义者,甚至觉得把自己看作犹太人都很新奇。

到了2000年,从原苏联移民到以色列的总人口达110万,这使以色列的犹太人口增加了20%,全国总人口增加了15%。其中绝大多数(大约88万人)在1989年后的十年中移民以色列。尽管这些人存在很大差异,但以色列人因为他们来自苏联并且说俄语,将他们全部视为俄罗斯人。他们大多定居在城市,在贝尔谢巴、阿什杜德和阿什克伦等南方城市,占人口的四分之一。

许多来自苏联的移民在苏联是中产阶级,从事医生、工程师、科学家及艺术家等社会地位较高的工作。俄移民中古典音乐家的比例世界第一。有时候,由于在某些领域的从业者已经饱和,移民难以找到对口工作,他们的专业技能无处施展。例如,有些移民原是矿业工程师,但是以色列根本没有矿藏。有时他们所受的教育被认为不足以从事原职业(或公平或不公平)。许多人都经历了艰难的适应期。那时候有一个笑话:某办公室文员心脏病发,被清洁女工所救,原来她是苏联的医生。

以色列是如何接纳如此庞大的移民人口的呢?许多潜在问题都可能引发摩擦。移民的宗教隶属问题在拉比法院中引发了一些争议,但在实践中却没有遇到很大困难,不过还是存在过渡时期的种族偏见。在苏联移民潮达到顶峰之前,只有4%的以色列本地人反对和俄国移民共住一栋大楼,但是到1994年,整整四分之一的本地人持此态度,并且将这些移民视为"社会问题"。态度最宽容的群体为世俗阿什肯纳兹犹太人,而态度最尖刻的则是米兹拉希犹太人和阿拉伯人。

这种态度经历了急剧转变。在这些移民刚刚到来的几年中,他们在劳动力市场上形成威胁,与处于上升期的米兹拉希犹太人和阿拉伯人争抢工作机会。事实上,移民费用很低,他们的总体收支情况非常乐观。移民们不仅仅能养活自己,还新增了许多生产人口和消费群体,促进以色列经济发展,人人都从中受益。尽管小部分人只是短暂停留,但总体上这些人都很好地融入了以色列社会。

相较之前的大多数移民,来自苏联的移民则经常表示以色列社会的文明程度不如苏联。他们有了创办自己机构的想法。很快市面上出现了 50 种俄语期刊,几十家社会福利、文化及其他组织机构,甚至还有体育俱乐部和为学生开设的课外辅导班。

这些移民还创建了主要由少数族裔组成的政党。纳坦·夏兰斯基(Natan Sharansky)在移民以色列前曾因其犹太复国主义信仰在苏联被捕入狱,他成为重要的政治领导人,不过他最终放弃了选举。以色列家园党(Jsrael Is Our Home)由苏联移民阿维格多·利伯曼(Avigdor Lieberman)领导,虽未明确表明,但该党是个主要由俄语移民及其后裔组成的族裔政党。尽管只有一小部分移民支持该党,但它仍是该群体中举足轻重的一部分。

同时这些机构也缓解了新移民的融合压力,代表其利益,保留了一种亚文化。然而,移民在以色列待的时间越长,他们就越认同自己是以色列人。世代过渡和各族群之间互相通婚也进一步削弱了群体差异。

正如以色列社会影响移民,俄移民潮也影响着以色列社会,国家在很多方面朝着更世俗的方向发展。为了经济利益和顾客便利,越来越多的餐馆和商店在安息日(从周五日落到周日日落)也照常营业,并且这一趋势正在得到加强。

俄移民在俄罗斯庆祝两个节日:纪念二战结束的胜利日和新年前夜(在以色列称为 Sylvester)在以色列也逐渐成为流行节日。一些非犹太洁食,特别是苏联犹太人原来常吃的猪肉制品(不为犹太饮食教规所允许的食物)也越发常见。其他影响包括平均饮酒量的上升,传统来讲以色列的人均饮酒量要比欧洲国家少。还有一些移民与苏联的黑社会组织有联系,他们将财富带到以色列来洗钱。

在移民潮初期,绝大多数苏联移民按照犹太律法都是犹太人。但到了 20 世纪 90 年代末,依据犹太宗教法规很多人并非严格意义上的犹太人,也就是说他们的父亲是犹太人而母亲不是,或配偶是犹太人而自己不是。这类人口数量达30万。一些人将自己视为基督徒,但是绝大多数人还是将自己视为犹太人,在日常生活中每天也过着以色列犹太人的生活。对于大多数世俗或非正统派以色列人而言,这些区别无关紧要。

此外,以色列社会非常习惯于绕过法律和正规程序,所以在处理一些个案时,经常直接忽略理论上的约束,但在婚姻大事上却很难行得通。对那些来自苏联且非严格意义上的犹太人来说,正式皈依犹太教会让他们生活得更容易些,但只有5%的人有意皈依犹太教,因为他们早已将自己视为犹太人。他们上犹太学校,讲希伯来语,依据犹太历生活,并且庆祝犹太节日。

关于皈依的争论又引发了占主导地位的正统犹太教机构和少数改革以及保守派拉比之间的争论,后者不允许监督以色列的宗教皈依。许多正统派拉比以皈依者自愿承诺继续维持宗教生活方式为条件,来承认移民的皈依。然而,几乎所有俄移民为了过上世俗犹太生活都提出了皈依申请。近来,建立起了比过去指导准则更宽泛的皈依过程,非正统派拉比也可以成为监督人。所有这些复杂的问题更多涉及的是理论讨论而非实际影响。但如何严谨处理这些问题的辩论仍在继续。也许在这些移民的子孙们完全融入以色列社会的时候,这些问题也就自然解决了。

3. 埃塞俄比亚移民

埃塞俄比亚移民是最后到达以色列的群体。虽然他们长相与众不同,来自不同的社会文化环境,以色列社会还是平等地接纳了他们,且赋予他们完全的公民权利。以色列在1975年承认埃塞俄比亚犹太人(他们更喜欢被称为贝塔以色列人,或法拉沙人)为犹太人。在埃塞俄比亚的隔离区,他们受到政治暴力的威胁,自1980年开始贝塔以色列人迁徙到苏丹的难民营,途中许多人死亡。而后，以色列秘密将他们带离难民营送往以色列。那时苏丹正与以色列交战，走漏任何消息都会带来阿拉伯人对苏丹政府的巨大压力，迫使移民终止。

到1983年，有4000名埃塞俄比亚移民来到以色列。随着苏丹和埃塞俄比亚局势进一步恶化，以色列政府决定加快移民进程。在1984年11月至1985年1月间，以色列实施"摩西行动"，把近7000名埃塞俄比亚犹太人空运到以色列。在与埃塞俄比亚达成协议后，1990年5月24日和25日，以色列又组织了另外一次空运行动。在"所罗门行动"中，至少空运了14323名犹太裔埃塞俄比亚人来到以色列——将以色列航空客机、C130空军运输机和从他国租用的飞机的座位都拆掉以最大限度地搭载乘客。此次行动规模浩大且顺利完成，成为犹太复国主义运动的行动示例，为濒临险境的犹太人提供安全的避风港，由此引发的激动和兴奋之情使民众强烈支持这次移民行动。

移民行动缓慢而平稳地进行，然而，却产生了一个问题。据传闻，有一个族群法拉沙穆拉人（Falash Mura）曾经在遭胁迫下改信基督教，因此之前的行动并未包含这部分人。有些埃塞俄比亚移民有亲戚是法拉沙穆拉人，就将他们也纳入其中，其他人却反对此举。1996年，首席大拉比认为法拉沙穆拉人是基督徒，他们愿意保持现状。但是，由于以色列人特有的灵活性，还是有约10000名法拉沙穆拉人最终来到以色列生活。

截至2009年，约有85000名来自埃塞俄比亚的犹太人居住在以色列。大约25000人，即约30%的人出生在以色列。由于对现代社会很陌生，这些移民被安置在移民吸收中心；相比之下，新来的俄移民则直接前往永久住所。中心提供了许多必要服务，例如希伯来语课程、医疗保健、职业训练以及以色列生活指南。同时，移民吸收中心往往想要隔断新来移民与社会上其他人的联系，使他们长期依赖政府。最终，政府出台了特殊的按揭政策来帮助生活在贫困城镇的移民购买永久住房。

与俄移民一样,第一代埃塞俄比亚移民倾向于抱团生活,互相说本族语言(阿姆拉哈语),创立一些机构来帮助新移民适应新生活。通常情况下,那些孩提时代就来到以色列或出生在以色列的人比他们的父母能更好地融入社会。但他们中约50%仍属贫困人口。他们高中毕业率偏低,失业率偏高。

和米兹拉希移民和其他背景非常传统的家庭一样,埃塞俄比亚移民在以色列的家庭模式也经历了压力和改变。通过受教育和外出工作,埃塞俄比亚妇女获得了更多的自主权利。截至2009年,三分之一的埃塞俄比亚妇女在外工作,而以色列全国妇女在外工作的比例约为二分之一。这个群体的家庭纷争和离婚率也有所增加。

与俄移民一样,埃塞俄比亚移民也出现了特殊的宗教问题。在与世界其他地方的犹太社区隔绝许久后,埃塞俄比亚犹太人遵循着不太相同的传统。起初,他们拉比颁发的凭证(*qessim*)得不到认可。但从20世纪90年代开始,这些宗教领袖也已逐渐成为当地宗教理事会的正式成员。

同前面所述的群体一样,埃塞俄比亚移民专注于融入以色列社会。他们并没有建立自己的犹太教堂,而是通过现行的制度任命下一代拉比。他们每年都庆祝西格德节,纪念他们结束流亡重返以色列,这个节日也在2008年成为以色列的正式节日。这一举措明确表明以色列愿意接纳埃塞俄比亚移民。

在其他时候,文化误读会带来一些摩擦。最严重的此类事件发生于20世纪90年代中期,由于担心感染埃塞俄比亚常见的艾滋病病毒,国家主要血库拒绝使用埃塞俄比亚人捐献的血液。确实,以色列新增的艾滋病感染者大部分是埃塞俄比亚的新移民。但这些移民对此侮辱表示抗议,血库也改变了政策。现在每个捐血者都要在献血前进行健康检查。

尽管埃塞俄比亚移民偶尔会提出种族歧视或其他形式的歧视问题,同血库政策一样,歧视涉及对法拉沙穆拉人及其宗教传统的接受问题，但大体而言，他们融入以色列社会的过程很顺利。肯定性行动计划的建立几乎没有遇到反对。贝塔以色列人的融合仍在不断完善之中。

4. 盎格鲁-撒克逊移民

以色列人将来自英语国家的移民称为"盎格鲁-撒克逊人"。与埃塞俄比亚或其他国家移民相比，以色列的英语国家移民人数较少，其中大多来自美国、英国、加拿大、南非、澳大利亚和新西兰，这些人虽然在人数上不占优势，但常常为以色列带来新的想法和商机。据估计，以色列有美国移民 18 万（包括移民后代），英国、澳大利亚和南非移民 8.5 万，加拿大移民 3.5 万。这些移民通常放弃了本国舒适优越的生活环境前往以色列，在这里，他们发现生活远比想象中艰辛。大约三分之一的移民选择返回家园。对移民而言，找到一份适合的工作是最大的难题。一旦解决工作问题，高学历和熟练的就业技能会让他们更加容易地融入以色列社会。

大量来自英语国家的移民在以色列担任大学教师、科学家或是成为富有创新精神的商人。在众多英语移民中，对以色列产生重大政治影响的包括总理果尔达·梅厄、最高法院首席法官希蒙·阿格拉纳特（Shimon Agranat）、外交部部长阿伦斯（Moshe Arens）、以色列央行行长费沙（Stanley Fischer）（此人同时也是媒体、音乐、学术、体育以及宗教圈的重要人物）。移民大多居住于耶路撒冷，信奉犹太教。一些小镇如拉纳纳（Ra'anana）和贝特西蒙斯（Beit Shemesh），也是英语移民的常住地。来自美国的移民大量居住在以色列 1967 年被占领土。

由于非政府组织在移民本国盛行，再加上受理想主义驱使，以色列的英语国家移民通常会加入社会福利机构、改革组织和环境保护组织等。此外，许多移民还在改革派犹太组织和保守派犹太组织中担任领导角色，此类犹太组织在北美占多数，在以色列则很少。美国移民经常作为社会活动家,参与右翼[如犹太防卫联盟领袖梅尔·卡哈尼(Meir Kahane)]或左翼组织的活动。

5. 阿拉伯人

1948年以色列独立后,约15万阿拉伯人居住在以色列,成为以色列公民。如今,以色列阿拉伯人超过120万,占总人口的20%。在这些阿拉伯人中,超过90%是穆斯林,剩余不到10%是基督徒。建国后,穆斯林比例有所增长,而基督徒人数则呈下降趋势。随着中东和北非犹太移民的增加,20世纪50年代,阿拉伯人口降至11%,但他们更高的出生率很快将人口数量提升;1967年以色列占领东耶路撒冷后,阿拉伯人口继续攀升;此外,小部分阿拉伯人为与家人团聚也移居以色列,这也是整体人口增长的原因之一(约占增长比例的3%)。到20世纪50年代末,相应比例则为70%和21%。

以色列阿拉伯人的人口自然增长率约为2.6%(2009年)。穆斯林阿拉伯人比基督教阿拉伯人的出生率高得多,但阿拉伯人口的总体出生率显著下降。2000年,以色列阿拉伯人口的出生率为3.8%,而邻国叙利亚和约旦是2.8%,埃及是2.1%。2008年,一个阿拉伯家庭的平均人数为4.8人,犹太家庭则是3.5人。

共有110多个阿拉伯居住区分布在以色列境内,其中包括9个市,33个村庄,13个德鲁兹镇。约70%的以色列阿拉伯人居住在这些地区,另外24%的阿拉伯人居住于"混杂"的耶路撒冷地区。阿拉伯人占耶路撒冷市区人口的30%以上,占艾克、拉姆拉、洛德及马阿洛特塔希哈地区人口的20%。特拉维夫市、海法市以及上拿撒勒地区的阿拉伯人占当地总人数的比例不到10%。另外1%的阿拉伯人居住于犹太人占主体的市区,剩余阿拉伯人(大部分为贝都因人)居住在以色列南部不知名村庄。

多数阿拉伯人居住地人种构成单一,在81%的地区中,有90%或更多的居民是穆斯林阿拉伯人。总体上,46%的阿拉伯居民住在以色列北部,18%住在耶路撒冷地区,15%住在海法,1%在特拉维夫;余下的则分布于以色列中部和南部之间的地区。大部分阿拉伯人为逊尼派穆斯林,多居住于耶路撒冷、特拉维夫市的雅法区、海法、阿卡、拿撒勒、阿法姆镇、拉哈特的贝都因镇,以及许多阿拉伯城镇和村庄。

由于穆斯林阿拉伯人出生率较高,其人口的年龄中位数较低——约18岁。穆斯林阿拉伯人宗教活动差异巨大,有的完全世俗化,有的则非常虔诚。自20世纪80年代开始,参与伊斯兰复兴运动的人数有所增加,该运动目的是将以色列变成伊斯兰国家。

大多信奉基督教的阿拉伯人居住在以色列北部的城市或乡村,拿撒勒是他们重要的聚居地。相比穆斯林阿拉伯人和犹太人,基督教阿拉伯人的出生率较低,并且也比穆斯林阿拉伯人更西化和现代化。尽管某些基督教阿拉伯人崇尚共产主义或阿拉伯民族主义,但他们在政治上较温和。与穆斯林阿拉伯人一样,他们信奉的基督教也差别极大:东正教、罗马天主教、希腊天主教和新教都有。近几年,由于拿撒勒城的清真寺扩建到基督教阿拉伯人所属的地界,基督教阿拉伯人与穆斯林阿拉伯人之间有时也会发生摩擦。

阿拉伯语也是以色列的官方语言,政府文件同时采用希伯来语和阿拉伯语两种语言。目前,以色列阿拉伯人面临的最重要问题是在犹太国家中的身份归属问题。从投票形式判断,超过50%的人选择以传统方式或实用方式接受基本社会结构。传统主义者坚持忠诚于宗族(*hamula*)和家庭,实用主义者则选择适应国家的方式,因为他们设法为阿拉伯人争取最大利益,阿拉伯市长联盟是主要领导群体,积极为阿拉伯人利益游说。以色列作为犹太国家对这些组织并不是真的满意,但现状不可能有所改变,并且也明白他们享受到的包括民主、较高的生活水平以及更稳定的社会对他们有益(与其他国家阿拉伯人或处于巴解组织或哈马斯管辖下的阿拉伯人相比)。

另一个选择是支持旨在改变以色列社会结构的政治运动,以求建立一个阿拉伯人占多数的国家。由于共产主义运动、阿拉伯民族主义运动以及伊斯兰主义运动都谋求这种方案,互相竞争。阿拉伯人在以色列的势力变得更加分散。在以色列建国早期,共产党(前身为支持1947年巴勒斯坦分治计划的犹太-阿拉伯组织)是最有影响力的政党。但是随着时间的推移,该党渐渐为阿拉伯人把持,苏联解体后,马克思列宁主义思想的热潮逐渐褪去。如今,该党在阿拉伯群体中隐约属于左翼。

到20世纪60年代末,泛阿拉伯民族主义逐渐在以色列阿拉伯人中立足。凡是支持此思想的人可能同时也支持巴勒斯坦民族主义,即支持巴勒斯坦解放运动,尤其支持法塔赫组织,但他们也许首先把自己当作阿拉伯人,这也是最重要的一点。以色列阿拉伯人从不接受直接附属于巴勒斯坦解放组织,同时他们也不参加武装斗争(少数为了该目的离开以色列的阿拉伯人除外)。

对于那些想摧毁以色列的阿拉伯人来说,他们还有第三种选择,就是利用伊斯兰教。以色列伊斯兰运动于20世纪80年代兴起,这对一些人来说有双重吸引力,他们既支持伊斯兰传统宗教习俗,又反对现代社会转变以及有时会腐蚀其竞争者的某种腐败行为。最终,该运动分裂为两部分:一部分积极参与政治竞选,另一部分认为前者的行为是对以色列国家身份的认同,这实则为异教之举。

无论是传统主义者还是实用主义者,无论是支持阿拉伯民族主义者还是伊斯兰主义者,这些组织均认同约旦河西岸及加沙地带的巴勒斯坦人,但方式各异。传统主义者和实用主义者视他们为友好兄弟;阿拉伯民族主义者认为他们是巴勒斯坦国的另外一部分,是应该团结的对象;伊斯兰主义者则视他们为穆斯林世界的一部分。民族主义者支持法塔赫,共产主义者支持巴勒斯坦共产党,而伊斯兰主义者支持哈马斯。

无论以色列阿拉伯人对其目标和盟友作何定义,他们始终不愿意完全融入以色列主流社会。他们也不赞同建立一个完全基于公民身份的西式国家,他们真正想要的是一个阿拉伯或伊斯兰国家。

除非以色列阿拉伯人参与间谍或暴力活动,否则他们都可以不受干涉地表达自己的观点。但阿拉伯民族党领袖阿兹米·比沙拉(Azmi Bishara)已为这种自由的潜在后果付出代价。阿兹米是一名基督徒,2007年被指控勾结真主党,从以色列逃往叙利亚。

如今,耶路撒冷及周边地区的多数阿拉伯人正面临着非常复杂的形势。1967年以色列占领了约旦管辖的耶路撒冷部分地区,统一了耶路撒冷,当时这部分地区居住着6.86万阿拉伯居民。到2007年,这一数字增加至26.05万。人口增长主要是因为移民(从约旦河西岸城镇及附近村庄迁入),并非人口自然增长。在以色列占领耶路撒冷后,城内所有居民均被授予以色列公民身份,不过大部分阿拉伯人选择永久居民身份。他们有权参与市政选举,同时也享有城市居民权利,但他们也可以参与巴解组织选举。尽管受到巴勒斯坦组织的警告,一些阿拉伯人还是接受了以色列国籍,因为以色列国籍对他们有利。2005年,耶路撒冷只有不到5%的阿拉伯人是以色列公民。

以色列承认阿拉伯人是有宗教信仰,有自己语言和文化的少数民族。以色列阿拉伯人拥有自己的学校,用阿拉伯语授课。国家广播及电视台播放的节目均使用阿拉伯语,此外还有独立的阿拉伯出版物。穆斯林、基督徒以及德鲁兹派均享有宗教自由,并且他们的宗教机构还能获得国家资助。就像犹太拉比法院专门负责犹太人的所有个人事务一样,每个阿拉伯宗教团体也负责其区域内所有个人事务,包括结婚、离婚、举行葬礼等。

正如《独立宣言》所述,无论身为何种民族或信仰何种宗教,以色列政府都授予其公民同等权力。一个主要的法律区别是犹太人和德鲁兹人需要服兵役。一些贝都因人自愿服兵役,但很少有基督教阿拉伯人及穆斯林阿拉伯人自愿服兵役,而自愿服兵役的阿拉伯人往往会受到同族人的指责。

不同种族之间依然存在差异:以色列的犹太人和阿拉伯人在经济上存在明显差距,其中一个原因是1948年巴勒斯坦许多受过良好教育的城市精英纷纷逃往约旦和黎巴嫩。如今,生活水平处于贫困线之下的有一半的是阿拉伯家庭,并且大多数失业率高的城市是阿拉伯城市。不过,以色列阿拉伯人的经济状况仍然比其他阿拉伯国家居民要好。教育水平低、不准妇女工作的传统、对农业过度重视以及与新移民和国外工人(最近)的竞争是导致以色列阿拉伯人失业率居高不下的重要原因。

犹太人与阿拉伯人之间的另一个差距表现在教育水平上。以色列犹太人平均要比以色列阿拉伯人多受3年教育(20世纪70年代为4年以上)。并且,阿拉伯人内部的受教育程度也各有差别:基督教阿拉伯人受教育程度最高,27%完成了12年教育,穆斯林阿拉伯人和德鲁兹阿拉伯人则只有14%。在基督教阿拉伯人中,男性与女性的受教育程度相同,而穆斯林阿拉伯人则是男性比女性的受教育程度高(男性为16%,女性为11%)。但越来越多的阿拉伯人在接受更长时间的教育:14岁至17岁的孩子中有79%接受过学校教育(1970年为29%),而犹太人则为96%。阿拉伯学校的退学率(12%)是犹太学校(6%)的2倍。截至2008年,39%的穆斯林阿拉伯人参加过大学入学考试,基督教阿拉伯人这一比例为57%,德鲁兹人为48%;而符合条件的犹太人为54%。受教育差异主要表现在大学阶段,以色列大学生中阿拉伯人占比不到10%。

犹太学校获得的经费支持远高于阿拉伯学校。部分原因是阿拉伯各市的市政府在征收居民财产税时往往不够仔细,导致政府缺乏资金支持社会服务和项目。此外,阿拉伯人筹集资金的自愿性机构更少。亲属关系和政治路线的不同也降低了阿拉伯人在争取更多资助方面的影响力。

然而,国家的区别对待也是经费差异的另一个原因。2003年以色列政府报告中指出:"以色列阿拉伯人因其民族身份时常受到歧视……尽管多数犹太居民没有意识到这一点,它的确是影响以色列阿拉伯居民情感及态度的首要因素。"

报告中具体列出了阿拉伯居民受歧视的例子,包括政府对国家资源的分配不均,没有确保阿拉伯人受到公平对待,没有根治歧视现象的政策及行为。并且,政府也没有为阿拉伯社区建立相关法律保障。

多数以色列犹太人承认他们对区别对待行为持宽恕态度。他们视阿拉伯群体为危险群体(这确有事实依据),并因此拒绝阿拉伯人从事某些工作。尽管如此,自20世纪90年代,歧视和差异逐步减少。此外,向犹太和阿拉伯各市市政委员会和教育系统拨付的经费的差距也在逐步缩小。

一般而言,尽管犹太民族和阿拉伯民族间的相处不算友好,但两者关系呈稳定态势,紧张局面也不常出现。不过这种公共态度不能轻易定型。2003年民意调查显示:70%的以色列阿拉伯人认为"以色列是民主的犹太国家,犹太人和阿拉伯人共同生活";而38%的以色列阿拉伯人接受以色列有权保留犹太人主体地位的犹太复国主义原则。然而,从2000年起,多数以色列犹太人和阿拉伯人认为双方关系"不算好"。

衡量共存条件的指标也在下降。2007年,赞同双方都对以色列享有历史权利的犹太人从68.5%降至54%,阿拉伯人从67.5%降至49%;与此同时,支持犹太人和阿拉伯人完全平等的犹太人从1999年的73%降至2007年的56%,这是犹太人认为阿拉伯人是以色列敌人的明显反应。

地域、语言及世界观的差异限制了两个民族的交流。同时，两个民族也没有任何意愿拉近彼此的关系。因此，大多数阿拉伯以色列人通常对自己所处的国家的性质不太热心。此外，他们时常还得应付公民身份和种族宗教间的冲突。尽管如此，他们知道在以色列享有的民主和生活水平要比在其他阿拉伯国家或巴勒斯坦好得多。

很明显，尽管多数阿拉伯人并不认同以色列作为犹太国家存在的权利，但他们依旧对以色列的现状予以接受。如今的趋势是：理论上越来越多的人反对以色列的存在，现实生活中越来越少人反对其存在。以色列阿拉伯人面临的政治选择和世界观选择似乎已陷入僵局。阿拉伯人日益现代化，该地区其他地方事件的发生是否会改变这种态势仍有待观察。

贝都因人

贝都因人口约有17万，11万左右居住在内盖夫，5万在加利利，还有1万在以色列中部。虽然贝都因人属于阿拉伯人，但在历史上他们是游牧民族，这个族群比阿拉伯人或穆斯林更忠于部落和宗族。在以色列，他们常重新定居在一些永久性社区，但少数人每年有一段时间仍保持游牧状态，他们居住在黑帐篷里，在那里放羊。

贝都因人比从事农业和居住在城镇的阿拉伯人更贫困，受教育程度更低。他们的出生率全国最高，几乎是其他族群的两倍。居住卫生条件差，缺少清洁饮用水，频繁的近亲结婚导致先天性疾病高发。

在南方城镇和乡村建立贝都因人长久定居点一直是个大工程。贝都因人对牧场的使用有时会引起和环保警察的冲突。但是近几年的主要问题是贫困以及社会福利问题（为那些生活在无名村庄的人提供医疗和教育设施）。法律严格要求达到入学年龄的贝都因儿童上学，因此教育差异正逐渐缩小，文盲率也在下降。

与其他居住在以色列的穆斯林阿拉伯人不同,小部分(主要是北方的)贝都因人在以色列国防军供职。他们通常比南方的贝都因人对以色列有更强的亲切感。

以色列阿拉伯人和犹太人的紧张关系

在 1966 年之前,北部的阿拉伯人一直生活在军事管制以及相关法规制约之下,这些法规支持征收阿拉伯人拥有的土地。最糟糕的事件发生在 1956 年埃以战争期间。为了防止约旦军队潜入以色列并发动攻击,临近约旦控制的约旦河西岸地区的阿拉伯村庄每日下午 5 点之后实施宵禁,违反者被处以死刑。1956 年 10 月 29 日晚,刚从地里劳作回来的卡法尔卡瑟姆村 48 个村民遇害。11 个边防警察被控谋杀,两名军官分别被判 17 年和 15 年监禁,随后他们提出上诉,刑期被缩减。法官本杰明·哈勒维(Benjamin Halevy)主持判决,并发布一项重要裁定,要求以色列安保人员在必要时可以违反命令,以免触犯法律,该案后来成为先例裁决。

1966 年,北方彻底取消军事管制,废除歧视性法律。此后引发的最严重摩擦事件发生在 1976 年,政府出台了一项计划,征用加利利地区的 5250 英亩(12793 公顷)土地,其中约 30% 为阿拉伯人所有。作为回应,1976 年 3 月 30 日,阿拉伯领导者组织发起大罢工。警察部队开了枪,警方称是出于自卫,阿拉伯批评者称开枪并无必要。在罢工引发的冲突中,6 名阿拉伯人死亡,多名阿拉伯人和警察受伤。阿拉伯人为纪念此事件,将每年 3 月 30 日定为土地日(Land Day)。

另一个事件发生在 2000 年 10 月,居住在约旦河西岸和加沙地带的巴勒斯坦人发起暴动,引发以色列国内大规模抗议,其中一些演变成暴力冲突。冲突中,警察杀死了 12 名以色列阿拉伯人。政府委任一个独立调查组调查警方行动以及导致冲突发生的阿拉伯地区局势。

2003年，以色列发布了国家调查委员会针对2000年10月事件的调查报告，即《奥尔委员会报告》，以委员会负责人的名字命名。报告谴责警察未就处理暴力事件做好准备，并因此过度使用武力。报告认定事件责任人是国家安全部部长施罗莫·本阿米（Shlomo Ben-Ami），并建议免去其职务。委员会认为须对此次暴力事件负责的还有以色列议会的两名阿拉伯委员，以及以色列伊斯兰复兴运动北部分支的阿拉伯领导人。报告中，以色列政府首次正式承认对阿拉伯居民有歧视现象。

以色列独立后的这几年，阿拉伯社会经历了两个相互矛盾却同时发生的变化：以色列化和巴勒斯坦化。因为与约旦河西岸、加沙地带的巴勒斯坦社区分离，再加上受到犹太以色列社会的影响，这种情况在1976年前后尤其明显。

以色列化表现为政治参与和其他形式的融合。融合的主要方面是教育。阿拉伯语学校将希伯来语作为第二语言讲授，还有阿拉伯和以色列的历史、文学和文化相关课程。犹太公立学校也开设阿拉伯语课，以及有关其他宗教和文化的课程。随着教育水平的提高和农业的衰落，一些阿拉伯人开始寻找传统阿拉伯经济领域之外的工作。通过教育和与在工作或其他地方遇到的以色列犹太人接触，阿拉伯人逐渐能够流利使用希伯来语，更好地融入以色列社会中。

与此同时，与巴勒斯坦人接触和产生认同，以及对以色列境内阿拉伯人地位的失望催生了巴勒斯坦化。以色列阿拉伯人在财政捐款、食品运输、示威和罢工方面表现出与巴勒斯坦人的团结。有时，简单的示威会演变成暴力事件。一些以色列阿拉伯人为法塔赫、哈马斯或真主党收集情报，少数人还参与了恐怖袭击。因此有以色列人认为以色列阿拉伯人是"第五纵队"（指在内部进行破坏、与敌人里应外合不择手段意图颠覆破坏国家团结的组织），会激化紧张局势。许多以色列阿拉伯人（但出人意料的是并不是大多数人）支持以巴勒斯坦、阿拉伯或伊斯兰国家取代以色列政权。

6. 德鲁兹人

尽管就民族而言，德鲁兹人是阿拉伯人，但这个独立的群体有独特的世界观和政治倾向，有他们独特的身份和职责。德鲁兹教派起源于公元10世纪，由神秘主义、一神论、早期信仰和对曾推动正义的历史人物的崇敬共同构成。其教义是秘密，仅向资深成员公开；信徒被分为"知者"(uqqal)和"无知者"(juhal)。只有前者能够接触到更高级的宗教文本。德鲁兹男人头戴白色无檐帽，女人围白色女士头巾。德鲁兹的女人和男人拥有同等人身权利。

虽然从严格意义上讲，德鲁兹人是一个宗教群体，但现在已成为独立的民族。其他教派的信徒不得改信德鲁兹教派。他们的保密性和禁止改变信仰都是为了自我保护。由于在穆斯林占多数的地区信仰后伊斯兰宗教，且他们的祖先几世纪前也是穆斯林，按照伊斯兰教规，德鲁兹人改信另一种宗教会被判死刑。德鲁兹在以色列有几处圣地，主要是重要先知的墓地，如位于加利利海边缘的杰斯罗之墓(Nebi Shuaib)。每年4月25日，德鲁兹人都会在那里集会，商讨民族事务。

以色列承认德鲁兹派别为特殊宗教少数派，这意味着他们有自己的法律体系处理结婚离婚等个人事宜，也可拥有自己的经国家认可的精神领袖。他们讲阿拉伯语，不过有时会夹杂希伯来语词。

2010年，德鲁兹人口数量达到12.43万，占以色列总人口的1.6%，占阿拉伯人口的十分之一。他们中有10万人居住在德鲁兹专属的城镇和村庄，或居住在有信仰基督教和伊斯兰教的阿拉伯人的城镇和村庄；这些定居点遍及以色列北部的迦密山和加利利地区。其余两万德鲁兹人居住在戈兰高地。

以色列境内最大的德鲁兹城镇位于迦密山的达利亚特艾尔

卡梅尔(Daliyat al-Karmel)。德鲁兹人和穆斯林阿拉伯人混合居住的城镇有伊斯非亚(Isfiya)和施伐拉姆(Shfar'am),其他德鲁兹村庄还有派克因(Peki'in)和拜特建(Beit Jann)。

1967年,以色列从叙利亚手中夺得戈兰高地,那里有4个主要的德鲁兹社区,其中最大的社区是马达尔夏姆斯(Majdal Shams),有8000人口。戈兰高地的德鲁兹人是叙利亚公民,但1981年以色列占领戈兰高地后,曾给予他们选择加入以色列国籍的权利。

只有约1500戈兰德鲁兹人持有以色列国籍,不足人口总数的10%。其余人口有永久居住权;他们仍保留叙利亚国籍,至少名义上对大马士革保持忠诚。大多数人拒绝接受以色列国籍,名义上是出于对叙利亚的爱国主义精神,但主要是担心叙利亚政权再度控制该地区之后对他们进行报复。有的人已经离开这里,定居在以色列其他地区(主要在埃拉特)。

1967年六日战争后,以色列占领戈兰高地,这使得戈兰地区德鲁兹人与叙利亚国内的德鲁兹社区分离。以色列和叙利亚交战意味着两国边境关闭,因此两边的德鲁兹人在名为叫喊山(Shouting Hill)的地方交流,他们可以看到对方,可以借助扩音器或近来可用手机对话。德鲁兹的学生和亚伯(先知之一)神殿的朝圣者都得到许可,可以跨界进入叙利亚,德鲁兹新娘也可进行一次单程旅行。

德鲁兹人并不信仰伊斯兰教和阿拉伯民族主义,但有一些人成为共产党员。他们认为自己与在黎巴嫩和叙利亚的德鲁兹人同属一族,而非阿拉伯人或穆斯林。虽然1948年阿以战争一开始,德鲁兹人支持阿拉伯人,但是后来转变了立场,或许是因为推断以色列会在被他们称为"血之约"(Pact of Blood)的战争中获胜。

1956年后,居住在以色列的德鲁兹人应征加入以色列国防军,并在军队、边防警察和政府中担任高级职位。1974年,成立了一个主要由德鲁兹人组成的特殊部队,这个叫作"剑之营"(Battalion of the Sword)的部队常以德鲁兹营著称。德鲁兹人在以色列国防军的所有部门都有任职。与以色列的德鲁兹居民不同,戈兰高地的德鲁兹人不会被征入伍,只有少数人自愿参军。

除此之外还有一个德鲁兹犹太复国主义组织。2009年以色列大选中,四个德鲁兹人被选入议会,这个数字是他们在总人口中所占比例数的两倍。德鲁兹人并不作为政党团体参加选举,由阿拉伯巴雷德、中间派前进党、民族主义派利库德集团和以色列家园党等一系列党派选举他们进入以色列议会。

7. 切尔克斯人

19世纪末,苏联统治高加索地区,穆斯林切尔克斯人逃离该地区。如今约3000名切尔克斯人居住在以色列,主要在加利利的卡法卡玛(Kfar Kama)和瑞哈尼雅(Rehaniya)。他们就读的小学主要讲授他们自己的文化和语言,之后他们可以根据居住地就近选择犹太或阿拉伯学校。切尔克斯人与以色列大部分犹太人都保持着积极良好的关系。1948年,切尔克斯领导人要求,为了证明切尔克斯人的忠诚,以色列可征募切尔克斯人加入以色列国防军。切尔克斯人有自己的法律体系处理个人事务,主要依据卡布扎(Khabza)传统法律。

8. 非洲希伯来以色列人

非洲希伯来以色列人是另一个拥有数千人口的少数犹太群体,通常被称为希伯来黑人。这些非裔美国人于1969年来到以色列,主要来自芝加哥。本·阿米·本·以色列(Ben Ammi Ben Israel)是该群体中具有超凡魅力的领袖,他带领据他所称是以色列人的非洲后裔重返应许之地。他们被获准进入以色列,居住在南部的迪莫纳(Dimona)。

2003年,该群体被授予永久居民身份,有些人获得了公民身份,此前数年他们的身份一直备受争议。自2004年起,他们一直在以色列国防军服役。这个社区大部分自给自足,社区成员生活在一起,孩子们就读教育部管辖的社区学校。他们食素,生产粮食、香水和其他手工艺品。20世纪90年代之前,一直实行一夫多妻制。

9. 外国劳工

自20世纪90年代末,大量外国劳工纷纷来到以色列,代替以色列的巴勒斯坦工人。面对日益加剧的恐怖主义活动,以色列禁止来自约旦河西岸和加沙地带的劳工入境。以色列经济持续发展,国家日益繁荣,以色列人不再愿意从事技术含量少、工资低、劳动密集型的工作。

三个主要经济领域雇佣外国劳工,各自吸纳来自不同国家的人。建筑工人主要来自土耳其、保加利亚和罗马尼亚。农业工人通常来自泰国或中国。老年看护和家政人员大都来自菲律宾。此外,来自撒哈拉以南非洲的经济难民也会非法进入以色列。

外国劳工的数量难以估计。签订固定合同的工人只能在以色列待一段时间,不过在合同到期后,为了继续非法工作,很多人会离开他们的工作岗位,有些会继续原来的工作。很多这样的人都聚集在特拉维夫的一些地区,尤其是在老中央车站附近。很多务工人员把钱寄给家乡的亲人,不过也有一些人举家住在以色列。以色列会进行周期性小型驱逐出境行动。

外国劳工报酬很低、居住条件差,还有可能被包工头或者无良雇主虐待。他们住在贫民窟、生活低调,以免被驱逐。即使这样,因为外国劳工在以色列赚的钱比在本国要多很多,进入以色列比进入许多其他国家容易,并且在以色列所受待遇好于其他国家。这些工人在以色列国内同联谊会和支持性组织一起建立了一些民族社区。已获得永久性居民身份的工人条件最好。

虽然有人说外国劳工抢走了以色列本地人的工作,但是试图让以色列本地人重回这些工作岗位的运动大都以失败告终。20世纪90年代发生了一件小丑闻,总理本杰明·内塔尼亚胡家中雇佣的保姆是一名荷兰非法移民。2010年,类似事件不断遭到披露,国防部部长埃胡德·巴拉克的夫人此前雇佣的管家是菲律宾非法入境劳工。总之,以色列愿意让外国劳工留下来工作。

10. 离散犹太人:国外犹太社会

盖鲁特基布兹(Kibbutz galuyot,流散者聚集)是犹太复国运动思潮的主题,欲将所有海外犹太人聚集到以色列之地。通常看来,没有住在以色列的犹太人就是在流散。但是从一开始,很多犹太复国主义运动领袖意识到绝大多数犹太人愿意居住在海外,即以色列之外的国家。

以色列与流散犹太人社区的关系能更广泛地反映出以色列与外部世界的关系。建国初期,大多数以色列人认为流散犹太人的生活长久不了。他们认为流散犹太人都应该移居以色列,在这里开启新的生活,并且以色列有责任说服他们移居。这就是众所周知的"*shlilat hagalut*"观点,即"拒绝流散"。

接下来几年内,这种观点变得越发微妙和复杂。流散犹太人社区不仅能够生存下来而且不断繁荣(以美国的犹太社区为首),加之以色列狂热意识不断消退,共同带来这种变化。流散犹太人也成为以色列旅游、投资和政治支持的重要来源。

今天,在以色列民众中,虽然流散犹太人的相关消息和与他们的接触联系仍然会引起关注,但海外犹太人的话语权很小。尽管以色列犹太人必定会忠于犹太民族,但他们的关注焦点仍然是以色列国内事件。以色列和散居地之间的关系有时由于分歧而成为焦点——例如,正统拉比在以色列占主导地位,而改革运动和保守运动在散居地地位突出。

很多以色列流散社区的犹太人对以色列兴趣浓厚、忠心耿耿,说明这些人具有典型的犹太特点。同时,犹太复国主义和其他政治理念的古老争议,尤其是左翼理念和同化主义理念的争议再次爆发。一些反对以色列政策甚至是以色列国家存在的犹太人在多个西方国家支持反以色列活动。虽然他们为数不多,占犹太总人口比例很小,但他们对反以色列的事情十分狂热,并且通常在学术界、新闻界或其他引人注目的职业中担任职务,他们的发言很有影响力。

以色列和以色列团体派遣使者到国外鼓励移民、教授希伯来语并从事其他工作,以此加强流散犹太人与以色列的关系。流散犹太人成群结队来以色列求学或访问,来了解以色列。天赋权利行动(Operation Birthright)是一个相当有趣且成功的项目,它将那些从未到过以色列的犹太年轻人带到以色列,培养并加强他们与以色列的联系。相比延续流散犹太人社区与以色列的纽带联系,移民的重要性略有降低。有一个补充项目组织以色列年轻人参观犹太人在欧洲的历史遗迹和大屠杀集中营,以增进以色列年轻人对大流散的了解。

社会中的宗教

宗教应在以色列这个犹太国家起什么样的作用呢?犹太复国主义者的看法不尽相同。犹太复国主义本身绝对是世俗的,但从不是反宗教的。他们尊重教徒,并乐于帮助满足他们的需求。即使左派明确反对宗教,但也从不否认他人拥有信仰的权利,更不会将他们的反宗教观点强加给国家。

犹太人的民族认同与犹太教密不可分,因此国家内部的宗教问题仍然很复杂。比如,光明节是庆祝犹太民族成功推翻塞琉古王朝、古代以色列重获独立的节日，但宗教仪式却以"神的干预"为中心：犹太教堂一个大烛台中原本只够一天用的灯油竟燃烧了八天。

此后，犹太教烛台成为犹太教的主要象征，也成为以色列国家的象征。所以总体上，信徒赋予了光明节宗教意义，而公立学校和社会则强调光明节的历史民族意义。

为纪念犹太人在波斯帝国计划对其实行种族灭绝时幸免于难而设立的普林节，虽未提到过神灵的干预或存在但也是个宗教节日，正统犹太人与世俗犹太人都会庆祝这个节日。

还有其他一些纪念民族性事件的节日。如出埃及和春种时节，以及每年秋天首批收获乔木果实、大丰收等。这些节日通常与宗教事件联系在一起，如启用《妥拉》和朝拜神殿等等。犹太人的历史文化经历与西欧和北美社会的历史文化经历形成了鲜明对比，西欧和北美的宗教和民族概念常常不能统一，并频频引发有组织地反对教会干预政治的运动，及政教分离。犹太人与多数中东人一样，宗教背景是其国家民族身份的主要标识。

因为犹太国家地位与犹太宗教之间的关系，建国后不久，以色列建国元勋本-古里安和大拉比拟订了一份协议。根据这种"维持现状"的安排，管理国家宗教以及宗教-世俗事务的现状保持不变。协议中也计划保证宗教人士在新的国家不受歧视。

以色列的现有结构既决定了宗教领域的权威，也决定了国家结构。宗教领域的权力行使以两位身份重要的拉比为首，一位是阿什肯纳兹犹太人，另一位是塞法迪犹太人。拉比法院有管辖公众宗教事务的权力，包括监管动物献祭、给餐饮机构颁发犹太洁食认证（以遵守犹太饮食法的规定），以及监管处理结婚离婚等个人身份和家庭法律的法庭。这个体系从奥斯曼帝国引用而来，后来为英国统治者所用。

拉比法院由支持犹太复国主义的现代正统达提派运行，而非强化政教合作的极端正统哈瑞迪派。极端正统派保持着一向严格的标准,避免与国家有太多牵连。另外,协议拟订时期还未出现的改革派与保守派犹太人不包含在这个体系内。虽然后来拉比们因宗教原因与个人利益原因反对改革派与保守派参与,但这个小群体还是争取到了一些正式职位。

就国家而言,它要保证所有公共机构只提供犹太食品,并在安息日和犹太节日停止营业。在有许多信徒居住的地区(主要为耶路撒冷的部分地区和伯尼布莱克),一些街道在安息日禁止车辆通行。宗教事务部通常由议会一名宗教政党成员领导,负责监督处理影响宗教的事件。

然而要避开宗教仪式很简单。所有婚姻都具有宗教性质,但由于以色列认可在国外领取的结婚证,想要非宗教式婚姻的人常会去塞浦路斯短期旅行,并在此期间结婚。许多地方有销售非犹太食品的商店,并且越来越多的商店在安息日也照常营业。是否恪守宗教习俗不会真受到国家压力。

在宗教与世俗问题上,两者之间的微妙平衡会根据联合政府的组成而有所变化。近些年,由于大批苏联移民的到来,非宗教派的势力得以壮大。而耶路撒冷是个例外:不信教居民倾向于搬至别处,信教人口所占比例因此提高。

包括许多不信教居民在内,大部分以色列人都认为犹太教是以色列社会必不可少的一部分。小部分人常常变更所属群体,从宗教到世俗,再从世俗到宗教。所有宗教派、世俗派和小群体都明白,他们永远不会得到每个犹太人的忠诚。宗教政党既不会寻求掌控国家全权,也不会强迫整个国家遵守宗教仪式。相反,宗教政党扮演着利益集团的角色,保护自己的选民,为他们创造工作机会、提供资金支持。

在这种变化中,其中一个案例就是沙斯党。沙斯党既是宗教政党,又是塞法迪政党,它具有宗教色彩的机构吸引了许多信徒。另一个趋势则是有些极端正统派群体(取决于他们的具体组织和领导)逐渐接受了犹太复国主义,经历了以色列化。

总之，宗教是以色列人生活的重要部分，对于不信教的人来说亦是如此。不仅是拉比法院与国家之间的安排塑造了以色列，以色列是建立在2000年犹太历史基础上的犹太国家这一事实也同样塑造了以色列。犹太复国主义将传统犹太教义转变成了民族价值，即使完全不信教的以色列人也认同犹太人身份和犹太集体。

1. 犹太人的宗教生活

我们可以从一系列重要研究中了解公众对宗教信仰的认识，其中最重要的是1997年的《格特曼研究报告》，报告全面分析了以色列人的宗教态度和宗教活动。在历史上，宗教信仰被分为两种，即虔诚派与世俗派，两派互相排斥，有明确的界限。但有研究发现，人们对于宗教的态度千差万别，有的完全不遵守，而有的却极为虔诚。

现在人们普遍认为更准确的描述应该是人们的宗教信仰程度各有不同，不能简单地划分为两种不同的阵营。除了高度世俗化和完全信教，还有另外两种不同的态度：一种是世俗化占主导，但也遵守某些宗教仪式的人。例如，这些人会庆祝犹太成人礼——在赎罪日斋戒，在逾越节举行家宴等。另一种是传统派，通常是米兹拉希犹太人，他们选择性地遵守宗教法。一个典型的例子就是在安息日开始前在家举行宗教仪式，之后又去看电视，这样就违反了宗教法禁止打开电器用品的规定。这种混合的态度越来越普遍。

《格特曼研究报告》发现，绝大多数以色列犹太人承诺会保持犹太人的连续性，都会以某种方式庆祝重要节日，并举行一定程度的生命周期仪式。这种行为方式可能更多地源于"犹太人的认同感"，即这种动机不是来自神学，而是来自人种和民族的认同感。报告得出的结论是：尽管1/5的犹太人视自己为完全世俗人士，但93%的以色列犹太人至少会在一定程度上庆祝安息日或其他犹太节日,遵守犹太饮食教规。

尽管大多数以色列人常常被形容为世俗派,但报告发现,只有20%以色列人(大多数是阿什肯纳兹犹太人)认为自己是世俗派。大多数以色列人(大约占40%)认为自己"多少是信教的"。在这些人中,70%是米兹拉希犹太人。14%的以色列犹太人(大多数是阿什肯纳兹犹太人)称他们"严格遵守宗教法",另外24%说他们"在某种程度上遵守宗教法"。

《格特曼研究报告》还发现,70%至80%的犹太人以某种方式庆祝安息日,可能只是点一些蜡烛、喝酒的时候祷告或举行家庭聚餐。坚持遵守宗教法规定,例如,不开车、不烹调、不用电的人要比以往少得多。安息日仪式通常于周五晚上在家举行,此时人们会休息,避免做有报酬的劳动,周六与家人相聚,但这些活动并不一定严格按照犹太律法进行。

在很多米兹拉希犹太人的眼中,周六上午去犹太教堂,下午去看足球比赛,这样做并不矛盾或伪善。与他们相比,阿什肯纳兹犹太人在遵从律法方面持一种"要么全有要么全无"的态度。但是,新一代以色列人的态度是选择性地遵从一些宗教传统。从历史上看,这并不是犹太教的规范做法,而是一种从宗教仪式到种族和民族习俗的转变。

很多以色列犹太人不仅会遵守安息日,还会以某些方式庆祝重要的节日。约4/5的以色列人参加逾越节家宴,超过70%的人会在光明节点蜡烛,在赎罪日斋戒。其他节日如住棚节和普林节庆祝的人相对较少,尽管普林节是聚会和着盛装的大好时机。大多数以色列犹太人,即使那些完全不遵守宗教法的人都表示,参加与生命周期事件(出生、成年、结婚、死亡)有关的宗教仪式对他们来说很重要。

60%的以色列犹太人相信神的存在,其中包括1/5不遵守宗教法的人。约一半的犹太人相信上帝在西奈山将律法给了摩西。1/3的犹太人相信来世的存在,与基督教神学相比,这种概念在犹太神学中没那么明确和重要。大多数以色列犹太人在某种程度上都遵守犹太洁食规定，其中40％的人称他们一直严格遵守饮食教规。

一般来说，米兹拉希犹太人的后代在宗教信仰程度上比不上他们的父母，但阿什肯纳兹犹太人的后代在宗教奉行程度上和他们的父母没有太大差别。教育程度越高，宗教信仰程度越低，哈瑞迪派几乎从不追求大学教育这一事实更加强化了这种观点。

一则关于以色列宗教的趣闻轶事涉及前国防部部长摩西·达扬的女儿耶尔·达扬（Yael Dayan），她是一名以色列议会左翼成员。曾经她被拍到在赎罪日（犹太历最重要的节日）当天在海滩上穿泳装。这张照片连续几天都是人们议论的焦点。最后，舆论对此做出了种族和民族性的解释：她既不是嘲弄宗教，也不是宣告自己的世俗性，她只是用自己的方式来纪念这一节日。

然而，以色列在赎罪日这天也有自己的世俗传统。在这天，国家几乎停止运转。许多人会斋戒，但是他们不必整天都待在教堂里。街上没有车，成千上万的儿童可以玩滑板或骑自行车。他们这样做纵然违反了宗教法，但使它变得很特殊。大量成年人沿着主要中心街道散步。因此，对许多以色列人来说，赎罪日既是以传统方式纪念的节日，也是独特的民族节日。对并不严格遵守宗教法的人来说，犹太教已经有所改变：它部分反映的是人类与神的关系，部分也与民族习俗和文化有关。

2. 犹太教内部冲突

通常情况下，宗教信仰虔诚度不同的居民之间极少发生冲突。但是，他们仍会有许多针锋相对的意见，主要存在于最世俗的犹太人和最正统的哈瑞迪派之间。世俗犹太人对极端正统派有成见，认为他们不服兵役是逃避公民责任，不工作却依靠社会福利生活，还不断要求增强自身的权利，限制世俗犹太人的权利。左翼阿什肯纳兹犹太人指责达提派和哈瑞迪派，说他们都是右翼分子，拥护损害国家利益的政策。宗教人士将世俗派认定为，不忠于宗教传统，已经是非常强烈的批判了。

《格特曼研究报告》中有一项有趣的发现：严守教律的人比世俗者们更加倾向于同质的社会环境，但事实上，严守正统教义的人（构成的小群体）肯定会比世俗者们更多地与不太虔诚的人接触，世俗者们则较少地与自己不同的人接触。事实上，从宗教角度而言最孤立的团体是世俗阿什肯纳兹犹太人，并非哈瑞迪派。

以色列全部犹太人口中有67％的犹太人（比例奇高）说他们倾向支持或绝对支持政教分离。39％的人支持建立非宗教仪式婚姻，尽管其中一半的人称仍会选择宗教仪式。另一方面，40％的人反对非宗教仪式婚姻。支持率多多少少都是依种族划分的：米兹拉希犹太人比阿什肯纳兹犹太人更希望维持现状，而来自苏联的移民更希望在公共生活中降低现有的宗教影响。

三分之二的以色列犹太人认为应允许购物中心和其他娱乐场所在安息日营业。而哈瑞迪派和大部分达提派却认为应该关闭这些娱乐场所。但是，包括所有世俗人士在内，绝大多数的人都认为公共场所提供的食物应为犹太洁食。然而他们又反对只给在安息日歇业的饭店授予饮食教规认证。因此，公众倾向于适度遵守安息日规章。

这种态度似乎表明人们支持改革派和保守派的宗教运动。然而，很少有人会考虑加入其中。大多数人认为应该给予这些拉比与正统派平等地位，大多数以色列犹太人大体上倾向于世俗生活，并且自己决定遵守教律的程度。

引起世俗者与信教者（更准确而言，世俗者与哈瑞迪派）冲突的最大情感因素在于服兵役。哈瑞迪派因要在宗教神学院全天潜心研究而获免除服兵役，此项规定起源于大屠杀之后，当时很多拉比和宗教教师都死于欧洲，少有幸免。然而，几十年后，此项免服兵役特权已普及到几乎所有哈瑞迪派。

许多非哈瑞迪派觉得很不公平，尽管他们承认哈瑞迪派未必会有一技之长，能为部队做出宝贵贡献。但是，90%的以色列犹太人(59%最谨遵教义的人参加了投票)认为哈瑞迪派应该服兵役，70%—80%的人支持招募信教妇女去部队服役或为国家服务。与此相反，所有的达提派都愿意服役，他们经常主动加入作战部队。

虽然对宗教在公共生活中应该扮演什么样的角色这一问题争论不断，很多人对正统派拉比的主导地位、哈瑞迪派不断提高的要求和耶路撒冷地区政治力量斗争感到失望，但是现今的以色列社会并未在宗教与世俗之间两极分化。由于双方都不把重点放在改变上，且都不愿采取行动并于做出改变，现状很可能会保持不变。

3. 哈瑞迪派("极端"正统派)

哈瑞迪这个词语的意思是"敬畏或恐惧神权的人"。哈瑞迪在英语中总是被误解为"ultra-Orthodox"(极端正统派)，在犹太教中，一个人要么是正统派，要么不是正统派；没有额外的活动可以表明一个犹太人比其他人更虔诚信教。换言之，哈瑞迪派不会宣称自己在宗教方面比其他正统派团体更为正统，同样他们的宗教活动也不可能被定义为过度。他们仅仅是在表达自己对犹太法律和生活的特定阐释。

正如前面所讲，哈瑞迪派对现代化的态度基于《塔木德》中所示，在摩西五卷周围"修筑篱笆"——也就是说，只允许尽可能小的改变。哈瑞迪派的特点是对犹太律法有着严格的阐释，且拒绝一切世俗文化。

哈瑞迪派认为他们完全是个一成不变的团体，且大家也都认同这一点，但这种印象绝非真实。他们会使用现代科技产品——电脑、电话还有收音机——尽管有诸多限制（例如，不看电视，绝不去剧院看电影）。他们视希伯来语为神圣的语言。过去很多团体在日常生活中更倾向于说意第绪语。然而，越来越多以色列境内的哈瑞迪人讲希伯来语。

起初，大多数哈瑞迪人不赞成建立犹太国，认为犹太人不应该在弥赛亚到来之前建立主权国家。然而，他们又觉得能生活在以色列地是一件极大的善行。此外，只有居住在以色列地的人才能履行某些宗教戒律。不遵守教律的以色列犹太人则广泛认为所有的哈瑞迪人都反对犹太复国主义，然而事实上很多哈瑞迪人支持建国，且随着时间推移，支持人数在不断上升。

哈瑞迪人大约占以色列总人口的 7%，每家平均有 6.5 个孩子，他们遵守多子多孙的教律。他们倾向于住在集中紧凑的社区，很多人居住在耶路撒冷周边的米歇雷姆、盖乌拉、森和德瑞，以及内贝布拉克市和赛佛市。哈瑞迪富人们居住在拉马特贝特西迈希和哈尔诺夫等地，许多人是来自北美和法国的移民。哈瑞迪社区生产许多专业化产品，包括出版物、食品和衣物。

哈瑞迪派的穿着也与众不同。男人身着黑色来哀悼毁坏的圣殿：黑色套装配白色衬衫，戴黑色帽子，着 *tzitzit*（流苏，教律要求穿带有流苏的马甲或衣服）。很多人留着长长的鬓发，与不要收获角落之地粮食的戒律阐释相契合，该戒律起源于对慈善团体的训谕。女人穿长裙和颜色柔和的长袖衬衫，已婚女人戴帽子、头巾或假发把头发遮住。

女性在哈瑞迪社区中的地位比较复杂。一方面，正统派非常重视性别隔离和分工，女性的传统角色是妻子和母亲，她们没有公开的宗教身份，并且也不能进入犹太神学院学习，其宗教教育受到诸多限制。但另一方面，女性在正统派社会中是家庭的顶梁柱，她们担负着家庭的生计，能够获得一定程度的实用教育和职业技能培训，这与一直专注于宗教教育的正统派男性有所不同。自 20 世纪 90 年代起，面向正统派教徒的职业学校数量激增，一些学校专为女性培养技能，另一些则是为不愿（或无法）从事神学研究的男性提供技能培训。

哈瑞迪派（特别是男性）对衣着剪裁有严格要求，衣服样式还是所属派别的标识。正统派内部主要有两大派别：一是哈西德派，该派素来对宗教采取较为神秘的态度，以拉比为领袖（通常由教派内富于人格魅力的教士担任，且职位世袭）；另一个是密那德派（哈西德派的"反对方"），该派主张犹太教徒应以服从法律为本。

在哈西德派内，每个小派别都在一定程度上持有不同的观点及习俗。例如，哈巴德派（Habad，犹太教仪式派信徒）运动属于犹太复国主义运动，且是哈西德派内唯一大力鼓励非正统教派犹太人皈依宗教的教派。另一教派萨塔玛派（Satmar）则对犹太复国主义运动持反对态度，他们认为只有救世主弥赛亚才能让犹太人重归以色列，并主张用宗教法律治理国家。但是，目前的总体趋势是给予以色列更大程度的认同和合法化，大部分教派纷纷从反犹太复国主义向非犹太复国主义，乃至支持犹太复国主义转变。

确实，《格特曼研究报告》显示，哈瑞迪派教徒中将自己定义为犹太复国主义者的比将自己定义为非犹太复国主义者的人多，只有小部分边缘团体强烈反对以色列以犹太国家身份出现。其中，最知名的正统派反犹太复国主义组织是 Neturei Karta（城市真正的守护者）。

哈瑞迪派主要政党"以色列联盟"（Agudat Israel）的发展进程便是这一趋势的真实写照。1948 年以前，以色列联盟的首领公开反对建立犹太国家。以色列建国后，这些言论戛然而止，但直到 20 世纪 70 年代以色列联盟才同意加入以色列政府。如今，该政党的成员在政府中任职，承认以色列政府的存在，因为他们想通过合作获得政府资助和更多工作机会。另一方面，哈瑞迪人心里很清楚，一旦以色列被敌人毁灭，他们将会面临怎样的命运。

历史上，哈瑞迪祖先是有欧洲背景的阿什肯纳兹犹太人。之后，对宗教非常虔诚的米兹拉希犹太人进入正统派（密那德派）神学院学习，吸取其教师的穿衣风格及思想。随着沙斯党运动的兴起，米兹拉希犹太人发展出自己一套关于哈瑞迪观点及生活风格的见解。米兹拉希哈瑞迪人社区是犹太复国主义的有力支持者。

在欧洲，哈瑞迪派男性从事各种各样的职业，由于他们拒绝接受世俗教育，从事的一般都是无须技能或技能要求不高的工作。由于二战期间犹太人遭到屠杀，欧洲的犹太神学院纷纷解散，以色列建国后，政府同意资助那些为了获得圣职而从事神学研究的教徒。近年来，从事神学研究的学生人数激增。持久的宗教研究能为这些人带来更高的宗教地位，并且还能免服兵役（小部分哈瑞迪派教徒坚持服兵役）。

哈瑞迪派教徒之所以能够接受较低的生活水平，一方面是因其家庭成员较多，另一方面则是他们想获得更高的精神提升。因此，正统派男性教徒和女性教徒都不去就业。所有拥有孩子的家庭均能享受国家保险协会提供的津贴。多年以来，政府对哈瑞迪教徒均采取特殊政策，一个家庭每新增一个孩子便能得到更多的补助金。2009年政策有所改变：不管家庭中有几个孩子，每个孩子均享受一样的补贴。

由于哈瑞迪派教徒的生活花费往往超过补助的福利津贴及哈瑞迪派中富人的捐献，更多教徒不得不依靠工作获取生活来源，并且他们正逐渐接受这么做的必要性。因此，针对哈瑞迪派教徒开办的职业学校不断增多。2006年，超过一半的哈瑞迪派男性通过就业获得了报酬，女性中这一比例则为65%，他们的收入来源主要为从事销售、技工，及钻石及教育等行业。

越来越多的哈瑞迪人在交通、房地产、食品、技术、销售和教育等行业就业。他们的整体生活水平正逐步提升。参与工种的增多并没有让这些人世俗化,但确实让他们与主流社会有了更多接触,从而对身为以色列人有了更深刻的认识。

以色列人并不质疑哈瑞迪派教徒按照自己方式生存(除服兵役外)的权利,但一些以色列人声称哈瑞迪人正试图扩大自己的影响,并干预他人的行为。这种指控在某些时刻确实是空穴来风。对于此类"宗教压迫"指控,哈瑞迪派往往这样回应:他们并无野心改变以色列社会,倒是担心(此种担心某些时候甚至到偏执的地步)自己被以色列社会转变。例如,所有哈瑞迪社区内的女性都有着装要求,这种着装凸显了女性稳重的一面。这些地区的广告牌也都恳请妇女适当着装。然而,他们能要求所有经过其社区的妇女都如此着装吗?米阿沙里姆是极端正统派的聚集地,在那里,不时有骚扰非正统派妇女的事件发生,原因是这些妇女在经过其社区时着装不当,不够"稳重"。另外,一些哈瑞迪教徒也会在安息日朝过往车辆扔石头。

虽然哈瑞迪派的焦点有时会涉及宏观领域的问题,如有关和平、冲突以及 1967 年领土占领等问题。但他们经常关心的还是离家门较近的问题,如社区前的停车场或马路应不应该在安息日开放,考古挖掘会不会打扰附近埋葬的犹太祖先,按性别隔离的巴士能否穿过他们的社区。

对于哈瑞迪派来说,最大的争议莫过于服兵役问题,他们拒绝服兵役,而这种行为直接影响其他以色列人的生活,因而受到诸多抵制。目前,以色列兵役制度有所改变,男性义务服兵役的时限从 3 年减为 28 个月,女性义务服兵役的时限从 2 年减为 18 个月。如果哈瑞迪派教徒不服兵役,那么负担便得落到其他人身上。毕竟,当年本-古里安免去从事神学研究的正统派教徒服兵役的义务时,只有 400 人可免服兵役,但时至今日,约有 3 万多正统派教徒因此逃避服兵役义务。理论上,只有没有收入来源的全日制学生可免服兵役,但让学校发放假证件不是难事,而且这样的假证件还能让正统派教徒拿到特殊薪俸。

同时，在某种程度上，该法令在哈瑞迪派身上产生了适得其反的效果，因为它让教徒们为了保持不服兵役的特权而不愿工作。对此，他们给出的解释是：从事神学研究的学生通过祈祷和维护学者社团的方式来取悦众神，保护以色列人民；另外哈瑞迪派担心服兵役的教徒会逐渐脱离原先的宗教生活方式，因为军队的宗教仪式和饮食教规均是为达提派设置的，不能满足哈瑞迪人的要求。

许多委员会已着手审核征兵改革事宜，也已向政府提交多项提议。1999年，一支特殊的以色列国防军部队纳兹哈耶胡达(Netzah Yehuda)成立，这支部队专为满足哈瑞迪派维持其原先生活方式而建；1999年至2007年，约有2000名哈瑞迪教徒加入。2002年，以色列议会通过《塔尔法令》以求改变现状。该法令做出如下规定：哈瑞迪教徒在其23岁之际自行决定是否继续从事神学研究，一旦决定留在神学院，其将获得免服兵役的赦令，但必须在很长一段时间内从事神学研究；如果决定服兵役，服兵役时长将有所缩短。然而，这条法令从未得到实施。

研究表明，虽然依旧面临参军的社会压力，但新一代哈瑞迪派教徒对服兵役的抵触已没有先辈们那么强烈。但是只要哈瑞迪派领袖派不同意，便没有可能让哈瑞迪人加入以色列国防军，而其领袖的态度坚决，追随者们尊重领袖的想法，都导致这件事没有回旋的余地。所幸，自以色列征兵名单中出现苏联移民后，国防军在征兵事宜上的压力减小了，如今军方开始注重接收士兵的质量。部队需要更加训练有素的技术人员，这在一定程度上促使军方不再强迫能力不足的人员入伍。

多年来，一些小党派大力呼吁抑制宗教政党势力，提高社会世俗派力量。反对最积极的当属前以色列变革党[领导人为已故的汤米·拉皮德(Tommy Lapid)]及家园党[领导人为阿维格多·利伯曼(Avigdor Lieberman)]，两个政党的主要成员均是俄罗斯移民。可惜的是，目前这两个政党都没产生什么实质性影响。

4. 达提派（现代正统派）

19世纪，欧洲犹太教开始现代化，多数教徒仍十分虔诚，但是同时也面临着犹太教传统习俗与世俗教育、服饰和思想相融合的挑战。这种变革与前犹太复国主义运动合并，在以色列建国之后形成国家宗教党。这些改革的犹太教徒被称为达提（"宗教的"），英文中称为现代正统派。

与哈瑞迪派不同，达提完全参与主流文化，认同以色列国家身份。这个群体占以色列犹太人口的11%。与哈瑞迪派相同的是，达提认同《妥拉》的首要地位，但会进行更灵活的阐释，这与前几个世纪犹太教的立场十分一致。达提既属于犹太复国主义也属于宗教，认为以色列是神计划的实现，1967年六日战争后，以色列首任首席拉比库克的思想对这种观点的影响越来越深。

大多数达提居住在城市中的独立或混合居民区，还有少数住在达提基布兹中。达提男性将宗教和世俗研究相结合。孩子们在国家宗教教育体系中接受教育，参加布内·阿基瓦（Bnei Akiva）青年运动，就读于达提人开设的巴伊兰大学。达提人的穿着和不信教的以色列人基本一样，但是与哈瑞迪正统派的信仰相近的一些女性会穿长裙；已婚的达提女性可能会用帽子或围巾（但一般不用假发）来包裹头发。达提男性戴有彩色图案的基帕（*kippa*，无檐针织小圆帽）。

达提派与哈瑞迪派另一个重要差别是达提男性需服兵役，女性服常规兵役或另一种形式的国民服务。也有称为"*hesder yeshivot*"的特殊宗教教育项目，参加此项目的年轻男性服兵役的同时还会进行《妥拉》的研究。

1948年至1992年，各届联合政府中都有国家宗教党的身影。直到1981年，该党仍持有以色列议会中的12个席位，但是随着其他党派成立并吸引了米兹拉希选民（主要是保守派选民），国家宗教党的代表当年即锐减至 6 个席位，随后几年持续减少，2006 年仅占 3 席，而且这还是和国家联合党联合的结果。2009 年，国家宗教党加入其他派别，更名为犹太家园党，在议会中仍仅占 3 个席位。

导致国家宗教党衰落的一个重要原因是它从关注广泛的公共利益转向单一的政治问题。尤其在 20 世纪 70 年代，国家宗教党参与了约旦河西岸犹太定居点的建立。1974 年，虔诚教徒集团（Gush Emunim，以色列一极端狂热的民族主义宗教组织）成立，其成员中很多是达提派，他们的观点从拉比库克的观点衍生而来，相信如果控制住 1967 年以色列占领的领土，并在这些领土上定居会加快弥赛亚救世主的到来。

很多以色列人开始在政治上将达提派与右翼极端分子联系起来，这些极端分子包括巴鲁克·戈德斯坦（Baruch Goldstein）。1994 年，他在希伯仑的一所清真寺杀害了很多穆斯林；还有伊格尔·拉米尔（Yigal Amir），1995 年，拉米尔刺杀了当时的以色列总理伊扎克·拉宾。2004 年，以色列政府决定单方面从加沙地带撤军，并要求 8000 名定居于此的犹太人撤离，这其中有很多达提人。达提激进分子组织了多次抗议，将橙色作为其标志。

虽然很多达提人不是支持定居点运动的激进分子，至少并不专注于定居点问题，但是这种专注于单一问题的思想摧毁了国家宗教党，严重损害了达提社区的利益。这一群体的投票四分五裂，国家宗教党最后瓦解。达提选民加入了其他党派。倾向于鸽派的人支持少数党祖国党（Meimad），其他很多领导人加入右翼世俗论者，成立了小的全国工会和犹太家园党。

尽管存在这种政治热情和分裂，但达提人仍然是一个整体，拥有完整的社会需求和多重利益。很多达提人有意识地表现他们对整个国家的奉献精神。达提人在军队中的作用越来越重要,他们在作战部队军官中所占比例稳步增加。学术、科学和高科技等社会其他各个方面也都有达提人的身影。

5. 非正统犹太教

犹太教的改革与保守运动在以色列出现时间相对较晚,现在仅留有一小部分,其追随者占犹太总人口不足1%。通常被视为非以色列的宗教方式,伴随一些西方移民而来。对此,施罗莫·阿维内里(Shlomo Avineri)曾说过一句著名的话,他说:"我不会去犹太教堂中的正统派教堂。"换句话说,无宗教信仰的以色列人将哈瑞迪派或达提派都看作标准犹太教徒。

在以色列,保守运动开设了许多塔里学校(TALI,在希伯来语中意思是"丰富的犹太研究")。这些学校基本相当于北美洲犹太走读学校,课程安排介于国家宗教学校和世俗国立学校之间。此项运动在以色列有50多所会堂。

1939年,以色列的改革运动始于海法里奥·柏克(Leo Baeck)学校的建立。以色列第一所现代改革犹太教堂是1958年建立于耶路撒冷的哈雷尔教堂。以色列进步犹太教运动始于非正统犹太教堂的建立,在1971年发展成为一项运动。如今,以色列进步犹太教拥有28所会堂,2个基布兹和1个公共定居点。

改革和保守运动为人们提供了正统派宗教服务之外的其他选择。他们都有各自的宗教法庭(*beit dins*)供人们改变信仰,在他们监督下人们可以在以色列境内出于移民或实现个人地位目的而改变信仰,但对此国家并不认可。这两项运动的支持者称他们的犹太教很适合非正统派以色列人,这部分以色列人寻找的是完全信仰正统教派以外的犹太教。他们也力求吸引俄罗斯移民。但是因为土生土长的以色列人一直居住在犹太环境中,讲希伯来语,接受基础的犹太学校教育,所以他们很少对此表现出兴趣。

以色列社会中的女性

以色列正式接受男女平等的观念可追溯到建国前，那时以色列面临重重挑战，社会环境革新，在社会主义男女平等理念的指导下，女性得以有机会在工作领域和战场上大有作为。以色列信条中一直倡导男女平等。一些主要历史人物中不乏女性先驱和女战士。

自20世纪50年代起，以色列开始实行带薪产假，多数人能负担得起儿童保育服务。但20世纪下半叶，在保障女性平等地位方面，以色列仍然落后于西方国家。20世纪70至80年代，以色列已经实现男女平等的宣传一度遭遇严重质疑，为此政府颁布了法令，帮助女性获得同男性一样的平等机会。

但是不同人口地区的男女地位也有差异，比如根据阿拉伯社会准则，阿拉伯女性比犹太女性更传统，而且几乎不参与政治。在米兹拉希犹太人和后来的埃塞俄比亚移民中，女性也较传统，相应受教育比例较低，参与工作人数较少。随着时间推移，男女不平等以及本土出生的女性和移民女性之间的不平等在逐渐减少。

当今以色列社会性别歧视现象依然存在，在工作场所尤为严重。此外，虽然女性参与工作的整体比例很高，但是相比男性，女性大多为兼职且从事薪酬低的工作。同西方国家一样，以色列也存在家暴现象，国家为此建立庇护所保护受害者。同时还存在非法性交易，虽然政府在惩治涉黄人员以及性买卖方面越来越严厉。

由于以色列政教不分，传统犹太教和伊斯兰教的父权本质造成男女之间无法实现完全平等。每个教区的宗教法庭都可审理个人案件，这意味着即使女性有权利成为教区委员会委员，女性在离婚和继承案件中也总是处于劣势。此外,虽然以色列在《独立宣言》中明确规定男女平等,但是宗教派别仍然可以阻止在《人的尊严和自由基本法》(此法构成以色列宪法法律框架)中明确提及男女平等,因为他们担心男女平等会影响宗教管辖案件。

很多女性组织为女性和社会普遍关心的事件提供服务和支持,成功游说国家颁布一些新法律,确保女性在公共机构中担任职务,规定男女同工同酬,禁止工作场所性骚扰,在法庭审判中改善强奸受害者的情况。政治、军队、技术和文化领域都有女性的身影。

1897年,出席首届犹太复国主义运动大会的200名代表中,女性有13名,她们大部分随丈夫一同出席。而出生于匈牙利的美国公民罗莎·桑尼辰(Rosa Sonneschein)是个例外,她创立并出版了《美国的犹太女人》杂志,并代表该杂志出席大会。1900年召开的第三届犹太复国主义运动大会上,女性获得了选举权。

1904年至1913年第二次阿利雅运动(the Second Aliya)期间,女性在俄罗斯移民中所占比例为17%。她们大多从事体力劳动,挑战传统女性角色。按照当时的社会标准,这些女性接受过良好的教育,并且她们的社会主义信条强调男女平等。最具代表性的例子就是曼娅·肖哈特(ManyaShohat),她出身富裕家庭且接受过良好的教育,曾加入俄罗斯社会主义革命党,投身推翻沙皇统治运动。

肖哈特的哥哥在以色列地给她写信,称自己生病,请肖哈特来帮助他。事实上,哥哥是在尽力救肖哈特一命,因为哥哥知道参加革命活动会给妹妹带来杀身之祸。肖哈特曾经学过《塔木德》,希伯来语流利,她来到以色列后在加利利地区的塞吉拉(Sejera)建立了第一所农业合作社,在那里女人像男人一样做很多体力活,比如耕地、警卫等工作。后来,她因走私武器被奥斯曼帝国当局逮捕，之后遭放逐。一战后，她回到以色列继续从事先驱活动。

然而其他女性的经历则不尽相同。基布兹体系承诺将女性从家庭琐事的桎梏中解放出来。特殊儿童中心将孩子们集体抚养长大；所有人共同准备一日三餐，甚至衣服也是集体洗涤，因此女性不用承担全部家务劳动。

即便有社会主义平等理念，女性还是没有从事最重要和最有地位的工作，比如说警卫工作，而常常被派到公共食堂和洗衣房工作。就像一位女性先驱卓玛（Zippora Bar-Droma）所言，在男人"建设国家"时，女人"照顾'祖国建设者们'的日常生活"。人类学家在《基兹布的女性》（1975年）一书中得出如下结论：男性种植、收割庄稼，保卫安全和建造房屋，大多数女性做饭、打扫卫生和抚养孩子。基兹布最高管理层中女性只占14％。

1911年，来自俄罗斯的农学家汉娜·梅塞尔（Hannah Meisel）创立首个女性农业工人培训农场。此后，这样的农场纷纷建立，女性在这里学习如何饲养家畜、经营奶场及种植蔬菜——直至一战后，英国当局关闭这些农场。虽然这些农场遭到男性的嘲讽，也没有吸引大量学生，但是从这些农场毕业的女性运用了所学的新技能。

1919年至1923年第三次阿利雅回归以色列运动期间，来自东欧的女性占参会代表的20％。她们中有些人曾在欧洲现代农场接受过培训，在那里她们成功坚持让男性帮忙做饭。这些新移民要求从事修路工作，3000名工人中女性占300名，虽然有的只做饭、打扫卫生和看护病人。

1920年，女性在伊休夫决策层的选举中获得了投票权。次年，43名女性发起职业妇女运动，为女性开设职业教育课程。到1937年，有的女性成为建筑工人、画家、农场工人和日薪工人。

女性也加入哈加纳（Haganah）自卫运动，在巴勒斯坦处于英国托管期间,哈加纳自卫运动是伊休夫的准军事组织。1936年到1939年阿拉伯暴动期间,数百名女性执行保卫道路任务。1941年,哈加纳创立全日制精英军事基地——哈加纳组织。虽然该基地不招收女性,但一位军官在耶路撒冷召集小部分女性,教她们如何使用武器。二战期间,约9000名女性加入英国军队,成为电台和雷达操作员、伞兵巡查官、卡车司机和救护车司机。一些女性在欧洲的敌方战线后方跳伞降落,其中最有名的是汉纳赫·西纳什(Hannah Senesh)。

女性不仅参加非法移民运动工作,还在独立战争中参加战斗。军事组织中的女性成员占20%,主要在后勤、通信和医疗救助部门工作。5名女性指挥过作战部队,32名女性在战争中牺牲。

以色列的《独立宣言》保证所有女性公民有选举权和被选举权。事实上,以色列是首个给予阿拉伯女性选举权的中东国家。在1949年选举出的第一届以色列议会上,有11名女性议员,占总人数的10%。

以色列建国后,女性同样也参军。年满18岁的犹太女性必须应征入伍服役24个月,但有宗教信仰、已婚和有孩子的女性除外。总理本-古里安表示:"军队象征至高无上的责任,只要女性没有和男性一样平等地履行这一职责,她们就没有获得真正的平等……国家的性质也将被扭曲。"

即便如此,军队中女性还是未能获得与男性表面上的平等。多年以来,军队明文规定,女性不得从事危险工作。因为人们相信女性牺牲或被俘,很可能遭到强暴,将不利于士气。因此,以色列军队中一半以上的特种兵种不招收女兵,这个比例甚至高于美国军队。大多数女性做行政和文书工作。成功的军队生涯会为退役后担任要职打下基础,而军队工作中的男女有别使得女性不具备这种优势。

瑞秋·卡根(Rachel Kagan)曾是首位以色列议员,也是签署《独立宣言》的两名女性之一。1951年,她与果尔达·梅厄倡议《女性公平权利法案》,呼吁法律面前男女平等,包括签署合同、拥有财产和打官司的权利。在该法令最初起草阶段,卡根建议将公民结婚和离婚条款包含进来。但是总理本-古里安表示不能接受这一条,因为他已承诺这些个人纠纷交由拉比法院掌管。虽然最终通过的法案没有写入这条,但卡根投了反对票以表抗议。

根据犹太教法律,女性不能担任拉比或婚礼见证人,离婚时女性处于最脆弱的地位,因为只有男性同意给予女性离婚文件,女性方可再嫁。有时候男性为了迫使女性放弃经济补偿,甚至放弃孩子监护权,而以离婚文件要挟女方。如果丈夫失踪或者精神不正常,女性也无法得到离婚文件。这种情况下,女性只能请求拉比法院处理离婚案件,拿到离婚文件。但法官全是男性,而且女性不允许提供证据。而如果是妻子因不愿离婚、失踪或者精神不正常不接受离婚文件,男性可以获得100名拉比批准后离婚并再婚,这对男性来说虽然困难,但不是不可能。

为解决这种双重标准,20世纪90年代以色列部分地通过了一项法律,规定如果男性拒绝给妻子离婚文件,那么拉比法院有权扣押其执照、护照、信用卡,甚至有权判刑。但在该情况下的女性平均需要等待三年半,有时甚至长达十年才能离婚。有消息称2003年类似离婚案件就有1万起,虽然2007年拉比法院称每年这样的离婚案件不超过70起。

第二位签署《独立宣言》的女性是果尔达·梅厄。1969年,她被选举为20世纪第三位女性国家领导人,而且是第一位不仰仗有声望的父亲或者丈夫的女性国家领导人。早年她曾担任驻俄罗斯大使、劳工部部长和外交部部长等职务。

以色列现代女权运动始于玛西亚·弗里德曼(Marcia Freedman)和玛丽莲·萨菲尔(Marilyn Safir)。她们从美国移居以色列,之后在海法大学任教,并开设女性课程以及开办首个日间看护中心。此后又开创其他先河——女性书店、以色列女权大会、受虐妇女庇护所和女性杂志。

1973年，女权运动人士与舒拉米特·阿洛尼（Shulamit Aloni）联合，后者曾参加独立战争被捕，之后加入以色列工党议会，成为内阁成员。她发起公民权利运动，该运动倡导世俗婚姻和离婚。弗里德曼和阿洛尼经选举进入以色列议会，她们推动了与女权运动相关的重大事件，包括合法堕胎和反对家庭暴力等。

1985年，希伯来大学的达提英语教授爱丽丝·沙尔维（Alice Shalvi）成为妇女游说团主席。该团体是以色列女权运动最高组织。1997年，该组织改编为以色列妇女联合会（IWN），是争取女性权利的非政府核心游说组织。

在以色列女性的所有重大收获中，有一些是通过最高法院的裁决得到的。1988年，最高法院决定，女性可以参与选举各市的首席拉比，并且有资格作为候选人参加宗教理事会的竞选。1995年，具有驾驶资格的飞行员爱丽丝·米勒（Alice Miller）希望成为空军飞行员，法院对此也予以了许可。尽管米勒的课程没有及格，但由于有她奠定的基础，后来才有了2001年的第一位战斗机女飞行员——罗妮·朱克曼（Roni Zuckerman）。空军中还有女领航员、运输机女飞行员以及直升机女飞行员。2007年，出现了第一位空军副中队女性指挥官。

到2005年，军队中85％的岗位都允许女性担任，而十年前这个比例只有73％，二十年前为56％。截至2005年，作战部队中共有450名女性。2006年，凯伦·滕德勒（Keren Tendler）在黎巴嫩上空驾驶直升机遭击落并阵亡，她成为独立战争以来第一位在作战中阵亡的女战士。然而，在作战部队，仅有2.5％女性士兵。到2007年，已有3名女性担任准将，20名女性担任陆军上校。

以色列女性拥有的机会越来越多，她们的政治参与度也随之增长。1992年，议会的一个女性小组成立了女性地位委员会,成员有男有女,委员会目标是解决女权相关问题和增加议会中的女性人数。2005年,该委员会成功推动通过了一项法律,同意政府给议会中女性席位比例超过30％的政党以额外资助。

然而,2003年的以色列议会120位成员中仅有17位女性。而到2006年选举时,尽管达利娅·伊扎克(Dahlia Yitzhak)成为议会的第一位女发言人,议会中女性人数还是减少了一位。达利娅还在前总统摩西·卡察夫(Moshe Katsav)因卷入性骚扰丑闻被迫辞职之后担任过代理总统。在2009年大选中,外交部部长齐皮·利夫尼以前进党候选人身份竞选总理,同年21位女性当选议会议员。

在企业领导职位上,女性地位也不能与男性相比。2006年邓白氏公司的一项调查显示,虽然女性占劳动人口的46％,但以色列各公司的董事会中女性成员仅占2.5％。这项调查还显示,所有企业负责人中女性仅占6.6％,担任高级副总裁的人中女性占11.8％,而高级管理者职位中女性占14％。尽管如此,以色列首富却是位女性。莎丽·阿里森(Shari Arison)是以色列最大的银行——以色列工人银行的控股人,同时也是以色列最大建筑公司的控股人。她是中东地区最富有的女性,且是2007年中东地区最富有20人中的唯一一位女性。

1988年通过的《平等就业机会法》保障以色列女性在工作方面的权益。这项法律规定,工作中任何的性别歧视,包括有关婚姻状况和生育子女方面的歧视都违背法律。1998年通过的《以色列预防性骚扰法》保护性骚扰的受害者。自此之后,以色列发生了好几起与政府最高层有关的性骚扰丑闻。2006年,司法部部长拉蒙(Haim Ramon)在违背对方意愿亲吻一名女性士兵之后被迫辞职。不久后,以色列总统摩西·卡察夫在被控强奸和性骚扰数名妇女之后被迫辞职,后因此被定罪。

到2009年,以色列社会最高职位任职者中出现了几名女性。最高法院的12名法官中,6名为女性,其中,多丽特·贝尼斯(Dorit Beinisch)担任最高法院院长；利夫尼担任某主要政党的领袖；伊扎克担任议会发言人。尽管如此，以色列的犹太女性仍将在神权控制的地区与性别歧视做斗争，在离婚事宜方面尤其如此。

同性恋问题

　　尽管受保守宗教与少数民族的影响，以色列对特殊性取向的少数群体仍然有很强的包容性。从未有哪条禁忌反对男同性恋者参军，到1990年，仅有的几条约束也随着法律的完善而销声匿迹。尽管人们对特殊性取向采取默许态度，但许多年来人们并不会去讨论同性恋问题。男女同性恋者都发现，由于社会强调男性文化和家庭观念，同性恋者很难公开表明身份。20世纪80年代，同性恋权利问题才开始成为国家话题。1988年，一项反对鸡奸的法律被废止，这是同性恋维护权益的首次胜利。尽管宗教党派反对同性恋，议会还是安排在宗教党缺席之时低调废止了该法，且没有收到多少反对或关注。

　　同性恋权利在法律和司法上取得的胜利在20世纪90年代初延续，《平等工作机会法》得到修订，该法宣布歧视性取向属于违法行为。最高法院也规定，以色列航空（ELAL）须对异性恋夫妻和同性恋伴侣一视同仁，予以同等福利。最近，以色列允许已经在国外结婚的同性恋伴侣向以色列内政部登记结婚，并接受相应福利，还规定同性"夫妇"可以收养孩子。

　　这些立法得以通过，部分由于同性恋问题无关除宗教之外的任何特殊政治立场。宗教党派的反对实际上帮助了同性恋主义者赢得支持，正是因为宗教党派的反对，许多非宗教派以色列居民才得以将同性恋权利作为反抗宗教派的又一个战场。

　　1998年，一位名叫达娜·因特奈史诺（Dana International）

的也门裔以色列变性人在欧洲歌唱大赛上胜出，成为以色列的国民英雄，她还主持了1999年在耶路撒冷举行的歌唱大赛。这件事对以色列产生了诸多影响；在耶路撒冷那场大赛中达娜选择的歌曲源于一位著名也门犹太人所作的宗教诗。

同样在1998年，首位公开承认自己同性恋倾向的女政治家米哈尔·伊登（Michal Eden）当选特拉维夫市议员。特拉维夫市每年都举行同性恋大游行和电影节。阿拉伯人和极端正统派的同性恋者则要更艰难，因为他们所在的群体并不容忍同性恋行为，但有一些组织正想办法帮助这些社区中的同性恋者。

哈瑞迪派抗议者会进行示威活动，反对耶路撒冷的同性恋游行；在2005年的游行中，一名哈瑞迪派教徒刺伤了3名游行者。其他抗议者表示，虽然其他城市能够接受同性恋者游行，但多数人的偏好和耶路撒冷的神圣本质让这种游行令人厌恶。而游行积极分子指出，他们的游行不会经过哈瑞迪派居民区；每年一次的庆祝还会继续举行。

军　事

以色列的军队即以色列国防军，有三个最典型特性：第一，以色列国防军是效仿瑞士军队而建立的人民军队，这意味着以色列拥有规模相对较小的现役部队，有强制服兵役制，还有庞大的后备役，一旦需要即可调动这些后备役人员转服现役。采用这种模式也是因为这种近乎全民服役的制度可以将人们团结起来，发展服务社会的美德、帮助建设国家。

对以色列社会多数阶层而言，义务兵役制不仅是安全需要，也是一种让居民共同承担国防责任的方式。这意味着参军可以创造团结、普及教育并在国内诸多不同群体中产生熔炉效应，然而现代战争的要求越来越倾向于建立一支规模更小、训练有素的专业化军队,这与人民军队的概念多少有些冲突。

以色列军队的第二个显著特征是注重质量多于数量。培养受过良好教育且训练有素的人员、建立长官和士兵之间的良好关系、培养有创新精神的军官、支持科研与开发新技术——这些是以色列军队的优先发展目标。以色列国防军通过积极反思和准备避免在下一场战争中犯相同的错误。恰恰由于士兵有强大的话语权,且政治观点各异,还能动员民众的支持,而且许多退役军官在议会任职或担任其他政治领导职务,军队中的问题无法被掩盖。

例如,2006年黎巴嫩战争还在蔓延之时,以色列国防军委员会重新评估了其战术和军备,并提出调整建议。通常所涉及的是需要在现有资源的基础上做出生死攸关的选择——战争爆发前,由于资金用于研发能够袭击伊朗导弹发射场的飞机,未能进行昂贵的装甲坦克升级以抵御火箭弹袭击。由于真主党拥有由俄罗斯提供的世界一流的反坦克武器,这一决定造成以色列更多人员伤亡。后来以色列升级了坦克、购买了直升机投射炮弹,这样坦克就无须承担与强大敌阵对抗的风险性极高的任务。

以色列国防军的第三个显著特征是它的战略原则。鉴于以色列国土面积小,提高自身威慑力,用高昂代价和注定失败作为后果来警告敌人的方式成为以色列的战略重点。但是如果这样还是无法避免战争,以色列武装军队则必须进攻,把战斗推进敌人的领土。近些年为秉承这一战略,以色列还动用过空军力量、智能炸弹和无人飞机。

黎巴嫩战争暴露了这种战略的局限性,尤其在过分依赖空军力量方面。因此,调整对敌战术,在技术上保持领先,制造或获取武器,进行战术调整和训练,是一个持续的过程。以色列在这方面不能有一丁点浪费与无能。

以色列社会也一直在评估自身这三个显著因素的情况,而这些因素始终在变化。显而易见,自1973年的赎罪日战争至今,军队与社会的关系已经在很多方面有所改变。媒体更加挑剔,法院在调查、命令改变战术和交战规则方面作用更大,士兵的父母在维护孩子权益方面也有了更多干预。

以色列民众中,每位犹太人、德鲁士人和切尔克斯人都要在18周岁之后应征入伍。拥有豁免权的有男女极端正统派人士以及达提现代正统派女性;一些男性贝多因志愿者以及部分从国外回来的犹太人也会应征入伍。读大学或参加工作前都需要先服兵役,除非一些学习高级技术、医药学或其他专长的人会被给予暂时延期。有时,有心理问题和身体问题的人也可被豁免。警察、外交官和情报局人员可以永久免除正规部队兵役。

尽管人们越来越觉得服兵役已经不是人人都要做的事,但仍将服兵役视为以色列生活中既光荣又关键的一部分。若哪个非极端正统派的以色列人提到自己没有服过兵役,虽然不会像以往那样严重,但他还是会感到尴尬。以往,服兵役是神圣的职责,未服兵役会让人蒙羞。而以色列社会观念的变化已侵蚀了这种观念。逃避应征入伍变得更容易,但这会让战友失望。有一些对军队的研究表明,对战友的责任感是促使人们参军并勇敢战斗的最强大动力。

历史上,以色列实行义务兵役制,男性服役期限为3年,近几年减至28个月;女性服役期限为2年,现也已减至18个月。军官服役期限必须满4年,飞行员服役期限会更长。任何优秀的军人都有机会成为军官。

应征者要接受身体和智力测试,根据测试结果将他们的档案分为两种,以此决定他们适合哪种工作。只要应征者的档案符合某空缺职位的要求,就很有可能得到这份职位。然而,高级作战部队岗位竞争相当激烈。2009年,最受欢迎的戈兰旅每一岗位平均有7个应聘者。到2010年底,综合资料文件显示,超过74%健康状况合格的士兵想要在作战部队工作,为十年来最高比例,以往这个比例大约是64%。

应征者可以指定海军、空军或陆军，但并不保证他们一定会得到想要的工作。在精英作战部队服役被认为是一种荣誉。相反，在办公室工作的人被认为是"jobniks"（工作狂，带贬义）。尽管很多人发文叹息志愿精神日渐衰退，但还是有很大一部分年轻人自愿报名参军。例如，在2009年，73%的合格年轻人应征。在那些未应征的人中，超过11%的是因为宗教特免（主要是极端正统派）；7%是因为身体或心理问题免服兵役；4%是因为临时或永久居住国外，只有4.5%逃避征募，这其中还包括有犯罪记录的人。

来自宗教家庭的女性和阿拉伯人可以选择报名参加国民服务来免服兵役。这种政策在来自宗教家庭的女性中颇受欢迎，但对阿拉伯人来说并非如此。国民服务范围很广，比如：为残疾人士服务或参加其他社会福利活动，包括帮助新移民适应环境。二十几岁或年龄更大的男性移民可能也需要服兵役，但服役时间会缩短。这样做是为了使他们熟悉这个国家，并培训他们成为预备役。

大多数男性在21岁退役，女性在20岁退役，当然，他们也可以选择继续军旅生涯。很多人退役后都会去长途旅行（通常去亚洲或拉丁美洲），休息并拓宽眼界。退役后（或旅行归来后），以色列人通常要么进入大学学习，要么开始工作。此时进入大学的学生年龄稍大，服役经历也使他们更加成熟，与其他年龄稍小的学生相比，这些学生对待学习更加严肃认真。

男性在服完义务兵役后必须每年再服数天预备役（根据他们在军队中的工作和军队当时的需要，服役期限有所不同），直至年满40岁，军官要满45岁，有些人在满49岁之前都要服预备役。单身女性通常在24岁以前要服预备役。过去，她们每年服约30天预备役，最多为39天，在紧急情况下，期限可能会更长。

尽管长期以来预备役服役期限有所缩短，如：从1988年的

980万天减至1995年的不到600万天,但它对平民百姓来说仍是沉重的负担。而且,在危急时刻,服役期限会延长,2000至2005年巴勒斯坦大起义期间就是如此。1995年,只有1/3的预备役人员被通知服役,其中一半服役少于10天,仅2.3%服役超过33天。

预备役服役天数也不一样。在作战部队和技术岗位工作的人需要服役更久。以色列在2008年通过一项法律,规定3年预备役期间,男性士兵预备役服役期限至多为54天,待编军官至多为70天,军官至多为84天。旨在让士兵复习装备知识的召集令可仅为一天;或举行短时间的军事演习,在战争情况下或像1967年需要保护占领领土的情况下,军事演习时间可以更长一些。

正规职业军队规模很小,预备役的设立就是为了能够在紧急情况下快速召集大量人力,最大限度地降低战争对经济和人民生活造成的影响。通常情况下,预备役部队编制不会改变。经常一起共事的士兵得以建立互信并发展战友之情,这对于军队工作的顺利开展十分必要。在职预备役士兵有假期,雇主必须为他们保留工作。但是,在召集令下发的情况下,预备役士兵不会得到正常情况下的工资。根据2008年颁布的一项法律,预备兵在紧急召集情况下的工资是1000美元/月(他们享受税收优惠),略少于正常平均工资的一半。

不同的军种有各自的精神和风格,这其中包括炮兵和装甲兵团、Galei Tzahal军用无线电台(在和平时期播放普通新闻和音乐)、新闻办公室、伞兵部队、精英总部的侦察部队(执行机密任务,是精心挑选出来的军队)、精英海军蛙人等等。

以色列青年先锋战斗队(Nahal)是一群对成立农业社区感兴趣,在退役后继续在农业社区工作的士兵。它旗下还有极端正统派青年先锋战斗队、伞兵青年先锋战斗队、达提现代正统派的Hesder部队(将高等犹太教法典教学和服兵役结合起来)。

追踪部队士兵大多是贝都因人,他们在长期的游牧生活中发展出追踪掉队动物的本领,并用这种本领追踪间谍和恐怖分子。

因为以色列很小,所以防御工作一般都离家不远,许多预备兵或普通士兵每晚都可以回家。为防恐怖袭击,士兵下班后也应携带武器,但非作战部队士兵现在不再把枪带回家。城镇和市区一般没有士兵巡逻,士兵融入日常生活中,休假、工作或旅行中的士兵随处可见。

尽管以色列军队在社会中扮演十分重要的角色,但以色列并不是军事国家。事实上,说它是平民化军事更为准确,士兵们能够自由表达自己的想法,军队纪律也没那么严格。士兵甚至可以针对某些命令与战友或军官争论。

除了以色列国防军,以色列安全组织还包括执法部门和情报机构。主要执法部门是警察局和边防守卫队。像其他民主国家一样,警察打击犯罪,维护公共安全。不同的是,以色列的 3 万民警都受国家直接管辖,没有市级警队。

以色列犯罪案件中最常见的是盗窃和偷车,也有毒品买卖、洗钱、收取保护费、谋杀(多是家庭冲突的结果)和以卖淫为目的的人口贩卖(多从苏联地区而来)。以色列犯罪率比大多数西方国家要低。印度大麻和海洛因主要从黎巴嫩和埃及走私过来。此外,年轻人酗酒、学校霸凌事件增多也引起社会广泛关注,这两类现象在过去比较少见。有组织犯罪规模一般较小,大约有 6 个犯罪团伙,比较著名的是艾尔珀仁(Alperons)和艾伯盖尔(Abergils)两大团伙。艾尔珀仁团伙的前头目雅科夫·艾尔珀仁(Ya'akov Alperon)在 2008 年的帮派冲突中遇刺身亡,由此产生帮派之间的报复行动。

边防守卫队(根据希伯来文缩写为 Magav)是警察机关的军事武装。它在约旦河西岸、乡村地区和边境地带执行防恐和防暴等公务。以色列边防守卫队有约 6000 名成员,很多是德鲁士人。公民强制性服役时可以选择边防守卫队也可以选择以色列国防军。

以色列情报机构包括以色列安全机构辛贝特或称沙巴克(Shabak),及摩萨德。沙巴克大体相当于美国的联邦调查局,负责以色列国内安全。它直接向总理汇报工作,任务包括情报搜集、审问、其他反恐活动、防范国外间谍,保护国家官员、建筑和使馆。沙巴克还负责1967年被占领土的安全工作。

摩萨德也直接向总理汇报工作,它相当于美国的中央情报局,负责搜集国外情报。摩萨德的众多成功事迹使它闻名世界。尽管有时摩萨德也会失败,或它的一些备受争议的行动给社会带来不利影响,但其果敢大胆的作风对以色列战略成功起了关键作用,使它在国际上赫赫有名。

教育体制

教育体制是以色列另外一个重要组成部分,在以色列社会形成中起重要作用。像军队一样,学校历来也是将价值观传承给下一代的地方。以色列实行义务教育制,从幼儿园至10年级儿童必须完成国家义务教育,一直到高中都是免费教育。以色列严格而广泛地执行义务教育法。据估计,50%的3周岁儿童和75%的4周岁儿童还接受学前教育,这些学前教育通常由地方市政委员会出资支持。

总体上,以色列在教育方面的开支占其国内生产总值的8.5%。以色列教育体制分为5部分,均由教育部资助。阿拉伯语学校体制是其中的一部分,但是以阿拉伯语为主要语言的学生可以根据自己的意愿选择以希伯来语为主要语言的学校。其他四部分学校体制均主要为犹太人设置。

- 国立普通学校:尽管被称为世俗学校,但是也教授宗教历史和圣经方面的知识(强调圣经的历史特点)。

- 国立宗教学校：这些学校专为达提设立，课程内容既包括世俗题材也包括宗教题材。
- 极端正统犹太教学校：这些学校以宗教题材的课程为主。
- 沙斯党宗教学校：这些学校是最新建立的，是介于极端正统犹太教学校和国立宗教学校之间的米兹拉希犹太人学校，以塞法迪犹太正统教教义为主。

除了这些体制之外，为了极力减少与国家当局的联系，耶路撒冷的某些极端正统犹太教团体自筹资金建立学校，保守派运动也有自己管理的塔里学校。此外，以色列还有专为来自问题家庭的问题学生而建的国立寄宿学校，但以色列几乎没有私立学校。

大多数学生选择国立学校，国立学校提供宗教历史研究等一般学术课程。根据学校所在地区和学生社会经济地位的不同，这些学校的教学质量也会有差异。在希伯来语言学校，学生学习英语和阿拉伯语两门外语。国立宗教学校专为现代正统派建立，除了学术研究，还提供以《圣经》《犹太法典》和犹太律法为重点的犹太教育。与国立宗教学校相比，一些私立犹太授业座（Dati yeshiva）的课程更偏向宗教化，学校纪律也更严格。

阿拉伯学校以阿拉伯语授课，课程以伊斯兰教义、历史和文化为主。极端正统犹太教学校和沙斯党学校面向极端正统派，课程主要以犹太题材为主。与其他学校体制不同，极端正统派学校和沙斯党学校由教育部单独管理，为了得到政府资助，这些学校必须教授一门核心基础课程。

尽管以色列教育部监管国内所有学校体制，但各市都有由市长和委员会监管的教育部门，负责任用校长和批准教育项目等事宜，比如：在海法的国立学校，阿拉伯语口语在小学阶段就开始教授，而在其他地方这门课开设会晚一些。这种安排给了学校一些自主权。

随着家庭和非政府部门对教育的支持加大，专科学校数量有所上升。这些学校会享有一些政府拨款，但是学生家庭要支付一定费用。专科院校有不同类型，包括民主学校（学生自选课程）和俄语教学学校。在特拉维夫，还有专门学习自然和表演艺术的院校。虽然每所学校都有特定学区，但在中学教育阶段学生可任意申请附近学校或专科学校。

以色列教育依靠入学考试系统运行，高中学生必须通过各科目考试（Bagrut）才能被大学录取。目前，85%的以色列人拥有高中学历（尽管高中毕业不等同于获得大学入学许可证，这个证书用于继续接受高等教育）。超过42%的人会继续学习。

由于教师工资收入低，工作条件艰苦，中小学教育一直处于危机中。2007年，教师工会举行长期罢工，抗议他们所处的工作条件。教师收入过低，但是教师工会有时也会阻挠教育系统的改革——问题包括教室短缺（特别是但不限于阿拉伯学校）和教师数量不足，班级规模庞大和班级秩序混乱。

以色列社会中普遍不拘礼节和好斗寻衅的特点也延伸到教室中，教师有时难以管理学生。学生中的低级暴力行为在一些学校也已成为需重点关注的问题。同时，学校会特别强调要教育学生在社会上与人和睦相处，为了培养学生的这种能力，将小学阶段几年的学习都安排在一起。

许多家长担心近年来教育水平下降，并且相较于其他国家，以色列在教育方面没有达到应有水平。测试结果表明以色列学校在教学指导方面比较落后。

以色列的大学一直保持高标准，并包含一些半公立学院：耶路撒冷希伯来大学、特拉维夫大学、以色列理工学院（一所理工科院校）、本-古里安大学、巴伊兰大学（达提院校）、海法大学、开放大学（多为成人教育）。位于雷霍沃特的魏茨曼科学研究所是世界一流的理科研究中心，同时还授予研究生学位。

许多可授予学士学位的学院在各地纷纷兴起，它们通常是一些大学的分支机构。相较于其他国家，以色列的大学学费一直较低。

位于荷兹利亚市的跨学科研究中心（IDC）是以色列唯一一所私立大学。由不满其他院校的教师创立，他们希望采取更具创新性的方法，专攻法律、通信、高科技、国际事务和商学。这所学校没有国家补贴，学费更高。

大量的专业研究中心也一直在发展，通常附属于各个大学，研究课题广泛，从农学到宗教研究再到国家事务。以色列在中东研究和反恐领域的研究领先世界其他国家。教师素质普遍较高。

但是，大学系统仍然面临诸多问题。由于过度扩张和全球经济普遍下滑（国外犹太人捐款是大学预算的重要来源），希伯来大学和特拉维夫大学都面临严重的预算赤字。每隔一段时间，学生们就会罢课抗议学费上涨；教师们则会罢工抗议收入过低。最后往往通过妥协结束直接冲突，但问题仍得不到解决。

医疗系统与国民保险

以色列推行全民医保，也就是说根据法律规定每位公民都享有接受医疗诊治的权利。卫生部监督医疗服务，拥有并经营许多较大的医院。医疗卫生行业差不多占以色列 GDP 的 10%。

医疗卫生行业由四个"疾病基金"，即健康维护组织（HMOs）进行管理。历史上最大的是大众基金（Kupat Holim Clalit），它由以色列总工会（Histadrut）运营。另外两个是马卡比基金（Maccabee）和联合基金（Meuhedet），均为商业化运营。最后一个是国民基金（Leumit），这是个与利库德集团相关的小基金。"疾病基金"在全国各地经营诊所，会员可以接受基本治疗。卫生部地区分支机构、各市政府和"疾病基金"还运营妇幼保健中心,监控儿童发育、提供免疫接种、帮助新产妇等。

每位公民都可凭借任一基金享有受税收支持的最低医疗服务,也可购买补充保险。基本医疗保险覆盖项目包括:门诊、住院、手术、儿童牙科保健、工伤医疗服务、治疗吸毒和酗酒、产科和生育治疗,除此之外还涵盖药品等等。每月额外花费很少的钱就能购买补充保险,可享有更多的商品和服务,比如更多享受补贴的药品,及非传统医学治疗和戒烟研讨会。

拥有基本和补充保险的公民都可享有"健康一揽子"计划提供的药品和服务,药品种类每年更新,价格远低于其他国家。但"健康一揽子"计划并非涵盖所有诊疗服务,相较于如老年人家庭护理这种长期基本服务,新技术研发这种更具吸引力的领域会获得更多投资。

首次诊治需挂全科医生号。医疗记录完全录入电脑,可全国调取。最初诊治的医生可出具转诊函,允许患者找专科医生就医。对于一些手术或者治疗,病人需要排队等候。如果病人的疾病基金可完全支付诊治费用,医生也可选择提供私人治疗来获取报酬。

以色列有许多先进的医院,在就诊流程、医疗创新、医药研究、基因研究等方面处于全球领先地位。以色列医疗系统的专业水平和技术能力为所有类型的病人提供目前最高水平的护理。在耶路撒冷急诊室里的一个典型场景就是:犹太教徒、世俗派、阿拉伯人、俄罗斯人和埃塞俄比亚人都在等待就诊,且医务人员也同样多元化。

以色列投资发展生物科技,民众对医学进步也十分了解。民众非常支持投资可以挽救生命的技术与疗法。在以色列可采用非常规方法来挽救生命,这为采取其他国家存在争议的治疗方法提供了基础,例如胚胎研究和生殖性克隆。

以色列医疗系统的问题在于医生短缺,在某些领域尤其严重。20世纪90年代,曾是医生的俄罗斯移民来到以色列,填补了这一缺口,但随着人口增长和移民放缓,以色列再次面临医生短缺的问题。由于医生的收入远低于其他国家,更加剧了这一问题的严重性。

除了拥有全民医保,以色列的国家保险协会(Bituach Leumi)还为失业人员和弱势群体提供帮助。雇主缴纳一定比例费用,再加上员工工资的一部分通过税收进入国家保险机构,作为员工的失业保险,以保障在需要时下拨。国家保险机构同时负责拨发儿童补贴和单身母亲补贴。

战争对社会的影响

针对以色列的恐怖活动的目的是用持续不断的战争和威胁摧毁了以色列人的自信,使以色列社会陷入瘫痪。然而,事实证明这些预测并不准确。阿拉法特在1968年做了如下解释:暴力活动的对象应直接集中于以色列公民及各种设施,目的是"制造一种紧张和焦虑,迫使犹太复国主义者们意识到不可能居住在以色列"。两年后,阿拉法特补充说:"以色列人心中的一大恐惧就是伤亡。"

阿拉法特还预测攻击平民百姓将使以色列出现以下局面:移民入境人数减少、移民出境人数增加、旅游业瘫痪和经济受损,移民将不会对这片土地产生感情,以色列将投入大部分人力应对安全问题。在实现这些目标后,巴勒斯坦解放组织将"必然"瓦解以色列。阿拉法特说,"(阿拉伯)正规军只需在适当时机发起迅速攻击,以色列便会不复存在"。

尽管带来了一定的创伤,但威胁和冲突没能阻止以色列社会正常发展。以色列战争频发,以色列人大范围服役,意味会有很多伤亡,这些损失影响到了社会中的每位成员。据说每个以色列人都认识在军队因服兵役而阵亡的人。这样的损失给国家带来了负面影响，但以色列人已经习惯面对安全和死亡威胁。

虽然近几年以色列人对心理咨询和心理辅导的需求有所增加，但总体上以色列人采取的态度是生活还要继续。人们悼念逝者，并在以色列叙事中将他们提升至神话般的地位。诗人纳塔·奥特曼(Natan Alterman)通过自己的诗把在独立战争中牺牲的战士比喻为服务国家的"银盘子"(silver platter)，永受世人纪念。

每年独立日前一天是以色列阵亡将士纪念日，在这天的早晨和夜晚时分，以色列国会拉响警笛，所有民众（除阿拉伯人及大部分正统派教徒外）都会停止手中的工作，肃立默哀。全国悼念仪式一般在耶路撒冷西墙下举行，各个社区也会举行各种悼念活动，以此铭记为战争付出生命的战士。民众通过集体演唱哀歌向逝者致哀，歌曲通常讲述战士们如何为生存而战，纪念他们的牺牲和损失。

此外，到国家军人墓地悼念已逝将士也是这一天的传统。这一天的傍晚，太阳下山后，还会举行另外一场全国悼念仪式，随后活动结束，人们开始庆祝独立日。

社会趋势和影响：集体主义渐趋衰落

相比其他国家，以色列更愿意改变，也更能迅速引进国外的思想和潮流。总体上，以色列人乐于接受新的文化因素，因为他们并不惧怕自己的身份特性受到影响，尤其是他们会改变外来文化因素以适应以色列理念。在建国初期一度风行的社会主义和集体主义思潮如今已逐渐衰落，取而代之的是更加市场化的社会机构和个人主义。

然而，我们不应过于夸大以色列的改变。因为这个国家的经历及独特性，以色列社会有着由来已久的模式和传统。种种对以色列会发生巨变的预测已为时间所否定。实际上，以色列自建国以来发生的变化是许多国家以前经历过的正常发展过程，即从一开始的变动逐步过渡到稳定状态。

以色列社会最明显的改变当属集体主义的衰落。在以色列民众生活中根深蒂固的政党派系、工会联盟，甚至军队都曾受到这种思潮的影响。此外，由于以色列已经实现犹太复国主义理念设定的主要目标，当下民众的热情也已大为减弱。目前以色列已不再需要社会主义，这种思想只在建国早期需要，人们对此观点没有任何怨言和争议。

许多影响以色列的变化在西方其他地区也很典型。国内和国际零售业连锁超市及大型商场正逐渐取代社区杂货店（mekollet）和露天菜市场（shuk）。与此同时，廉价的飞机票，互联网的普及和通信革命也产生了巨大的影响，而在以色列，以色列人的语言和技术的优势增强了这种影响。多年来，由于受邻国敌视，以色列饱受地域限制的困扰。然而，如今的以色列已经在很大程度上从一个受孤立的国家蜕变为随时与世界进行轻松交流的国家。

这些改变并不意味着地方主义已经消失。露天菜市场在许多城市里依然欣欣向荣，市场大多由已经在同一个家族中传承了好几代的摊位组成。不过，即使这些传统的中东集市也逐渐在改善。例如在耶路撒冷的传统露天市场上，昂贵的品牌店时常跻身于蔬菜摊、香料摊之间。总体说来，这种变化应归因于全球化，或是像一些人所说的"美国化"。

早在20世纪60年代，以色列便有了明显的美国化趋势，标志之一是牛仔裤在街头的盛行。20世纪70年代，可口可乐公司开始在以色列盈利，20世纪90年代，大型商场遍布以色列。1993年，以色列第一个商业频道——第二频道出现在大众视野中，颠覆了以往广告和电视节目的面貌。各大政党纷纷效仿美国选举模式,用投票选择候选人。除去受美国的影响,以色列人感到两国之间有一种特殊联系。犹太人对美国文化、商业和学术生活贡献巨大,因此美国的许多方面都与犹太民族的态度和历史一致。

尤其在20世纪80年代至90年代,美国化是争论的主题,虽然以色列自古仿效更多的是欧洲。举一个典型的政治例子,以色列总理内塔尼亚胡是具有美国风格的政客:弱化意识形态和政党效忠,选用美国政治顾问并使用美国竞选方式。

然而,变化还是有限的:由于党派忠诚度的下降导致中间选民有所增加。当下以色列的政党选举也许不再以意识形态为中心,他们更多关注事件本身,而不是个人性格或选举噱头。事实上,转变更多地发生在表层而非基本层面。

举个例子,正如俄语和阿拉伯语,英语词汇也正慢慢进入希伯来语。这种英语词汇多与银行、计算机和技术相关。希伯来语作为一门古老的语言确有更新需求,因此这种语言借用并不会触及以色列人文化和民族的敏感问题。

美国化热潮也为以色列消费者带来多种选择。包括麦当劳、家得宝等美国大型连锁商店遍布以色列。2009年夏天第一家盖普(Gap)专卖店在以色列开张,短短几日店内服装便几乎被抢购一空。与此同时,美国的电视节目、流行音乐以及时装潮流也在以色列大受欢迎。

然而所有这些影响进入以色列后都发生了一定程度的改变。通常而言,随着以色列人的新奇感退却,一开始深受消费者热捧的外国理念、产品和服务往往很快便逐渐消失。星巴克在以色列之所以不甚畅销,是因为以色列人对咖啡有着极高的要求,他们不喜欢口味稍淡或品种繁多的咖啡。此外,以色列人习惯为外来事物加入本土因素,例如以色列的许多麦当劳餐厅必须遵守犹太人的饮食教规;又如耶路撒冷的许多高档商场是由当地的石头建造而成,将现代的市中心与历史老城连接起来。

以色列对外国的许多仿效只停留在表面：如冠以美式名字的本土连锁商店，以色列现在有自己的百思买（美国大型电子零售商）。以色列饭店也热衷于跟随美国潮流起名，因此耶路撒冷有一个比萨店叫"美国派比萨"（America Pie Pizza），另外一个叫"奥巴马比萨"（Pizza Obama）。此外，美国真人秀在以色列也大受欢迎，但几大著名节目如《幸存者》《极速前进》及《美国偶像》等被本土化，加入以色列选手之后，就变成风格迥异、极具以色列风格的赛事。

以色列社会性质之所以能在美国影响下不受侵蚀的另外一个关键原因是：它还受很多不同外国因素影响。包括欧洲、俄罗斯和地中海等国家和地区的文化，大多数都在进入以色列后有所改变。以色列与欧盟贸易政策的放宽也为以色列带来大批欧洲商品。

俄罗斯移民为以色列带来何种影响以及该种影响的程度如何，我们还不得而知。但可以肯定的是，社会方面他们带来了世俗化倾向，政治方面则更趋保守。如同20世纪30至40年代移居以色列的东德移民一样，来自苏联大城市的移民自认为文明程度很高。他们复兴和改变以色列文化生活的程度仍然还是个问题。相反，这些移民自己也在适应以色列价值规范。但短期内以色列民众的文化生活质量会有一定提升。

以色列人的生活还受到地中海文化的影响，尤其在特拉维夫的文化中心。以色列与南欧确实有很多相似的地方——温暖的气候、轻松热情的社会氛围。以色列人也积极吸纳地中海的美食和音乐。

以色列或多或少有一种自卑心结，这也在一定程度上解释了为何一直对外国影响争论不休，以及对外国影响复杂莫测的反应。一方面，以色列建国历史较短，领土面积小，人口数量少，还坚持使用国际影响力非常小的一门语言，但另一方面却展现出充满活力、创新性强和勇敢无畏的国家形象。

然而艺术家和知识分子等部分精英人士将以色列视为穷乡僻壤，将美国和欧洲理想化，希望能够摆脱以色列低等的政治地位。他们厌恶宗教、右翼或"过分中东化"的国人，认为是他们毁了国家，错失了和平机会。在很多文化社区这种思想往往构成强烈的极左色彩，不过这种情形在很多其他西方国家也同样存在。

虽然很多变化来自国外，但也有些变化发生在以色列国内——具体说来，是基布兹影响的变化和人们对它态度的转变，基布兹的衰落意义重大。基布兹既是社区，也是集体经济合作社，强调平等平均，象征着社会主义犹太复国主义理想，这是以色列建国初的指导方针。如今，只有小部分以色列人居住在基布兹，对以色列来说这种情况的象征意义比实际意义更重要。

以色列社会已经发生变革，基布兹也因为以下原因失去了它在以色列社会意识中的优越地位。米兹拉希犹太人是以色列后期移民的主力，他们对基布兹这种生活方式毫无兴趣。慢慢地，以色列的经济也不再以农业经济为主。实践证明建立和维持基布兹是完全不同的两码事，在基布兹中出生的第一代或第二代人通常想要离开基布兹，过他们自己的生活。集体养育儿童也在多年实践之后饱受诟病，在基布兹长大的人对此批评尤甚。

基布兹遍及以色列全国，大部分远离都市中心。典型的基布兹是世俗的，但也有少数宗教性基布兹。一个基布兹中一般会有几百人，每个人的加入都须由所有成员投票决定。整个基布兹包括有简易房屋组成的居民区、邮局、餐厅、工业区、牛舍还有农田。传统基布兹还有儿童之家、学校和供电工等技术人员使用的小型服务中心。所有车辆都归基布兹所有，供成员按需要使用。这种集体主义的模式如今已不再普遍。

基布兹居民传统上认为自己体现了平等和劳作的社会价值：他们是拓荒者，在这片新土地上定居。其他以色列人羡慕，有时甚至嫉妒他们的特权——虽然那些特权是通过非常辛苦的劳动换来的——但同时也会笑话他们幼稚。多数情况下,他们不再认为自己处于一项重要运动的前沿阵地,而是选择了一种压力小、品质高的生活方式。

20世纪80年代,经济危机席卷以色列,基布兹衰落步伐加快。由于很多基布兹前些年借了很多资金,这时被迫出售资产,并进行调整以适应新形势。更为成功的基布兹及时转型,依靠旅游业、高科技以及种类多样的专业企业创收。最成功的基布兹地理位置好,能够吸引创新企业。比如,某基布兹从前很贫穷,人们仅依靠捕鱼为生,后来充分利用其位于特拉维夫到海法之间的地理位置开了一个大型购物中心,还创办了上乐园和动物园,因而变得繁荣起来。因为该购物中心是私有产业,所以安息日也能营业。其他位置边缘的基布兹则仍未摆脱财务困境。

另一种农业社区——莫夏夫(以色列的一种定居方式,私人租地集体耕作制)适应新变化的能力更强。莫夏夫中,财产为私人所有,但是机器设备公有,销售可合作进行。很多莫夏夫某种程度上已成为近郊居住区。原有房屋被卖掉,由个人或公司进行农业生产。

展望未来

自1948年宣布建国以来,以色列国内一直面临很多挑战,其中包括:在这个西方民主犹太国家中实现宗教和其他机构之间的适当平衡;融合各移民群体,并为他们提供空间以延续各自的文化;克服早些年对国家地位以及由此带来惯例的偏见和歧视;找到如何协调这样一个庞大的多样民族以及文化少数族群权利的方法;还有应对集体主义思潮的衰落。

在许多方面,社会差距正在逐渐缩小,同时具有东西方血统的本土以色列人之间几乎没有了差别。虽然面临种种挑战,埃塞俄比亚和苏联的移民正逐渐融入以色列社会。女性在法律上拥有同等权利，实际生活中男女也越来越平等，某些个人地位例外，少数性群体享有法律权利，并逐渐被社会接受。宗教一直是争议中心，极端正统派在以色列社会更加舒适，但仍反对改变。以色列社会的宗教表现形式和习俗越来越多样化，大流散期间形成的惯例形式并未完全保留，而是有所改变。

阿什肯纳兹犹太人和米兹拉希人之间世俗和宗教的历史分界正逐渐变得不那么重要。以色列大多数犹太人过着世俗化的生活，但同时也对犹太教的象征有某种情感依恋，而非强烈依赖。这两者的结合便是以色列人。人们对犹太教传统早已习以为常。

这种分界线的模糊与日渐发展的社会多元化不无关系。在国家建立初期，来自欧洲的世俗犹太人主导着犹太社会的大多数领域。然而现在和从前不同，来自俄罗斯的虔诚犹太教徒以及无欧洲血统的以色列人也都帮助建设了如今的以色列。无论这些族群是否将继续保持差异，他们都认同犹太以色列人身份，这种认同无明确定义，却根植于他们心中。这种联系的出现是现代以色列社会最重要的部分之一，标志着以色列走向成熟，虽然如很多以色列人所言，以色列还远不够完美。

以色列社会中很多传统的设想被颠覆，引发重大争论，虽然社会稳定，并无危机困扰，人们仍感到担忧。社会主义的价值观和节俭传统已被资本主义和唯物主义取代，与此同时也产生了一个更加多元的社会。军队和教育体系仍发挥重要作用，他们的任务是帮助新移民融入以色列，灌输给以色列青年人尊重多元主义的价值观，保持公民责任心和国家自豪感。

在一些细节方面，以色列与其他西方国家有所不同。实际上，这些不同通常来自对以色列的敌对，因为以色列的一些特点是欧洲人和美国人在他们社会中所排斥的。其中比较突出的有：尊重军队，时刻准备保家卫国；宗教的重要地位，宗教活动和价值观;强烈的民族主义,认定犹太人和以色列人是特别的民族,坚信国家的重要性以及爱国主义。总之,外国观察者时常表达他们对以色列的印象,不管这种印象是负面的还是同情的,真实的以色列并非如此。

在以色列国内,虽然犹太-阿拉伯之间政治方面的分歧没有改观,但社会和经济方面的差距都在逐渐缩小。然而,以色列阿拉伯人并没有其他选择,只能团结起来寻求任何其他选择,尤其当他们与约旦河西岸、加沙地带及中东其他地区的阿拉伯人生存条件做比较时更是如此。以色列阿拉伯人对于很多现状都不满意,甚至极度厌恶,但多数人怀疑情况是否会改变,而且对他们想要的东西也众说纷纭,更不必说能够意识到其他令人不快的选择了。他们与约旦河西岸和加沙地带的巴勒斯坦人之间的差距也越来越大。

大多数犹太人对于以色列阿拉伯人处境的理解中有两点是根深蒂固的:一是他们尝试比较以色列阿拉伯人和其他地方犹太人或非犹太人的经历;二是所有以色列人都有反映以色列传统精英观点的倾向,这种观点认为以色列建国初期是英雄时代,此后的任何改变都是不能接受的,还认为他们自己力量的任何衰落都是不能接受的。

乔纳森·斯派尔(Jonathan Spyer)在他的著作《改革之火》(*The Transforming Fire*)中总结了所有的趋势和变化:

> 如今形成的以色列犹太社会……是一个真实的、有生机的、活生生的国家,每天清晨苏醒、工作、辩论、调解,忠于自己的语言和利益……犹太复国主义计划已完成并被超越。形成现代犹太复国主义的欧洲民族主义观点正在淡化。但在这种观点之下及围绕这种观点,别的观点正在发展,并通过犹太主权、犹太传统和中东现实融合而成。

换句话说,一个新合成词"Israeliness(以色列性)"正在出现。之前在很多方面塑造以色列的世俗阿什肯纳兹犹太人、以社会主义为导向的精英正在进行自我改革。米兹拉希犹太人、达提和苏联移民的观念、态度和习俗的融合起到了复兴作用,能量、信仰、自信、力量和对知识的渴求也不同程度地融入其中。这些元素多原但并不分裂,它们渐渐融合成为一种集体意识。新兴的以色列身份相较之前更具有包容性。虽然仍然是犹太意识,但与过去的或者现在盛行于散居海外的犹太人社区的意识已大不相同。

188

参考文献

Aridi, Naim. "The Druze in Israel," December 23, 2002. Israel Ministry of Foreign Affairs, http:// www. mfa. gov. il/MFA/MFAArchive/ 2000_2009/2002/12/Focus%20on%20Israel-%20The%20 Druze%20in%20Israel.

Avni, Idan. "Nobody's Citizens." *Ynet News*, October 16, 2006. http:// www. ynetnews. com/articles/ 0,7340,L-3315769,00. html.

Azaryahu, Maoz. "The Golden Arches of McDonald's: On the 'Americanization' of Israel." *Israel Studies* 5, no. 1 (Spring 2001): 41-64.

Bassok, Moti. "Don't Worry, Be Israeli: 82 Percent of Adults Satisfied with Life." *Ha'aretz*, November 7, 2005. http://www. haaretz. com/print-edition/news/don-t-worry-be-israeli-82-percent-of-adultssatisfied-with-life-1. 173462.

Ben-Dor, Gabriel, and Ami Pedahzur. "Civil-Military Relations in Israel at the Outset of the Twenty-First Century." In Uzi Rebhun and Chaim I. Waxman, eds., *Jews in Israel: Contemporary Social and Cultural Patterns*, 331-344. Waltham, MA: University Press of New

England, 2004.

Ben-Rafael, Eliezer. "The Faces of Religiosity in Israel: Cleavages or Continuum." *Israel Studies* 13, no. 3 (2008): 90–113.

Ben-Rafael, Eliezer. "Mizrahi and Russian Challenges to Israel's Dominant Culture: Divergences and Convergences." *Israel Studies* 12, no. 3 (2007): 68–91.

Ben-Rafael, Eliezer, and Menachem Topel. " The Kibbutz's Transformation: Who Leads It and Where?" In Uzi Rebhun and Chaim I. Waxman, eds., *Jews in Israel: Contemporary Social and Cultural Patterns*, 151–171. Waltham, MA: University Press of New England, 2004.

Bilu, Yoram, and Eliezer Witztum. "War-Related Loss and Suffering in Israeli Society: An Historical Perspective." *Israel Studies* 5, no. 2 (2000).

Cashman, Greer Fay. "Poll: Israel's Biggest Patriots in the West." *Jerusalem Post*, January 18, 2006.

Central Bureau of Statistics, State of Israel. *The Arab Population in Israel*. Statistilite series. November 2002. http://www.cbs.gov.il/statistical/arabju.pdf.

Central Bureau of Statistics, State of Israel. *The Arab Population in Israel: 2008*. Statistilite series. March 2010. http://www.cbs.gov.il/www/statistical/arab_pop08e.pdf.

Central Bureau of Statistics, State of Israel. *Statistical Abstract of Israel*, 2009. http://www.cbs.gov.il/reader/shnatonhnew_site.htm.

Central Bureau of Statistics, State of Israel. *Statistical Abstract of Israel*, 2010. http://www.cbs.gov.il/reader/shnatonenew.htm.

Chafets, Ze'ev. *Heroes and Hustlers, Hard Hats and Holy Men: Inside the New Israel*. New York: William Morrow, 1986.

"Characteristics and Influences of the Immigration from the Former Soviet Union." *People Israel—Your Guide to Israeli Society*, http://www.peopleil.org/details.aspx?itemID=7571&nosearch=true&searchMode=1. [In Hebrew.]

Cohen, Asher, and Bernard Susser. "Jews and Others: Non-Jewish Jews in Israel." *Israel Affairs* 15, no. 1 (2009): 52-65.

Cohen, Stuart A. "Tensions between Military Service and Jewish Orthodoxy in Israel: Implications Imaginedand Real." *Israel Studies* 12, no. 1 (2007): 103-126.

DellaPergola, Sergio. "Demography in Israel at the Dawn of the Twenty-First Century." In Uzi Rebhun and Chaim I. Waxman, eds., *Jews in Israel: Contemporary Social and Cultural Patterns*, 20-43. Waltham, MA: University Press of New England, 2004.

Dloomy, Ariel. "The Israeli Refuseniks: 1982—2003." *Israel Affairs* 11, no. 4 (2005): 695-716.

Elazar, Daniel J. "Education in a Society at a Crossroads: An Historical Perspective on Israeli Schooling." *Israel Studies* 2, no. 2 (1997): 40-65.

Elon, Amos. *The Israelis: Founders and Sons*. New York: Holt, Rinehart, and Winston, 1971.

Friedman, Ron. "Buffett: 'Israel Has a Disproportionate Amount of Brains.'" *Jerusalem Post*, October 13, 2010. http://www.jpost.com/Business/BusinessNews/Article.aspx?id=191215.

Frisch, Hillel. "Israel and Its Arab Citizens." *Israel Affairs* 11, no. 1 (2005): 207-222.

Gavison, Ruth. *The Law of Return at Sixty Years: History, Ideology, Justification*. Jerusalem: Metzilah Center for Zionist, Jewish, Liberal and Humanist Thought, 2010. http://metzilah.org.il/webfiles/fck/File/ShvutENG.pdf.

Gorny, Yosef. "The 'Melting Pot' in Zionist Thought." *Israel Studies* 6, no. 3 (2001): 54-70.

Habib, Jack. *The Arab Population in Israel: Selected Educational, Economic, Health and Social Indicators*, November 2008. Myers-JDC-Brookdale Institute, http://brookdale.jdc.org.il/_Uploads/dbsAttachedFiles/ArabIsraelisBackgroundDocumentENG-Nov2008.pdf.

Herzog, Hanna. "Women in Israeli Society." In Uzi Rebhun and Chaim I.

Waxman, eds. , *Jews in Israel: Contemporary Social and Cultural Patterns*, 195 – 217. Waltham, MA: University Press of New England, 2004.

Horowitz, Tamar. "The Integration of Immigrants from the Former Soviet Union. " *Israel Affairs* 11, no. 1 (2005): 117 – 136.

Kaplan, Steven, and Hagar Salamon. "Ethiopian Jews in Israel: A Part of the People or Apart from the People?" In Uzi Rebhun and Chaim I. Waxman, eds. , *Jews in Israel: Contemporary Social and Cultural Patterns*, 118 – 147. Waltham, MA: University Press of New England, 2004.

Kemp, Adriana, and Rebecca Raijman. "'Ovdim Zarim' B' Yisrael" ["Foreign Workers" in Israel]. *Meda Al Shivyon* 13 (June 2003). [In Hebrew.]

Leshem, Elazar, and Moshe Sicron. "The Soviet Immigrant Community in Israel. " In Uzi Rebhun and Chaim I. Waxman, eds. , *Jews in Israel: Contemporary Social and Cultural Patterns*, 81 – 116. Waltham, MA: University Press of New England, 2004.

Levy, Shlomit, Hanna Levinsohn, and Elihu Katz. "The Many Faces of Jewishness in Israel. " In Uzi Rebhun and Chaim I. Waxman, eds. , *Jews in Israel: Contemporary Social and Cultural Patterns*, 265 – 284. Waltham, MA: University Press of New England, 2004.

Levy, Yigal. "Is There a Motivation Crisis in Military Recruitment in Israel?" *Israel Affairs* 15, no. 2 (2009): 135 – 158.

Liebman, Charles S. "Reconceptualizing the Culture Confl ict among Israeli Jews. "*Israel Studies* 2, no. 2 (1997): 172 – 189.

Ministry of Foreign Affairs, State of Israel. "Culture," November 28, 2010. Israel's 60th Anniversary Edition. http://www. mfa. gov. il/MFA/Facts%20About%20Israel/Culture/Culture.

Newman, David. "From Hitnachalut to Hitnatkut: The Impact of Gush Emunim and the Settlement Movement on Israeli Politics and Society. "*Israel Studies* 10, no. 3 (2005): 192 – 224.

"The Official Summation of the Or Commission Report. " *Ha'aretz*,

September 1, 2003.

Raday, Frances. "Women's Human Rights: Dichotomy between Religion and Secularism in Israel."*Israel Affairs* 11, no. 1 (2005): 78-94.

Rebhun, Uzi. "Major Trends in the Development of Israeli Jews: A Synthesis of the Last Century." In Uzi Rebhun and Chaim I. Waxman, eds., *Jews in Israel: Contemporary Social and Cultural Patterns*, 3-17. Waltham, MA: University Press of New England, 2004.

Rebhun, Uzi, and Chaim I. Waxman. "The 'Americanization' of Israel: A Demographic, Cultural and Political Evaluation." *Israel Studies* 5, no. 1 (2000): 65-91.

Regev, Motti. "Present Absentee: Arab Music in Israeli Culture."*Public Culture* 7, no. 2 (1995). http:// publicculture. dukejournals. org/cgi/pdf_extract/7/2/433.

Regev, Motti, and Edwin Seroussi. *Popular Music and National Culture in Israel*. Berkeley: University of California Press, 2004.

Rekhess, Elie. "The Arabs of Israel after Oslo: Localization of the National Struggle."*Israel Studies* 7, no. 3 (2002): 1-44.

Rekhess, Elie. "The Evolvement of an Arab-Palestinian National Minority in Israel." *Israel Studies* 12, no. 3 (2007): 1-28.

Roffe-Ofir, Sharon. "Rift Between Druze, Israel Growing." *Ynet News*, January 18, 2008. http://www. ynet . co. il/english/articles/0,7340, L-3495934,00. html.

Rudge, David. "Most Israeli Arabs Support 67 Borders."*Jerusalem Post*, May 16, 2004.

Schafferman, Karin Tamar. "Arab Identity in a Jewish and Democratic State." *Parliament*, May 5, 2008. Israel Democracy Institute, http://www. iataskforce. org/sites/www. iataskforce. org/fi les/identity 14. pdf.

Shalev, Carmel. "Health Rights." *Israel Affairs* 11, no. 1 (January 2005): 65-77.

Shavit, Zohar. "Back to the Cultural Core." *Panim* 20 (Spring 2002):

113-122. [In Hebrew.]
Sheffer, Gabriel. "Individualism vs. National Coherence: The Current Discourse on Sovereignty, Citizenship and Loyalty." *Israel Studies* 2, no. 2 (1997): 118-145.
Smooha, Sammy. "Ethnic Democracy: Israel as an Archetype." *Israel Studies* 2, no. 2 (1997): 198-241.
Smooha, Sammy. "The Jewish-Arab Relations Index 2007." University of Haifa web page, http://soc.haifa.ac.il/~s.smooha/download/Index_2007_Highlights_Eng.pdf.
Smooha, Sammy. "Jewish Ethnicity in Israel: Symbolic or Real?" In Uzi Rebhun and Chaim I. Waxman, eds., *Jews in Israel: Contemporary Social and Cultural Patterns*, 47-75. Waltham, MA: University Press of New England, 2004.
Spyer, Jonathan. *The Transforming Fire: The Rise of the Israel-Islamist Conflict*. New York: Continuum, 2010.
Stadler, Nurit, and Eyal Ben-Ari. "Other-Wordly Soldiers? Ultra-Orthodox Views of Military Service in Contemporary Israel." *Israel Affairs* 9, no. 4 (2003): 17-48.
Stern, Yoav. "Druze Women Protest in J'lem, Calling for Opening of Golan Border Crossing." *Ha'aretz*, September 10, 2007.
Tabory, Ephraim. "The Israel Reform and Conservative Movements and the Market for Liberal Judaism." In Uzi Rebhun and Chaim I. Waxman, eds., *Jews in Israel: Contemporary Social and Cultural Patterns*, 285-311. Waltham, MA: University Press of New England, 2004.
Waxman, Chaim I. "Religion in the Israeli Public Square." In Uzi Rebhun and Chaim I. Waxman, eds., *Jews in Israel: Contemporary Social and Cultural Patterns*, 221-237. Waltham, MA: University Press of New England, 2004.
Ya'ar, Ephraim. "Continuity and Change in Israeli Society: The Test of the Melting Pot." *Israel Studies* 10, no. 2 (2005): 91-128.
Yonah, Yossi. "Israel as a Multicultural Democracy." *Israel Affairs* 11,

no. 1 (2005): 95-116.

Yuchtman-Yaar, Ephraim, and Ze'ev Shavit. "The Cleavage Between Jewish and Arab Israeli Citizens." In Uzi Rebhun and Chaim I. Waxman, eds., *Jews in Israel: Contemporary Social and Cultural Patterns*, 345-367. Waltham, MA: University Press of New England, 2004.

第五章　政府和政治

　　按照以色列法律规定，以色列为犹太民主国家，实行议会制，行政从属于立法，司法独立。建国前，以色列议会、司法和选举体系采用英国模式。同其他民主国家一样，以色列立法成员经选举产生，国民生活在法治国家，享有多种自由。与英国一样，以色列没有成文宪法，政治结构和基本权利由一系列基本法规定，法律解释权归司法部门。与美国不同，以色列政治和宗教没有明显分离。

　　总统是国家元首，由以色列议会选举产生，但总统职责主要是礼仪性和象征性的。议会是国家立法机构，由120名议员组成。议员的选举以党派而非个人为单位进行。议员在全国范围内选举产生，而非来自各地区的代表。以色列总理领导政府工作。以色列政治党派众多，因此政府通常都是由多党联合组成，总理由议会中多数席位党派领导人担任，或由总统看来最有能力组成联合政府的党派领袖担任。总理组成内阁，内阁部长们来自不同的联盟党派，这些部长通常也是议员。

　　以色列各届政府都是以多党联盟为基础，因为以色列政党数量和集中的票仓规定都有利于组建联合政府。这种制度的设计旨在最大限度地保证社会多元化。目前尚无某一政党获得大多数议会席位的先例。

立法机构：以色列议会

以色列议会是以色列的立法机构，类似欧洲议会。以色列议会的名称"Knesset"取自"the Knesset Hagedola"（克奈塞特大集会，古代以色列代表机构）——以色列的犹太和民主根源。以色列议会也沿袭了克奈塞特做法，设有 120 个席位。

现代以色列议会成立于 1949 年，代替以色列独立时期建立的临时代表委员会。虽然以色列曾尝试起草宪法，但各宗教党派和世俗党派未能就如何定义国家与宗教的关系达成一致。

以色列议会成员又称议员（MKs），每四年选举一次。但在此期间如果通过不信任动议（比较罕见）即可解散议会，总理也可以解散议会。议会一旦被解散，就要重新进行议会选举，之后再重新选举新总理。以色列建国以来，超过 40% 的以色列政府未满 4 年任期就被解散重选。

选举在全国范围内进行，议员代表整个国家，而不仅仅代表某个地区。选举当日，选民投票选出政党候选人名单，名单以政党的优先顺序制定。如果某党派要获得议会席位，必须获得至少 2% 的选民票。党派得票超过 2%，则根据得票比例获得相应席位。候选人能否成为议员取决于他们在投票中的排名顺序。近几年，大型党派会提前进行党内初选，选出部分候选人，其余候选人由各党委员会指定。

1. 基本法

以色列议会通过了多部《基本法》。《基本法》地位高于其他法，并且在理论上将来会组成综合宪法。虽然以色列多次尝试起草一部完整宪法，但大多数以色列人认为没有必要。

首部通过的《基本法》是 1958 年的《议会法》，确认如下安排:宣布耶路撒冷为以色列首都和以色列立法会议所在地。议会设有 120 个选任席位。接下来 30 年,以色列通过其他 8 部《基本法》,涉及各种不同的政府机构,并且大多是维护已有法律程序。《以色列土地法》(1960 年颁布)保证国家土地属国家财产。《总统法》(1964 年颁布)明确总统职责。《国家经济法》(1975 年颁布)确立预算法和其他经济法规框架。《军事法》(1976 年颁布)规定军队受政府管理,且年满 18 岁公民须服兵役。《首都法》(1980 年颁布)宣布耶路撒冷为以色列首都,解决圣地问题。《司法制度法》(1984 年颁布)规定法庭司法制度。《国家审计长法》(1988 年颁布)规定审计长的财政和审计职责。《政府法》(1978 年颁布,分别于 1992 年和 2001 年修订)规定选举程序和行政部门职责。1992 年修订《政府法》,规定可直接选举总理,2001 重新修订后取消该规定。

1992 年通过另外两部《基本法》保障人权。《职业自由基本法》赋予以色列公民"从事任何职业、行业或贸易的权利",也用于保证男女平等。《人类尊严基本法》旨在"维护人的尊严和自由",通过此法的目的是"在基本法中建立以色列是犹太民主国家价值观"。为此《人类尊严基本法》做出以下规定:生命、自由和财产不受侵犯的权利;离开和进入国家的自由;隐私自由和私人财产不受搜查的自由;口头和书面机密信息不受侵犯的权利。虽然该法没有明确规定平等权和言论自由权,但最高法院解释《人类尊严基本法》和《职业自由基本法》认为,维护这两个权利是"尊严的自由"之衍生权利。

2. 以色列议会职能和权力

以色列议会拥有最高立法权,是一院制议会,功能包括起草并通过法律、征收税费、调查公众关心事件、设定预算。以色列议会也有监督政府工作和法律执行职责。议会委员会和下级委员会重点调查特定事件,并为立法做准备。

以色列议会主要任务之一是监督政府,通过以下多种方式进行:审核法律执行情况、规定行政机构权力、决定总理和内阁留任或去职、管理财政。以色列议会也有权要求政府提供相关信息和工作报告。

以色列议会有两个备受尊崇的机构监督政府工作:国家审计长办公室和监察专员办公室。这两个机构报告包括腐败在内的问题,评价政府机构的工作。国家总审计长和监察专员由议会选举产生,任期7年,审计所有部长、政府机构、国防部、政治党派和地方市政府的履职、效率和是否贪腐等问题。

国家审计长办公室每年发布报告,详细且客观评价各机构和个人工作状况。监察专员办公室直接回应具体的公民投诉。

3. 议会全体会议和议会委员会

以色列议会工作主要在全体会议和各个委员会中展开。所有议员均需出席全体会议,即议会大会,每年举行两次,总会期八个月。全体会议选举产生议长,议长负责议会日程安排。议会大会确保所有议员,包括担任内阁部长的议员就某一事件发表意见、提交提案和政府预算并投票,及向行政部门提出问题,对此行政部门须在两日内予以答复。

议员可独立提交所在党或政府不支持的个人提案。有时一项提案的支持者可能来自多个党派。提案通过须经过"三读":一读后,议员或党派将支持的提案提交至委员会,委员会将审议提案条款、添加修正案、举行听证会或否决提案;如果委员会审议通过提案,则交议会大会进行二读,议员经讨论决定是否进行修改;最后进行三读,决定是否将提案上升为法律。

表决期间,只要获得多数议员同意就可以通过提案,即使出席议员数量很少也不受影响。但《基本法》的通过需绝对多数议员同意,即至少有61票赞成。如提案通过,由议长签署并在议会官方宣传机构《公报》上颁布法案。

议会设有 12 个常务委员会,其中最重要的是外交与国防委员会、经济委员会、教育委员会与环境委员会。委员会委员中既有政府官员,也有反对派议员,在每届议会成立初选定,委员会组成大致反映出每个党在议会中的比例。执政党决定委员会组成,通常将委员会领导人或重要职位的任命作为联合政府协商的谈判筹码。

反对党有时会领导不太重要的委员会。议会还会成立特殊委员会,处理新发生事件或进行大型调查,包括针对某些议员的投诉的调查。在某委员会任主席或者加入某个重要委员会能够极大地加强议员的权力和能力,推进所在党派的议程。

4. 议会成员(议员)

相对于所在党派,议员个人没有很大的权利,因为议员是以党派成员身份而不是以个人身份在政府部门任职。议员的权力就是建立党派内部联盟和党派之间的联盟,为本党派的提案寻求支持。不过最终由政党决定个人的政治地位,即通过选择让谁进入党内候选人名单,设定职位,分配内阁和委员会职位等。决定脱离所在党派的议员可以通过三种方式继续留在议会:以个人方式、加入其他党派或与其他人成立新党派。

行政部门

以色列总理既是国家行政首脑,也是国家元首。根据《政府法》,总理仅需具备以色列市民和常住居民身份。按照法律,总理任期 4 年,但是很多总理不到任期结束就会下台,有诸多原因,如辞职、死亡、疾病、失去议会大多数议员支持、主动决定解散议会并进行重新选举,或议会内部通过不信任动议等。

总理也是所在党党首,该党通常是(但并不总是)获得最多选票和最多议会席位的党派。纵观以色列历史，总理的权力越来越大。但因为党派摩擦不断，没有哪个党派能够获得大多数议会席位，为了保持多党联合政府，以色列总理的权力有时候或许比美国、法国和英国的领导人要小一些。

总理下属的工作人员和正式议员下属的工作人员均很少。总理最重要的顾问有总理办公室主任、内阁秘书、媒体顾问和军事顾问。总理也监管国家的两大情报机构：摩萨德（与美国中央情报局 CIA 相当）和辛贝特（又称以色列国家安全局，与美国联邦调查局 FBI 类似）。摩萨德向总理提供国际情报，辛贝特向总理提供以色列和 1976 年被占领土情报。

1. 政府部门和组建联合政府

内阁成员由总理选择，但由于需要将有势力的人物留在总理所在党派内部，且要按照与组成联合政府的党派达成的协议分配席位，总理的选择受到一定限制。因为内阁包括联合党派领导，因此相比西方民主国家，以色列内阁权利更大——总理必须赢得内阁多数成员的支持，而不仅仅是向内阁发号施令。

总统由议会选举，任期 7 年。每次大选过后，总统与所有党派商议提名总理人选。总理候选人最大可能是与大多数议员（至少 61 名）组成联盟的党派领导人。比如，2009 年大选后，利夫尼的前进党比本雅明·内塔尼亚胡的利库德集团多获得一个席位，但曾经加入前进党的总统西蒙·佩雷斯还是选择内塔尼亚胡担任总理，因为经过与所有党派协商表明，获得超过 61 名议员支持的是内塔尼亚胡，而不是利夫尼。

一旦当选，总统对总理人选必须经议会象征性信任投票后批准。当选总理需在此后 28 天内组建认可政府的正式政党联盟，这些政党既要认可政府的处事立场，也要认可需要通过的法规。当选总理以及相关指定人员与其他可能加入联合政府的党派进行会谈。主要就部长、副部长和委员会主席人选进行协商，领导党提名，小党派接受。虽然副总理权力不大，但副总理的头衔很有影响力，将该职位授予第二大党的领袖是联合政府协议的一大诱人之处，因为这意味着对某党选民提供预算支持的承诺。

通常联合政府以党派大小为基础分配权力。各党派间竞争最激烈的职位是外交部部长、国防部部长和财政部部长。极端正统派党派不愿担任部长职务，而更愿意担任副部长或议会委员会主席，作为他们加入联合政府的筹码。

有时候某些党派（通常是宗教党派和世俗主义党派）拒绝加入同一个联合政府。同样，宗教党派会竞争某些特定职位，主要是掌握宗教部门和内政部权力，这样就可以为自己的选民提供资金支持。选民来自苏联的少数民族党派希望掌控以色列移民吸收局，专管移民事宜。

总理必须不断进行各种可能的数字组合，以期得到多数党地位及产生最少的问题。但通常组建和维持联合政府的过程表明：聪明且执着的政治家能够克服即使是最严苛的需求，并最强硬地坚持，不妥协。毕竟，对政治家来说，参政、担任要职、制订预算权力和决策权力以及给某党派的支持者谋福利都是很诱人的激励。然而，领导人出于原则和首要政策考虑，也可能拒绝这些激励措施。

虽然各政党会加入联合政府，以通过法规和管理政府部门的方式行使权力和获得支持，但如果在重大事件上产生大的分歧，他们也会拒绝加入联合政府，且很有可能离开联合政府，因此总理在任期内必须注意保持多数党地位。建立和维持联合政府是博弈和妥协的游戏，有时候甚至充满威胁；总理可能会表示自己已做好政府倒台的准备，有时真的会解散政府，也可能赶走反对者。各党派会威胁退出联合政府，迫使进行重新选举，有时候也真的会这么做。但如果加入联合政府的党派进行民意调查后，认为重新选举将会丢掉议会席位，他们通常会避免为解散议会和对本党不利的提前选举负责任。

有时候即使某党只有少数议员,只要获得非联合党派大多数选票支持,联合政府也可以继续掌权。至少在决定与埃及签署和平协议和撤出加沙地带这两个重要事件时,利库德集团领导的政府不能仅依靠所有党内成员的支持通过提案,也需要来自外部的工党和梅雷兹党议员的支持获得大多数投票。

所有部长必须是以色列公民和居民,但不一定是其任职部门所处理事务的专家。与英国体系一样,部长通常依靠职业公务员尤其是常务秘书来管理部门。部长对部门的事务可能很感兴趣,也可能不感兴趣。内阁中还有无具体职责的部长,这通常是总理给予盟友额外福利或者让有价值的个人参与高级别会谈的一种方法。

组建内阁时,总理有很大的决定权,可以决定分解或组合现有部门,设立更多内阁职位,或创造新职位。随时间推移,为了达到联合目的,内阁一直呈扩大趋势,导致资金浪费和效率降低。有的人平步青云,会逐渐转移到更加重要的部门。与其他地方一样,以色列政治的核心主题是青睐从政生涯长和有经验的人。

联合政府通常的模式是执政党保留外交部部长和国防部部长或财政部部长(这种情况较少见)其中之一,另外两个留给最大联合党派的领导人或重要人物。总理也可能保留一个或两个部门,避免联合党派之间为争夺这个职位发生争吵,或试图怂恿其他想要这个职位的党派加入竞争。

内阁至少一周举行一次会议,如需要可增加开会次数。内阁对国家正在面临的最重要问题进行决策,经常会伴随激烈辩论,辩论内容也不时被泄露给媒体。总理可以要求将投票结果记录在案,或仅宣布一致意见。每次会议结果都会向外发布官方公报,不过很多决策(或至少一些决策细节)还是会保密。多数立法开始于内阁,之后担任内阁成员的议员或受所在党任命的议员将提案交由议会审议。

很多总理都有小型非正式小组，大概由 6 名部长组成，这些人会被召集起来谋划策略或者起草议案。总理可利用这些小组检测内阁对其他可选政策的支持态度。果尔达·梅厄曾有自己的"厨房内阁"，这些小组通常被称为"内部内阁"。执政党各部长也会召开讨论会，通常更偏向于执政党事务。工党执政时期的讨论会被称作"我们的部长组（sareinu）"。

总体来说，每个政府部长只对一个部门的决策和政策制定负责。但当需要决策的事件极其重要，所有政府部长都会参与商议并做出决策，由主管该事务的部长监督并批准实施。

国防部部长多数情况下由经验丰富的退役将军或擅长军事事务的人员担任。但也有例外，如前以色列总工会主席阿米尔·佩雷茨曾在 2006 年与真主党冲突时任国防部长，他由于表现不佳，削弱了以色列的战斗力。担任财政部部长通常不会成为通往国家元首的跳板，但内塔尼亚胡因为在 2003 年至 2005 年担任财政部部长期间表现出色，为其重返总理之位铺平了道路。

2. 总理和政党

以色列建国后的最初 15 年间，总理戴维·本-古里安主宰以色列政治。除了暂时退避政坛的时间，他一直是总理职务的唯一真正竞争者。而需要注意的是，虽然他权力巨大，但也还是经常和所在的工党（后称以色列工人党 Mapai）意见不合，本-古里安也不是每次都能获胜。与工党意见不合期间，第二代以色列领导人西蒙·佩雷斯和摩西·达扬一直都支持本-古里安。在本-古里安成立自己小政党的数年间，拉菲、佩雷斯和达扬纷纷归至其麾下。

本-古里安让位期间，外交部前部长摩西·夏里特接替总理位置。1963 年，本-古里安退休，列维·埃希科尔上任，列维·埃希科尔去世后，果尔达·梅厄担任总理。某种程度来说，这四位元首都随工党一同执政。此后数年,国家总理越来越独立,不再受党派束缚。伊扎克·拉宾是土生土长的以色列人,1974年担任以色列总理,是第二代领导人中第一个萨布拉(本土出生的)以色列人,他也是首位军人出身的总理。拉宾的亲信埃胡德·巴拉克是仅有的另一位出任总理的退役将军。

表5.1　以色列历届总理

姓名	任职日期	所属党派
戴维·本-古里安 (David Ben-Gurion)	1949年5月— 1954年1月	以色列工党
摩西·夏里特 (Moshe Sharett)	1954年1月— 1955年11月	以色列工党
戴维·本-古里安 (David Ben-Gurion)	1955年11月— 1963年6月	以色列工党
列维·埃希科尔 (Levi Eshkol)	1963年6月— 1969年2月	以色列工党
临时总理伊加尔·阿隆 (Yigal Allon)	1969年2月— 1969年3月	以色列工党
果尔达·梅厄 (Golda Meir)	1969年3月— 1974年6月	以色列工党
伊扎克·拉宾 (Yitzhak Rabin)	1974年6月— 1977年6月	以色列工党
梅纳赫姆·贝京 (Menahem Begin)	1977年6月— 1983年10月	利库德集团
伊扎克·沙米尔 (Yitzhak Shamir)	1983年10月— 1984年9月	利库德集团
西蒙·佩雷斯 (Shimon Peres)	1984年9月— 1986年10月	以色列工党
伊扎克·沙米尔 (Yitzhak Shamir)	1986年10月— 1992年7月	利库德集团
伊扎克·拉宾 (Yitzhak Rabin)	1992年7月— 1995年11月	以色列工党

(续表)

姓名	任职日期	所属党派
临时总理西蒙·佩雷斯 (Shimon Peres)	1995年11月— 1996年6月	以色列工党
本雅明·内塔尼亚胡* (Benjamin Netanyahu)	1996年6月— 1999年7月	利库德集团
埃胡德·巴拉克* (Ehud Barak)	1999年7月— 2001年3月	以色列工党
阿里尔·沙龙* (Ariel Sharon)	2001年3月— 2006年4月	利库德集团/ 以色列前进党
临时总理埃胡德·奥尔默特 (Ehud Olmert)	2006年4月— 2006年5月	以色列前进党
埃胡德·奥尔默特 (Ehud Olmert)	2006年5月— 2009年3月	以色列前进党
本雅明·内塔尼亚胡 (Benjamin Netanyahu)	2009年3月—	利库德集团

* 注：经直接选举为总理。

早期的这几位领导人都不是通过选举下台。在本-古里安意识到自己必须上台，用铁腕解决与埃及的摩擦时，夏里特被迫下台；埃希科尔在办公室病逝，不过一直被认为为人较软弱；梅厄因1973年赎罪日战争前的政策失误受到怀疑；拉宾辞去总理职务的原因是他妻子违反了当时的以色列法律，在拉宾卸任驻美大使后依然保留在国外银行开设的账户。

虽然早期历届总理都有各自的弱点，但工党一直占主导地位，加上第一代领导人的团结（本-古里安与工党发生的多次分歧除外），这些都保证了工党在选举中的胜利。总理通常由工党领袖担任。

1977年大选带来首次重大转折。64岁的梅纳赫姆·贝京获胜，标志着以色列脱离工党、社会主义党派和阿什肯纳兹的控制。虽然贝京是波兰籍犹太人，但他的大部分支持者是米兹拉希犹太人。此次选举也证明建国一代领导人的余威犹在。和大部分前任一样,一个小失败(贝京因1982年黎巴嫩战争下台)就会导致下台,而且贝京的身体每况愈下,不得已辞去总理职务。贝京的继任者伊扎克·沙米尔比贝京小两岁,也是以色列的开国元勋。

结束了工党长期一党统治之后,以色列转为两党体系:工党和利库德集团。该体系直到2003年结束,当时沙龙从利库德集团中分离出去,建立前进党,吸纳了工党和利库德集团的一些领导人,取代工党成为以色列两大领导党派之一。这并不是说其他党派不再重要,抑或失去谈判杠杆,但事实上尚无政党能像工党一样,在以色列建国后30年长期保持领导权。

1984年大选后,这种新的两党执政表现在工党和伊扎克·沙米尔之间的权力共享安排上。西蒙·佩雷斯当时是工党领袖,他是担任总理的首位第二代领导人。西蒙·佩雷斯和伊扎克·沙米尔各轮流执政两年,直到1988年利库德集团再次成为执政党。两党联合执政时期有两大特点:一是工党内部拉宾和佩雷斯争夺领袖职位,二是佩雷斯屡次欲推翻沙米尔政权,但每次都失败了。

1977年至2003年,工党和利库德集团交替执政。因此,1995年拉宾(1992年上任)遇刺后,佩雷斯接任总理;1996年大选,首位第三代领导人利库德集团领袖本雅明·内塔尼亚胡从拉宾手中接过总理职位,在任时间为1996至1999年。由于利库德集团内冲突严重,1999年内塔尼亚胡的同辈及拉宾的亲信——埃胡德·巴拉克在大选中胜出。2001年奥斯陆和平进程失败后,利库德集团党首阿里尔·沙龙成为总理。

错综复杂的历史表明两党争夺权力具有简单二元性,两党各自或多或少都有自己可靠的潜在同盟伙伴。左翼党派支持工党,右翼党派更愿意加入利库德集团,宗教党派基本保持中立。然而,即使加在一起,在1981、1984、1988和1992年大选中这两大党在议会获得席位都没能超过 60%。随着中型党派的兴起，这一份额甚至更低。

20 世纪 90 年代，以色列想要通过直接选举总理使两大主要党派的系统制度化，1996 年和 1999 年的大选就是在这样的规则下进行。然而，这种试验却不尽如人意，对于总理办公室和议会的分权，以色列人担忧政府不能采取果断行动。1996 年，工党获得议会多数席位，利库德集团的内塔尼亚胡担任总理；1999 年，工党的巴拉克获得议会多数席位，但工党仅持有 20% 多点的席位，这是执政党在议会中获得的最少席位。后来，以色列又回到通过单票选举政党名单来选举议会，因此获得决定性支持的总理被间接选举出来。

虽然一直以来人们时不时就总理办公室过于强大还是软弱展开辩论，但这一话题从未变成人们关心的主要问题。对该体系的主要评论是组成这么多的联盟伙伴是否必要，因为人们认为党派联合会滋生腐败、造成浪费且对特殊利益集团产生过多影响。

最后一点通常由世俗人士提出，他们抱怨宗教党派的影响，虽然工党或利库德总理可以利用宗教党派间的竞争使他们相互对立，在某种程度上削弱其影响力。而来自苏联的移民相应地削弱了宗教党派权力，由此世俗党派的担忧才稍稍减轻。

以色列政治的第三个时期从阿里尔·沙龙开始。沙龙于 2001 年当选为总理，他希望为他实施在加沙地带单边撤离政策和在巴勒斯坦相关问题上的让步建立中间派基础，但这超出了他所在的利库德集团愿意接受的范畴。因此沙龙与利库德集团分裂，而他曾在利库德集团组建时期起了关键作用，同时也将脱离工党的政治家（包括佩雷斯在内）纳入麾下。沙龙成立的新党名为前进党。

现在以色列为三大党主导体系。沙龙中风昏迷后，前进党仍在位执政。沙龙的指定接班人埃胡德·奥尔默特接任总理，但后因腐败丑闻被迫辞职，迫使以色列在2009年举行大选。本雅明·内塔尼亚胡和齐皮·利夫尼的选举结果不相上下，但内塔尼亚胡最终获胜，因为他能组成联合政府，相比利夫尼，认可内塔尼亚胡政见的政党要多很多。

巴拉克是内塔尼亚胡最重要的联合伙伴，后担任国防部部长。留在联合政府中不仅符合巴拉克的政策观点和他作为国防部部长的强大角色，而且可以确保巴拉克继续担任工党领袖（虽然对巴拉克的批评渐增）。2011年，工党大部分议员与巴拉克决裂，将工党撤出联合政府，向左翼倾斜。巴拉克与支持他的少数工党议员继续待在联合政府中，并组建自己的党派。工党长期主导政坛的日子似乎已到尽头。

当代以色列政坛最鲜明的主题是将自己塑造为中间派，以吸引各种选民的支持。这意味着有着强烈意识形态倾向、特定选民和较极端立场的党派可能发展成中型党派或联盟伙伴，但这些党派没有希望成为主导党。

未来很可能由利库德集团和前进党竞争执政党，工党永久性退为中型党。其他中型党包括沙斯党和以色列家园党。沙斯党有宗教民族基础，受塞法迪和米兹拉希犹太人支持，而阿维格多·利伯曼领导的以色列家园党主要受苏联移民的支持。总体来看，左翼党派、右翼党派和宗教党派依然严重分裂。

司法部门

根据法律，司法体系独立于其他两个政府体系，但司法部仍管理司法体系。1948年以色列建国前，英属巴勒斯坦托管地完全以英国司法体系为基础建立了司法体制。该体制包括治安法庭，职责与美国治安法院的职责相同；另外还有下属地区法院和一个高等法院。

现在，以色列的法院系统中含有英国法律、奥斯曼法律和犹太法律多种元素。自1948年起，以色列的判例法开始成型，现在已经成为法律体系的重要组成部分。1948年以色列宣布独立后，之前有效的英国司法体系得到保留。但英国体系从未完全取代它的前身，现在的宗教法庭对个人身份事宜的管理沿袭1918年前的奥斯曼法律体系。

1953年通过了一项有关法官任命的法律，将权力从总理转移到总统手中，由最高法院法官、律师协会成员、公众人物组成的委员会为总统提供建议和指导，确保法院独立于行政部门。

1995年发生了一件更重要且备受争议的变革，当时确立了最高法院审核法律的权力，以保证这些法律不违背基本法。这项裁定法律违宪的权力巩固了基本法的优势地位，也大大提升了最高法院的地位。法律审核权虽然为大多数人所接受，但有时候会激怒宗教群体和保守派，他们认为最高法院表现得更像是政治和世俗左派的法庭，而非整个国家的法庭。然而，法庭系统是始终受以色列民众高度信任的体制之一。

以色列的司法部门分为两部分：一般法院（也叫民事法庭）和刑事法庭。民事法庭有权处理犯罪、民事和行政案件，刑事法庭则有更明确、更个人的管辖权。宗教犹太法庭属于刑事法庭，主要裁决有关个人身份的事务，例如结婚和离婚等家庭事务。以色列法庭在审判时均不采取陪审制度。

1. 最高法院

最高法院处于以色列司法制度的顶端，承担维持个人权利与国家需求之间正确平衡的微妙职责。最高法院有十名法官，由一个特殊委员会任命，这个委员会由司法部部长、另外一名内阁部长、两名在任最高法院法官、总统、议会成员和两名以色列律师协会成员组成。除辞职或70岁强制退休外，法官实行终身制。但如果经总统或其他法官提议，并经9名委员会成员中的

7名同意，法官也可被撤职。

最高法院位于耶路撒冷，拥有对整个国家的司法权，既是处理申诉的高等法院，也是受理不属于其他法院或刑事法院管辖范围内的特殊事件与严重事件的最高法院。最高法院做出的所有裁决均优先于其他法院的裁决及之前的裁决。

近些年，最高法院有至少一位达提法官和一位阿拉伯法官。日常案件由三至五名法官裁决。在某些情况下，最高法院有权命令重审。最高法院也会受理反对政府机构的请愿，发挥高等法院的作用。约旦河西岸的巴勒斯坦人经常通过这种途径来发泄怨怼，如反对隔离墙的路线等。

6个中型地方法院有区域司法权。法官所管辖的都是涉及7年以上刑期或100万谢克尔（以色列货币单位）以上罚款的刑事和民事案件。这些法院同样也负责处理囚犯的上诉、公司间合作纠纷以及税务问题。通常每个案件会指定一名法官处理。

涉刑7年以下或罚款不足100万谢克尔的刑事和民事案件主要由29个地方法官或治安法庭处理。同时，他们也处理市政、家庭、小纠纷、交通和租赁问题。一般每个法官负责处理一个案件，除非法院院长有其他决定。

未成年被告人一般在少年法庭受审。少年法庭的法官由最高法院院长特别任命，且需获得司法部部长的批准。某些案件中，如果未成年被告系初犯，法官可能会从轻处罚，比如用软禁代替监禁。

以色列的法律制度也包括专门处理宗教、军事和劳工等问题的法院。处理每类问题的法院都对各更高机构负责：宗教问题对应相关宗教部门，军事问题对应国防部，劳工问题对应司法部。

宗教法庭始终存在于犹太社会，但直到1922年，宗教法庭才在英国统治下获得官方地位。宗教法庭处理结婚、离婚和家庭纠纷等问题。犹太人去犹太教法庭，穆斯林去以《古兰经》为基础的伊斯兰教法庭，德鲁士人和基督教徒也有自己的宗教法庭。司法部负责任命犹太教法庭的法官，以色列议会负责选拔穆斯林法官和德鲁士法官。

军事法庭负责审理违反军纪的士兵，或在士兵服役期间所犯的民事犯罪。这些军事法庭在1955年按照军事审判法成立。一般来说，军事法庭陪审员包括两名军官法官和一名由国防部任命的法官。极少数情况下，极端重大的案件也可能移交最高法院裁决。

1969年，以色列议会在司法部之下创立了劳工法庭系统，以解决与日俱增的涉及劳工案件。地方劳工法庭审理案件，国家劳工法庭处理提交的众多上诉。这些案件涉及劳动者、雇主、工会和雇主组织，需解决的问题包括退休基金协议、工资和非法解雇索赔。正常情况下，地方法庭的陪审团由三人组成：一名法官和两名公众代表，公众代表分别代表案件中的雇员和雇主。国家法庭地位高于地方法庭，陪审团进行申诉听证时的法官人数为3到5人不等，依案件严重程度而定。

行政法庭是特别设置的法庭，用于处理需要专家评定才可得出结论的特殊法律问题。这些法庭处理社会福利、合同、贸易惯例（如反垄断诉讼）、纳税义务、损害补偿等问题。通常会设置一个法官来领导这些法庭，该法官归司法部直接管辖。

政府有权建立其他一次性法庭，即调查委员会，目的是审查政府行为。这些行为通常涉及进行战争或高层丑闻。调查委员会的成员由最高法院院长委任。以下是几个重要的调查委员会：阿格拉那特委员会（1974年），调查政府对1973年赎罪日战争的处理情况；卡汗委员会（1984年），调查第一次黎巴嫩战争时发生的贝鲁特难民营大屠杀；威诺格拉德委员会（2006年），调查政府对第二次黎巴嫩战争的处理情况。

除法庭之外，政治体系也设立首席检察官来维护法律规则。首席检察官由政府任命，但独立代表国家处理民事、刑事和行政事务。此外,首席检察官会把自己认为非法的行为提交政府,并审理议员豁免权问题。首席检察官可以在民事法庭和军事法庭之间转移案件。有时,首席检察官还会调查甚至揭发政府中曾任命他(她)的政治家。

2. 司法能动主义

自 20 世纪 90 年代,最高法院开始比过去更广泛地使用权力,用"司法能动"来影响政策。首席法官阿哈龙·巴拉克(Aharon Barak)说,"司法能动意在随着以色列社会的不断开明提升自由度"。巴拉克表示,他倾向于以色列议会起作用,但在议会不作为的情况下法院可以有所作为。任何以色列人都可以来到法院上起诉政府行为。

宗教团体认为最高法院的司法能动是在削减他们的权力,如打破以色列宗教皈依的正统派垄断,争论说这个决策忽视了议会和维持现状的协议,即打破在个人身份问题上宗教和世俗力量之间的平衡。为法院行为所激怒的拉比领袖大卫·约瑟夫(David Yosef)在 1997 年的沙斯党集会上向参加人群发问:"你们认为现在法治怎么样?"人们纷纷吹口哨以示嘲讽。

一些世俗以色列人将这些评论视为对他们生活方式和民主权利的威胁。然而,与以色列许多诸如此类的激烈冲突相比,这种口头争执几乎没什么实际影响力。最高法院对自身权力的单方扩大是国家政治结构的重要转变,但人们以出奇的平静接受了这些转变。

最高法院的裁决一般都会反对涉及极端主义、侵犯权利和种族歧视问题的法律,以及约旦河西岸和加沙地带管理的法律与政策。如 1999 年,最高法院裁定安全机构不能在审问恐怖分子时采取酷刑折磨。最高法院还曾就安全隔离墙的具体位置发布重要裁定(隔离墙是为了保护以色列免遭恐怖袭击而建)。

总　统

根据 1964 年颁布的基本法，总统是以色列最高领袖，但总统职位必须无关政治，且要与政府的三个分支机构分离。总统的地位虽主要是象征性的，但同时也很重要，因为其代表着统一国家、一致观点以及全体人民。总统任期 7 年，可以只任一届。议会成员提名总统候选人，并进行匿名投票选出总统。法律规定，任何符合条件的公民都有权竞选总统。

传统上，总统的位置要由长期供职于政治、科学或学术研究领域的长者担任，作为其职业生涯的终点。早些年，选举总统时的反对声音只是象征性的。然而自 1983 年开始，总统职位的竞争越来越激烈，一些较大的党派会提名他们自己的候选人。

《总统法》详细阐释了总统的作用，包括签署每一项形成法律之前的法案，接受总理和政府的辞职，监督政府的日常行动，批准委任以色列外交官和接收他国外交官，签署议会已通过的国际条约和协议，以及参与任命法官、犹太教法官和其他高层国家官员，如以色列银行行长和高等教育委员会委员。

无论有什么样的个人偏好，总统必须执行这些任务。在其他时间，总统可以做决策。大选之后总统必须选出他认为有能力的候选人，来组建一个稳固的政府。总统还必须决定是否允许政府自行解散。总统最受争议的责任是赦免罪犯或为囚犯恢复名誉。总统可以抹去这些罪犯和囚犯的定罪记录，并减轻刑罚。

以色列最初几任总统都因为对国家的重要贡献当选，而不是因为他们在政坛上很活跃。以色列首任总统哈伊姆·魏茨曼是一名化学家，曾担任国际犹太复国主义运动领导人长达 30 年。此外，许多人认为，任命他为总统是因为本-古里安想扫除魏茨曼对他的妨碍。魏茨曼一直在国外领导复国主义运动,但缺乏在伊休夫犹太社区的实际工作经验。

1952年魏茨曼去世,总统职位随之授予另一名科学家阿尔伯特·爱因斯坦(Albert Einstein),但他拒绝了。于是伊扎克·本(Yitzhak Ben-Zvi)成为以色列第二任总统。虽然他不像一名政治家,反倒像历史学家,但他在工党和以色列独立运动中都担任过领导人。接下来的总统也都遵循这个模式,或科学家或政治家。

表5.2 以色列历届总统

姓名	任职日期
哈伊姆·魏茨曼(Chaim Weizmann)	1948—1952
伊扎克·本-兹维(Yizhak Ben-zvi)	1952—1963
扎勒曼·夏扎尔(Shneur Zalman Shazar)	1963—1973
伊弗雷姆·卡齐尔(Efraim Katzir)	1973—1978
伊扎克·纳冯(Yitzhak Navon)	1978—1983
哈伊姆·赫尔佐克(Haim Herzog)	1983—1993
埃泽尔·魏茨曼(Ezer Weizman)	1993—2000
摩西·卡察夫(Moshe Katsav)	2000—2007
西蒙·佩雷斯(Shimon Peres)	2007.7—

1978年,伊扎克·纳冯成为第一个米兹拉希犹太人总统;2000年,摩西·卡察夫成为第一个出生于以色列以外中东国家(伊朗)的总统。卡察夫的总统生涯因性骚扰丑闻指控而不光彩结束。2007年西蒙·佩雷斯当选总统,既是对以色列老一代政治家表示尊敬,又是在卡察夫丑闻之后对国家最重要总统职位名誉的恢复。

行政部分

　　构成以色列政府的各部门和各单位由公共服务机构管理。20 世纪 50 年代,公务员专员一职设立,目的是防止公共服务机构政治化。二十个常设部级机构包括总理办公室、国防部、外交部、财政部、司法部、教育和文化部、内政部、农业部、工业和贸易部、交通部、卫生部、劳工和社会福利部、移民吸收局、旅游部和环境质量部等部门。

　　总理办公室负责制定政府的主要政策和策略。因为决策日益复杂,并且以色列面临很多问题,总理办公室规模迅速扩大。下属机构包括国家安全委员会,委员会是内塔尼亚胡于 20 世纪 90 年代仿照美国模式建立的;其他总理大部分都对国家安全委员会不太重视。国家经济委员会就经济事宜向总理进言献策。政府新闻处负责处理媒体和外国记者事宜,与其他国家的新闻处相比,以色列新闻处任务更重大。

　　以色列外交部是一个高度专业化的组织,但人手和资金不足,这是由以色列面临的诸多问题和压力造成的。外交部还负责以色列的信息战,称为"*hasbara*",用于管理驻外使馆及驻以色列外国使节。职业外交家会定期抱怨总理总是将大使职位交给政治官员。总理也可接管关键外交问题(尤其是与美国的关系问题)或罢免因政策或个人原因不受信任的外交部部长。有一点很重要,外交部部长通常不是由总理随便选择的,外交部部长很有可能是总理所在党内的竞争对手,或是联合政府第二大党领导人。

　　以色列面临的安全局势,即多方冲突和战争威胁使国防部尤为重要,总理及以色列议会成员经常要征询国防部的意见。国防部不仅管理武装部队、购买武器,还负责管理若干军工企业。考虑到国防部自身的安全问题,它是唯一将总部设在特拉维夫而非耶路撒冷的政府机构。总理通常在选择国防部部长上有更多自由,这是由于众所周知的以色列无力承担因不合格的国防部部长带来的可怕后果。2006年佩雷茨问题就说明了这一点。另一个重要因素是,总理主要依赖军事情报部门提供的信息,而非像大多数其他民主国家一样,依赖民用情报机构提供的信息。

地方政府

以色列国土面积小、人口少,对安全和外交政策较为关注,政治体系将全部人口视为单一选区,因此地方政府显得不像在其他国家那么重要。尽管地方机构负责教育、卫生、社会福利、基础设施、健康和文化等事宜,它们还是没有太多权力。地方政府可能执行一些政策,但总体来说是国家政府在做决策。公共事业、建筑、教育和警察机关都是通过各自地方机构受国家部门直接管理。

内政部负责监督地方政府网络,为它们提供资金。额外收入来自地方税收,但内政部控制着每个市或区允许征收的税收水平,这使得地方政府更加依赖国家政府。

地方政府的主要权力在教育和宗教方面。教育政策由教育部制定,但各市可为学校筹款。地方教育委员会能够决定执行哪些政策,以及如何执行这些政策。地方委员会还可决定辖区内的宗教信仰的遵守情况,例如安息日是否应允许公共交通运行。

地方政府有三种形式:市政府负责较大城市地区;镇政府负责由2000至20000居民组成的城镇;区政府负责管理附近的一些小村庄。各地方政府管辖下的居民选举市长或主席以及地方委员会。就议会选举来说，在地方委员会任职的人员由各党获得的选票决定。内政部依据人口设置每个委员会的席位。选举每5年举行一次。

在地方政府选举中，以色列犹太人投票率通常较低，尽管在辩论诸如公共宗教仪式等热点问题时，某些族群会非常激动。而另一方面，以色列阿拉伯人在地方政府选举中的投票率很高，这是出于他们对其候选人的忠诚及他们对选举的赋权感，在以色列地方政府政治中，以色列阿拉伯人通常是城镇和村庄的主要人口，他们对地方政府有最直接的控制权。

选举制度

以色列国家选举制度实行比例代表制。各党获得的选举票数直接转化为该党在议会中的席位。唯一例外是各党需要通过一个最低限值，即要在议会获得席位至少需要获得2％的选票。这条规则的目的是减少小党派在议会中的席位，但效果有限。

尽管很多党派经常指责该制度，但目前并没有改变该制度的实际行动。这么多联合党派和政府部门造成政府的工作能力低下，并形成了一些大众并不满意的协议。然而，这种情况也使不同群体的代表权更为直接。以2009年选举为例，共有33个党派竞争选票，12个获得席位。其中，3个通过3票的最低限值（一个左翼犹太党、一个右翼犹太党和一个阿拉伯党）；另外3个党派获得4个席位（一个右翼和两个阿拉伯党派）；另一个党派获得5个席位（极端正统派）。结果26个席位（超过总席位的20％）被小党派获得。两个最大党派（利库德党获得27个席位，前进党获得28个席位）获得的席位数之和不到总数的一半。

这种制度也确保选举权力得到分散。较大党派称，既然最重要的问题是哪一个领导人及哪一党派管理国家，那么投票给小党派就是在浪费选票。小党派回应说，给他们投票能确保存在将政府推向左或右的力量（取决于该党派具体情况）并使得政府能及时对宗教、世俗、移民或米兹拉希犹太人利益等问题做出回应。

因为选民支持的是某个党派，而非具体个人，因此他们并不会影响各候选人的事业，总理除外，不过也只是间接影响。向党派投票保证将重心放在事情上，而非像很多西方国家那样，投票人支持单个政客，只因他有魅力、长相好或在电视上讲话很有口才。向党派投票还可以让各党派采取完全不同于竞争党派的立场。在很多西方国家政坛，总体趋势是各政党试图吸引所有投票人。

一些党派会举行初选，党派内部成员能参与选择党内候选人。初选还鼓励市民正式加入某党派，避免在西方民主国家那样对党派忠诚度降低的趋势。但是党派领导人仍然决定该党名单阵容。

名单上的候选人顺序极其重要。选举后，总票数要除以120，即以色列议会的席位数。除后产生的数量用于计算各党将拥有的席位。至少赢得2%选票的党派将获得人口指数相应倍数的席位。

以2009年为例，只有约330万张有效选票。其中，约10万选票被那些并未通过2%最低限值的党派获得。因此，每个党派获得一个席位，需获得将近2.7万选票。这10万"浪费"的选票就分给那些最可能获得额外席位的党派。为获得"额外"选票，两个党派经常达成选票分享协议。获得最多选票（超过赢得最后一个席位所需要的选票数）的伙伴党派拥有双方的"额外"选票，这样就又多获得一个代表席位。

《议会法》（选举基本法）要求议会选举必须是秘密、直接、全国范围的，且要基于比例代表制。每个超过18岁的以色列公民都有投票权。选举由中央选举委员会（CEC）管理，选举委员会由一位最高法院法官和议会里即将卸任的党派成员组成。中央选举委员会有权决定某候选人或党派是否触犯选举法律,该决议可能通过,也可被最高法院推翻。

组成党派或确定议会管理名单并不难。在选举之前,各党派必须提供按优先顺序排列的施政纲领和候选人名单。候选人退出选举或去任则由下一个候选人代替。任何超过21岁的公民都有资格成为候选人,在职总统、法官、州审计长、高级公务人员和参谋长除外。现任议会中的党派会自动获得竞选资格;新党派必须缴纳一定存款,并向中央选举委员会提供2500个选民签名。

2009年共有33个党派参选,超过此前1981年31个党派的记录。党派可选择组成联盟,这增加了通过最低门槛并获得更多席位的机会。有时,这些联盟看似自然形成,就像阿什肯纳兹和米兹拉希极端正统派党派一样,他们会一起竞选,或如左翼党派联合起来组成梅雷兹党一起竞选。有时,伙伴关系很难形成,如2009年宗教党派、左翼的祖国党与绿色运动党联合起来,也是在这次选举中大屠杀幸存者党与赞成毒品的绿叶党结成同盟竞选,这两次结盟均未通过最低选票限值。

一些竞选活动在选举宣布后立即开始,但竞选只有在选举日前三个星期才真正开始。在开始选举的当天,由各党派出资制成的海报和广告会挂满整个国家,并密集出现在电视广播中。每党派根据之前选举中获得的选票数得到在电视上自由宣传的相应时间。

以色列的选举腐败仅限于每次选举中就一个或两个选区的选举中是否有假选票存在争论。主要问题是政治献金打破了严格限制筹资的规定。各党派都曾有高官因违纪被起诉,有时这些起诉也会成功,有些违纪涉及非法国外资助。

值得注意的是,为竞选花费多少并不会产生重大影响,广告也不大会影响投票人的决策,因为投票人支持某党派都有明确的原因。投票人主要考虑的是支持更接近自己观点的小党派，还是支持可组建政府更有能力促成投票人期望的大党派。约一半的投票人根据这些因素做出选择。

1988年，爆发了一桩不同寻常的丑闻——沙斯党通过许诺宗教利益"买"选票。这之后，党派通过许诺利益或庇护（或威胁将压迫或诅咒那些支持其他党派的选民）"买"选票被判定是非法的，就像用钱或政治倾向购买选票一样。然而，在宗教选区，"买"票行为仍小规模出现。

在选举日，投票人进入有窗帘遮挡的摊位，在放有一盘小纸片的架子上进行投票，每个纸片上写着某党派的名字及其标记。例如：代表工党的词是希伯来语中代表"真理"的词的拼写；前进党由代表"是"的词标记。新党派可选择自己的标记词，但是传统上希伯来语字母表的第五个字母他们都不会用，因为这个字母是上帝名字的标记。

主要政治问题

以色列政治始终围绕以下几个主要问题。1967年以来关注的焦点是一系列安全问题：约旦河西岸、加沙地带和戈兰高地的命运；与阿拉伯邻国和巴勒斯坦实现和平的可能性；保障国民安全、免遭恐怖袭击和军事攻击问题。以色列政党及选民通常根据观点不同分为右派、左派或中间派。左派重点放在谈判和妥协方面，他们认为谈判和妥协能够带来和平；右派则重点放在怀疑主义、安全以及保留1967年被占领土（2000年前更是如此）等方面。

除了和平和安全事务外，宗教也是以色列一个重要政治（社会和文化方面）因素。不过，在宗教领域，达提党派（国家宗教党）越来越关注安全问题，而塞法迪犹太人和米兹拉希极端正统派（沙斯党）则注重为选民服务。

国家宗教党未能将选民的需求作为重点是其衰落的原因之一。因为沙斯党把重点放在获取和支出资金上，批评者抱怨其收到的金额数量巨大，存在腐败现象。统一律法犹太党和极端正统派党的争议在于世俗选民认为他们想要扩大整个社会的宗教信仰。

极端正统派主张向公众推广宗教习俗，如在安息日停止公共交通，确认拉比对个人身份问题的权力。该党还想最大限度地提高其教育系统的预算分配，免除极端正统派男人的兵役义务，对5个孩子以上的家庭提供高额子女津贴。最世俗的党派则主张政教分离，包括实行世俗婚姻。强调这个问题的小世俗党派讨论多次，却没有足够的实力做出改变。大多以色列人对现状比较满意。利库德、工党和前进党等主要党派不会牺牲成立联盟政府的可能性来推进这些变革。因此，尽管有争议，世俗和宗教间的平衡依然保持稳定。

阿拉伯党派虽然被认为是左翼党，其实是利益集团。但这些党派因为各自强烈的意识形态差异不能达成一致，这些意识形态包括伊斯兰主义、共产主义和阿拉伯民族主义。伊斯兰主义者支持哈马斯；共产主义者在苏联解体前支持苏联，之后支持法塔赫；民族主义者则支持法塔赫。这些党派中没有哪个党派能对控制多数阿拉伯个人身份事务的伊斯兰教教长提出质疑。

但约一半的阿拉伯人也支持一些犹太党派，以便利用这些党派与以色列总工会、资助人以及其他机构联系。例如，有时会有数量惊人的阿拉伯人投票支持沙斯党，以获得该党控制的部门对阿拉伯城镇的财政支持。阿拉伯人和工党一直都是通过工会互相联系。

虽然不太重要，但以色列政治问题的另一个焦点其实是经济问题。以色列早期政治历史中，存在社会主义和经济自由主义的意识形态分歧。从20世纪80年代起，受现代化、私有化和全球化影响,这些差异大多已不复存在。以色列仍然保持福利国家的一些特点,各政治派别也普遍接受这些特点。虽然阿米尔·佩雷茨在担任工党党首的短暂时期内,曾在2004年的选举中希望恢复工党的社会主义论,但他的努力并未阻止工党的衰落。最终,当代以色列三个主要政党在经济意识形态方面的分歧并不大。

很多西方国家提供的政府补贴让国家财政陷入困境,产生巨额债务,与此不同,以色列长期以来的补贴一直保持较低水平。在一定程度上,高水平的国防开支需求导致政府补贴不可能过高,由于公众了解国防优先的重要性,也都接受了这种定位。

除了这些问题,创立新党派的主要动力来自支持某单一问题或选民。小党派则围绕苏联移民利益、环境(几个环保党派)、退休人员的权利甚至大麻立法等建成。

历史上,另一个促成党派成立的原因在于这些人认为处在工党和利库德集团之间的中间群体能够获得广泛支持。选民很可能会投票支持能够提供良好政策和舆论环境的党派。为了填补这一空白成立的党派通常持续时间不长。但前进党的成立并非如此,而是出于阿里尔·沙龙的个人选择和安全考虑,它在选举期间利用这些论据来寻求选民支持,并取得了很大的成功。

政　党

以色列被称作政党国家,也就是说推动以色列政治的是政治党派而非个人。20世纪90年代以来选举和舆论走向显示这种情况稍有转变。总理候选人表现出来的个性很重要,尤其在此人是否值得信任方面更是如此,决定了能否将国家安全和生存交付于他。在以色列,个性并不是抽象问题。

大多数选民清楚自己的定位。通常他们必须做出的重要决定在于是投票支持能实现他们想法的多数党，还是支持更加贴切反映他们观点的少数党。历史上这种选择主要在工党和少数左翼党（中间偏左党派）、利库德或少数右翼党（中间偏右的党派）或达提派所在社区的宗教党之间。

以色列政党体系起源于建国前的世界犹太复国主义运动。很多在2009年大选后持有近半数议会席位的当代党派实际上是东欧犹太复国主义组织的"后裔"。这些组织是犹太复国主义运动的一部分，拥有自己的报纸、运动俱乐部、健康保险、青年运动和工会。基于犹太复国主义的政党体系到20世纪70年代达到全盛期，在党派青年运动和其他机构中仍能看到它的身影。

耶路撒冷的主要足球队名为比达（Beitar），从名字可看出它与利库德集团的关系，利库德集团可能仍是多数球迷的政治选择。超级联赛中的特拉维夫球队有与此相对的名字：夏普尔（工党）、马卡比（源于中立自由党派，现已不存在）和伯奈·耶胡达（达提）。海法的主要球队也以马卡比命名。

工党前辈们特别建立了涉及大多数国民生活的组织。主要组织包括控制着最大的卫生基金以及多数基布兹和合作村庄（莫夏夫）的以色列总工会。到20世纪90年代，消费主义、全球化、大批移民潮、草根志愿群体的发展以及日益增强的个人主义等一系列影响削弱了大多数长期党派的忠诚度，尤其削弱了党派控制组织的重要性。

当然，目前为止政党仍是以色列政治运行的重要框架，按照相似社会的标准来比较的话，忠诚度仍很高。以色列的主要变化是确实存在浮动选票，还有一些曾经的工党和利库德集团支持者转而支持前进党。

1. 中间偏左党派

以色列犹太选民的政治图谱中，左翼党派源自工党犹太复国主义者，他们将社会主义意识形态与犹太民族主义相结合。它的两个分支，以色列工人党（工党的前身）和更左倾的以色列统一工人党（梅雷兹党的前身）将自身定义为反犹太复国主义和当时的亲纳粹派的反对者。需要注意的是工党和统一工人党以及后续党派通常选举阿拉伯和德鲁兹成员为候选人。

工党

工党成立于1968年，与前20年统治以色列的以色列工人党根本上是同一个党。其成立得益于1967年六日战争后的国家团结感。虽然左翼统一工人党并未加入工党，但它在1969至1991年间与工党拟定了联合选举名单，即工党联盟。工党在建立初期经历了保守派与年轻领导人之间的紧张关系，一个明显的保守派是果尔达·梅厄总理所依赖的"厨房内阁"。

1973年赎罪日战争后，工党开始改革，随后的阿格拉那特委员会调查并严厉评判政府对战争应对不足。梅厄和副总理下台，伊扎克·拉宾成为新工党领导人。拉宾是在以色列土生土长的年轻人，参加过1967年六日战争的胜利，但未参与1973年战争（那时他担任以色列驻美国大使）。拉宾之前与工党的三大派别均未有紧密联系，工党其他高级职位，如国防部部长和外交部部长分别由西蒙·佩雷斯和伊加尔·阿隆担任。

除了内部重组，1973年战争、腐败指控和与宗教党派的紧张关系等因素都促使1977举行提前选举。选举的结果是利库德集团上台执政，标志着左翼党派长达30年执政的终结，也是以色列政治和历史的转折点。

此分水岭事件后的30年间，工党的运气就一直不太好，仅在几次选举中获胜，大半时间都在联盟政府中服务。1984年，工党再次成为议会最大党，但仅以一己之力还是未能成立联盟政府，1988年同样的命运降临在利库德集团身上。

1992年，为了扭转工党命运，重建往日权威，工党试图重新自我定义，不再强调与社会主义、基布兹运动和总工会之间的联系。随着更加中立和受欢迎的拉宾在党内初选中击败西蒙·佩雷斯，工党将自己重塑为"拉宾领导的工党"以吸引选民。

改变逐见成效，工党对新移民的吸引力增强，在1992年赢得多数席位。拉宾被刺杀后，佩雷斯再次掌权。但之前的改革政策保留下来。1996年佩雷斯未赢得大选，原因有很多，但显然佩雷斯的个人声望低是其中因素之一，尤其是当年总理是直接选举产生的。

自那时起，工党在议会中所占席位数量持续减少。1996年，工党赢得34个席位，1999年下降至26个，2003年至2006年间平均为20个，2009年降至13个。2011年1月工党领导人埃胡德·巴拉克决定与其他三个议员脱离工党之后，工党席位更是降至8席。巴拉克的决定让工党地位降至历史最低点，在以色列政治舞台中退居二线，未来充满未知。

导致工党衰落的原因有哪些呢？首先，外部因素在于2000年和平进程的失败。工党将其声望押注在和平进程的成功上，试图通过做出重大妥协来与巴勒斯坦人交换，以达成全面和平协议，这是该党过去三十年来一直的争论焦点。

工党衰落的很多原因都可追溯至党内领导人所犯的错误上。沙龙建立前进党正值工党阿米尔·佩雷茨2005年执政后清理领导位置（包括佩雷斯）所引发的混乱时期。结果，前进党接受了几位高层工党脱党者，获得很多国内工党选民的支持。

其次，内部问题是党内未能保持一致。在改变以色列社会方面，支持社会主义以及之前的工党已不再可行。2000年后鸽派（温和派）立场不再具有政治价值。工党未能提出新的解决方法而转向左翼，衰落形势更加糟糕。

再次，与过去的伟人相比，现任工党领导人能力不佳。阿姆拉姆·米兹纳（Amram Mitzna，2002—2003）和阿米尔·佩雷茨（2005—2007）都是糟糕的领导人。选民认为前者很幼稚，而后者则被批评在2006年与真主党战争中表现糟糕。埃胡德·巴拉克(1996—2001,2007年至今)需要为失败的和平进程收拾残局。无人否认他智商很高,但也不认为他有领导魅力。同样,他的傲慢和缺乏政治技巧也造成了党内很多冲突。

最后,工党在2002年至2007年过于左倾,尤其在选民都在转向相反方向时更加糟糕。巴拉克将工党重新转回中立,但巴拉克或其他人是否能够重新让工党成为执政党仍未可知。

梅雷兹党

梅雷兹党(Meretz)是左翼世俗党派,于1992年选举前由拉茨党(Ratz)、统一工人党(Mapam)和变革党(Shinui)组建。该党名字取自拉茨党和统一工人党两党名字首字母,意为"力量"。党派纲领呼吁结束以色列在约旦河西岸驻军,主张以色列阿拉伯人、女性和同性恋有平等权利,以及政教分离。

1992年选举是最有希望取得和平进展的时候,梅雷兹党获得12个席位,创左翼党派历史新高。梅雷兹党因此成为议会第三大党并加入左翼联合政府。但1996年和1999年,梅雷兹党在议会席位有所下降,和平进程失败后,2003年其议会席位骤降至6席,当时备受尊重的尤西·萨里德(Yossi Sarid)辞去政党领袖一职。梅雷兹党解散并重组为社会民主党(Yahad)。

社会民主党力图复兴遭到各种事件破坏的以色列左翼阵营,但收效甚微。2005年社会民主党重新加上梅雷兹一词,以吸引选民,最终舍弃社会民主党这一名称。但改革和改名并没有带来选举胜利,2006年选举该党只获得5个议会席位。2009年该党试图与新运动党(HaTnua HaHadasha)合并,但在"立即和平"(Peace Now,非政府组织)发起者哈伊姆·奥龙(Haim Oron)领导下,两党加起来也只获得3个席位。面对选民转而支持中间党派的情况,该党采取的政策更加偏左,事实证明此举未能成功。

祖国党

祖国党(Meimad)是达提现代正统派犹太人的左翼宗教党

派，与工党立场相似。它是唯一一个不支持宗教现状的宗教政党，认为强迫会使主流以色列人疏远犹太宗教传统。比如，该党认为安息日开放娱乐场所是合法的，即使这与宗教法律相悖。祖国党与工党和其他党派的结盟历史错综复杂。由于选民数量有限，且与大部分达提现代正统派政见难以统一，该党从未独立获得过议会席位。

阿拉伯党派

以色列的阿拉伯党派通常被划为左派，这有一定的误导性。阿拉伯党派首先是反对以色列以犹太国家形式存在的利益团体。该党反对以色列以犹太国家存在，这点就使它不能为选民获得国家服务，这也就是为什么大部分阿拉伯人会投票给犹太复国主义党派。阿拉伯党派的基本立场是反对以色列国家身份的现状，因此既不能加入联合政府，也不能在议会中以选票换利益。

这些阿拉伯党派获得选票数量较少的第二大原因是阿拉伯党派内部对立严重，共产主义者、伊斯兰主义者和阿拉伯民族主义者之间有明显的意识形态分歧。此外，党派忠诚与家族、宗族忠诚挂钩，选民很难从中选出能为自己获得最大利益的党派。比如，2009年，三大阿拉伯党派获得11个议会席位，即赢得9%选票，相当于只获得一半阿拉伯人的支持。巴拉德党（Balad）是阿拉伯党派之一，所得选票数不够在议会获得席位。因此巴拉德党一直是个小党派，无所作为。

联合阿拉伯名单党（Ra'am）曾一度与以色列工人党（Mapai）联合，使得阿拉伯候选人可同时既独立于以色列工人党，又与之相联系。直到1977年工党失去执政党地位才停止。到20世纪80年代，以色列安全局势有所缓解，阿拉伯党派又有了新的机会在国家层面上参与以色列政治。

最高法院支持阿拉伯党派参加选举的权利，其成员也有权在议会中任职，虽然以色列法律规定参加议会选举的党派必须支持以色列是犹太民主国家。除了共产党,其他阿拉伯党派都不符合这一标准。

和平与平等民主阵线(以色列共产党)

巴勒斯坦共产党建立于1924年,大多数成员是同情苏联的犹太人,他们认为犹太复国主义运动是资本主义运动。该党曾试图发展成犹太阿拉伯党派,但往往因两大选民群体的分歧而分裂。1948年,其与犹太派系重新联合。联合后的党派虽然反对犹太复国主义,但承诺效忠于国家。

和平与平等民主阵线遵从苏联政策,即支持阿拉伯民族主义、反对以色列,但从不就犹太人在苏联所受的待遇谴责苏联。它逐渐失去几乎所有犹太成员的支持,成为实际上的阿拉伯民族主义党派。因此,该党于1965年分裂。马基党(Maki)是犹太党派,于1973年解体;而新的拉赫党(Rakah)在阿拉伯民族主义方向上越走越远。

1977年该党改名为和平与平等民主阵线(Hadash, Democratic Front for Peace and Equality),当时它试图加入其他左翼、非共产党阵营,但并没有吸引到更多犹太选民。苏联解体后,和平与平等民主阵线失去了赞助方,资产缩水。例如,该党长期以来的吸引点就是它能够为赴苏联成员国学习的以色列阿拉伯人提供奖学金。

和平与平等民主阵线的纲领呼吁建立巴勒斯坦国,并要求承认以色列阿拉伯人作为少数民族,给予其特权。它曾在议会中拥有3—5个席位,有时会推选党内犹太人作为议员候选人。2008年该党获得非常进展,该党犹太成员多夫·哈宁(Dov Khanin)积极竞选特拉维夫市长,口号是"共建每位市民的特拉维夫"(City for Everyone),最终他只获得34%选票无缘市长一职,但这个结果仍为该党带来15%的特拉维夫市政厅席位。

联合阿拉伯名单党

联合阿拉伯名单党是伊斯兰党派,前任领导人是民族主义者。1998年，阿拉伯民主党（Arab Democratic Party，ADP）成为议会中第一个纯粹的以色列阿拉伯党派，与此同时，议员阿布德·阿尔瓦哈伯·达拉舍（Abd al-Wahab Darawshe）离开工党，反对工党在第一次大起义（First Intifada）时的立场。联合阿拉伯名单党多次与其他党派联合，在议会中的席位最多的时候达到4个，最少的时候为1个。

以色列伊斯兰运动南派致力于提高伊斯兰教在以色列阿拉伯人中的地位，1996年南派通过与联合阿拉伯名单党的联合控制了联合阿拉伯名单党。从形式上看，为满足党派参加以色列选举的法律要求，联合阿拉伯名单党主张承认以色列和巴勒斯坦两个国家共同存在，但伊斯兰主义者其实想要把以色列变成遵循伊斯兰教法的伊斯兰巴勒斯坦国家。自从与联合阿拉伯名单党联合后，该党在议会中获得过2到4个席位。

因反对1996年伊斯兰运动与联合阿拉伯名单党合作，伊斯兰运动的北派与伊斯兰运动分离。北派在全国范围内抵制选举，视参加选举为承认以色列国家。伊斯兰主义者都认为以色列不合法，但称只会通过民主手段将以色列变成伊斯兰国家。

劳尔·萨拉赫（Ra'id Salah）是北派领袖，其父是以色列一位退休政治官员，两名兄弟仍在军队任职，因曾担任阿法姆市长而享受政府津贴。北派成员有时会参与恐怖袭击。南派和北派都有社会福利和教育组织，以赢取支持、加强伊斯兰教忠诚度和传统社会行为。

巴拉德党（民族民主联盟）

巴拉德党始于阿拉伯民族主义组织，但直到1996年才成为一个党派，领袖是阿兹米·比沙拉（Azmi Bishara）。该党纲领要求将以色列变成"所有公民的国家"，并承认以色列阿拉伯人的少数民族身份。巴拉德党呼吁以色列和巴勒斯坦两个国家共同存在，并呼吁巴勒斯坦难民有回归权。虽然它清楚表达了与叙利亚的亲密关系，该党领导人仍倾向于将以色列变成巴勒斯坦阿拉伯国家，最高法院在2003年和2009年于推翻了一项中央选举委员会(CEC)所做的裁决，不允许巴拉德党参加以色列大选。

因被指控与真主党(Hizballah)和其他反以色列组织有密切关系，比沙拉于2007年从以色列逃跑并公开支持恐怖组织。自1999年以来，该党只获得2—3个议会席位。

2. 中间党派

至少在前进党(Kadima)成立之前，中间党派在以色列一直无所作为。有两方面原因：首先选民对工党和利库德集团(Likud)十分忠诚，而利益群体党派的支持者对只走单一种路线的党派十分忠诚（如宗教或世俗、左翼或右翼，及移民问题），甚至与中间党派敌对。其次，中间党派认为如果他们专注于以色列-巴勒斯坦问题以外的事件，那么选民就会蜂拥而至来支持他们。总体来看，选民不同意这种观点。

事实上，前进党作为中间党派的成功是因为它与左翼和右翼党派的对立。工党和利库德集团受民众欢迎的领导人都纷纷脱离原来党派，加入前进党。此外，前进党的成功主要是因为它强调用特定策略来解决冲突。

历史上有几个党派曾占据过政治中心，包括犹太复国主义党（后来的自由党）、进步党（后来的独立自由党）、拉菲党（本-古里安与工党分裂后建立）、变革民主运动（1977年的宏伟计划，但为保证利库德集团的胜利而停止）、中间党派、变革党、退休金领取者党和前进党。事实上除了前进党，所有这些党派都没能成功；前进党走了不同的路线，这表明中间路线存在问题。

退休金领取者党(Gil)的经历是等额选举获胜后又失败的典型。2006年，退休金领取者党突然在选举中脱颖而出，该党旨在提高退休者地位。令人们十分惊讶的是，该党在议会中获得7个席位，作为重要的联合党派加入联合政府。然而，2009

年该党所获选票寥寥无几，丢掉了议会中的所有席位。它未能按照承诺进行改革，选民对其新奇感不再，因此转而支持原来支持的党派。

前进党

2005年，以色列总理沙龙当时所在的利库德集团强烈反对他从加沙单边撤离计划，因此他与利库德集团决裂，成立前进党。新成立的前进党提出，相较于费力守住加沙地带和约旦河西岸地区，保证以色列是犹太民主国家更重要。新党将宗教和阿拉伯候选人以及前工党和利库德领导人纳入麾下。它从利库德集团带来的领导人和席位比从工党的多，因为利库德集团有很多人追随沙龙成立新党。后因沙龙中风，利库德集团的埃胡德·奥尔默特（Ehud Olmert）担任前进党领导人，并在2006年带领前进党赢得选举。工党和利库德集团都没有在选举中获胜，分离出来的新建党派战胜之前所在党，这在以色列历史上是第一次。

然而，前进党第一任期就遭遇重重问题：因2006年黎巴嫩战争备受批评，而且丑闻频发。最终奥尔默特辞职，齐皮·利夫尼当选前进党领袖。但利夫尼几乎都没有通过党内初选，即使奥尔默特因指责收受贿赂名声扫地，利夫尼也没有背叛奥尔默特，但利夫尼还是未能拯救前进党。

2009年2月大选期间，前进党只比利库德集团多获得一个议会席位，但因为利夫尼不能组成多数联合政府，总统西蒙·佩雷斯任命利库德领导人内塔尼亚胡组建联合政府。前进党选择成为反对党，但利夫尼作为反对党领袖和前进党领袖，未能发挥应有的作用。由于利库德和工党都逐渐向中间靠拢，前进党能否就人们关心的关键政治事件给出民众欢迎的替代解决方案并不明确。

以色列政治的核心问题之一就是前进党是否会继续作为两大执政党之一长期在以色列政坛存在，还是会像此前的中间党派一样昙花一现。如果只是昙花一现，那么历史学家将会把前进党看成是沙龙权利的延伸，而随着沙龙的去世，前进党不可能继续兴盛。如果前进党长期存在，那么在以色列两党主导的体系下，它将长期成为工党的替代党派。

3. 中间偏右（民族主义）政党

以色列的主流右翼政党起源于修正主义犹太复国主义运动（犹太复国主义运动的民族主义派别）和自由党，不过一些小党也从工党和国家宗教党中吸纳成员。以色列保守民族主义者的思想是民族主义，将应对国家安全威胁放在首位，质疑巴勒斯坦人和阿拉伯人与以色列达成和约并维持和平的意愿。

从1967年到20世纪90年代中期，民族主义政党普遍支持保有从六日战争中获得的领土。但是，保守派总理梅纳赫姆·贝京却放弃了西奈半岛，以换取与埃及的和平协议。目前，中间派利库德集团同意从加沙地带撤离，考虑到和平问题而继续实际控制约旦西岸。但是，如果有希望能够真正达成长久和平，该党也提出愿意放弃约旦河西岸的几乎全部领土。

从历史上来说，右翼政党更倾向于以自由企业为基础的资本主义经济，但是因为大众普遍放弃社会主义，这也成为一种共识。同样也可以说，二十世纪七八十年代，由于利库德集团拥护米兹拉希犹太人的利益，引发社会变革。

理解以色列右翼政党的关键是理解利库德集团与其他小党之间的对抗。其他小党或者认为利库德集团的行为变得过于温和，因而必须予以反对，或者认为利库德集团必须接受他们的影响成为右翼联合伙伴。

利库德集团反驳称，通过投票支持小党，只会让左翼政党上台执政。例如，在2009年的选举中，利库德集团占27个席位，而其他小党只占7个席位。小党对内塔尼亚胡的支持就是使其获得议会多数席位并上台执政的因素之一。一旦执政，利库德集团的总理们就会试着安抚小的右翼党派伙伴,但也会让他们离开并弄垮右翼联盟,在 1992 年就发生过。

以色列家园党可以被认为是一个中间偏右政党,但其主要身份是苏联移民党。然而,在考虑以色列右翼势力的规模时,应考虑到以色列家园党庞大的支持基础。

利库德集团

利库德集团源于自由党。自由党成立于 1948 年,秉承亚博廷斯基在 20 世纪 20 年代发起的修正主义犹太复国主义思想。那时修正主义犹太复国运动主要原则就是激进好战,认为所有英属巴勒斯坦托管地和约旦都应该成为犹太国,对英国当局应采取强硬态度,并且应立即开始大规模犹太移民行动。这些"修正主义者"脱离了 1935 年的世界犹太复国主义大会,建立了他们自己的机构,包括劳工联盟、军事武装(伊尔贡,或称为 IZL)以及健康基金。

自以色列建国起,修正主义者成立了自由党,立场有所软化。但长期执政的工党政府对待自由党充满鄙夷。这种偏见却使自由党内部支持者更加忠诚,很快就成为以色列议会第二大党,领导反对党。据说本-古里安和梅纳赫姆·贝京(自由党领导人)之间分歧很大,本-古里安甚至拒绝称呼贝京的名字,只称其为"坐在梅纳赫姆·巴德博士(Menahem Bader)旁边的那个人"(巴德博士是另外一位自由党议员)。

摆脱孤立的一个重要步骤就是自由党人一起组成加哈尔集团,自由党人是温和而受人尊敬的中产阶级。通过吸引遭到政府忽视的米兹拉希移民,贝京使自由党的支持率进一步上升。此战略使加哈尔集团在 1965 年的以色列议会中赢得 26 个席位。在第三次中东战争期间,贝京进入政府并在其中工作了两年时间。1973 年,加哈尔集团与其他三个小党(国家列表、自由中心和以色列地运动)合并,组成利库德集团。

使这些集团联合在一起的主要原因是民族主义思想,及反对归还在六日战争中获得的领土。1977年的选举中，中间党民主变革运动没有把票投给工党。再加上米兹拉希犹太人的支持，利库德集团第一次赢得选举，标志着在独立近30年后政权第一次发生改变。

在第一届任期内，利库德集团与埃及签署了和平协议，捣毁了伊拉克的核反应堆，实施旨在发展贫困社区的复兴计划。另一方面，通货膨胀急剧上升，国家经济下滑。尽管在和埃及达成和约事宜上贝京展现出很强的灵活性，提升了利库德集团的地位，但是反对此举的右翼人士纷纷退党。尽管经济政策不佳和退党情况的发生，利库德集团在1981年还是再次赢得选举，但1982年的黎巴嫩战争削弱了它的地位，这一情况与1973年第四次中东战争失利将工党拖垮极为类似。

内塔尼亚胡使利库德集团重整旗鼓，并且在他手里完成了党内权力交接：他是第一位第二代领导人。从1996年起，除了2001年至2006年沙龙执政期间，他始终是党内领导人。1996年至1999年，内塔尼亚胡担任总理，这在利库德集团历史上尤其重要，因为他接受了《奥斯陆协议》和以领土换和平的原则，这是利库德集团走向中间派的第一步。

2001年，沙龙带领利库德集团从和平进程失败的废墟中走出来，重新执政。长久以来，沙龙一直是位颇具争议的人物，人们认为他过于极端而无法领导国家。但是由于以色列已经发生改变，并且沙龙转向中间派，所以他在执政期间广受爱戴。作为财政部部长的内塔尼亚胡同样获得大众欢迎，甚至是他最坚决的对手也赞同他对微妙的私有化问题的处理。

当沙龙宣布将单方面撤出约旦河西岸和加沙地带计划时（这个想法起源于之前的工党思维），获得了许多中间偏左以色列人的支持。然而，由于沙龙脱离利库德集团转而加入前进党，利库德集团并未从他的声望中获益。曾反对撤军的内塔尼亚胡重新成为党内领袖，但脱党事件使利库德集团遭受重创。在

2006年的选举中,它的支持率创历史新低。

留下来的是较为保守的力量,内塔尼亚胡开始将他们转变为中间派,他不顾党内怨言成功地促成了此次转变,且没有再发生脱党事件。在2009年选举中,许多人不再迷恋前进党,转而投票给利库德集团,利库德集团的支持率上升了250%,重新上台执政。内塔尼亚胡成功地将利库德集团塑造为更中立的党派,但是由于不断受到来自右翼力量的压力,利库德党未来有可能再次分裂。

全国联盟党和犹太家园党

以色列最右翼政党主要由两部分人组成:利库德集团的脱党者和国宗教党(NRP)解体后的剩余人员。全国联盟党(National Union)和犹太家园党(HaBayit HaYehudi)都强烈支持犹太人在约旦河西岸定居,反对再从任何领土撤离。这两个党派的主要区别在于,1999年全国联盟党吸收老的达提全国宗教党成员后,这个组织更具宗教色彩。这两个党派时常共同协作,但是所有团结右翼力量的尝试都以失败告终。在2009年的选举中,全国联盟党赢得4个席位。犹太家园党赢得3个席位,并加入了内塔尼亚胡执政联盟。

4. 宗教党派

从历史上来说,以色列的三个主要犹太宗教团体都有各自的政党:米兹拉希哈勒丁派是沙斯党,达提派是全国宗教党(NRP),阿什肯纳兹哈勒丁派则是圣经犹太联盟党(UTJ)。全国宗教党已不复存在。首先,全国宗教党已成为右翼党派,只关心犹太人定居点这一问题,而后完全解体,剩余成员加入全国联盟党。第四个宗教团体是祖国党,这个党派代表中间偏左的达提现代正统派犹太人,他们对全国宗教党的右倾转变不再抱有幻想。

除了祖国党,其他宗教党派在社会领域和政治领域都很保守，尽管他们主要聚焦于宗教和宗教团体的福利问题。如果有利于目标的达成，他们会与中间偏左的党派组成联盟。沙斯党的很多支持者在宗教问题上都很传统，但不时会采取温和派立场。

宗教政党不仅会推举候选人，还为自己的支持者提供社会服务，如教育和文化服务，资助青年群体、报纸和宗教机构。当进入政府参政时，宗教政党运用他们的影响力为选民谋取工作和资金。他们并不寻求支配国家权力、社会改革或是改变大多数人的生活方式。

全国宗教党

全国宗教党（或是使用其希伯来语首字母缩略词称为Mafdal）从建国前的达提现代正统派犹太复国主义宗教组织发展而来。全国宗教党希望国家保持宗教现状，支持建立全国性宗教学校系统，在政府公共部门遵守犹太教饮食教规，并且在一些如结婚、离婚和收养等私人事务上保留拉比的管理权力。该党青年运动领导人是贝内·阿基瓦（Bnei Akiva）。

在工党主导执政期间，全国宗教党是一个可靠的结盟伙伴。1973年以后，全国宗教党在宗教犹太复国主义运动领袖左韦·耶胡达·库克拉比带领下更倾向于民族主义，库克拉比认为犹太人在约旦河西岸定居是救赎的先兆。全国宗教党和主要的定居运动虔诚教徒集团（Gush Emunim）关系非常密切，其主要成员是恪守教规的达提现代正统派犹太人。虔诚教徒集团最终解散之前，逐渐疏远全国宗教党，而与其他右翼小党关系密切。

直到1981年，全国宗教党在以色列议会中保有10—12个席位，是联盟建设中的重要政党。然而在1981年的选举中，全国宗教党只获得6个席位，显然大多数选民认为如果全国宗教党主要致力于犹太人定居点问题而非达提犹太人的公共利益，那么他们会支持完全致力于犹太人定居点问题的其他右翼小党。1984年，由于受到沙斯党的竞争，全国宗教党在议会中的席位进一步下滑，仅剩4席，沙斯党取代全国宗教党成为工党的长期宗教联盟伙伴。1988年，全国宗教党左翼人士脱党转而加入祖国党，这对全国宗教党而言又是一次打击。

自20世纪90年代始，全国宗教党的民族主义特性更加强烈。1992年，全国宗教党20年来首次没有加入工党联合政府。1995年拉宾遇刺后，因为公众指责全国宗教党煽动反对拉宾的情绪，全国宗教党失去了大量支持。尽管在1999年至2005年期间全国宗教党一定程度上有所复兴，然而内部纷争最终使其在2005年分崩离析：当沙龙宣布他执意从加沙地带撤离，一派打算离开政府以抗议撤离，另一派则打算继续留在政府，施展自己的抱负，继续服务于现代正统派选民，把全国宗教党继续下去。全国宗教党成员担心全国宗教党在成为单一议题政党后会毁了这个党。因此全国宗教党分裂，在经过一系列与其他右翼小党复杂合作后，最终于2009年彻底消失。

以色列联盟党（联合妥拉犹太教）

以色列联盟党（Agudat Israel）代表极端正统派的利益。极端正统派内部成员非常多样，大部分教徒逐渐从历史上反犹太复国主义立场转变为非犹太复国主义立场。他们积极投身以色列政坛，作为候选人参加每一次选举。由于他们坚持神法取代国法，极端正统派国会议员在任职时只会选择副部长等职位，不会担任一把手，避免参加内阁会议。

以色列联盟党代表两个截然不同的极端正统派群体：哈希德虔诚派（Hassidim）和密那德派（通常在以色列被叫作立陶宛人，以密那德运动发源地命名）。圣人委员会是该党的领导者，由高级拉比组成，由他们选择候选人并决定该党的立场。以色列联盟党对自己选区以外选民的支持不感兴趣，主要关心影响其选民的一些实际问题，如：政府对大家庭的津贴、对本区学校及其他机构的资助、反对极端正统派男子义务服兵役，以及如何维持现状（或做出对他们有利的些许改变）等。

自 1992 年起，以色列联盟党便参加各项政府竞选，并在接下来的十年都留在政府中任职。2000 年巴拉克和阿拉法特在戴维营谈判之际，以色列联盟党担心巴拉克会同意分割耶路撒冷而离开政府，不过该党并不在诸如领土让步等以色列复国主义问题上持任何观点。在以色列联盟党离开政府期间，如 2003 年，政府对其儿童补贴和教育拨款急剧减少。由于极端正统派成员的家庭人数众多，这两大问题一直是以色列联盟党首要关心问题。

以色列联盟党的支持在维持多数联合政府上非常重要，因此虽然该党席位不多（大约 4—6 个席位），在某些时刻却拥有比这些席位能带来的更多的影响力。以色列联盟党热衷于掌管以色列住房部和议会财务委员会，因为这两大部门有为极端正统派分配教育基金的权利。这表明，如果以色列联盟党放弃在政府任职，它将承受很大损失。如今，人口结构的变化削弱了该党在以色列的影响力，但其在耶路撒冷市政府的势力有所增强。

沙斯党

沙斯党，该名称是其希伯来语（《妥拉》的塞法迪卫士，Sephardic Guardians of the Torah 的缩写），成立于 1984 年。那时，由于以色列联盟党拒绝在候选人名单中加入更多米兹拉希犹太人，塞法迪犹太人首领拉比奥瓦迪亚·约瑟夫（Ovadia Yosef）成立沙斯党以示反抗，约瑟夫成为该党的精神领袖，并选择候选人。沙斯党致力于维持以色列的宗教现状，并积极为其支持者赢得财政支持和就业机会。

大多数沙斯党选民来自最贫穷的米兹拉希犹太人社区。一般来说，他们认同传统犹太主义，但不一定遵循正统教规。这种现实考虑对沙斯党产生两大影响，一是实用主义，沙斯党人意识到，相较于坚持民族主义的全国宗教党，灵活处理国家安全问题能够为沙斯党带来优势（即使其选民希望国家能够采取更强硬的立场）；二是该党领导人一直处于为各选区带来更多财政资金的压力之中，最终导致贪污腐败现象的发生。

20世纪80年代，沙斯党开始在政府任职，取代全国宗教党成为利库德集团和劳工联盟中的唯一宗教党。1993年，沙斯党在奥斯陆协议投票中选择弃权，使得该协议得以获得议会通过。沙斯党最终选择离开以色列联合政府，不是因为它反对和平进程，而是因为该党领袖艾利·德利（Aryeh Deri）陷入贪污丑闻。

1996年沙斯党成为议会中最大的宗教党，拥有10个席位。1999年，该党在选举中取得更大成功，赢得17个席位。尽管在此之后，沙斯党一直无法再现辉煌，但自此之后基本保持每次选举都能获得11—12个席位，在以色列政坛拥有有力发言权，使其他宗教政党黯然失色。

5. 苏联移民政党

20世纪90年代初期，开始了大规模来自原苏联的移民潮，此时以色列各大政党使出浑身解数争取选票。当时正值利库德集团领导以色列政府，移民将该党与官僚作风和在新移民到达时面临的艰辛相联系。因此，移民团体纷纷把票投给工党，显然这与先前米兹拉希移民的选择截然不同。

但这种不愿意支持利库德集团的局面没能持续多久，1996年苏联移民帮助内塔尼亚胡（利库德集团）竞选成功，1999年又回过头来投票给工党，2001年和2003年又再次支持利库德集团，并在2006年帮助该党竞选。有必要强调，这里提及的投票，并非移民者的全体投票，而是根据大部分投票者的选择，不是指移民者对某个政党独有的忠实。自1996年以来，尽管大部分苏联移民仍持保守态度，但其投票意向一直在主流政党和移民公共政党间徘徊。

尽管早在1977年，苏联移民公共政党便已登上以色列的政治舞台，但在1996年之前，没有哪个公共政党能够在以色列议会中赢得任何席位。直到 1996 年，移民以色列党（Yisrael B'Aliya Party）以 2%的选票获得进入议会的权利。那时该党最著名的政治领袖是夏兰斯基（Natan Sharansky），但此人最终在政坛上引退。

以色列家园党

以色列家园党（Yisrael Beiteinu）成立于 1999 年，当时正值阿维格多·利伯曼与其他支持利库德集团的原苏联移民与内塔尼亚胡分道扬镳之际，前者不满后者在与巴勒斯坦人协商时做出领土让步，因而决定自立门户。此外，移民以色列党的一些议员也加入了家园党，这些人也反对领土让步。

尽管家园党一直被描绘成极端右翼党派，但实际情况要复杂得多。利伯曼领土交换提议是该党纲领的核心事务：将以色列阿拉伯人口密集区域与巴勒斯坦作交换，换回约旦河西岸犹太人聚居地区。虽然这项提议显示出家园党强硬的态度，但为土地问题的解决提供了突破口，使双方有可能和平解决争端，这项提议与工党提出的土地交换相似。

此外，以色列家园党还以利伯曼的另一条提议而闻名，提议要求以色列阿拉伯人宣誓效忠，因此颇具争议性（尽管利伯曼在政府任职时从未推动此想法）。更直接的是，家园党推崇政教分离、世俗婚姻体制，这对许多苏联移民来说很重要，他们不信教，或者在某些情况下，根据拉比解释的犹太律法他们不被认为是犹太人。

尽管家园党代表苏联移民的集体利益，但它却从不这样描述自己。许多苏联移民选民倾向于这种方式，因为支持一个移民党会让他们觉得与以色列还没有完全融合。2006 年，家园党在选举中迎来大突破，赢得 11 个席位，其中有 9 个来自苏联移民选民的投票。2009 年家园党在议会的席位增至 15 个，成为仅次于前进党和利库德集团的第三大党，而后家园党加入以色列联合政府。

除去苏联移民的支持,家园党还获得来自其他方的支持。因此,有人认为家园党不再是只代表某一种群体利益的党派。家园党还是以色列历史上最大的个人党,因为利伯曼的领导权力从未受到过质疑。

6. 政党的取缔

对政党参与议会选举的限制很少。根据1985年议会通过的《基本法》,凡是不承认以色列是犹太民主国家的政党均不得参与竞选。因此,任何想把以色列变为双民族或伊斯兰、阿拉伯国家,或想建立犹太神权政治的政党均被禁止。法院并没有针对哪个阿拉伯政党实施这一规定,虽然有指控称这些政党确有建立双民族、伊斯兰或阿拉伯国家的目标。

同样,支持种族主义的政党也是违法的。以色列最高法院随后规定该法只适用于极端情况。此外,要取缔一个政党必须证明,攻击性必须是该党纲领的核心,而且该政党实际上试图实施这种种族主义立场。2002年修改了《基本法》,将支持恐怖活动纳入取缔政党的条件之一。

这条法令的通过是为了打击极端右翼党卡赫党(Kach),卡赫党的前身是保卫犹太人联盟,该组织在1984年竞选时呼吁将以色列阿拉伯人驱逐出境。中央选举委员会随后取消该党参选资格,理由是它站在了以色列民主价值观的对立面。随后以色列最高法院将禁令驳回,卡赫党在1984年的竞选中赢得过一个席位。随后以色列通过《基本法》修正案,1988年,中央选举委员会再次取缔该党,这一次最高法院持支持态度,判决卡赫党为违反法律的种族主义政党。

以色列和平进步党(PLP)也面临过同样的问题。和平进步党成立于1992年,是首个独立的阿拉伯政党。当时最高法院并没有认为该党违背法律,因而它被允许参加竞选。2003年,由于国会议员阿兹米·比沙拉声明支持真主党,否认以色列是犹太民主国家,中央选举委员会援引之前的修正案,取缔巴拉德党资格。然而,以色列最高法院再次驳回判决,理由是尽管比沙拉的言论确实站在恐怖组织的一边,但没有证据证实其支持"武装冲突",因此民主和言论自由仍允许他参加竞选。2009年,中央选举委员会再次禁止巴拉德党和阿拉伯联合党参加竞选,而以色列最高法院再次允许其竞选。

选举趋势和政治活动

选举在以色列是非常严肃的事情。最小投票年龄为18岁,任何大于18岁的公民均有投票权。投票日是国家法定假日,选民去投票点的交通费用均能报销。居住在国外或在国外旅游的以色列公民不能由他人代为投票,但所有以色列国防军以及当天在外航海的商船船员、驻守国外的外交使团、医院病人和犯人都需要投票。犹太人和阿拉伯人的投票率一直非常高,2009年的总投票率是65%,比三年前高出2.5%。

除去极端正统派的支持者,选民的政党忠诚度呈下降趋势。一般来说,选民更倾向于针对某一问题进行投票。选举分析表明,性别因素并不是政治偏好的影响因素,且收入和政治偏好影响也不大,但宗教仍然是影响投票偏好的有力因素。

在2009年大选中获得席位的12个政党中,有7个吸引特定选区的政党,他们中有3个阿拉伯政党,3个犹太教政党(包括国家联盟党),还有1个苏联移民党。

大部分以色列政治家为男性。在过去几十年里,以色列政治精英均为东欧后裔、工党成员、大城市或基布兹居民。随着越来越多的米兹拉希犹太人和一些女性开始走上重要岗位,政治精英的结构在慢慢发生变化。从政党或者军队以外的地方进入政界也变得更为容易。

以色列人不仅通过政党,还通过大量的非政府组织表达他们的政治观点。这些组织游说的议题很广泛,从环保到儿童福利、从人权到政府改革等等,所涉及的公共利益也很广泛。志愿者组织利用各种方法劝说民众支持他们,包括游行、媒体访谈和教育活动等等。

虽然关注社会问题的志愿组织存在时间较久,但他们的规模和影响力随着某段时间公共观点和议题变化而起落。比如,左派的"即刻和平"组织和右派的"虔诚救徒集团"在80年代都属大型组织,但近几年几乎没有了影响力。其他暂时存在但具有影响力的抗议活动包括:要求从黎巴嫩南部撤军的"四个母亲"组织,反对从加沙地带撤军的"橘子运动"。

近期,这些组织更加不正式。一方面,他们在约旦河西岸从事非法定居活动;另一方面,一些"无政府组织"抗议反恐隔离墙和在约旦河西岸设置定居点。2011年,以色列爆发了一场大规模的社会抗议活动,抗议者搭建帐篷,举行示威活动,吸引了成千上万反对高消费和高房价的人。该活动的领导人包括关注这些具体问题的人,以及寻求利用抗议活动重建政治左翼势力的人。

政治腐败和丑闻

据2009年发布的全球清廉指数显示,在180个国家中,以色列与西班牙并列第32位(排名越靠前,清廉度越高),除卡塔尔(第22位)和阿拉伯联合酋长国(第30位)外,比其他所有中东国家及一些欧洲国家如葡萄牙(第35位)、波兰(第49位)和意大利(第63位)的排名都要靠前。美国列17位,英国第15位,加拿大第8位。

民调显示,以色列人对腐败非常憎恨,往往会高估国家的腐败情况。以色列最著名的丑闻涉及各党派的政客,既包括金融犯罪也有性丑闻。阿里耶·德里(Aryeh Deri)的丑闻牵连许多政客。德里是沙斯党创始人,1999年在担任议员期间被判刑。罪名是受贿、欺诈和违反信托。20世纪80年代后期,他在相继担任内政部总干事和内政部部长期间,因帮助三个同事将公共资金转移到一个犹太学校而收受贿赂。2002年,德里在三年刑期服满两年之后被假释出狱。在2003年9月刑满之前,他被禁止参与政治。随后根据以色列法律,他被禁止在十年内担任内阁部长。

前司法部部长哈伊姆·拉蒙(Haim Ramon)也是前进党成员,于2006年第二次黎巴嫩战争开始后一天被定罪,罪名是强吻一名21岁的女兵。在法庭上,拉蒙承认自己吻了那位女兵,但他声称是两情相悦。审判团三位法官一致认为拉蒙有罪,判处他去做社区服务。定罪后,拉蒙从以色列议会辞职,2007年7月又回到议会并加入埃胡德·奥尔默特政府。2009年6月他再一次辞职,这次他成为前进党主席——该党最重要职位。

陷入丑闻中的政治精英并非只有议员。比如,因真主党绑架两名以色列士兵引发第二次黎巴嫩战争后,负责监督撤离加沙地带和第二次黎巴嫩战争的总参谋长丹·哈鲁兹(Dan Halutz)迅速将所有投资变现。事件曝光后,哈鲁兹受到强烈谴责。因为玩忽职守、利用内部信息,许多不同政治派别的人要求他辞职。在对以色列国防军作战表现的一片指责声中,2007年1月,哈鲁兹最终辞职。

历史上,总统历来都是无可指责的完美形象,所以当摩西·卡察夫在总统任期内被控强奸、性骚扰、欺诈和妨碍司法公正的时候,这对于以色列公众来讲几乎是毁灭性的打击。卡察夫于2007年辞职,不过他仍然坚称自己是清白的。

对于丑闻,总理也不能幸免。埃胡德·奥尔默特是前进党人,在他担任总理期间曾卷入几起重大腐败丑闻。首先是在

2006年，奥尔默特作为财政部部长，因涉嫌干涉国民银行出售的私有化招标，为投标该公司的一名商人提供好处，而面临刑事调查。后来，美国富商莫里斯·塔兰斯基（Morris Talansky）作证称，多年来他共给了奥尔默特15万美元，大部分以现金形式装在信封里。也有证据表明，奥尔默特曾骗取慈善机构和政府机构的各种旅行费用。2008年7月，在诸多指控压力下，奥尔默特辞职。

虽然这些及类似丑闻并未影响国家的整体方向，涉及金额也不是很大，但是大大影响了以色列人民的士气。很多人认为，这些贪腐和情色丑闻标志着国家自成立以来已经严重堕落。那时，理想主义和社会改良主义当道，领导人以自己斯巴达式的艰苦生活条件为荣，公民们把国家福祉利益放在首位。

政治改革

自1948年以来，以色列的政治制度如同经济制度一样，变得更加开放和民主。国家建立之初，小部分经验丰富的政治家控制着各个党派，选择领导人和制定议程。而今，大多数主要政党都有相应机制，让公众在党派政策和传播信息方面发挥更大的作用。

改革主要发生在20世纪90年代，当时引入党内初选，并通过两项基本法、建立司法审查理念，为最高法院在决定新法律合法性方面发挥积极作用开辟了道路。然而，2003年进行了另一项改革，即废除总理直接选举制度。

1992年，工党成为首个进行党内初选的政党。与20世纪70年代以前的情况不同，政党领导人不再决定选择候选人名单，同时和接下来20年要实行的由政党机构选择领导人的情况也不同，现在的政党成员能够为他们认可的候选人投票。到20

世纪90年代中期，主要政党（不包括宗教党派）都在实行初选。然而，到1999年，利库德集团放弃了这种做法，担心候选人为了赢得初选，可能会雇人作为党员来签名，因为想要参加竞选，候选人需要一定数量的签名来支持他们的候选资格，而且在平衡候选人名单的问题上也有困难。取而代之，政党又制定了一项制度，即在初选中只有党内的资深成员才可以为候选人投票。

总理全民直选制度的失败在于它未能实现预期的目标，即通过削弱各个小党派的权力以达到稳固政府政权的目的。反而出现了相反的情况，因为人们认为可以自由地为大党候选人投票，然后却又把议会选票投给小党派候选人。在2003年选举之前，该法被废除。

以色列人经常谈论他们认为的政党制度弱点。任何政党都无法凭借自己的力量获得多数席位，一旦无法实现胜选，则需要联合多个联盟政党并满足他们的需要，这就会削弱政府效力，产生政治庇护。有些人认为，从地方区域选出来的议员与在国家层面的选举相比，可能会使政府更能满足公民的需要，为被忽视的地区赢得更多资源。但是，改变的动力不足。因为人们已经习惯了这种体系，也看到改革可能会带来的问题，所以更关注眼前的问题。

外交政策

以色列在国际交往中有几个明显的弊端。最值得注意的是，以色列国土面积小、人口少、自然资源匮乏，而面临的敌人却很强大且自然资源丰富。使其处境更加困难的是，几乎所有的穆斯林团体、共产党和激进的第三世界国家都对它怀有敌意，而且经常得不到西方国家的支持。以色列的敌对国中，有些依靠石油和天然气出口，拥有大量财政盈余。这笔财富让这些国家成为极具吸引力的贸易伙伴，也可以对其他国家施加一定的影响。

以色列也曾尽力改善劣势，发展与那些和他们有共同敌人或面临类似威胁国家的友好关系。此外，以色列还实施了有力的小规模援助计划，尤其在非洲。另外，以色列也积极参与到一些人道主义项目和救济工作中。

以色列其他优势包括全世界犹太社会的支持，其他国家军队和情报部门对以色列同行的尊重以及强大的经济。许多国家认为，以色列在贸易进出口方面是有益伙伴，在技术创新方面也很有实力。

另外，改善以色列的劣势状况的还有第二次世界大战后人们因为大屠杀对以色列的同情。在以色列建国早期，欧洲左派也认同以色列的社会主义议程。20世纪50年代及60年代的大部分时间，法国也是以色列的赞助国，因为它看到阿拉伯民族主义颠覆了法国在北非地区的统治。1967年，法国总统夏尔·戴高乐为了与阿拉伯国家建立关系，放弃了与以色列的联盟，这种赞助关系结束。

以色列建国的前四十年，当时国际上的总体形势正处于冷战时期。早在1950年，以色列就通过支持朝鲜战争对抗苏联及其盟友，将命运与西方国家联系在一起。20世纪50年代和60年代间，一些阿拉伯政权倒向苏联，冷战背景下以色列自身的内部冲突愈演愈烈。

20世纪60年代中期，美国开始向以色列秘密提供武器。在1967年六日战争中，以色列取得胜利，大败苏联及其盟国。1970年，以色列成功秘密干涉叙利亚，警告它不得再入侵约旦。这些事件成功说服美国领导人，让他们觉得以色列是美国在冷战中获得胜利的有用砝码。因此，美国和以色列开始建立起一种特殊关系。

20世纪90年代早期，冷战结束后，以色列的外交政策进入了新阶段。以色列-巴勒斯坦和平进程正在进行,苏联解体,以色列先前的许多敌人已经失势。种种因素综合起来给以色列带来重要收益。国家关系正常化,和很多国家的关系大有改善,甚至与许多先前关系冷淡的国家关系好转,其中包括俄罗斯和苏联的欧洲卫星国,以及中国和印度。

相比之下,在 2000 年和平进程崩溃后,西方知识分子和文化精英中强大的左派对以色列越来越挑剔或充满敌意。20 世纪 90 年代,在两国方案的基础上,通过与巴勒斯坦解放组织和巴勒斯坦民族权力机构谈判,以色列无意中留下这样一种印象:巴勒斯坦人只是寻求两国解决方案,而不是想要灭绝以色列,或者说西方很多人都开始相信这一点。讽刺的是,直到 2000 年,少数以色列人仍持这种观点。

对恐怖主义的恐惧,特别在 2001 年 9 月美国"9·11"事件后,加上伊斯兰极端主义的兴起,使得一些西方国家的态度更有利于以色列,尤其在以前很大程度上不友好的保守圈子中,但还有一些国家对以色列不利,这取决于以色列是被他们视为抵御威胁的盟友和壁垒,还是造成对西方暴力和敌意的原因。政治正确性和多元文化主义的兴起常常将以色列置于一个与美国结盟的西方国家角色,这在以前是一种资产,但后来当巴勒斯坦人被视为受压迫的弱者时,就成为以色列受谴责的一个原因。此外,世界各地反犹主义强劲复苏。还有一个问题是,人们是将 20 世纪 90 年代和平进程的失败归咎于以色列,还是将其视为这一结果的受害者。

以色列的外交政策有一个不寻常的特点就是"哈斯巴拉"(*hasbara*),即以色列及其对手为获得外国公众舆论、舆论制造者和决策者的支持而发动的国家形象之战。以色列人把哈斯巴拉作为重要前线,国外的犹太人群体将它看得更为重要。佩雷斯在表明以色列态度时称,如果以色列有好的政策,那么它就不需要好的哈斯巴拉了。以色列人认为他们冒着巨大的风险(造成许多以色列人伤亡)撤出占领的领土,做出许多让步,并宣布愿意接受一个独立的巴勒斯坦国,却为此饱受批评,这是一种讽刺,因为在推行单方和平进程之前,它受到的批评要少得多。

虽然以色列的外交政策多少有了一些改变,例如,政府现在认真对待那些意图灭亡以色列的运动,以色列政府仍然更加优先考虑现实形势而不是公共关系。外国批评、媒体误传和不得人心都必须进行评估,无论是在政策选择方面,还是在不受以色列控制的因素方面,这包括其他国家内无法改变的个人敌意或政治因素。

西方媒体对以色列给予极大关注,而且这种关注经常涉及对以色列及其行动的批评和谣传。在某些外国非政府组织和国际机构中,阿拉伯国家、穆斯林占多数的国家和其他国家极力谴责以色列,将以色列当作无赖国家,或尝试把以色列归为这类国家,这已成为当代国际关系的一大特色。

其他国家内部对以色列的态度可以分为三类人群:决策者、舆论制造者(记者、学者、知识分子和文化人士)和一般公众。第二组在政策问题上虽然不是最重要的却往往是最显而易见的,他们是以色列面临最大问题的群体。

然而,事态的发展都没有让以色列人丧失安全感,也没有影响对国家安全和利益所必需的政策的执行。

以色列政府和政治的未来

以色列与之斗争了多年的政治问题不会消失。主要有两个具体的问题:与安全形势有关的问题和宗教角色问题,这是以色列民主的核心。作为犹太国家和民主国家意味着什么?以色列的阿拉伯少数群体会发生什么情况?宗教在民主国家中的作用是什么?一个民主国家面临如此可怕的安全形势又意味着什么？在国内，人们对国家的理想主义和公民将集体利益置于个人利益之前的意愿是否一去不复返也存在争议。此外，腐败现象让人们对现任领导人和各党派很失望。对于这些关键问题，以色列人存在高度的共识，过去许多问题或得到基本解决或有所减少，人们的期望值降低，并在强烈自我批评的同时又拥有民族自信心。

尽管存在这些内部丑闻、人们对政治的失望，尤其与巴勒斯坦人和以色列邻国之间的冲突所带来的挑战，以色列民主仍然充满活力和弹性。

参考文献

Amara, Muhammad H. "Israeli Palestinians and the Palestinian Authority." *MERIA Journal: The Middle East Review of International Affairs* 4, no. 1 (March 2000). http://www.gloria-center.org/meria/2000/03/amara.html.

Arian, Asher. *The Second Republic*. Chatham, NJ: Chatham House, 1998.

Arian, Asher, and Michal Shinar. "A Decade Later, the World Had Changed, the Cleavage Structure Remained: Israel, 1996—2006." *Party Politics* 14, no. 6 (2008): 685–705.

Bick, Etta. "A Party in Decline: Shas in Israel's 2003 Elections." *Israel Affairs* 10, no. 4 (Summer 2004): 98–129.

Brown, Cameron S. "Israel's 2003 Elections: A Victory for the Moderate Right and Secular Center." *MERIA Journal: The Middle East Review of International Affairs* 7, no. 1 (March 2003). http://www.gloria-center.org/meria/2003/03/brown.html.

Diskin, Abraham. *Elections and Voters in Israel*. Santa Barbara, CA: Praeger, 1991.

Diskin, Abraham, and Reuven Y. Hazan. "The Knesset Election in Israel, March 2006." *Electoral Studies* 26 (2007): 699-724.

Diskin, Abraham, and Reuven Y. Hazan. "The 2001 Prime Ministerial Election in Israel." *Electoral Studies* 21 (2002): 649-680.

Dowty, Alan. "Israeli Foreign Policy and the Jewish Question." *MERIA Journal: The Middle East Review of International Affairs* 3, no. 1 (March 1999). http://www.gloria-center.org/meria/1999/03/dowty.html.

Facts about Israel. Jerusalem: Israel Information Center, 2003.

Frisch, Hillel. "Israel's Arab Parties." In Robert O. Freedman, ed., *Contemporary Israel: Domestic Politics, Foreign Policy, and Security Challenges*, 115-134. Boulder, CO: Westview Press, 2009.

Garfinkle, Adam. *Politics and Society in Modern Israel*. Armonk, NY: M. E. Sharpe, 1997.

Gerstenfeld, Manfred. "The Run-up to the Election." *Israel Affairs* 13, no. 2 (April 2007): 251-265.

Goldberg, Giora. "The Electoral Collapse of the Israeli Doves." *Israel Affairs* 10, no. 4 (Summer 2004): 36-55.

Hazan, Reuven Y. "Kadima and the Centre: Convergence in the Israeli Party System."*Israel Affairs* 13, no. 2 (April 2007): 266-288.

Hazan, Reuven Y. and Abraham Diskin. "The 1999 Knesset and Prime Ministerial Elections in Israel." *Electoral Studies* 19 (2000): 615-646.

Hazan, Reuven Y., and Abraham Diskin. "The Parliamentary Elections in Israel, January 2003." *Electoral Studies* 23 (2004): 329-360.

Khanin, Vladimir (Ze'ev). "Israel's 'Russian' Parties." In Robert O. Freedman, ed., *Contemporary Israel: Domestic Politics, Foreign Policy, and Security Challenges*, 97-114. Boulder, CO: Westview Press, 2009.

Knoller, Ephrat. "Change (Shinui) in the Centre." *Israel Affairs* 10, no. 4 (Summer 2004): 73-97.

Lahav, Pnina. "Israel's Supreme Court." In Robert O. Freedman, ed., *Contemporary Israel: Domestic Politics, Foreign Policy, and Security Challenges*, 135 - 152. Boulder, CO: Westview Press, 2009.

Lim, Kevjn. "Neither Left nor Right but Backwards: The Failure of Centrist Parties in Israel and Their Relationship to the Multiparty System."*Israel Affairs* 15, no. 1 (January 2009): 28 - 51.

Mahler, Gregory. "Israel's New Electoral System: Effects on Policy and Politics."*MERIA Journal: The Middle East Review of International Affairs* 1, no. 2 (June 1997). http://www.gloria-center.org/meria/1997/07/mahler.html.

Mann, Kenneth. "Judicial Review of Israeli Administrative Actions against Terrorism: Temporary Deportation of Palestinians from the West Bank to Gaza." *MERIA Journal: The Middle East Review of International Affairs* 8, no. 1 (March 2004). http://www.gloria-center.org/meria/2004/03/mann.html.

Navot, Suzie. "Fighting Terrorism in the Political Arena: The Banning of Political Parties." *Party Politics* 14, no. 6 (2008): 745 - 762.

Peleg, Ilan. "The Israeli Right." In Robert O. Freedman, ed., *Contemporary Israel: Domestic Politics, Foreign Policy, and Security Challenges*, 21 - 44. Boulder, CO: Westview Press, 2009.

Peretz, Don, and Gideon Doron. *The Government and Politics of Israel*. Boulder, CO: Westview Press, 1997.

Rahat, Gideon. "Trial and Error: Electoral Reform through Bypass and Its Repeal."*Israel Affairs* 14, no. 1 (January 2008): 103 - 117.

Rodman, David. "Israel's National Security Doctrine: An Introductory Overview." *MERIA Journal: The Middle East Review of International Affairs* 5, no. 3 (September 2001). http://www.gloria-center.org/meria/2001/09/rodman.html.

Rosenblum, Mark. "After Rabin: The Malaise of the Israeli Zionist Left." In Robert O. Freedman, ed., *Contemporary Israel: Domestic Politics, Foreign Policy, and Security Challenges*, 45 - 75.

Boulder, CO: Westview Press, 2009.

Rubin, Barry. "External Factors in Israel's 1999 Elections." *MERIA Journal: The Middle East Review of International Affairs* 3, no. 4 (December 1999). http://www.gloria-center.org/meria/1999/12/rubin.html.

Rubin, Barry, and Judith Colp Rubin. *Yasir Arafat: A Political Biography*. Oxford: Oxford University Press, 2003.

Rynhold, Jonathan. "The View from Jerusalem: Israeli-American Relations and the Peace Process since Camp David."*MERIA Journal: The Middle East Review of International Affairs* 4, no. 2 (June 2000). http://www.gloria-center.org/meria/2000/06/rynhold.html.

Sandler, Shmuel, and Aaron Kampinsky. "Israel's Religious Parties." In Robert O. Freedman, ed., *Contemporary Israel: Domestic Politics, Foreign Policy, and Security Challenges*, 77 – 93. Boulder, CO: Westview Press, 2009.

Sandler, Shmuel, and M. Ben Mollov. "Israel at the Polls 2003: A New Turning Point in the Political History of the Jewish State?" *Israel Affairs* 10, no. 4 (Summer 2004): 1 – 19.

Sandler, Shmuel, and Jonathan Rynhold. "Introduction: From Centrism to Neo-Centrism." *Israel Affairs* 13, no. 2 (April 2007): 229 – 250.

Spyer, Jonathan. "Downfall of a Dominant Party: The Likud and the 2006 Election."*Israel Affairs* 13, no. 2 (April 2007): 289 – 304.

Spyer, Jonathan. "Forward to the Past: The Fall and Rise of the 'One' State Solution." *MERIA Journal: The Middle East Review of International Affairs* 12, no. 3 (September 2008). http://www.gloriacenter.org/meria/2008/09/spyer.html.

Spyer, Jonathan. "The Netanyahu Government at Its Halfway Point: Keeping Things Quiet?"*MERIA Journal: The Middle East Review of International Affairs* 14, no. 3 (September 2010). http://www.gloria-center.org/meria/2010/09/spyer.html.

Susser, Bernard. "The Retirees' (Gimla'im) Party: An 'Escapist'

Phenomenon?"*Israel Affairs* 13, no. 2 (April 2007): 187–192.

Torgovnik, Efraim. "Shinui's Attempt to Capture the Centre of Israeli Politics." *Israel Affairs* 10, no. 4 (Summer 2004): 56–72.

第六章 经 济

以色列跻身世界最富有、技术最先进国家前列。以色列工业专攻最前沿的通信、电子和医疗技术,开发消费产品和服务的能力不断增长,其商业部门极具创业精神,充满活力。

作为全球经济的全面参与者,以色列每年出口额约占国内生产总值(GDP)的三分之一,每年吸引外来投资达数十亿美元。以色列的金融市场错综复杂,如果以美国和欧洲大部分国家的

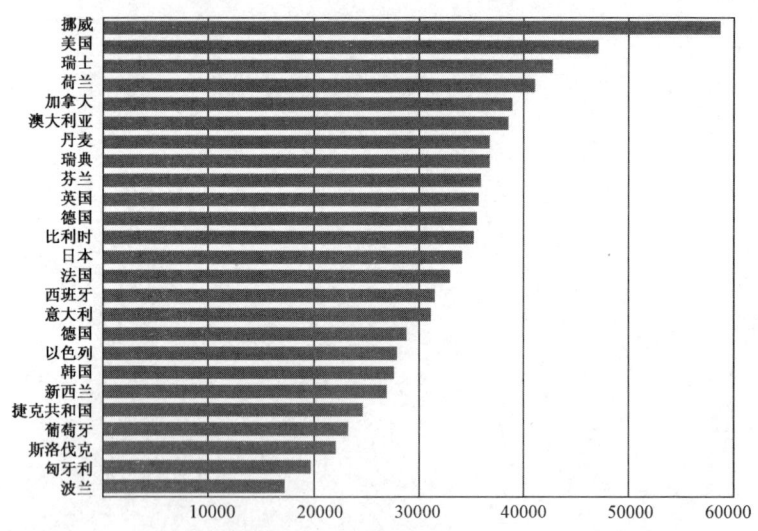

图6-1 2008年发达经济体相对财富人均国内生产总值(美元)

注:尽管以人均国内生产总值衡量,以色列是世界上最富有的经济体之一,但与西欧和北美相比,它仍然很贫穷。(数据来源:经济合作与发展组织;表格:大卫·罗森博格 David Rosenberg;画图:比尔·尼尔森 Bill Nelson)

标准来衡量,以色列的商业和金融监管是有效的。2009年,以色列人均国内生产总值(衡量一个国家相对财富的指标)约为28500美元,与意大利、西班牙、希腊和韩国的国内生产总值相当。

世界经济论坛对国家竞争力的年度调查结果显示,2009年以色列在134个国家中排名第27,2010年排名提升至第24。对照医疗保健普及度、平均寿命等一些越来越受经济学家重视的社会指标,以色列也能跻身世界最发达国家之列。联合国人类发展指数是评估居民健康、知识和生活标准的指数。2010年以色列的这一指数在接受评估的169个国家和地区中排第15位。

以色列的每一项成就都绝非易事。在犹太复国主义驱使下,第一批犹太移民于19世纪最后的25年里到达以色列,那时以色列的经济水平就当时的标准来说非常低。几乎没有能支撑现代农业和工业的自然资源。之后数年中,以色列与阿拉伯人的冲突阻碍了经济发展,并迫使建成伊始的以色列在国家安全上投入过多的财力和人力。

战争和接踵而至的移民浪潮频频干扰经济发展,意识形态上建立新的社会和国家的要求与低下的经济效率相冲突。实际上,以色列在20世纪70年代和80年代经历了长达十几年的经济停滞,后来才发展至完全成熟的市场经济。

以色列最终克服了经济发展中的困难,这充分展现了以色列人民的活力、创业动力还有智慧。然而,以色列的经济仍然面临巨大挑战。以色列和它中东地区的邻国彼此隔绝,贸易、劳动力和资金无法自由流通。尽管国防成本在国内生产总值中所占比例比过去小,却仍然是一项重荷。另外,与其他发达国家相比,以色列的贫困率更高、收入不均情况更严重。

中小学教育体系是科技产业的重要基础,但以国际标准衡量,以色列表现并不好。尽管越来越多的以色列人接受高等教育,但大学仍然缺乏资金。与世界上最富有的经济体相比,以色列仍需努力追赶。以色列的人均国内生产总值大约相当于美国的 60%,是经济合作与发展组织(OECD)成员国平均水平的 81%。经合组织是评估世界上工业化经济体的组织,以色列于 2010 年加入该组织。

以色列经济及背后的意识形态在过去的一个世纪不断演变,与此同时,全世界都在争论社会主义和资本主义经济发展模式的相对优点。在伊休夫,社会主义很早就作为主流意识形态出现,并在以色列历史上的头三十年占据主导地位。20 世纪 70 年代,美国和西欧经济萎靡不振,国家干预效率低下,但至 20 世纪 80 年代末,全球经济形势出现逆转。从 1985 年的经济稳定计划开始,以色列的政策制定者不仅从当地情况出发,而且从世界各地的事件中吸取经验教训,开始实施减少国家在经济中干预的政策,直到今天还是如此。

伊休夫的经济

19 世纪的最后 25 年里,奥斯曼统治下的巴勒斯坦大部分人口是阿拉伯人,他们经济生活的主要支柱是自给自足的农业。过去几个世纪,大部分土地都被遗弃,成了沼泽和沙漠,生活在那里的少数犹太人依赖国外的经济援助度日。

以色列 1948 年建国前,来自中欧和东欧的犹太移民占总移民人口的绝大多数,他们不能满足建设以色列的需要。这些人大多数在原来生活的国家被法律禁止从事农业,他们不但对气候毫无研究,面临其他情况时也一筹莫展,而且他们几乎很少或没有什么资产。

然而,他们有足够合理的理由移民。除了俄罗斯帝国不断壮大的反犹太主义势头以外,幽禁俄罗斯多数犹太人的"栅栏区"也面临着极大的经济压力。19 世纪最后 25 年内,犹太人口增长迅猛,而传至东欧的工业化和城市化浪潮让很多不起眼的犹太工匠和服务业人员丢了工作。第二次世界大战爆发前的一个世纪里,约 400 万犹太人迁出东欧。鉴于巴勒斯坦的惨淡前景,只有 4% 的人选择移民巴勒斯坦。

1882 年,第一批阿利亚移民建立了首个农业公社,但此后不久,所有农业公社都遭遇了财务危机。来自欧洲银行业大家族的埃德蒙德·罗斯柴尔德男爵(Baron Edmond de Rothschild)同意提供金融和管理援助。罗斯柴尔德家族挽救了定居点,但也付出了代价。1904 年,第二批阿利亚移民开始迁入,定居点几乎摒弃了建立自给自足犹太人农业合作社的目标,转而依赖罗斯柴尔德家族和阿拉伯劳工。在兹克隆雅科夫小镇(Zichron Ya'akov),罗斯柴尔德赞助开办卡梅尔酒厂分公司,公司有大约 200 名犹太农民,并雇佣了 1200 名阿拉伯人。

建国前,由于以色列总工会建立、基布兹集体农场制、莫夏夫私人租地集体耕作制以及其他一些经济机构,社会主义得到了切实的实践。在奥斯曼帝国和后来的英国托管巴勒斯坦期间,犹太复国主义运动没办法在全巴勒斯坦建立社会主义经济结构,但它通过半官方体制为犹太人建立了一个社会主义经济结构,在一个几乎没有现代基础设施的经济体中从零开始建立了一个新体系。犹太复国主义运动领导层中的许多人认同社会主义者的意识形态,认为经济不仅仅是提供商品和就业的工具,还可以作为一个重塑人和社会的平台。对他们来说,犹太复国主义意味着改造犹太人,在犹太人的家园创造一个理想的社会。

受当时东欧流行的社会主义思潮的影响,第二代阿利亚移民与他们的前辈截然不同。他们认为犹太人在欧洲的生活被小商贩和工匠所控制,在经济和社会上都是扭曲的,现在他们应该利用正在建设的新家园,发展工人阶级,从事体力劳动和农业劳动,进行阶级斗争。然而,由于当地没有任何工业,这些新来的人别无选择,只能在经验丰富的犹太农民那里找工作,组建独立的劳工队。

奇怪的是,在最发达的经济体进行工业化的时候,这些犹太劳工复国主义者认为社会革命的基础在于农业,于是以色列集体农场基布兹占据重要地位,将两个目标结合成了一个单一的体制。犹太代办处当时的财务主管埃利泽·卡普兰(Eliezer Kaplan)在1935年写道:"从犹太复国主义中,我们看到了犹太人民生活和经济结构的变革,这个由中间商组成的国家变成了一个由真正的劳动者组成的国家。因此,农业和劳动征服是达成我们愿望的必要条件。"

第一次世界大战后,第三批阿利亚移民的到来加强了农业工人的队伍和他们的意识形态倾向。当时以色列归属英国控制。20世纪头20年里,以色列基布兹、以色列总工会和一系列社会和教育网络等经济体制得以建立,这些体制反映了第二批和第三批移民的观点:经济生活与政治、社会和文化生活密不可分。

资本主义和社会主义的较量

在1920年的犹太复国主义大会上,对于应该在犹太人的家园发展资本主义还是社会主义的讨论非常激烈。一方是以最高法院法官路易斯·布兰戴斯(Louis Brandeis)为首的美国犹太复国主义者,他希望由私人投资者来带动经济发展。他们认为,诸如犹太复国基金会等犹太复国主义运动的经济组织,应该作为半官方机构,建立基础设施、保障社会福利。持反对态度的一方是欧洲犹太复国主义先驱哈伊姆·魏茨曼(Chaim Weizmann),他认为犹太复国主义运动应该购买土地、赞助农业定居点。欧洲犹太复国主义者认为,犹太复国主义运动不是企业机构，而是社会革命，将由基布兹和莫夏夫的农民团结起来共同推动。他们认为，现在的条件还太不成熟，无法支撑资本主义运作。

魏茨曼等人虽占了上风，但接下来的数年里，私营企业仍然是一支强大的力量。随后的两次移民浪潮带来的主要是小企业主和专业人士。前一批移民是波兰犹太人，其中许多都拥有小型企业，他们移民以色列是为了躲避20世纪20年代初势头越来越强的反犹主义。此后十年里，一批德国犹太人为躲避纳粹，也移民至此。这些移民带来了资金和技术，并在城市中建设了小型工厂。

为实现犹太复国主义运动的社会主义目标而建立的犹太复国主义机构效率低，资金不足。从1932年到1937年，在巴勒斯坦犹太人区的所有投资中，私人资本占了87%。最后，第二次世界大战促进了私营产业的发展：在中东驻扎的英军孤立无援、无法获得国内的固定供给，只能依靠当地工厂和车间提供制服等供应品。伊休夫官方机构给农业带来的压力意味着工业发展的任务很大程度上留给了私营企业。

独立战争前夕，犹太人克服了巨大困难，建立了规模虽小却十分现代化的经济体制。在新移民及犹太复国主义机构带来的资本的推动下，加上英国在基础设施和战事上的投资，以色列犹太人口的经济水平在1920年到1947年以年均14%的速率增长。

被战争粉碎的经济

建成伊始的犹太国家沿袭了伊休夫的意识形态。尽管其领导层从未主动开展过大范围创建"新犹太"的运动，政府却接管了从前受伊休夫控制的几乎所有的经济机构。许多大的私营企业都处于政府的控制之下，但主要原因是缺乏私人投资者，而非意识形态。总工会保留了它的商业帝国，在经济中发挥了关键作用，并处于既是工会又是雇主的不同寻常的地位。

建国最初五年里，由于占统治地位的意识形态的影响，私营成分及其营利目的遭政府猜疑，但官员们最终并未打算废除私有经济。相反，政府所做的决议取决于怎样对国家发展最有利，因此当时的经济政策可称为"国有"经济政策。

与当今的传统观点相反，那时人们眼中的资本主义既不经济，又没有价值。资本家只在会带来最大利润的领域投资，而不是在最需要投资的领域投资，尽管小企业被认为充当了对社会无益的"中间人"角色，没为社会发展做出贡献，但他们实际得到了发展。

在私有企业的情况下经济能否发展，或者说能否更有效地发展，这个问题仍然存在争议。的确，早期几年的经济迅速增长是大规模输入的结果，尤其是移民带来的大量劳动力和外来资本，支撑起了工业发展和基础设施的建设。如果国家可以给私有企业留出更大余地，过度浪费和管理不当的情况将大幅减轻。但是鉴于早年以色列面临邻国孤立、长期备战和大批移民等巨大压力，私有企业似乎不太可能也无法应对这一挑战。

新生的以色列国家经济在1948年战争中崩溃了。许多工业企业遭到破坏，不少农田被划至以色列境外，也有很多遭弃置。以色列与最密切的贸易伙伴断绝了来往。这个初建成的国家面临着巨大的防御成本和重建成本，但与此同时，以色列向成千上万的移民敞开了大门，这些移民中绝大多数既贫困潦倒又身无长物。从1948年到1952年年底，约69万犹太人来到以色列，几乎都是躲避欧洲战乱的逃亡者，和来自中东和北非经济欠发达国家的难民。移民数量之大，几乎等同于1948年以色列的总人口数。而以色列要给这些移民提供栖身之所、满足他们最基本的需求，并为他们提供工作。

于是,政府1949年对所有物品(从日常消费的食品、衣物,到工业上的原材料)实行定量配给。这项被称为"Tsena"的计划在1953年基本被废除(尽管有些配给一直持续到1959年),因为它产生了物资短缺的不良影响,导致黑市和通货膨胀。但对以色列领导人来说,更大的问题是如何着手解决紧迫的经济发展问题。

发展之年

以色列没有能够支撑投资和发展的财政资源,尤其当时还面临人口急速翻番、急需住房资源的情况。要解决住房问题,以色列首先向美国和欧洲的犹太社区寻求帮助,1949年到1965年共得到7.5亿美元的援助。美国政府还通过捐赠剩余农产品和提供贷款的方式进行援助,但是最大的单一捐助来自西德,1952年,西德同意赔偿被纳粹劫掠的犹太人财产,对以色列进行补偿。接下来的12年里,西德向以色列提供了8.33亿美元的赔偿金,以色列将这笔钱用于购买生产设备、为国营的以星航运公司(Zim)组建船队等。有了投资和移民资源的推动,1954年到1965年以色列的国内生产总值年平均增长率达到10%。

表6-1 1950—1967年引进资本在以色列总资本和总投资中所占份额(年平均)

	总贷款、投资和拨款($百万)	总资本(美元百万)	国内总投资(美元百万)	引进资本占总资本的比例(%)	引进资本占总投资的比例(%)
1950—1954	274	1157	394	17.6	69.5
1955—1959	398	2071	497	19.2	80.1
1960—1964	697	3165	667	22.0	104.4

(续表)

	总贷款、投资和拨款（$百万）	总资本（美元百万）	国内总投资（美元百万）	引进资本占总资本的比例（％）	引进资本占总投资的比例（％）
1965—1967	805	4399	834	18.3	96.5
合计	515	2620	572	19.7	90.0

来源：迈克尔·巴奈特（Michael N. Barnett）《正视战争的代价：埃及和以色列军事实力、国家和社会》（普林斯顿，新泽西州：普林斯顿大学出版社，1922）。

虽然以色列从未正式采用社会主义模式，更不用说实现犹太劳工复国主义思想者们设定的广阔的社会目标，但在20世纪50年代，由国家、以色列总工会和基布兹联盟主导的经济慢慢发展起来。死海工厂、海法炼油厂等关键产业从私有企业变为国有企业，其他如国防工业等产业，则由国家从零开始一手创立。附属于国家和工会的企业建起了城镇，架起通信和交通网络，控制了贷款和金融通道。1948年独立战争期间，国家接管了英国托管当局和巴勒斯坦阿拉伯人留下的土地和财产，至此整个国家95％的土地处于国家控制之下。私营部门与政府的传统经济并存，不受干扰，甚至受到鼓励，但受到规章制度的约束。

有时国家规定会与政府官方的社会主义精神发生冲突。20世纪50年代末，品哈斯·萨丕尔（Pinhas Sapir，在以色列建国初的30年里，先后作为工业部部长和财政部部长，与列维·埃希科尔一同主导国家经济政策的制定）阻止总工会工业部下属索莱尔玻恩公司（Solel Boneh）在阿卡建设炼钢厂的大幅扩张计划。萨丕尔认为以色列总工会的势力增长给私有企业造成了威胁。与此同时，萨丕尔开始招募本地商人和国外投资者，共同发展纺织业。在将流散犹太人的私人投资引入以色列这方面，萨丕尔确实有所成就，但什么样的工厂可以建、建在哪里，还是要由国家决定。

1966到1967年发生的经济衰退短暂中断了多年的快速增长,政府行为部分导致这次经济衰退。起初由于担心收入增加会造成巨额贸易赤字和通货膨胀,财政部收紧信贷,并削减国家发展预算。时机很不巧,阿什杜德港口、国家输水系统(利用管道将水从加利利海输往人口稠密的中心地区以及内盖夫北部)等许多大型基础设施项目还在建设中,并受到了影响。国内生产总值增长率在经济衰退的两年里降至1.7%,等同于人均国内生产总值下降了1.2%,失业率跃升至10%。经济衰退严重影响了全民士气。许多以色列人选择移民,另求发展机会。

表6-2 1950—2009年以色列经济增长

年份	年均变化(%)
1950—1965	10.6
1966—1967	1.7
1968—1972	11.8
1973—1977	3.6
1978—1984	3.3
1985—1989	3.8
1990—1996	6.1
1997—1999	3.3
2000	8.9
2001—2003	0.4
2004—2006	5.2
2007	5.2
2008	4.0
2009	0.7

来源:以色列中央统计局。

注:以色列经历了1966—1967年、1997—1999年、2001—2003年和2008—2009年的经济衰退以及1978—1984年较长的慢速增长期。

1967年6月,六日战争发生后,经济衰退停止。随着军队在新占领的西奈半岛、西岸和戈兰高地建立设施,建筑工作得以恢复。法国对以色列实施的武器禁运迫使以色列加快了国防工业的发展,促进了电子和金属行业的发展。这次胜利还开启了一个乐观主义的新时代,鼓励了投资者和移民,就像苏联的大门曾短暂地向想要离开的犹太人敞开一样。

赎罪日战争和恶性通货膨胀

1973年的赎罪日战争致使发展停滞。十多年来,经济陷入低速增长和快速通胀困境。每年的国内生产总值增长率为3%多一点,远低于人口增长速度,而1984年通胀率达到450%。造成这一问题的直接原因是战争造成的巨大人力和财政成本以及世界能源价格的飙升。20世纪70年代国防开支在国内生产总值中所占比例达30%,比冷战时期美国的国防开支比例高出三倍。

政府允许预算快速增长,以致增加的税收无法抵消不断增长的赤字和债务,危机愈发严重。政府指望以色列银行印更多钞票以弥补国家过度开支。由于通胀指数上升,全国企业必然上涨工资来保持与物价的对应,这种做法本为保护储户和员工不受物价上涨影响,但降低了政府采取行动的政治压力,因此也使问题愈加严重。

但还有更深层次的问题。国家主导的经济模式不再发挥作用。曾经大幅促进经济增长的大型基础设施项目建设时代已经完结,政府和主导经济生活的以色列总工会下辖的公司规模庞大,但效率低下。

与美国不同(但与欧洲极为相似),20世纪70至80年代,即使之前为它服务的准社会主义经济模式明显失败了,以色列仍不愿意接受资本主义。贝京和利库德集团在1977年选举获得议会大部分席位，结束了工党29年的统治，这本应该开启以色列自由经济的新时代。虽然利库德集团敌视以色列总工会、基布兹以及其他工党建制，但利库德集团主要的意识形态是，通过建立定居点巩固以色列对西岸和加沙地带的控制。

利库德集团的经济政策是民粹主义，不是资本主义。为数不多的自由化努力都因为它正在应对的严重经济危机和缺乏承诺而失败。事实上，利库德执政的头几年，福利支出和政府规模都有所增长。8年后，工党和利库德集团联合政府采纳了《经济稳定计划》。

1985年7月，政府出台《经济稳定计划》，以应对经济危机。预算赤字大幅削减，以色列的货币单位谢克尔贬值20%，生活津贴暂停，物价被强制控制。美国政府提供了15亿美元的援助。到1986年，以色列国内通货膨胀率下降到20%左右。政府还实施了一项长期计划，出售国有企业（私有化），解除对市场和对外贸易的管制，同时减少政府开支。《经济稳定计划》不仅意味着政策变化，还标志着以色列经济社会主义时代的终结。虽然国家的作用依然重要，但私有企业和自由市场是经济增长和发展的关键，这已成为重要的指导方针。

改革和复苏

从1986年到1990年，国内生产总值以年均3.8%的速度增长，恢复经济增长速度比经济稳定需要更长的时间。《经济稳定计划》的直接影响是抑制宽松信贷，减少政府支出刺激，迫使企业缩减规模甚至关闭。该计划为随后20年的快速增长奠定了基础。1990年，苏联的移民开始大量涌入以色列，大约一百万移民均是拥有技术、受过教育的优秀年轻人，有利于接下来的十年经济发展得到巩固。

同时，马德里和平会议和奥斯陆和平进程削弱了阿拉伯国家对以色列的经济抵制——阿拉伯国家的抵制使以色列的进口和出口受损，并使其丧失了外国投资。许多公司将《奥斯陆协议》的签署视为一个信号，表明他们可以与以色列做生意，而不会遭到阿拉伯国家的报复。最后，新的、自由化的经济环境有助于放宽由创业精神和创新驱动的高科技部门。到20世纪90年代末，科技已经成为以色列的旗舰产业。

21世纪前十年，以色列经济体系经受重重考验。2000年，第二次巴勒斯坦大起义爆发，全球高科技产业衰落，订单随之减少。2006年，第二次黎巴嫩战争再次打击了以色列经济，威胁以色列的经济安全。这场战争持续了一个多月，连续的火箭弹袭击导致以色列三分之一的地区陷入瘫痪。一年后，美国爆发次贷危机，给以色列经济带来新的威胁并引发全球金融危机。

事实上，以色列在1997—1998年、2001—2002年和2008—2009年经历了三次经济衰退，但这些并不是由经济体制缺陷造成的，因此都得到了控制。以色列是最后一批卷入次贷危机的发达国家，也是第一批摆脱危机的国家之一，而在此之前，以色列的国内生产总值仅出现了两个季度（6个月）的负增长。2010年，当大多数发达国家在全球经济衰退的余波中苦苦挣扎时，以色列的国内生产总值增长了4.5%，而工业化国家的增长平均为2.7%。同样重要的是，第二次黎巴嫩战争之后，以色列经济迅速复苏，证明以色列有能力应对战争，至少能应对短期战争。

事实证明，私营企业能够消化不断出现的外部冲击，迅速削减成本，即使在战时也能保持生产线运转，并寻找新的市场和机会。政府的财政紧缩政策也帮助保护了经济免受次贷危机带来的冲击。但最近事实表明毫无束缚的自由经济政策也有局限性。以色列没有像美国那样放松对金融市场的管制，此举使以色列免于美国所遭受的银行和金融业危机。

由于选民和政治机构都专注于以色列面临的政治和安全挑

战，经济问题并不是政策辩论的首要问题。这是以色列与大多数西方社会的不同之处，也可以解释为什么政府在解决经济问题上往往行动迟缓。即使这样，如今以色列决策层达成了这样一个广泛的意识形态共识：支持小政府和自由市场。尽管利库德集团自1985年以来已经领导了七届政府，工党四届，前进党一届，但所有的政府都遵循经济管理的大体框架——私有化、放松管制和谨慎的财政政策。

主导产业

由于国内市场很小，以色列多数大型企业把重心放在海外销售上，故通常国内销量所占比例非常小。以色列国内生产成本较高、经济规模很小，不利于发展经济，企业不得不去国外经营，而国外的法规、生意惯例和货币都各有不同。面对挑战，以色列公司管理者必须灵活行动，迅速适应不断变化的市场条件，快速开发创新产品。以色列的主要制造业是机械和电子、军工、化学和制药、食品、塑料和运输设备。

20世纪20年代，来自波兰的移民企业家开办了小型纺织厂，以色列工业由此开端。后来来自德国的移民加入波兰人行列，创建了较大的企业，包括20世纪40年代最大的工业公司ATA纺织联合公司。然而，由于缺乏规模经济和原材料，国家早期建设钢铁和汽车等重工业的尝试都失败了。相反，纺织品从1957年开始成为政府主导产业和其他私营企业激励计划的重点。

由于进口竞争保护和财政支持，到1985年纺织业雇佣了全国15%的工业劳动力。但到20世纪80年代末，政府开始取消对当地工业的保护，纺织业和其他以色列传统行业无法与国外低成本的制造商竞争，工厂倒闭、失业率上升。科技、制药等创新型产业逐渐取代了传统产业。

1. 高科技

20世纪90年代,科技成为以色列的主导产业。2008年,科技占以色列工业生产值的20%,占出口货物和服务的四分之一,提供了16.8万个工作岗位,相当于以色列私营企业雇佣劳动力的7%。以色列科技行业的基础是高等教育和科学机构。得益于从欧洲移民而来的科学家,这些机构在建国初期就拥有异乎寻常的高水平,这为以色列高科技领域发展奠定了基础。以色列的劳动力中也有很大比例的科学家和工程师。如今,每1万人中就有140名科学家和技术人员、135名工程师,这一比例世界最高。

但技术不仅仅是原始科学能力的一个功能。创建将创意转化为商业产品的初创公司,需要一批企业家和专门的金融体系,即风险投资。以色列已经成功将所有这些要素结合起来。甚至军队也扮演了关键角色,成为很多行业创新的来源和未来经理人的培训基地。

以色列科技知识最初用于国防事业,1967年,在法国与其他主要武器供应商对以色列实施武器禁运后,这一现象更加明显。向民用市场的过渡是在一个主要的国防项目——狮式战斗机(Lavi)1987年被取消之后开始的,这导致数千名工程师失去工作,恰恰与此同时,全球通信行业放松管制,新技术,尤其是迅猛发展的互联网,给技术发展创造了新机会。

政府在帮助为风险投资行业奠定基础、资助企业家开发新产品的技术孵化器以及资助企业研发方面发挥了关键作用。以色列的创新包括第一代互联网聊天软件和第一个固态闪存驱动器。以色列的工程师还负责英特尔一些最重要的计算机芯片的设计。

在起步20年后,以色列的技术部门仍然专注于创新。核心是开发尖端通信、电脑产品和医疗设备的初创公司。2008年，以色列在研发上的投入占国内生产总值的4.8%，2009年占4.3%，投入比例均为世界最高。但以色列在营销和建立大型公司方面不是很成功。

以色列的初创企业经常开创新技术，然后把它卖给外国竞争对手，这让它们可以选择转向另一个细分市场，或者把自己卖给更大的海外竞争对手。创始人通常会再去组建拥有新的核心技术和目标市场的新公司，这样循环往复。这种战略因短期前景和剥夺以色列经济的收入、技能和就业机会而受到批评，而这些收入、技能和就业机会正是大型和不断增长的跨国公司所创造的。

2. 化工和制药

以色列为数不多且有工业价值的自然资源是磷酸盐、碳酸钾和其他来自死海及附近区域的矿物质，主要用于生产化肥。世界上其他地方的矿物质都要在矿区开采，而死海矿物质的取得成本要低得多，死海的南面布满大型盐蒸发池，矿物质从池中收集而来。这些矿产最初由巴勒斯坦钾盐公司开发，1930年在获得英国当局的独家许可后，该公司由摩西·诺瓦梅斯基（Moshe Novomeysky）和英国合伙人成立。

1952年以色列政府接管该公司，将其更名为死海工程公司（Dead Sea Works）。此后数年，其他化工企业也加入进来，形成了现在的以色列化学公司，并在1995年私有化。除了化肥，该公司还为石油行业生产阻燃剂和化学品，并在美国和欧洲收购了一些公司，以扩展死海基地以外的业务。

得益于全球最大的仿制药生产商梯瓦制药工业公司（Teva Pharmaceutical Industries），以色列还发展了一个庞大的制药行业。最近，以色列生物技术行业已经试图复制过去用来发展电子新兴通信公司的模式，即依赖政府资助和风险投资筹款的模式。曾经军队是通信和电脑行业的创新动力,现在以色列学术机构成为生物技术公司的创新动力。如今,以色列约有 300 家生物技术公司,大多数是新兴公司。约三分之二致力于开发新型治疗药物,其余的开发诊断试剂盒和研究工具。

3. 国防

即使在相对和平时期,面对高昂的国防成本,以及外国供应商的禁运威胁,以色列也不得不发展并生产自己的武器和国防材料。虽然以色列国防军依靠美国提供主要武器,但以色列的企业着力开发和创新技术提升武器的性能。以色列也生产导弹、无人机、通信设备和大量其他军用电子设备,甚至制造了以色列国防军的主战坦克梅卡瓦。与以色列其他工业部门不同,大多数国防工业由政府控制。最大的国有公司包括以色列航空工业公司(生产无人机、导弹、国防电子产品,以及民用商业飞机和卫星)、拉斐尔公司(生产国防电子产品)和以色列军事工业公司(生产弹药、导弹、国防电子产品)。国防电子产品制造商埃尔比特系统公司是最大的私营公司。

虽然按照国际标准来看,以色列的国防采购规模很大,但仍不足以支付开发新军事技术的费用,因此以色列成为美国、欧洲、亚洲和拉丁美洲的主要武器出口国。大多数情况下,以色列公司不得不设立当地分公司或者与当地合作商设立合资公司,以满足当地生产要求。虽然难以获得可靠的美元数据,但以色列有可能是世界上五大武器出口国之一。

4. 时尚和纺织

自政府停止资助以来,以色列纺织行业一直在衰退。一些企业通过降低成本和改进生产线的战略生存下来。很多公司把部分生产线搬至国外,多数情况下搬至约旦或埃及,因为那里的劳动力成本比以色列国内低很多。通常情况下,这些公司在以色列国内设计和裁剪,在劳动力密集的邻国进行缝制。另一种策略是采用专有技术,比如泰伏龙(Tefron)开发的无缝内衣,以确保对竞争对手的低成本竞争优势。其他公司则专注于高端服装市场,设计和质量比成本更重要,或者说是立足于利基市场,成本不是主要考虑因素,其中典型例子就是高太丝(Gottex)生产的奢华泳衣。

和以色列的其他主导产业一样,纺织业也面向出口。以色列与美国和欧洲这两个最大市场达成了自由贸易区协议,以色列制造的产品享有免关税和免配额准入政策,有助于抵消生产成本的上升。以色列在约旦和埃及的工厂都位于符合条件的工业区(QIZs),只要保持服装价值的最低百分比在以色列生产,就可以免税进入美国市场。

5. 能源

直到最近,天然气才纳入了以色列的自然资源。以色列的能源大多依赖进口,成本高昂,且存在极大的安全风险。阿拉伯国家的抵制阻止它从邻国进口石油,因此以色列只能依赖俄罗斯和原苏联加盟共和国作为石油进口来源国。

从20世纪50年代开始,政府鼓励勘探石油和天然气,但没有任何重大发现。以色列人开玩笑说,摩西带领以色列人离开埃及后走错了方向:左转进入迦南,而不是右转进入现在石油储量丰富的沙特阿拉伯。然而,事实上,以色列地中海沿岸蕴藏着大量的天然气,这些天然气数千年来由埃及尼罗河的有机物带入大海并沿海岸沉积而来。

第一次重大发现是在1999年,雅姆-忒修斯集团(Yam Thetis)在地中海阿什克伦附近的玛丽B(Mari-B)和诺阿(Noa)发现了储量为1.236万亿立方英尺(约为350亿立方米)的天然气田。十年后,在距离海法海岸56英里(90公里)的海域发现了更大的天然气田。据估计,塔玛尔气田(Tamar Gas Field)的总储量为211.88万亿立方英尺（相当于6万亿立方米），足以满足以色列未来20年的需求。玛丽B油田从2004年开始生产，到2012年左右可能会枯竭，规划者们希望用塔玛尔气田来取代它。2010年，以色列发现了迄今为止最大的天然气田——利维坦（Leviathan）气田，总储量为16万亿立方英尺（4530亿立方米），能够满足以色列未来60年的国内需求。发现的天然气储量之大，如果以色列愿意，它可以成为主要的天然气出口国。

从1995年开始，在第一批国内储量确定之前，以色列就开始了一项长期计划，到2014年将天然气消费量提高到总能源消费量的40%，取代大部分进口煤炭。这个项目的原因是建造燃气发电站相对便宜，而且电站本身占用的空间很小。燃煤发电厂必须建在靠近海岸的地方，才能接收从船上进口的煤炭，而天然气发电厂可以建在任何地方。而且，通过管道输送天然气是最便宜、最有效的方式，因此，以色列天然气计划的一个关键部分包括一个管道网络，将天然气从气井输送到发电厂和大型工业用户所在地。

地中海沿岸新发现的大型天然气田可能会使以色列成为主要的天然气出口国，并取代从埃及进口的天然气。2011年埃及发生革命后，由于对管道的蓄意破坏袭击和政治敌对情绪，输气线路受到了威胁。

农业与基布兹

在建国初期，柑橘是以色列农业的旗舰产品，强健的基布兹尼克（基布兹居民）是典型的以色列人。集体农场通常不种植柑橘树，但雅法柑橘是以色列最大的出口产品，是集体农业经济发展的重点。1948年之后，第一批抵达以色列的移民被尽可能地安置在基布兹或莫夏夫集体定居点；在这些地区，土地大部分为私人所有，但供应品的购买和产品的销售则由社区集体完成。

1950年，农业就业人数约占总就业人数的17%。直到20世纪50年代后期，农业部门明显不能为所有的移民创造足够的工作和住房，政府才把重点转向工业。这是一个明智的决定，因为农业的效率提高了，在产量增加的同时，却减少了工作岗位。1955年，一个以色列农民可以养活15个人；到2007年，一个农民可以养活100人。今天，农业直接雇佣了不到3%的劳动力，占国内生产总值份额也在3%左右。

农产品在以色列出口总额中所占的比例已经在下降，但即使在今天，以色列仍有四分之一的农产品销往国外。与工业一样，农业在海外市场竞争中也面临着成本高、规模小的问题。为了克服这些困难，种植者利用研究和开发来确定新产品和利基市场。他们还采用滴灌等先进种植技术，有效利用水和温室技术来控制热、光和湿度。

2007年以色列的农业总产值为55亿美元，其中柑橘类作物的产量只占5%。如今以色列出口奇异的花果，并且在研发方面处于世界前沿，每年向国外出口大量反季果蔬，引来智利和其他发展中国家效仿。蔬菜类占总出口额的24%，水果及牛肉则各占17%。

尽管以色列在提升农业产量和资源利用率上有显著进步，但依然面临农业扩张严重受限的难题。这个面积不大的国家位于干旱和半干旱气候区，只有20%的可耕地。随着人口的增长，大多数优质土地，包括过去特拉维夫周边的大片橘园，已经被住宅、工厂和办公楼取代。

在地中海气候的影响下，以色列每年只有10月份和4月份处于雨季。为了保证全年作物有足够的水，种植者需要对大约40%的可耕地进行灌溉，这个比例是1948年的6倍。以色列大约有一半的饮用水用于灌溉农田。但实际上，农业只占国内生产总值极小的一部分。以色列大力发展海水淡化厂和污水回收网络,但仍然存在水资源短缺问题,也就是说,其年用水量超过降雨量。因此,它必须利用地下蓄水层。

以色列正在通过建设海水淡化厂网络来解决水资源短缺问题,该网络将提供约264.86亿立方英尺(7.5亿立方米)的水。其中最大的是位于哈代拉(Hadera)的44.8亿立方英尺(1.27亿立方米)海水淡化设施,能够满足国内20%的家庭用水需求,也是世界上使用反渗透技术最大的设施。以色列正计划在沿海城市阿什克伦建设一个更大的海水淡化设施;它的最低产能为52.97亿立方英尺(1.5亿立方米)。

基布兹:步履维艰的试验

不仅农业在以色列社会中的地位下降了,基布兹的地位也是如此。基布兹的人口总和从来没有超过以色列人口的几个百分点,但基布兹为以色列输送了许多政治和军事领导人,甚至在今天,基布兹在以色列的农业和工业产出中所占的份额也不相当。同样重要的是,在全盛期,集体农场以其最纯粹的形式体现了一些接近社会主义意识形态的东西,这也是许多伊休夫人所渴望的。

基布兹的一切财产和生产资料为全体成员共有。一切开支如置办衣服、旅游、日常开销均按需索取,而非按个人对集体的贡献大小决定。事实上,在典型的基布兹模式中,成员的劳动得到了实物补偿,以劳动换取住房、食物、衣服等。主要的决定都是由全体成员在常规大会上集体做出的,这很像新英格兰的城镇会议。基布兹的理想是基于集体经济结构建立一个单一的、无所不包的社区,满足所有成员的需要——养育孩子、教育、文化、卫生和退休。

第一个基布兹德加尼亚(Degania)建于1910年,位于约旦河流出加利利海的地方,创建者们是11位年轻男女。尽管条件艰苦,但该理念影响极广,不到10年便创建了12个基布兹社区，成员805人。基布兹的发展不仅得益于各社区间思想的统一，也离不开当时伊休夫领导团体的支持。

欧洲犹太青年运动鼓舞并催生了新一代年轻人投身农业。到1940年，以色列共创建了82个基布兹，居住人口为2.7万。以色列建国初期，政府曾花费很大力气让移民者定居在基布兹中，此举使基布兹的数量增加到229个，居住总人口接近7.8万。

早期基布兹社区内的生活就如同其他试验性社区的生活一样，到处充斥着强烈的意识形态、高期望值、紧张的人际关系和政治关系。但和其他此类试验不同的是，基布兹在以色列作为一项制度而存在。20世纪60至70年代，由于以色列社会逐渐富裕起来并开始崇尚个人主义，作为基布兹创建理念的集体主义观念逐渐开始消散。自创建以来，基布兹为传统农业经济补充了工业和旅游业，并创建了许多获利丰厚的其他企业。事实上，即便基布兹的人口继续增长，从事农业的成员数量却在下降。到1990年，从事工业的人数超过从事农业的人数。此外，一些基布兹成员由于被城市生活的物质条件和其他优势所吸引而选择离开基布兹。

20世纪80年代基布兹经历了一次巨大的打击。由于当时以色列经济发生恶性通货膨胀，基布兹债务如雪球般越滚越大，暴露出自身经济效益低下的缺陷。1989年基布兹同政府和银行债权人达成第一项紧急救助协议，开始转卖土地和社区产业，2008年出售大型乳制品合作社特努瓦（Tnuva），并开始以商业为基础进行经营。到2009年，绝大多数基布兹已经解决了债务问题。

危机过后，基布兹开始进行改革，在保留社区集体所有制的前提下逐步废除各项集体制度，这一过程被非正式地称为"私有化"，尽管每个社区仍然是集体所有制。如今的基布兹成员可以在外面从事带薪工作，非基布兹成员可以在基布兹内租房居住，基布兹的各项产业由职业经理人打理。成员们不再经过分配得到日用品和各项服务，而是靠自身劳动获得津贴，他们可以把这些钱花在食堂吃饭、穿衣和娱乐上。2007年，也就是基布兹成立100周年的前三年，德加尼亚基布兹（现已更名为德加尼亚阿列夫基布兹，以便与另一家基布兹德加尼亚贝特基布兹相区分）宣布私有化。

尽管私有化意味着放弃许多基布兹运动的原始价值观，但帮助基布兹从20世纪80年代的危机中恢复过来。在经历90年代的人口缩减后，基布兹人口逐步回升。到2005年底加入基布兹的人口甚至比基布兹此前失去的人口还要多。2011年基布兹的总人数约为13万，接近七年前的最高纪录。

投资、储蓄与货币政策

建国初期，以色列面临建设经济、工业，建造住房和基础设施的艰巨任务，而国内资源十分有限。尽管以色列的私人储蓄率很高，但还不足以满足经济的需求，部分原因是政府几乎在历史上一直保持净负储蓄率。

以色列在解决政府差额问题时采取了两方面的措施：其一，在借贷、津贴和赠予领域成为外国资本的输入国，比如1950年首次发行以色列债券；1952年到1960年各类津贴与赠款发行金额达到22亿美元；其二，政府逐步建立起接近完善的资金分配制度，而后由其统一决定如何将资金分配到各个经济领域。以色列政府决定由其自身来决定银行借贷的去向（即定向贷款）、企业集资的时间和方式，以及机构投资者可投资的领域，如退休金和公积金的投资方向。通过控制融资渠道，政府实现了对经济的控制权。

为什么政府会取代银行和金融市场？其中一个关键因素是

私营企业无法独立筹集资金。20世纪50年代,几乎没有跨境投资,即使有少量的投资,以色列也不太可能获得。它刚刚从独立战争中解脱出来,能否长久地存在下去还是个问题。因此,在私营股东无法继续筹资维护设备的情况下,以色列政府决定接手巴勒斯坦钾肥公司。

事实上,20世纪50年代的单方转移支付大多为政府间行为,这让以色列别无选择,只能自身充当经济投资者的角色。当然,这里面也有意识形态的需要。以色列犹太劳工复国主义者受社会主义思潮的影响,认为应由政府而不是市场来发展经济,理由是后者变化无常,并不可靠。

在20世纪50年代和60年代初,这个体系运行良好,但随着经济越来越复杂,其低效的一面也越来越明显。此外,在1973年赎罪日战争的余波中,政府越来越难以控制经常性支出——用于国防、教育和社会福利等预算项目的资金。到1985年,以色列筹集的全部资金(国家贷款、债券和发行股票)的96%都流向了政府,而且越来越多的不是用于发展财政,而是用于支付国防和教育等方面的经常性支出。

1983年银行股票的崩溃就是政府过分干预金融业的结果。由于过多资金受政府定向贷款规定的限制,银行只能转向股票市场寻求不受限制的替代资金来源。为吸引投资者购买股票,银行通过购买自己的股票向投资者保证可观的收益。到20世纪80年代初,这种策略已无法持续,因为股价已远远超过其潜在价值。

当银行无法再支撑其股票时,投资者抛售所持股票,股价暴跌。为了防止经济损失蔓延,政府被迫介入。它以接近崩溃前的价格从投资者手中购买银行股票,并获得了银行的所有权,而这是通过印钞票来弥补的,因此加剧了通胀问题。

在以色列政府颁布稳定经济的计划后,便逐步减少对金融业的干预。针对机构投资者的非流通政府债券的配额下调,投资者能够选择投资领域。政府本身开始发行越来越多的可交易债券,公司发行债券不再需要获得官方批准。1985年占银行贷款三分之二的定向信贷逐渐消失。

谢克尔逐渐成为完全可兑换货币,因此到2003年,以色列人可以不受任何限制地买卖外币用于商业、旅行或投资。随着多年来预算赤字的下降,政府不再需要为自己垄断资本。

政府债务占国内生产总值的比例从1984年最高的284%下降到2008年的80%和2010年的70%。尽管与欧盟设定的60%的标准相比,这一比例很高,但仍是一项重大成就。2009年,以色列政府债务约占公众持有的全部金融资产的19%,但公司债券市场也一直在增长,约占11.5%。

虽然政府的储蓄率一直是负值,但这个数字已经降到了个位数,而私人储蓄率自1990年以来一直在10%—12%。随着通货膨胀放缓,指数化(将资产价值与通货膨胀率挂钩)不再像过去那样对经济产生抑制作用:2008年,在特拉维夫证券交易所交易的政府债券中,约40%与消费者价格指数(CPI)挂钩。

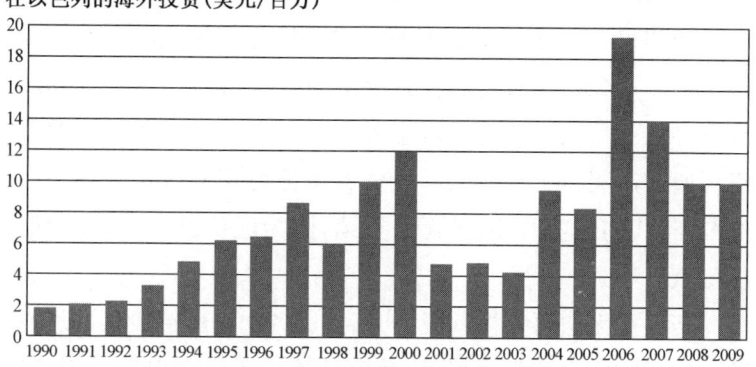

图6-2 以色列历年收到的外国投资总额

注:自1994年《奥斯陆协议》实施以来,外国投资有所增长;从20世纪90年代后期开始,高科技部门的增长进一步推动了外国投资的增长。(数据:以色列财政部;图标:David Rosenberg;绘图:Bill Nelson)

自 2002 年以来，以色列一直是世界上其他国家的净债权国，从 2003 年起，它的国际收支经常账户一直保持盈余。自由贸易也刺激了海外对以色列的投资，2009 年外国直接投资（用于购买不动产的资金，如对公司和房地产的投资）总计约 100 亿美元。同样，它使以色列人能够更自由、更有效地投资，无论他们是管理一家收购海外竞争对手的公司，还是寻求投资组合最佳回报的家庭储蓄者。

通 胀

虽然自 20 世纪 80 年代中期以来，通货膨胀得到了控制，但在以色列历史上的大部分时间里，高通货膨胀一直是经济生活的主要特点。第一次严重的通货膨胀发生在 20 世纪 50 年代初，当时定量配给导致黑市的出现，同时政府为弥补不断扩大的预算赤字大量印钞。仅 1952 年一年，物价就上涨了 66％。尽管随后通货膨胀速度放缓，政府还是在 1956 年采用指数调整法，将债券的价格与消费者价格指数（CPI）或汇率挂钩。

1962 年，银行也采取了部分指数化储蓄计划。从 1957 年开始，生活费津贴成为集体劳动合同的一个永久特征，劳动力市场也采用了这一做法。指数化作为保护金融资产和工资价值的一种方式受到了公众的欢迎，这是可以理解的。但寻求融资进行投资和扩张的企业，却无法达到政府慷慨投资的条款要求。

以色列物价在经历了 15 年个位数增长后，其消费物价指数在 1971—1972 年以每年 13％到 14％的速度攀升。70 年代末，这个数字达到每年 80％，并在 80 年代初达到三位数。尽管通货膨胀有许多即使是经济学家也还没有完全理解的原因，但毫无疑问，以色列银行印刷钞票的预算赤字过高助长了通货膨胀。指数化使物价自动上涨，成为通胀"余震"，进一步加重了问题的严重性。

通货膨胀破坏了经济增长，因为它使商业规划更加困难，从

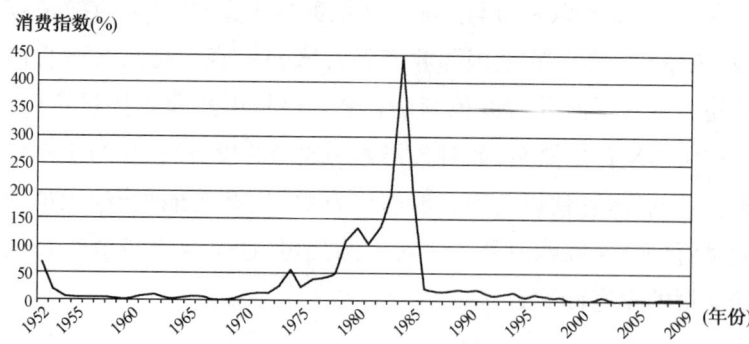

图 6-3　以色列消费指数逐年变化情况

注：通胀从 20 世纪 70 年代开始加速，直到 1985 年《经济稳定计划》实施后才有所降低。随后又用了另外 15 年才实现了个位数的消费者价格指数。（数据来源：以色列中央统计局；图表：David Rosenberg；绘图：Bill Nelson）

而阻碍了投资。事实上，即使价格上涨，以色列的经济增长也出现了滞胀现象。20 世纪 70 年代，世界上许多国家都经历了滞胀，但以色列比其他国家受到的影响更持久、更严重。此外，一旦通货膨胀率达到每月 10% 到 20%，指数化就不能再保护人们免受价格上涨的影响。

20 世纪 70 年代和 80 年代的通胀还严重损害了以色列货币的价值，以及公众对它的信心，以至于 5 年内以色列货币不得不被替换两次。以色列磅——里拉（lira，复数为 lirot）自 1948 年开始使用，1980 年里拉被谢克尔（shekel）取代，1 谢克尔等于 10 里拉。1985 年，政府用新谢克尔替代受通货膨胀打击的旧谢克尔，这一次的兑换率为 1 新谢克尔等于 1000 旧谢克尔。新谢克尔沿用至今。1985 年的经济稳定计划最终使得通胀率在 20 世纪 80 年代的后半叶降为两位数。自 1999 年以来，以色列每年的消费价格指数一直维持在 5% 以下，与其他发达国家一致；自 20 世纪 90 年代以来，低 CPI 一直是经济增长的一个因素。

货币政策

保持物价稳定的责任落在以色列银行身上，以色列银行为国家中央银行，好比美国的联邦储备系统。同其他同类银行一样，以色列银行通过控制经济中流通的货币（货币供应）和短期利率来稳定物价。太低的利率使经济增长过快，造成通货膨胀。相反，太高的利率会阻碍经济增长。以色列银行建于1954年，但在成立后的30年中，它保证物价稳定的能力受到严重限制，主要通过提高和降低银行的存款准备金来运作。

然而，自1985年以来，以色列银行逐渐采用发达国家中央银行采用的一系列工具来控制货币供给。这其中最主要的是货币拍卖，即国家的商业银行出价竞买中央银行的存款或贷款，这样就为经济中的最低利率设定了一个基准。另一种工具就是发行短期贷款（*Makams*），即中央银行发行至多为一年的债券。通过发行 Makams，以色列银行将用于购买债券的货币占用一年；买回它们或使其到期则会产生相反的效果。自1992年以来，政府设定了一个通胀目标，确定了"可接受"通胀的界限。最近几年，目标为每年1%至3%。

谢克尔和汇率政策

建国前的巴勒斯坦地区的法定货币在过去的一个世纪中经历了数次变化。在奥斯曼帝国的统治下，土耳其货币是官方交易媒介，在英国征服巴勒斯坦后仍然如此（托管当局也允许埃及镑流通，因为埃及当时也是在英国的统治下）。1927年，巴勒斯坦有了自己的货币，巴勒斯坦镑，并与英镑挂钩。

第二次世界大战期间，英国对巴勒斯坦镑实施了外汇管制，对以色列的经济产生了长期的影响；二战结束后，这些外汇管制仍然有效，并在1948年以色列宣布建国时被采纳。甚至在以色列开始使用自己的货币里拉，后来又改用谢克尔和新谢克尔时，外汇管制仍然在不同程度上继续发挥作用(只出现两次简短的中断),这种情况一直持续到 2005 年。

外汇或货币管制规定了谁可以以什么价格和出于什么目的买卖外汇。其背后的理念是,在一个外汇资产有限的经济体中,政府应该将外汇资产配置在最急需的地方(例如,支持食品进口,而不是海外度假)。事实上,它甚至可能利用汇率来促进其他经济政策,例如通过降低货币的国际价值(贬值)来提高出口产品的价格竞争力。

很多国家政府,包括以色列政府,都采用多种汇率,它们根据买卖外币的目的以不同汇率决定货币的价值。当然,一国货币的价值取决于众多因素,例如,通货膨胀及一国的国际收支(一段时间内的国际交易总额),政策制定者不可能一直成功地管理所有这些因素。黑市汇率也不可避免地随官方汇率而变化,而普通人和企业都需要根据黑市汇率来判断货币的真正价值。对于像以色列这样高度依赖外贸的小国来说,汇率和为管理汇率而采取的政策在经济中发挥着重要作用。

尽管以色列在 20 世纪 50 年代和 60 年代定期贬值里拉,但汇率一直相对稳定,直到赎罪日战争后通货膨胀开始加剧,国际收支状况恶化。作为回应,政府在 1975 年采取了盯住浮动汇率(将本国货币的汇率与某一种主要货币挂钩,然后随该货币的汇率浮动而浮动),据此,里拉的价值以一个稳定的、可预测的大约每月 2% 的汇率贬值。利库德集团在 1977 年掌权时,为实现经济自由化所采取的为数不多的具体措施之一就是结束多数货币管制,并允许市场决定里拉汇率(浮动)。但如果没有其他措施来纠正经济的严重失衡,这种政策就是失败的。

在 1983 年至 1984 年,以色列继续固定货币(谢克尔)汇率,并重新施加外汇管制。然而,在汇率固定的这几年内,不管是里拉,还是谢克尔,都没有保持稳定。政府频繁介入使货币贬值,有时一次贬值 20%;但仍然是政府设定汇率,而非市场。

就像以色列经济的许多其他方面一样，随着1985年的经济稳定计划和恶性通货膨胀的结束，货币进入了现代时代。它们为更稳定的谢克尔打下基础，使政府能够向着自由浮动货币慢慢发展——这次所有因素准备就绪，成功发挥作用。1989年，固定汇率更加灵活，能够适应市场的变化，允许在政府设定的中间价上下3%的范围内交易。随着时间的推移，这个范围不断扩大，达到这样的程度：无论因何种意图和目的，谢克尔都是自由浮动的。负责汇率的以色列银行只有在汇率达到区间的任意一端时才会进行干预。

随着汇率区间扩大，以色列采取行动取消了对外汇买卖的控制。例如，1989年，开始解除对资本流入的限制，使以色列人能够向国外借贷；2004年，废除了投资税。到1997年，以色列银行不再需要干预外汇市场以确保谢克尔汇率。最终，在2005年6月，浮动区间被取消，谢克尔汇率正式成为完全自由浮动的汇率。

由于经济的良好表现，谢克尔自2003年以来一直表现强劲。以色列的经常账户一直处于盈余状态，外国人在以色列的投资达到了创纪录的水平——所有这些都创造了对谢克尔的需求。具有讽刺意味的是，以色列银行最终被迫在2008年开始干预货币市场，以防止谢克尔升值过多，削弱国内出口商对其产品定价的竞争力。但是中央银行并没有像过去那样设定汇率。相反，它试图通过用谢克尔购买美元来暂时影响市场。

银行和金融市场

以色列拥有约25家银行，包括抵押放贷公司、在以色列运营的外国机构及其他金融服务公司。但该行业由五大集团主导，它们占所有资产的90%以上，即使是对以色列这样的小经济体来说，这种集中程度也很高。近年来，随着大机构收购小机构，这种趋势变得更加明显。除了提供贷款和存款业务，以色列的银行还具备其他功能，从这种意义上来说，以色列的银行可以称为综合银行。它们承销新证券，为股票市场投资者提供经纪服务，为客户管理投资组合，销售保险和发行信用卡。

传统上以色列的大型银行在国外（主要是在美国和欧洲）有大量业务，它们在那里吸引流散犹太人的外币存款。近年来，由于行业集中度和监管机构限制了国内的增长机会，大型银行寻求向海外扩张，主要是向东欧和原苏联国家扩张。

过去 10 年，监管机构一直试图削弱银行的作用，以增强金融服务业的竞争力，并防止某一家机构提供一系列金融产品时出现利益冲突。2005 年，这些银行被勒令剥离对共同基金和公积金的管理，并被迫限制在非银行企业所持的股份。结果是，保险公司和机构投资者成为公司理财的主要操盘手：它们买进公司债券，并直接投资基础设施和房地产项目。

特拉维夫证券交易所（TASE）是以色列股票和债券交易的唯一市场。约 630 家企业在此上市，其总价值（市场价值）在 2008 年达到 1340 亿美元，约占国内生产总值 67%，而美国同比为 83%（两个比例在 2008 年股价大跌后都呈现相对低的水平，但是以色列的这一比例一直低于美国）。25 家市值最大的公司构成交易的基准指数，即 TA-25，或 Maof。特拉维夫证券交易所还进行政府和公司债券的交易，这些债券的市值在 2008 年底为 1890 亿美元。此外，该证券交易所还充当 TA-25、个股、外汇及约 350 种追踪全球不同指数的金融产品的交易市场。2008 年，外国投资商占特拉维夫证券交易所交易的 21.5% 的股份。

许多以色列企业选择在海外证券交易所而非特拉维夫证券交易所上市，或者在特拉维夫证券交易所和海外交易所同时上市。约 150 家以色列企业在美国交易，主要是在纳斯达克股票市场，这里的以色列企业为第二大的非美国企业。更多企业在欧洲证券交易所上市，主要在伦敦的证券交易所。海外上市使企业更易吸引外国投资商，并在外国消费者中扩大影响力。以色列的高科技公司尤其如此，它们几乎所有的业务都在以色列以外进行，占以色列公司国外市场交易额的大部分。

风险资本是以色列金融体系的另一个重要组成部分，事实上它在以色列国内的角色几乎比任何其他国家都重要，因为它是科技初创企业的主要融资来源。该行业在提供资金和管理技能方面发挥着关键作用，这些技能是年轻公司从单纯的研发发展到制造和营销所需要的。风险投资行业拥有约 80 只基金，其中包括约 35 只外国基金，截至 2008 年底，总资本约为 106 亿美元。2008 年，以色列风险基金向大约 480 家科技公司投资了 20 多亿美元，使其成为继美国之后世界上最大的风险产业。

以色列市场和金融服务产业的监管由三个主要部门负责。以色列银行负责监管各银行；财政部资产市场部门负责监管外国保险公司、养老基金和公积金；以色列证券管理局为独立机构，负责监管股票市场和证券业。由于金融市场违规现象严重，参与者之间的界限模糊，有人呼吁将这两家机构或所有这些机构合并为单一部门。

公共部门

以色列政府一直在经济中发挥着重要作用（有时有些过度），主要体现在税务和开支、监管、财务和业务所有权等方面。部分原因在于国家沉重的国防负担：无论是维系庞大的军队，还是出于国家安全方面的考虑，都需要国家对常规情况下由私营部门负责的领域进行干预。直到 20 世纪 80 年代，意识形态也是影响因素之一。政策制定者认为，国家是管理经济的最佳机制。即使它不是最有效的机制，却仍然是满足国家发展需要最合适的机制。

尽管在 20 世纪 50 年代，政府几乎参与经济生活的方方面面,但由于国家通过国外贷款和赠款资助大部分经济活动,税收占国内生产总值的比例(税收负担)相对较低,只有15%。到20世纪60年代中期,这个比例逐渐增加到28%,然后在70年代和80年代加速增加到40%以上。在六日战争(1967年)和赎罪日战争(1973年)之后,国防费用攀升,政府扩大了福利计划。1967年以前,政府支出平均占国内生产总值的35%。

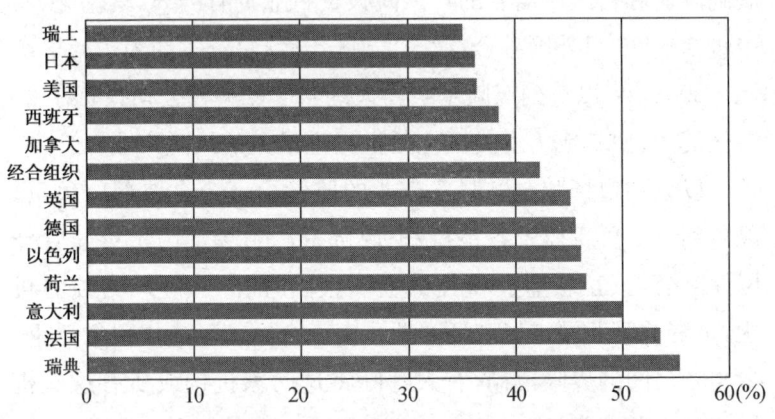

图6-4　2006年政府支出占国内生产总值的规模

注:虽然以色列从1985年《经济稳定计划》实施后政府开支开始缩减,与其他发达经济体的政府开支相比,它仍然占较大的比例。(数据来源:经合组织;图表:David Rosenberg;绘图:Bill Nelson)

从赎罪日战争到1985年,政府开支增加了一倍多,达到国内生产总值的77%,是西方经济体中最高的,美国的大量援助让这种增加成为可能。即使税收增加,但支出增长更快,政府的财政赤字也在扩大。从1974年到1985年,平均来说,政府支出占到国内生产总值的14%。在这一时期结束时,政府债务相当于国内生产总值的145%。

在那几年中,政府对经济的影响远不止税收和支出这两方面。虽然以色列一直拥有庞大的私营部门,但政府和工会对制造业和服务业的控制力度越来越大。政府收购了巴勒斯坦钾肥和海法炼油厂等公司的控制权,并建立了大部分国防工业。政府部门或企业经营电话系统,提供水和电力,管理船队(以星航运公司)和航空公司(以色列航空公司),并控制着无线广播、电视广播和农产品销售等垄断部门。1983年,在银行股票危机之后,它控制了五大银行中的四家。如前所述,国家积极参与工业发展,并逐渐垄断了金融业。规章制度深深影响着经济生活。

随着《经济稳定计划》的出台,政府干预的趋势在1985年戛然而止。《经济稳定计划》的主要政策就是大幅削减政府支出,导致预算赤字下降,并停止几乎所有对消费产品的补贴。2004年—2006年,税收负担下降到平均37.6%。政府采取措施解除经济管制,并出售很多大型企业,包括以色列化工集团(1995年)、电话运营商柏在克(Bezaq,2005年),以及炼油厂(2007年)。

2003年至2008年,以色列将财政赤字控制在国内生产总值的4%以下,这让它得以偿还债务、减少借款。事实上,政府的财务状况有所改善,它已经从外国投资者那里赢得了足够的信心,可以在没有美国担保的情况下从国外借钱。2009年,为了抵消世界经济衰退的影响,财政赤字扩大到5.8%,但以发达经济体的标准来看,这是一个小幅度的增长,到2010年,这个数字再次低于4%。

然而,以美国的标准来看,以色列政府在国家的经济生活中仍然占有很大的比重。2007年,政府支出占国内生产总值的44.2%,高于经合组织的平均水平。2007年,以色列的债务负担降至国内生产总值的79.8%,但仍比经合组织的平均水平高出20个百分点。国有企业仍然控制着电力、供水系统,以及港口,在国防工业中占据最大份额。

美国援助

以色列是二战以来美国对外援助最多的单一受援国。如今，尽管以色列经济发达，它每年获得的资金比除伊拉克以外的任何国家都多（自 1985 年以来，平均每年大约 30 亿美元）。此外，与其他国家相比，以色列获得援助资金的限制性条款要少得多。此外，美国还通过担保以色列政府在国外发行的债券来援助以色列。

美国的第一个大规模援助项目是在赎罪日战争之后开始的，随后几年，援助对经济发展做出了重大贡献。例如，20 世纪 80 年代，美国对以色列的援助额相当于以色列国内生产总值的 14.5％，而现在，即使以色列国民生产总值比以前多得多，美国的援助仍占约 1.5％。然而，随着以色列经济的增长，美国援助的相对重要性有所下降。美国援助现在几乎全部用于军事开支，其中四分之三是由美国法律规定的支出。虽然这减轻了以色列的国防负担，但援助所创造的销售和就业机会的主要受益者是美国公司和工人。

人力资源

以全球标准衡量，以色列的劳动力规模小，成本高，这两个特点长期以来阻碍了它发展大型有竞争力的产业。相比较下，它的优势在于技能和教育水平。随着世界经济向知识密集型产业和服务业发展，这两点优势成为无价资源。

2006 年，以色列劳动人口中受过 16 年或以上教育的比例为 30％，与美国持平，居世界第二。20 年前，这个数字是 16％；但在此期间，以色列的高等教育系统大幅扩张。2008 年之前的 20 年里，大学毕业生的数量几乎增长了 4 倍；现在每年大约有 55000 名毕业生。此外，20 世纪 90 年代来自原苏联的移民受教育程度极高，促进了以色列有技能和受过教育的劳动力队伍的扩大。

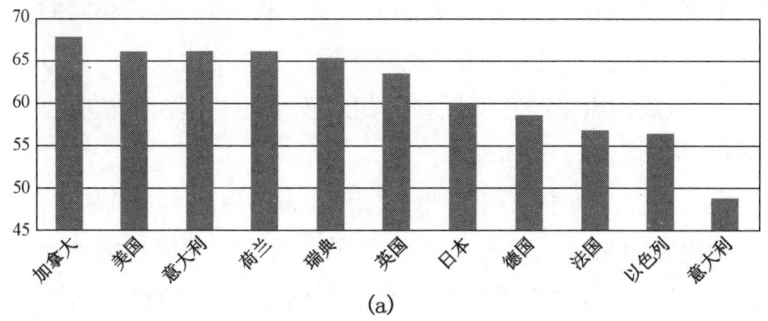

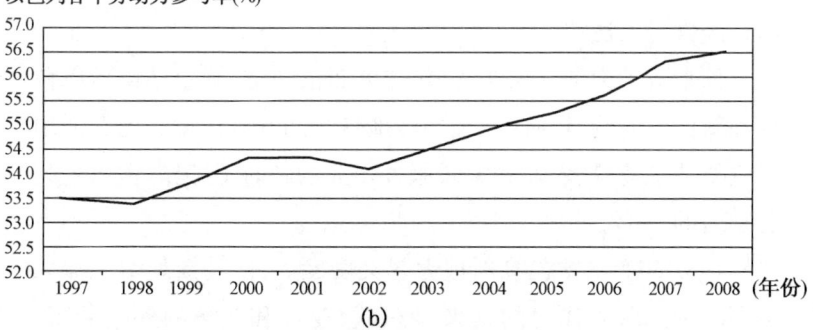

图 6-5 以色列劳动力水平

注：(a) 与 2008 年其他发达经济体相比，以色列适龄人口有工作或在寻找工作的比例相比较低。(b) 以色列的劳动力参与率近年来逐年上升。(数据：美国劳工部《劳工评论月刊》；以色列中央统计局。图表：David Rosenberg；绘图：Bill Nelson)

然而，以色列未能充分利用其人力资源。2010 年，处于工作年龄或积极寻找工作的人口比例（劳动力参与率）仅为 57.3%，低于发达国家的标准（以美国为例，该比例为 66%）。

部分原因是年轻人需要服兵役，进入就业市场比多数国家的同龄人晚。即使调整之后，比例仍然较低。主要是因为有两大部分人口就业参与率非常低。由于社会和文化因素不利于女性求职，以色列阿拉伯人的劳动参与率低于全国平均水平。在过去 30 年里，哈瑞迪极端正统派犹太人的就业率甚至还有所下降，1980 年比全国平均水平低大约 30%，而如今则比全国平均水平低大约 60%——哈瑞迪派男人不工作，他们需要将时间花在宗教研究上。上述两类情况都导致以色列失去很大一部分生产力，造成国内生产总值低和对相对较少的工作人口征收更高的税，从而损害了整体经济。

在富有经济体中，最不理想的工作通常都由外来人口承担。以色列也是如此，20 世纪 90 年代是来自约旦河西岸和加沙地带的巴勒斯坦人，之后是越来越多的外籍劳工从事此类工作。外籍劳工的工资比以色列人愿意接受的低，通常没有社会福利，而且经常违反法律。

外来劳动力涌入始于 1967 年六日战争后，战争结束后以色列和新占领的约旦河西岸及加沙地带之间开放边境。巴勒斯坦人主要从事建筑、农业和家政服务行业的临时工工作，占以色列劳动力的 10%。

1987 年第一次巴勒斯坦大起义爆发后，巴勒斯坦劳工流入逐渐减少。取而代之的是来自东欧、亚洲和非洲的外籍劳工。2008 年，有 6.1 万巴勒斯坦人和 20.3 万名非巴勒斯坦外籍劳工在以色列工作，占以色列劳动力的近 12%。这些外籍工人中大约有一半在没有许可证的情况下居住在以色列。

工会工人

在英国托管时期和建国后的头 30 年，以色列总工会劳工联合会在经济中扮演了重要角色，不仅发挥工会的作用，还扮演着雇主、银行家，医疗、教育、文化的提供者和养老金管理者的角色。以色列建国前，总工会与犹太代办处充当了巴勒斯坦犹太人的准政府，之后仅勉强将部分权力移交给新政府。在全盛时期，劳工联合会的活动范围是西方世界无法比拟的。20 世纪 50 年代，约 70% 的劳动力由总工会附属工会组织，其业务由哈维瑞特·哈奥维帝姆（Hevrat Ha'ovdim）控股公司控制，占国家经济产出的20%。

早在20世纪50年代,政府就试图限制总工会的扩张。但工党的真正崩溃始于1977年大选后。当时与总工会关系密切的工党历史上首次失去政权。恶性通货膨胀导致总工会的商业帝国背负巨额债务,而经济增长缓慢也暴露出了其低效的问题。经济问题还导致私营部门中工会组织最严密行业的倒闭。

在债务的重压下,以色列总工会被迫剥离其商业资产。在1983年银行股份危机中失去了对以色列工人银行的控股权,1995年被迫放弃疾病基金克拉利特(Kupat Holim Clalit),使得总工会失去重要的成员和资金来源。2003年,以色列政府控制了总工会的养老基金。如今,以色列总工会只是一个普通的工会保护组织。多数成员受雇于行政部门、以色列电力公司等国有垄断公司以及国防工业。20世纪90年代在高科技引领下兴起的新经济体中几乎没有工会的身影。

贫困和不公

20世纪90年代以来以色列经济快速发展,但自由主义并未能解决贫困和收入分配不公的问题。事实上,情况甚至变得更糟。20世纪50和60年代,以色列的收入平等程度在世界上名列前茅。但在21世纪初,20%的以色列人收入低于全国平均水平(贫困线)的一半。相比之下,1997年—2000年的平均比例为18.7%。在经合组织成员国中,以色列的贫困率最高。以收入不平等的标准衡量,以色列也不如经合组织其他国家。

贫困率上升可归因为以下几点。其一是低劳动力参与率,尤其是以色列阿拉伯人和极端正统派犹太人。这些家庭不太可能有两个养家糊口的人,甚至通常连一个都没有。由于文化原因,这两个群体都有超过平均水平的家庭人数,因此加剧了儿童贫困问题。2007年至2008年,儿童贫困比例为34.3%,几乎比贫困人口总比例高出9个百分点。

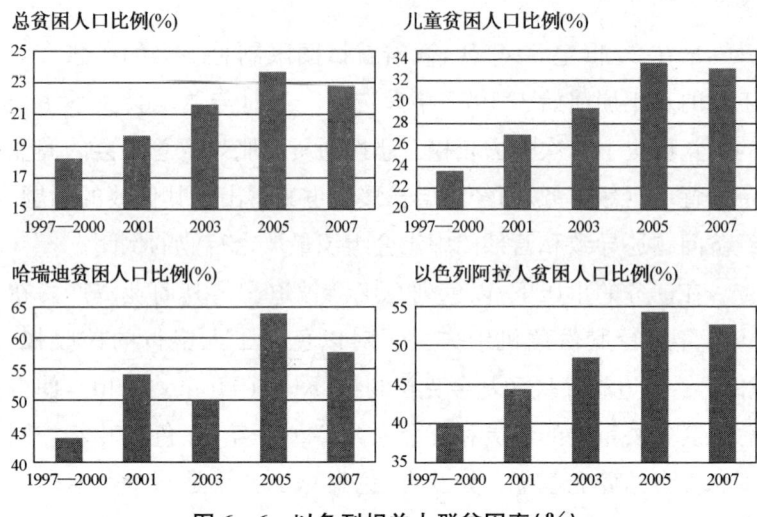

图 6-6 以色列相关人群贫困率（％）

注：贫困率最高的是哈瑞迪犹太人和以色列阿拉伯人，这两类人的劳动力参与率都很低，家庭规模也高于平均水平。

其二是移民。最后一批移民中的大多数（20 世纪 90 年代来自苏联的移民）已成功融入以色列的经济生活，但其中仍有大量人员处于失业或未充分就业状态。

其三，经济向技术密集型产业过渡，以及伴随而来的传统行业工作岗位流失，使许多以色列人因缺乏适当的技能或教育而永久失业。在全世界收入不公加剧形势下，以色列也未能幸免，那些拥有最高技能和教育水平的人拥有收入和财富的比例越来越高。

其四，2004 年后以色列政府不断削减社会福利开支，减少或取消国家援助，加剧了贫困率。在此之前，20 世纪 70 年代后以色列对穷人的福利逐年增加，甚至超过了国防预算。然而政策制定者得出的结论是：高福利对就业不利，以色列的低劳动力参与率就是明证。

对外贸易

以色列经济规模小,自然资源匮乏,因此高度依赖进口基本生活必需品。进口种类从能源和运输设备到农产品和国防物资,甚至出口的原材料或零部件也有很大比例是进口的,而且是用进口的机械制造的。例如,以美元计算,抛光钻石是以色列最大的单一出口项目,2007年海外销售额达96亿美元。然而切割师和抛光师需要以88亿美元的价格进口未加工的裸石。

为了支付进口账单,以色列必须出口,从而使贸易成为经济中特别大的组成部分。出口约占以色列产值的30%,进口占该国经济可获得资源的比例大致相同。但纵观以色列历史,其贸易一直处于赤字状态。1950年,进口额是出口额的7倍,尽管这个差额在接下来的30年中不断缩小,1960年进出口比例降至2∶1,70年代为1.3∶1,80年代是1.4∶1,但仍高于国际标准。

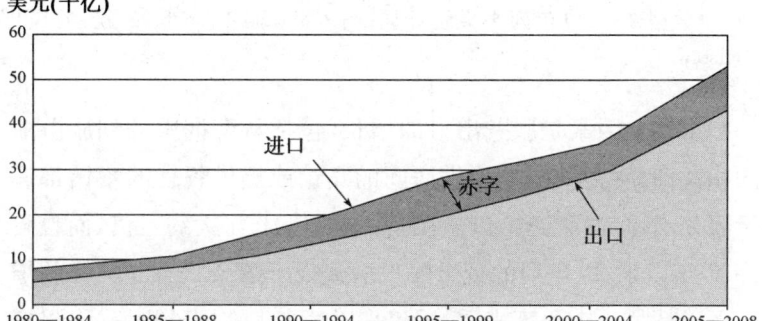

图6-7 对外贸易-年均商品贸易额

注:尽管以色列的商品贸易赤字持续存在,但在过去30年里,赤字总体上已经缩小。20世纪90年代初,由于移民激增增加了对进口的需求,赤字暂时扩大。(数据来源:以色列中央统计局;图表:David Rosenberg;绘图:Bill Nelson)

直到 2004 年,以色列才首次出现贸易顺差(包括商品和服务),贸易状况改善有两个原因。第一个是高科技部门,其产品目前占以色列工业出口的三分之一左右。从 1995 年到 2008 年,技术出口不仅增长了四倍,它们的利润也相当可观。

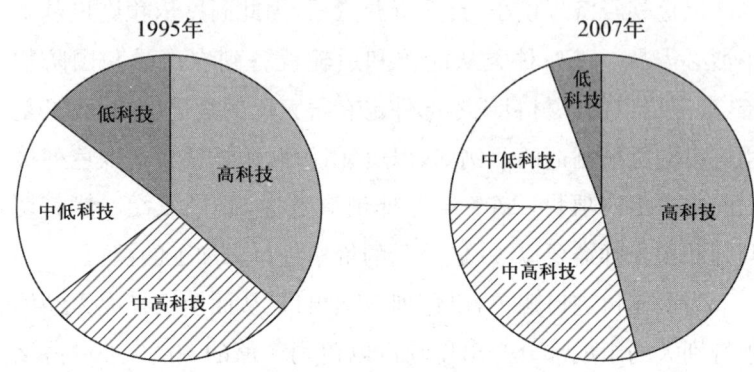

图 6-8 以色列商品出口构成

注:高科技带动了出口增长,2007 年以色列出口总额(不包括钻石)攀升至 343 亿美元,大约是 1995 年的三倍。

高科技:计算机、电子、飞机和制药
中-高科技:化工、机械、电气齿轮
中-低科技:橡胶/塑料、金属、珠宝
低科技:食品、纺织品、纸张
(数据来源:以色列中央统计局;图表:David Rosenberg;绘图:Bill Nelson)

第二个因素是服务出口的增长,包括从咨询服务到旅游业的相关商品(为外国人提供房间的宾馆或提供餐食的餐馆都属于服务出口)。服务出口额在同一时期增长了大约三倍,而且自 1997 年以来,以色列的现金账户一直处于盈余状态。同样的增长可以从另一个角度来看:近年来以色列人在国外投资(出口资本)的数额远远超过外国人在以色列投资的数额,导致该国的财政账户出现赤字。许多经济学家认为,这一现象表明经济转向是当前账户盈余背后的驱动力。

1948 年后,以色列的政策制定者看到了解决该国贸易挑战的办法，那就是抑制进口、鼓励出口的高度管制贸易体制。然而到20世纪80年代后期，以色列抛弃了旧的政策，逐渐施行自由化体系原则。该体系核心是一系列双边自由贸易区协议，这些协议废除关税、限额以及其他对贸易的限制。其中最重要的协议是与欧盟（1975年）和美国（1985年）签订的，以色列还与其他5个国家以及欧洲自由贸易联盟签署了协议。以色列还在继续寻求与其他国家签署协议。

与世界其他国家一样，以色列的贸易体制也进行了自由化改革。从1990年起，它取消了非关税壁垒，如对制成品和农产品进口商的强制许可。虽然高关税最初取代了非关税壁垒，但关税在1992年之后开始下降。为了使进出口的竞争环境更加公平，以色列在20世纪90年代取消了对出口商的汇率保险和优惠利率。

以色列最大的两个海外市场是欧盟（占2008年出口总额的33%）和美国（28%），这是由文化联系和以色列大部分出口产品的性质决定的，这些产品都面向富裕的工业化市场。随着世界经济力量的平衡转移到东亚，以色列开始寻求增加与中国和东亚其他工业大国的贸易。2008年，亚洲市场占该国出口总额的16%。

除了从埃及进口能源，以色列与阿拉伯世界的贸易联系很少。阿拉伯国家联合抵制与以色列有贸易往来的外国公司，此现象在20世纪90年代初期随着巴以和平进程推进逐渐缓解，之前绝不会进入以色列的大量消费品如今出现在以色列，以色列公司也开辟了新的海外市场。然而，在大多数阿拉伯国家，以色列公司仍然受到抵制。即使埃及和约旦这两个与以色列有外交关系的阿拉伯国家的企业没有正式加入抵制队伍，他们也会回避与以色列同行的商业关系。

发达国家眼中的以色列

2010 年，以色列获准加入经济合作与发展组织，这就像是一种入学仪式，让以色列成为发达国家专属俱乐部的一员。该组织要求以色列在保护环境和打击腐败等问题上达到世界最高标准。以色列繁荣发展的能力并不依赖 21 世纪发展经济的基本技能，这些以色列国民都已具备，而取决于以色列能否采取正确的措施确保这些技能不会丢失或浪费。

参考文献

Unfortunately, very few books have been published on the Israeli economy in English for nonspecialists. Moreover, so much of the economic environment has changed since the 1990s that books published before 2000 are often out of date in addressing contemporary issues.

Aharoni, Yair. *The Israeli Economy: Dreams and Realities*. London: Routledge, 1991.

Ben-Bassat, Avi, ed. *The Israeli Economy, 1985—1998: From Government Intervention to Market Economics*. Cambridge, MA: MIT Press, 2002.

"Beyond the Start-Up Nation," *The Economist*, December 29, 2010. http://www.economist.com/node/17796932.

Klein, Michael. *A Gemara of the Israel Economy*. Cambridge, MA: National Bureau of Economic Research, 2005.

Knowledge@ Wharton. "Israel and the Innovative Impulse." Wharton, University of Pennsylvania. http://knowledge.wharton.upenn.edu/special_section.cfm?specialID=105.

Morag, Nadav. "The Economic and Social Effects of Intensive Terrorism: Israel, 2000—2004," *MERIA Journal: The Middle East Review of International Affairs* 10, no. 3 (September 2006). http://www.gloria-center.org/meria/2006/09/morag.html.

Organization for Economic Cooperation and Development (OECD). "Accession: Estonia, Israel and Slovenia Invited to Join OECD," May 10, 2010. http://www.oecd.org/document/57/0,3343,en_2157 1361_44315115_45159737_1_1_1_1,00.html.

Plessner, Yakir. *The Political Economy of Israel: From Ideology to Stagnation*. Albany: State University of New York Press, 1993.

Rabinovitch, Ari. "Israel Opens Largest Desalination Plant of Its Kind," May 16, 2010. Reuters, http://www.reuters.com/article/idUSTRE64F1O820100516.

Razin, Assaf, and Efraim Sadka. *The Economy of Modern Israel: Malaise and Promise*. Chicago: University of Chicago Press, 1993.

Rivlin, Paul. *The Israeli Economy from the Foundation of the State through the 21st Century*. New York: Cambridge University Press, 2010.

Rosenberg, David. *Cloning Silicon Valley*. London: Pearson, 2001. See the chapter on Israeli high technology.

Rosenberg, David. "The Israeli Economy: After the Financial Crisis, New Challenges." *MERIA Journal: The Middle East Review of International Affairs* 14, no. 1 (March 2010). http://www.gloria-center.org/meria/2010/03/rosenberg.html.

Senor, Dan, and Saul Singer. *Start-up Nation: The Story of Israel's Economic Miracle*. New York: Twelve, 2009.

Shachar, Arie. *Israel: An Emerging Node in the Global Economy*. Bronfman Lectures. Jerusalem: Urban and Regionals Studies, Hebrew University of Jerusalem, 2006.

Sharaby, Linda. "Israel's Economic Growth: Success without Security." *MERIA Journal: The Middle East Review of International Affairs* 6, no. 3 (September 2002). http://www.gloria-center.org/meria/

2002/09/sharaby. html.

网站

Bank Hapoalim. http://www. bankhapoalim. com/wps/portal/! ut/p/_. cmd/cs/ce/7_0_A/s. /7_0_DJ/_s. 7 _0_A/7_0_DJ. This is one of two Israeli banks that publish information and analysis in English on a regular basis.

Bank Leumi. http://english. leumi. co. il/LEBusinessBanking/Economic_ Reports/5731/. This is one of two Israeli banks that publish information and analysis in English on a regular basis.

Bank of Israel. http://www. bankisrael. gov. il/fi rsteng. htm. The Bank of Israel publishes quarterly and other reports in English on economic developments.

Central Bureau of Statistics (CBS), State of Israel. English:http://www. cbs. gov. il/reader/? MIval=cw_ usr_view_Folder&ID=141. All of the CBS's English-language material appears on this separate home page.

Central Bureau of Statistics (CBS), State of Israel. Tables:http://www. cbs. gov. il/reader. The CBS publishes current and historical economic data. Although with a few exceptions, the text appears only in Hebrew, the tables are in English.

Globes. http://www. globes. co. il/serveen/globes/nodeview. asp? fi d= 942. Although the *Jerusalem Post* and *Ha'aretz* report English-language economic and business news in print and online, the most comprehensive coverage appears on the website of the *Globes* financial daily.

Ministry of Finance, State of Israel. http://147. 237. 72. 111/mainpage_ eng. asp. Israel's Finance Ministry also publishes information in English, although the material does not come out on a timely basis.

第七章 文 化

在以色列建国前和建国初期,文化是用来建立统一民族、身份和国家的工具。其后几十年里,以色列艺术家常常采取批判性立场,以艺术形式审视社会的价值观和行为。正如以色列生活的其他方面,各种主题、形式和文化输出层出不穷,对于这样一个小国家来说非同寻常。如今,以色列拥有充满活力的艺术、戏剧、音乐和舞蹈,每年出版近7000本新书,其中大部分以希伯来文写就。

多年来,以色列社会文化的主要表现形式不断演变,包括文学、诗歌、电影、音乐、戏剧和舞蹈,以及美食和体育。包括报纸、广播和电视在内的媒体是文化表达和发展不可或缺的组成部分。互联网的普及,加上互联网本身的发展,使以色列人与国际社会有了更多的接触,并对以色列文化的演变产生进一步的影响。

文 学

许多世纪以来,希伯来语几乎仅与犹太宗教文学有关。但由于希伯来语是古代犹太民族的语言,犹太复国主义运动决心将它复兴。要把希伯来语作为现代语言使用,必须使它适应世俗的需要,涵盖日常生活和当代文化各方面的词汇。埃利泽·

本·耶胡达（Eliezer Ben Yehuda）在复兴希伯来语过程中发挥了关键作用，他编纂了第一本现代希伯来语词典。

新文学借鉴传统，接受外国影响，形成了反映新生国家经历的鲜明特色。但现代犹太文学的发展实际上开始于19世纪80年代，主要是生活在俄罗斯的犹太人撰写的希伯来语和意第绪语文学作品。

犹太作家必须决定用哪种语言写作，尽管有些人在职业生涯的不同时期使用过这两种语言。希伯来语不仅与犹太复国主义有关，而且还很复杂；而意第绪语常常被当作方言，缺乏与宗教和古代以色列的崇高联系。意第绪语仍然普遍更受欢迎，因为它是大多数犹太人的日常交流工具。但在第一次世界大战期间，对于那些想要摆脱东欧犹太社区的贫穷和受压迫状态的人们来说，希伯来语具有一定的象征意义。它也是所有犹太人（包括母语为德语、英语或法语但也懂希伯来语的非意第绪语使用者）的重要桥梁。

对以色列作家来说，希伯来语既是限制因素，又是丰富的灵感源泉。希伯来语的词汇量并不大，但正因为如此，一个词可以包含多种含义，诗人可以以此增加内涵和典故。

以色列文学的奠基者

在二十世纪的头十几年，许多著名的希伯来语作家和诗人从俄罗斯或波兰移民到以色列地，包括约瑟夫·哈伊姆·布伦纳（Yosef Hayim Brenner, 1881—1921）、萨缪尔·约瑟夫·阿格农（Shmuel Yosef Agnon, 1888—1970）和海姆·哈扎兹（Haim Hazaz, 1898—1973）。因此，位于敖德萨和华沙的大型希伯来语出版社活动的中心很快转移，新的地方文学杂志诞生。以色列地因此成为主要的希伯来语文学中心。在此期间，尽管包括诗人哈伊姆·纳曼·比亚利克（Hayim Nahman Bialik）在内的很多人对意第绪语怀有深厚的感情，希伯来语仍然是这个新国家的官方语言。

阿格农是现代希伯来语文学最著名的人物,也是唯一获得诺贝尔文学奖(1966)的希伯来语作家。他的写作生涯长达60年。当大多数以色列希伯来语写作集中于以色列地上新的世俗社会的发展时(有意与流散的过去决裂),作为达提犹太人,阿格农仍然忠于古典犹太文化和传统犹太生活。他对欧洲小镇犹太人生活的丰富描写,往往集中在传统犹太人生活与现代犹太人生活的冲突与过渡上。阿格农发展了自己的希伯来语风格,常将圣经和宗教希伯来语的意义延续并拓展到现代情境中。

阿格农也把作品背景设置在以色列地。《就在昨天之前》(*Only Yesterday*,1945年)讲述了一位真诚而天真的年轻犹太复国主义者在第一次世界大战前做了"阿利亚"(移民以色列的人),并在以色列的乡村和特拉维夫体验伊休夫的优缺点。另一位小说主角希拉(《希拉》*Shira*,1971)在第二次世界大战期间移民耶路撒冷,书中,阿格农以耶路撒冷希伯来大学一位枯燥、博学的德国移民教授的经历,描述了最高层次的理性主义和最狂野的浪漫主义之间的冲突。

不仅小说家,还有一些诗人,都是希伯来语作为现代口语复兴的先锋,到20世纪中叶,他们的诗歌被认为是国家最重要的成就。哈伊姆·纳曼·比亚利克(1873—1934)和索尔·切尔尼科夫斯基(Saul Tchernichovsky,1875—1943)是两位民族英雄式的诗人。他们的诗歌表达以色列开拓者和民族自信的主题。如阿格农一样,他们非常愿意关注犹太传统生活和犹太现代生活。比亚利克成为民族诗人,赞扬声之多,让他觉得名人身份是一种负担。

比亚利克和阿格农被认为是现代希伯来文学的奠基人:比亚利克是诗歌的奠基人,阿格农是散文的奠基人。他们的主要贡献在于用源自宗教意象和实践的词语或概念创造新的文学语言。那一代读者在与旧传统决裂之前接受过授业座(正统派犹太教育机构)的教育,能够理解他们作品隐含的多层含义。

帕尔马奇文学团体

20世纪30年代,出生在以色列地或至少在当地长大的第二代人,既非来自欧洲,也没有在宗教环境中长大,他们创作出了更符合自己经历和需求的文学作品。这些作家强调犹太复国主义-国家理念和劳工运动的价值观,被称为帕尔马奇(以独立战争中的哈加纳精英部队名字命名)一代。他们的作品由工党政府创办的出版社出版,包括劳动人民出版社(Am Oved)、联合基布兹(HaMeuhad)和工人图书馆(Sifriyat Ha Poalim)。

第二代最著名的散文作家包括摩西·沙米尔(Moshe Shamir)、阿哈龙·梅格德(Aharon Meged)、哈努赫·巴托夫(Hanoch Bartov)、伊格尔·莫辛松(Yigal Mosinzon)、内森·沙哈姆(Nathan Shaham)、本杰明·塔慕斯(Benjamin Tamuz)、阿玛利亚·卡哈纳-卡蒙(Amalia Kahana-Carmon)和约拉姆·坎尤克(Yoram Kanyuk)。他们的作品通常和定居点的建立、服兵役和其他创建新国家的活动有关,提出"新犹太人"的观念,即萨布拉(Sabra,土生土长的以色列人)——健康、英俊、信奉世俗主义和社会主义,致力于建设新社会,为国家和社会的福祉献身。

与上一代作品的主题不同,帕尔马奇一代作家的作品一直将死亡、战争和自我牺牲视为英雄行为。推进犹太复国主义运动和以色列作为民族家园的创立是"1948年一代"作家之间共同的信念,他们的作品角色都有困难需要克服,但对集体的奉献精神也是主角生活的核心。

摩西·沙米尔在《他走过这片土地》(*He Walked Through the Fields*,1947)中塑造了深受欢迎的战时英雄人物,这是独立后第一部在以色列演出的戏剧。他的另一部作品《用自己的双手》(*With His Own Hands*,1951)反映了青年运动和基布兹的

"劳动宗教"及集体主义意识形态。此书是沙米尔对自己兄弟的致敬,他是一名年轻的哈加纳战士,1948年在前往被围困的耶路撒冷的路上因保卫一个援助车队而牺牲。

以色列文学中的大屠杀

那些在第二次世界大战期间身处欧洲的以色列作家,没有帕尔马奇一代的经历,他们则尝试描述犹太人现代史上最痛苦的经历——大屠杀。作为大屠杀幸存者的两位作家尤里·奥莱夫(Uri Orlev)和阿哈龙·阿佩尔费尔德(Aharon Appelfeld)是这一主题的主要开拓者,阿佩尔费尔德后来被认为是大屠杀主题领域最杰出的作家。奥莱夫写的是一个在死亡集中营徘徊的孩子的记忆,而阿佩尔费尔德关注的是大屠杀之后,在这期间,许多幸存下来的犹太人成为欧洲难民。他笔下的人物生活在过去的阴影中,无法从他们所看到和遭受的恐怖中醒来。

相对于以色列以外的犹太人,大屠杀对以色列本土作家的重要性要低很多。20世纪80年代,出现了一股新的大屠杀文学浪潮,代表作家是大卫·格罗斯曼(David Grossman)。他有时会违反早期禁忌,即大屠杀只能在小说中以极其严肃的态度加以处理。在《证之于:爱》(*See Under:Love*,1986)中,主角莫米克(Momik)是大屠杀幸存者的孩子。莫米克深受父母经历的影响,编织了超现实主义的幻想,认为他在引导在大屠杀中被杀害的作家。

创作现代希伯来诗歌

后人的态度和经历不仅塑造了小说家,也塑造了诗人。内森·奥尔特曼(Nathan Alterman,1910—1970)和阿沃拉罕·史隆斯基(Avraham Shlonsky,1900—1973)是最著名的第二代诗人,他们的诗歌的主题从对民族复兴的劝诫转向以色列地的诗句。他们的现代主义风格与仍然使用传统希伯来诗歌形式的前辈们截然不同。

奥尔特曼的作品炽烈而有影响力,他的许多诗被英国托管当局所禁,反而在伊休夫风靡一时。以色列独立后,奥尔特曼获得了同比亚利克同等的地位。他的作品《第七专栏》(The Seventh Column)非常有名,有一个文化期刊以此命名,而他的诗《银盘子》(The Silver Platter)几乎成了以色列国歌。它告诉后人,他们收到的是盛在银盘子里的以色列,这是那些为获得独立而献出生命的人送给他们的礼物。除了撰写原创诗歌、戏剧和散文外,奥尔特曼还将莎士比亚、莫里哀和其他欧洲伟大作家的著作翻译成希伯来语。

史隆斯基最初只是编辑和翻译西方文学名著,如《哈姆雷特》和《李尔王》及俄罗斯古典名著。他的影响很大程度上来自他的圣经写作中心(Ktuvim),这个中心吸引了很多年轻有才华的诗人,这些人后来也成为家喻户晓的名家,包括亚历山大·佩恩(Alexander Penn)和利亚·戈德堡(Leah Goldberg)。

利亚·戈德堡(1911—1970)是一位著名的诗人,同时也是成功的儿童作家、戏剧评论家、翻译家和编辑。1952年,她在耶路撒冷希伯来大学建立了比较文学系,一直担任系主任,直到去世。在她的创作生涯中,共出版了9本诗集、2本小说、3部戏剧、6本非小说类书籍和20本儿童读物。她获得了许多奖项,包括1970年以色列文学奖。

当时大多数诗人是政治左派,但两位重要的作家作为民族主义者加入了右派。尤里·茨维·格林伯格(Uri Tzvi Greenberg)1896年出生于乌克兰,1924年移民以色列。他用意第绪语和希伯来语写作,三次获得比亚利克文学奖。他是伊尔贡地下民兵组织的一员。像他这一代的其他人一样,他将犹太人的宗教渊源和对欧洲犹太人生活的描写与伊休夫的经历融合在一起。

乌列·谢拉(Uriel Shelah)(其笔名约纳坦·拉托什-Yonatan Ratosh更为人所知)1908年出生于波兰,1921年随家人移民以色列，成为伊尔贡杂志编辑。在1939年，他帮助发起了迦南运动，该运动虽然只吸引了一小群人，但因宣称要回归前犹太、古以色列文化而引发了巨大争议。

20世纪50年代和60年代，以色列的文学生活围绕一个名为Likrat(意为"行进")的著名团体展开。与他们的前辈相比，这一群体受德语和英语的影响多于俄罗斯或法国文化，偏向于存在主义和讽刺，而非社会主义现实主义风格，更关注个人而非社会问题。回顾过去，这些分歧表明以色列正走向其历史上的后英雄阶段。这一时期涌现出众多才华横溢的作家，包括耶胡达·阿米亥(Yehuda Amichai)、内森·扎克(Nathan Zach)、摩西·道尔(Moshe Dor)、平哈斯·萨德(Pinhas Sadeh)、大卫·阿维丹(David Avidan)、达利亚·拉维科维奇(Dahlia Ravikovitch)和以色列·平卡斯(Israel Pinkas)。

耶胡达·阿米亥(1924—2000)是20世纪下半叶以色列最著名的诗人。与大多数同时代人不同的是，他出生于德国一个正统派犹太家庭。他创造了许多新词，将古典希伯来语和现代希伯来语俚语相结合，同时融合了散文短语和诗歌的节奏。他非常多产，写过小说、短篇故事、戏剧和儿童读物，很多作品被翻译成其他语言并得到国外学者的研究。他虽然写了很多主题的作品，但最受欢迎的是展现个人视角的作品，令读者感同身受。

自20世纪80年代以来，没有哪一位诗人可称为当代以色列诗歌的领袖。写诗的人数增加了，而读诗的人却减少了。强调个人经验、复杂语言和风格的后现代主义思想占据了主导地位，盛行于20世纪六七十年代的革命诗歌激情消退了。回顾过去，这些政治或文化激进主义的作品代表了一种对早期爱国主义和民族主义同质性作品自然的反抗。

以色列小说

自20世纪60年代以来，以色列两位最杰出的小说家是阿摩司·奥兹(Amos Oz)和 A. B. 约书亚(A. B. Yehoshua)。在基布兹长大的奥兹经常从高度批判的角度撰写书籍和故事,用寓言阐述以色列复杂的历史,包括《胡狼嗥叫的地方》(*Where the Jackals Howl*,1963)。他在此书中对基布兹给出了负面评价:胡狼象征着大门外的敌人。在后来的一些作品中,他质疑以色列的各个方面,包括它的建国。相反,约书亚关注的是历史上和以色列国内米兹拉希犹太人的生活。

20世纪70年代,出现了阿玛丽亚·卡哈纳-卡蒙(Amalia Kahana-Carmon)和露丝·阿尔莫格(Ruth Almog)等作家关于女性问题的写作。文体上也有所创新,包括以更具口语化的风格写作,并引入流行文化元素。起源于拉丁美洲的魔幻现实主义风格在当时非常流行。

在《过去的延续》(*Past Continuous*,1977)一书中,雅可夫·沙伯塔依(Yaakov Shabtai)为特拉维夫做了詹姆斯·乔伊斯(James Joyce)为都柏林所做之事。2007年一项对出版商和编辑的调查显示,它被认为是自独立以来写得最好的书。沙伯塔依在47岁时去世,他是一位成功的剧作家,《过去的延续》是他唯一一部小说,不过,该书写作风格类似于戏剧。

到20世纪70年代末,出现了两个强有力的主题,一些早期作品已经为之做了铺垫,但新作品与以前的大部分文学作品形成了鲜明的对比。其中一个主题是对以色列政治和社会的高度批判。文化领域的人不认为自己和国家立场一致,而是扮演了反对者角色。文学作品受到国际文化趋势和以色列戏剧性事件(特别是1967年、1973年的战争,和1977年工党长期政治控制的结束)的影响。例如,伊扎克·奥尔帕兹(Yitzhak Orpaz)的《丹尼尔的航行》(*Voyage of Daniel*,1969)写的是一位经验丰富的退伍军人通过神秘的经历得到了救赎,这是对以色列社会因1967年六日战争意外获胜后人们震惊状态的直接反应。

六日战争期间,"光辉英雄"一直是以色列小说的主题,几年后,赎罪日战争打破了"光辉英雄"的形象。新作家们揭露了存在于自信面具后的民族恐惧。赎罪日战争后,《现在》杂志的编辑们写了一篇《我早告诉过你》的社论,似乎以色列在战争中的失败是先锋文学的一种道德胜利。

左翼争取和平的斗争也成为以色列小说主题。与此同时,乐观人士认为只要以色列足够想要和平就可以实现,而悲观人士则认为和平尚未实现。大多数后现实主义文学在政治上都属于左派,只有少数作家(大多数是老作家)对此主题提出异议。

在某种程度上,文学的左翼倾向是对文人精英曾拥护的政治倾向失败的反应,即对工党长期统治的一种反应。但是1977年利库德集团在米兹拉希选区的巨大胜利,以及"种族"问题的开放,也催生了描述米兹拉希犹太人文化和经历作品的创作热潮。约书亚的第一部小说《老人之死》(*The Death of an Old Man*,1962年)讲述了邻居们摆脱一个麻烦老人的故事。许多人将这本书解读为以色列新一代推翻开国元老的故事。埃雷兹·比顿(Erez Biton)是诗坛上一个杰出的新秀,他出生于阿尔及利亚,1948年6岁时随家人来到以色列。比顿在20世纪70年代末开始出版诗歌,他是当时米兹拉希意识运动的领军人物。

约书亚这样的老一代作家写的更多的是关于他们根源的文章。约书亚的著作《玛尼先生》(*Mr. Mani*,1990年)讲述了一个米兹拉希犹太人家族五代人的故事。出生在伊拉克的萨米·迈克尔(Sami Michael)将米兹拉希在"旧国家"和以色列的生活很形象地描绘出来。在小说《维多利亚》(*Victoria*,1995年)中,他描述了他的母亲(代表中东国家妇女精神)在新国家所遇到的困境。

20世纪80年代和90年代,随着以色列人拥有更多的闲暇时间、更高的教育水平和收入,以及图书生产、销售和分销技术的提高,大众图书市场得到了很大的发展,出版的图书数量大幅增加。几位以色列作家获得了国际上的认可,包括奥兹、约书亚、尤拉里·卡纽克(Yoram Kaniuk)、阿佩尔费尔德,大卫·沙哈尔(David Shahar)，大卫·格罗斯曼和梅厄·沙莱夫(Meir Shalev)。但与此同时，以色列曾经最受欢迎的出版物——文学杂志及报纸上的短篇小说却衰落了。

然而，正是由于市场的发展，文学分裂为两大类：一种是针对少数高雅大众的精英作品，另一种是在极短时间内销量很高的通俗小说。后者大多是外国书籍译作，尤其是畅销书的翻译，但这种为营利而粗制滥造的作品有的也出自以色列作家之手。

新的作家不断涌现，他们使用创新的方法描述以色列的生活和社会。大卫·格罗斯曼被认为是60年代一代的主要继承人。在《证之于：爱》中，他展示了运用各种国际风格的天赋。梅厄·沙莱夫是另一位基于20世纪60年代的创新进行创作的作家，他以原创的方式创作了混合了怀旧、现实主义和魔幻现实主义的社会历史作品。在《蓝山》(*The Blue Mountain*,1988)中，沙莱夫通过成为基布兹承办人的主人公讽刺了垂死挣扎的基布兹。沙莱夫的小说《以扫》(*Esau*,1991)包含了以色列小说的两个流行主题：对《圣经》材料的改写和一个离开这个国家的主角。《恰如几天》(*As a Few Days*,1994)的背景设定在20世纪30年代，讲述了三个截然不同的男人为争夺一个女人和抚养她的儿子而展开的竞争。

在国际上取得成功的作品包括罗恩·莱瑟姆(Ron Leshem)的第一部小说《美丽堡》(2005)①。这本书讲述的是2000年以色列撤军之前，驻扎在黎巴嫩南部博福特城堡的一支以色列国防军部队的故事，据此改编成的电影在2007年获得了奥斯卡金像奖提名。杜丽特·拉宾燕(Dorit Rabinyan)的第一部小说《波斯新娘》(*Persian Brides* 1995)是一个魔幻现实主义的故事，讲述了20世纪初一个伊朗小镇上的一个犹太家庭，尤

---

① 译者注：美丽堡为中国出版书名，原名 If There is a Garden of Eden 直译应为《假如有伊甸园》，其英文名"Beaufort"更为人熟知。

其是其中年轻女子的故事。2007年，这本小说登上了《纽约客》的封面。2010年，盖尔·哈文(Gail Hareven)的《诺亚·韦伯的自白》(*The Confessions of Noa Weber*)获得了罗切斯特最佳翻译图书奖。这本书描述了一个中年作家对一个男人的爱，她与他缔结了一段权宜性的婚姻。

以色列小说的风格和主题包罗万象，从神秘小说到畅销书，均雄心勃勃地试图总结犹太人在以色列的生活或犹太人流散数千年的生活。

女性作家

希伯来文学的女性作者数量直到近几年才开始激增。纳奥米·弗兰克尔(Naomi Frankel, 1918—2009)是以色列早期最著名的女作家，她写了著名的《索尔和约翰娜》三部曲(*Saul and Johanna*, 1956—1967)，讲述了纳粹上台前一个被同化的德国犹太家庭的女儿成为犹太复国主义者的故事。这本书有自传性质，因为弗兰克尔出生在柏林，16岁时移民以色列，在基布兹生活了几十年。

以色列的女权主义意识开始于20世纪60年代，其中最杰出的作家阿玛丽亚·卡哈纳-卡蒙，描写了以色列不同时期、不同地区和不同阶层的男女关系和家庭经历。

在20世纪70年代和80年代，当以色列小说受到新的影响时，女性的声音几乎消失了。女性小说处理家庭问题的刻板印象似乎与政治和社会主题的写作潮流相矛盾。事实上，在20世纪70年代和80年代，唯一女性占主导地位的板块是儿童和青少年文学领域，其中最著名的是德沃拉·奥默(Devorah Omer)和迦里拉·朗·费达(Galila Ron-Feder)。

20世纪80年代后期，由于以色列读者兴趣的变化和国外女性小说的兴起，许多重要的女作家出现在文学舞台上，包括《沙漠苹果》(*Apples from the Desert*, 1986)的作者萨扬·利伯莱特（Savyon Liebrecht）、莉亚·艾尼（Leah Aini）、耶胡迪特·卡兹亚（Yehudit Katzir）、汉娜·巴特·沙哈尔（Hannah Bat-Shahar）、多丽特·佩莱格（Dorit Peleg）、纳瓦·塞梅尔（Nava Semel）和奥丽·卡斯特-布鲁姆（Orly Castel-Bloom），她们都为旧题材赋予了新的女性视角。卡斯特·布鲁姆在她的《多莉城》（*Dolly City*,1997）中写到了当代女性的处境，这部小说以一个未来主义的城市为背景，一名女医生发现了一个婴儿后放弃了她的事业，在一个充斥着战争和怪异行为的社会里，她变成一个强迫且极其专横的母亲。

以色列-阿拉伯作品

大多数以色列阿拉伯作家的作品都是用阿拉伯语写就。其中最有名的是埃米尔·哈比比（Emile Habibi），他是以色列共产党的联合发起人，曾在20世纪50年代和60年代担任议会成员，并在1992年获得了阿拉伯文学以色列奖（该国文坛的最高荣誉）。1974年，他退出政坛，专注写作，同年，他最著名的小说《悲情乐观主义者赛义德的秘密生活》（*The Secret Life of Said the Pessoptimist*）出版。它通过讽刺手法讲述了一位以色列阿拉伯英雄的故事。也有一些重要的以色列阿拉伯诗人，如马哈茂德·达尔维什（Mahmoud Darwish, 1941—2008）和萨米赫·阿尔-卡西姆（Samih al-Qasim, 1939—   ），他们的作品已被翻译成希伯来语。以色列阿拉伯诗歌中占主导地位的主题是对巴勒斯坦的渴望，他们被连根拔起的经历，以及对当前事态的抵抗。

最著名的阿拉伯诗人是马哈茂德·达尔维什，他最初是以色列公民，其职业生涯始于记者和政治活动家，后来转向诗歌创作。1960年，他出版了第一部作品集《无翼的鸟》（*Wingless Birds*），1964年出版的《橄榄树》（*Olive Trees*）奠定了他"巴勒斯坦抵抗运动诗人"的地位。达尔维什的两首著名诗歌是《身份证》(*Identity Card*, 1964)和《围困之国》(*State of Siege*, 2002)。1970年,他离开以色列去苏联学习,加入了巴解组织,呼吁消灭以色列。1995年,他搬到了约旦河西岸的拉马拉,2008年在那里去世。2000年,教育部部长约西·萨里德(Yossi Sarid)将达尔维什的诗歌添加到以色列公立学校的课程中,引发争议,后被撤销。

当今最杰出的以色列阿拉伯小说作家是萨义德·卡书亚(Sayed Kashua),他探讨了同时作为阿拉伯人和以色列人的含义,这也是他的第一部小说《跳舞的阿拉伯人》(*Dancing Arabs*, 2002)的主题。他的两本小说都用希伯来语所写。作为希伯来语日报《国土报》(*Ha'aretz*)的知名专栏主笔,卡书亚经常用幽默和荒谬的口吻向主流以色列读者解释身为阿拉伯人在以色列社会中面临的种种考验。

20世纪50年代和60年代出现的阿摩司·奥兹、A.B.约书亚、沙莱夫和大卫·格罗斯曼等作家仍主宰着以色列文坛。然而,在他们周围出现了一个截然不同的文学现象。由于许多以色列人可以阅读不止一种语言,希伯来语以色列作家可以自由地专注于在以色列的特殊生活经历,以及那里的人物、群体和情感。他们的专业化为探索新题材提供了广阔的空间,提高了原始希伯来文学的质量,而国外的翻译材料已经在很大程度上满足了公众的"低俗"需求(惊悚、神秘和浪漫)。

电 影

以色列电影史与以色列文学史有相似之处,电影和文学在20世纪30年代和40年代都起到了建设国家的作用,50年代和60年代则都以英勇的民族主义史诗为特色,而到70年代和80年代是对以色列的政治和社会诸多苛责和批评,此后就倾向于采取中间立场，更多的关注个人问题。

这两种媒体之间的一个关键区别是，尽管以色列文学因为使用希伯来语和以色列语境而拥有强大的观众群体，而制作电影的成本却非常高，外国电影的对话很容易被转换成希伯来语字幕，一些伟大的以色列电影得以制作出来，但外来的竞争比文学更激烈。因此，以色列电影的存在很大程度上依赖政府补贴。其他国家放映的故事类型，以色列电影都有。然而，独立于观众兴趣之外和左翼电影人占主导地位的特点，也使得制作的电影带有强烈的批判倾向。

以色列电影的起源

以色列电影的起源可以追溯到展示犹太复国主义运动成就的纪录片。他们主要由犹太人和犹太复国主义机构资助，描述运动的早期历史，展示了自豪的犹太先驱在这片土地上劳作的情景，常常带有当时苏联社会现实主义电影的宣传精神。第一位早期电影制作人是雅可布·本多夫（Ya'akov Ben Dov），他从俄罗斯移民而来，拍摄了建国先驱们的日常生活和历史事件场景，比如1917年英国军队占领耶路撒冷。大约在同一时间，画家、舞者和编舞人巴鲁克·阿加达蒂（Baruch Agadati）与他的兄弟伊扎克（Yitzhak Agadati）一起创办了阿戛（Aga）电影公司。阿戛电影公司和莫莱德特·卡梅尔（Moledet-Carmel）电影公司在新闻短片的制作中相互竞争，这两家公司构成了以色列电影业的基础。

第一部长篇希伯来语电影是1932年由阿克塞尔罗德（Axelrod）和海姆·哈拉米（Haim Halahmi）拍摄的《流浪者奥代德》（Oded the Wanderer）。这部无声电影讲述了一个爱梦想的孩子在班级郊游中迷路的故事，他试图找到回到同学身边的路，电影展现了巴勒斯坦犹太复国主义定居点全景图。这一时期另一部具有代表性的电影是巴鲁克·阿加达蒂于1935年拍摄的半虚构半纪录片《这块土地》(This Is the Land)。它讲述了犹太复国主义者在巴勒斯坦定居前50年的故事。这也是第一部完全在以色列制作的犹太复国主义有声电影。

早期的另一个关键人物赫尔玛·勒斯基(Helmar Lerski)是出生于德国的戏剧演员,后来是著名的静态摄影师,因拍摄的肖像照获奖而闻名。他曾在德国电影行业担任摄影师,并于1935年受聘导演一部关于巴勒斯坦犹太复国主义成就的电影。电影《阿沃达》(Avoda)是一部纪录片,讲述了一位犹太复国主义先驱参与建造特拉维夫港、铺设道路、排干沼泽和开挖水井的故事。这部电影以富有表现力的电影摄影技术而闻名,它强调了新犹太人肌肉发达的身体和晒黑的脸。该片入围了威尼斯电影节。

大屠杀成为二战后电影的一个突出主题,尽管主要强调的是帮助受害者康复的主题。这一时期的电影包括迈尔·莱文(Meir Levine)执导的《非法移民》(The Illegals, 1947)、约瑟夫·莱基特斯(Joseph Lejtes)的《伟大的承诺》(The Great Promise, 1947)和《忠诚之城》(The Faithful City, 1952)。大屠杀幸存者被描绘成正在经历有意识的改变,作为"新犹太人"而重生。这种对过去的创伤和"旧身份"的迅速而成功的舍弃象征着幸存者的康复,以及他们对犹太复国主义愿景的认同——告别犹太人的过去和最近发生的大灾难。

战争电影

自1948年以色列独立后的15年里,大多数电影都描绘了以色列与周边阿拉伯国家的斗争,主角是理想化的以色列战士。这种"民族英雄"题材主要以阿以冲突的背景下神话般的英雄——萨布拉(土生土长的以色列人)、基布兹成员和士兵为中心。

这些电影中最著名的是阿西·达扬(Assi Dayan)导演的

《24号高地无应答》(*Hill 24 Doesn't Answer*, 1955)，讲述的是独立战争期间四名战士被派去守卫一座具有战略意义的山。他们的人生故事在倒叙中展开，展现了他们面临绝境进行的殊死搏斗。这是以色列电影业的第一部大制作，预算高达40万美元，它在国内外票房都取得了成功。

其中一个关键情节描述了一名具有人道主义精神的萨布拉士兵，在一场艰苦的战斗中，发现了一名受伤的埃及士兵。这名以色列士兵冒着生命危险，急忙去帮助他的敌人，但当他把对方背到一个安全的地方时，后者试图先用手枪，后用手榴弹杀死他。最后，当这名以色列士兵在附近的一个山洞里寻找掩护时，他惊讶地发现，受伤的"埃及人"实际上是一名在阿拉伯阵营作战的德国纳粹。此时镜头快速转换，这名犹太士兵化作德国犹太贫民区的犹太人，穿着纳粹政府要求犹太人穿的带黄色标志的衣服。随后同样的镜头移动又把他变成了萨布拉士兵，但他并没有杀死这个已受了致命伤的人。

较之以色列文化的其他领域，美国化产生的影响在1967年以后的电影中表现最为突出，这些电影借鉴了好莱坞战争电影的史诗风格和"超越生命"的主角。由寇比·耶格尔(Kobi Jaeger)执导的《特拉维夫在燃烧吗？》(*Is Tel-Aviv Burning？* 1967)，是第一部描写战争的以色列电影。其他遵循这种模式的作品包括：优素福·米洛(Yosef Millo)执导的《他走过这片土地》(*He Walked Through the Fields*, 1967)，根据摩西·沙米尔(Moshe Shamir)的小说改编，讲述了基布兹人乌里(Uri)在对一个来自欧洲新移民的爱和对国家及帕尔马奇的承诺之间的挣扎；米纳罕·戈兰(Menahem Golan)的《鹰在黎明攻击》(*The Eagles Attack at Dawn*, 1970)，描述了以色列突击队被派往叙利亚营救被俘以色列士兵的故事；还有波阿兹·戴维森(Boaz Davidson)的《空降兵犬阿兹特》(*Azit, the Paratrooper Dog*, 1972)，讲述了影片中主角一条狗越过敌人的防线英勇执行任务的故事。

现代主义电影

20世纪60年代中期,受欧洲现代主义电影的影响,一种新的电影类型被介绍给以色列公众。这种"新感性"风格是对"死亡精神"和"殉教"电影的一种反应,这种电影主要关注死亡、战斗和为人民和国家做出的自我牺牲。

以色列"新浪潮"的领袖之一是大卫·佩罗夫(David Perlov),他于1963年以独特而抒情的风格制作了一部40分钟的纪录片《在耶路撒冷》(*In Jerusalem*):它由石匠、乞丐、拿着他的相机玩耍的孩子、小贩和来自不同群体的人的镜头组成。由于佩罗夫"敢于"拍摄乞丐,这部电影无意中引发了一场丑闻。因为影片对圣城"不合适"的描述,以色列官员反对发行这部影片。直到总理列维·埃希科尔插手,电影才得以上映。

以色列现代主义电影的第二位领军人物是演员、导演和喜剧演员乌里·佐哈尔(Uri Zohar)。他的《月亮上的洞》(*A Hole in the Moon*, 1965)是以色列有史以来最具实验性的电影之一。影片一开始,佐哈尔饰演的犹太复国主义先驱泽尼克(Zelnik),身穿西装,喝着威士忌,抽着雪茄,乘木筏来到以色列。然后他去了沙漠,在一个偏僻的地方建了一个小亭子,喊道:"柠檬水!"这一幕指的是以色列第一任总理戴维·本-古里安的著名故事——他在内盖夫南部旅行时,在一处荒无人烟的地方停了下来,环顾四周,指着沙滩宣布:"这里将建一座城市。"

泽尼克早上醒来,却发现他对面有另一个亭子,亭子的主人是一个米兹拉希犹太人。两人决定拍一部西部电影。他们的电影包括一个"真实电影"风格纪录片,其中佐哈尔给有志成为女演员的年轻女性试镜,模仿充满激情的犹太复国主义演讲,三个阿拉伯人乞求被描绘成"好人",然后唱一首犹太复国主义歌曲。在另一个场景中,妇女们排队进入帐篷,然后怀着身孕离开,以增加国家的出生率。这部电影的结局是电影中的两位电影制作人被怀孕 11 个月还未生出孩子的愤怒妇女们处决。

后来,泽尼克和米兹拉希犹太人的鬼魂站在他们坟墓的对面。一个孤独的骑士(可能是阿拉伯人或犹太复国主义的先驱)骑马冲向他们,射杀了这两个鬼魂;然后一个像耶稣一样的牧羊人在水上行走,沉了下去。结尾的字幕是,"这是结局(犹太复国主义的结局)?"讽刺的是,独特的以色列式的转折发生在佐哈尔本人身上,他后来放弃了表演,成为一名哈瑞迪极端正统派教徒。

《月亮上的洞》是以色列第一部批评犹太复国主义的电影,它将其比作一个混乱的影棚,本着法国"新浪潮"的精神,演员们即兴发挥,摄像机是手持式的,参考资料是电影式的,剪辑迅速,联想性强,整个气氛是自由奔放和欢乐的。《月亮上的洞》是以色列最早的"导演"电影,也就是说,它是一部风格怪异的个人电影。

与许多同时代的文学、诗歌和戏剧同行一样,以色列现代派电影制作人避开了民族意识形态(战争和建设主题),转而选择更具普遍性和知识性的主题,以及对萨布拉犹太人的去神话化描绘。

布瑞卡斯电影(低成本情景喜剧)

20 世纪 60 年代中期出现的第二种电影类型是情景喜剧,即布瑞卡斯电影(*Bourekas*)①,关注米兹拉希(中东裔)犹太人和阿什肯纳兹(欧洲裔)犹太人之间的紧张种族关系。他们的英雄是贫穷但狡猾的米兹拉希犹太人,而这些米兹拉希往往会爱上一个富有的阿什肯纳兹犹太人。虽然男女主角来自不同的社会阶层,但爱会克服所有的障碍(主要是阿什肯纳兹犹太人父母

---

① 译者注:Bourekas 原本是土耳其的一种酥皮烘烤点心,内含芝士或土豆填充馅。

的偏见)。冲突通常通过敌对家庭的子女之间的婚姻解决,从而建立了以色列社会是来自世界各地犹太移民大熔炉的观念。

这类讽刺喜剧的先驱是以色列最伟大的喜剧作家埃弗赖姆·基雄(Ephraim Kishon),他的《萨拉赫》(*Sallah*,1964)讲述的是由以色列明星哈伊姆·托波尔(Haim Topol)饰演的米兹拉希犹太人移民萨拉赫与阿什肯纳兹犹太人之间的冲突。这是第一部获得奥斯卡奖提名的以色列电影,也是以色列有史以来最受欢迎和最成功的电影之一。

当萨拉赫和他的大家庭在20世纪50年代来到以色列时,他们被送到一个临时营地。萨拉赫不喜欢住在摇摇欲坠的棚屋里,他决心把家搬到附近的一个住宅区。与此同时,他与无所事事的邻居一起玩西洋双陆棋来消磨时间,偶尔做些临时工来碰碰运气。电影通过描述附近基布兹成员(他们对支持新移民并不热心)和当局对移民的痛苦漠不关心的傲慢态度来讽刺以色列政府。

因此,这部电影中对基布兹和萨布拉"偶像形象"的嘲讽相当大胆。外交部前部长兼总理果尔达·梅厄反对这部电影的发行,因为片中有一幕是:每当不同的捐赠者来观看用他们捐赠的钱种植的森林时,一名犹太国家基金会官员都会给树木换上这个捐赠者名字的标志。

布瑞卡斯电影的制片人、导演和编剧,包括波阿斯·戴维森(Boaz Davidson)、梅纳海姆·戈兰(Menahem Golan)和伊莱·塔弗(Eli Tavor)都是阿什肯纳兹犹太人,米兹拉希犹太人主角也由阿什肯纳兹犹太明星扮演。例如,在戴维森的《查理和一半》(*Charlie and a Half*,1974)中担任主角的耶胡达·巴坎(Yehuda Barkan),以及在《萨拉赫》中扮演主角的托波尔。

《萨拉赫》是第一部展现米兹拉希犹太人视角、批判种族歧视的电影,也是20世纪70年代蓬勃发展的布瑞卡斯电影的典范。这些电影被影评人和现代主义电影人视为庸俗且"低级"趣味,他们认为这些电影角色死板、情节老套、肤浅和迎合大众。

政治批判电影

20 世纪 70 年代和 80 年代初的社会动荡掀起了一股政治批判电影的浪潮。例如,乌里·巴尔巴什(Uri Barbash)的《围墙之外》(*Beyond the Walls*,1984)。故事发生在一座把犹太囚犯和巴勒斯坦囚犯关在一起的以色列监狱里,围绕着米兹拉希犹太囚犯和巴勒斯坦囚犯联手反对压迫性的阿什肯纳兹犹太人的管理展开,这可以看作是对巴以冲突和以色列米兹拉希犹太人和阿什肯纳兹犹太人内部政治分歧的寓言。这部电影获得了评论界的好评和票房上的成功,并获得了奥斯卡奖提名。

另外有三部电影象征着 20 世纪 70 年代末以色列电影意识形态的变化:拉姆·列维(Ram Levy)的《赫伯特·希兹阿》(*Hirbet Hiz'ah*,1978)是第一部讲述 1948 年独立战争中巴勒斯坦阿拉伯人故事的以色列电影。这部电影根据著名作家伊扎尔·斯米兰斯基(Yizhar Smilansky)的故事改编,在以色列电视台播出时引发了民间和政界的争议。第二部电影是贾德·内曼(Judd Ne'eman)的《伞兵》(*Paratroopers*,1977)这部电影通过讲述一名年轻新兵遭受虐待并最终自杀的故事,颠覆了萨布拉战士的形象。第三部电影《小木枪》(*Ilan Moshenson*,1978)首次讲述了大屠杀幸存者所遭受的创伤。

在审视以色列和阿拉伯冲突的电影中,最突出的是拉菲·布凯(Rafi Bukai)导演的《阿万蒂·波波洛》(*Avanti Popolo*,1986),被认为是以色列有史以来最好的电影之一。这部超现实主义的悲喜剧讲述了两名埃及士兵在宣布停火、结束六日战争后,在西奈沙漠中试图找到回家的路的故事。迷路的士兵在四处游荡的过程中,遇到了凯旋的以色列军队的一支侦察小分队,并向他们开火。为了抢夺水,埃及人向以色列人跑去。当以军阻止他们接近盛水的容器时,其中一个埃及人是专业的戏剧演员,他开始背诵莎士比亚《威尼斯商人》中夏洛克的著名独白,"只因为我是一个犹太人!难道犹太人没有眼睛吗?难道犹太人没有五官四肢、没有知觉、没有感情、没有血气吗?……你们要是用刀剑刺我们,我们不是也会出血的吗?你们要是搔我们的痒,我们不是也会笑起来的吗?你们要是用毒药谋害我们,我们不是也会死的吗?"对此,一名受到惊吓的以色列士兵喃喃自语道:"他把自己的角色搞混了。"

与20世纪50年代和60年代的民族英雄电影中无畏、道德高尚的萨布拉不同,这些电影呈现的都是一个褪色的、破碎的形象。以色列战士在身体和精神上都受到了伤害,只能坐在轮椅上或患上战斗疲劳症。雅基·邀沙(Yaki Yosha)的《秃鹫》(*The Vulture*,1981),根据约拉姆·坎尤克(Yoram Kanyuk)的一本书改编,讲述了一名道德败坏的以色列军官对纪念战争英雄不屑一顾的故事。什穆埃尔·伊姆博曼(Shmuel Imberman)的《我不在乎》(*Don't Give a Damn*,1987)改编自丹·本·阿莫兹(Dan Ben Amotz)的一本书,讲述了一个腰部以下瘫痪的年轻士兵虐待家人和亲密朋友的故事。杰夫·里凡奇(Ze'ev Revach)的电影《玩偶》(*Bouba*,1987)的主角是一个在赎罪日战争中患上战斗疲劳症后与世隔绝的人;而丹·沃尔曼(Dan Wollman)的《夜兵》(*The Night Soldier*,1984)讲述一个年轻人因免于服兵役而谋杀士兵的故事。所有这些电影都是赎罪日和黎巴嫩战争后以色列电影的批判视角的表现。

在以色列士兵的这种去神秘化的同时,描述巴勒斯坦人的电影也发生了变化。这些影片包括丹尼尔·瓦克斯曼(Daniel Wachsmann)的《哈姆辛》(*Hamsin*,1982),讲述的是加利利北部巴勒斯坦土地被征用的故事。贾德·内曼(Judd Ne'eman)的《同路人》(*Fellow Travelers*,1983),主人公是一名以色列政治活动家,他发现自己同时被以色列安全部门和巴勒斯坦极端分子追捕。尼西姆·达扬(Nissim Dayan)的《一座非常狭窄的桥》

(*A Very Narrow Bridge*, 1985),讲述了一位以色列预备役军人和一位年轻的巴勒斯坦寡妇之间罗密欧与朱丽叶式的故事。希门·多安(Shimon Dotan)的《小羊的微笑》(*Smile of the Lamb*, 1986)根据大卫·格罗斯曼的畅销小说改编,讲述了约旦河西岸一名以色列军医和一名巴勒斯坦老人之间的友谊。而哈伊姆·布扎格洛(Haim Bouzaglo)的《虚构的婚姻》(*Fictive Marriage*, 1988)则描绘了以色列人和巴勒斯坦人试图建立亲密关系的努力。在这部作品中,一名耶路撒冷教师扮演了一名又聋又哑的巴勒斯坦建筑工人,并与一群巴勒斯坦工人建立了友谊。这些叙述通常会导致悲剧的结局,表明以色列不相信有可能实现真正和持久的和平。这些电影都由巴勒斯坦演员扮演片中巴勒斯坦人角色。

另一个趋势是,大屠杀幸存者变得更加复杂,而不仅仅是与新犹太人萨布拉形成鲜明对比的人群。在早期的以色列电影中,幸存者往往为了适应犹太复国主义的经历而抹去创伤性的记忆。现在痛苦的过去被公开了。例如,《小木枪》(1978)讲述了20世纪50年代一个萨布拉男孩的故事,他是一个青年团伙的成员。有一天,他用小木枪(弹弓)射击了一个敌对帮派的头目。那个头目倒在地上,额头上流着血,主角担心自己杀了人,就逃跑了。在逃亡的过程中,他的膝盖受了伤,被一个精神失常的女人照顾,她在大屠杀中失去了家人,独自生活在海边。她的小屋是她死去家人的圣祠。这个男孩对这个他和他的朋友们曾经嘲笑过的女人产生了极大的同情,他最后变成了一个截然不同、更敏感的萨布拉。

虚无主义电影

1987年12月爆发的第一次巴勒斯坦起义平息了批评政治的电影浪潮。相反,采取虚无主义立场、避免涉及任何直接政治信息的电影增多。阿西·达扬的《基于爱克发的生活》(*Life*

According to Agfa,1992)是起义爆发后十年中的主要作品。这部电影在评论界和商业上大受欢迎,它对当前以色列社会暴力、压迫和虚无主义的描述引发了巨大的争论。电影以一个被遗弃的特拉维夫酒吧为背景(把它比喻成以色列),用黑白色拍摄,围绕着一群顾客和员工,每个人代表以色列社会的一部分:几个士兵,一名警察(象征一个扭曲的以色列萨布拉英雄形象)、一名米兹拉希犹太人、一名巴勒斯坦男人和一些女性。所有这些角色都被认为是他们自己暴力的、军国主义以色列心理的受害者。电影结尾是一场大屠杀,一些喝醉的士兵杀死了酒吧里的所有人。

《基于爱克发的生活》是阿西·达扬编剧和导演的三部曲中的第一部,他是1967年战争期间以色列国防部部长摩西·达扬的儿子。他是《他在田野里行走》中的明星,在影片中扮演了英雄萨布拉的终极化身。达扬"虚无主义三部曲"的另外两部电影其中之一是《电热毯》(A Electric Blanket Named Moshe,1995),这是一部超现实主义幻想片,讲述了一个无家可归的人、一个罗马尼亚妓女和她的哲学家皮条客(这个皮条客角色最早出现在《基于爱克发的生活》中)一起踏上了但丁似的旅程;《阿宝先生的最后一个半钟头》①(Mr. Baum《鲍姆先生》,由达扬自导自演,1997)讲述了一位身患不治之症的成功商人生命的最后92分钟,象征着达扬所有作品中存在的个人与国家之间的紧张关系。

《阿宝先生的最后一个半钟头》中有这样一个场景:一个超现实主义的展览公开展示了几件细节被放大的普通物品——吃了一半的苹果、一张停车罚单、一套钥匙,这些都与鲍姆先生的最后时刻有关。通过这种方式,鲍姆的生与死成为对社会的讽刺性评论,它建立在民族英雄般的死亡神话和仪式基础之上。

---

① 译注者:Mr. Baum 中译名。

在影片结尾的另一个强有力的正面全裸场景中，鲍姆为了最后洗一次澡脱掉了衣服。达扬的身体从他在《他在田野里行走》中出现时的英俊到他因吸毒和酗酒而衰弱，可以看作是萨布拉形象的衰落。

死亡、自我毁灭、漫无目的的存在，以及在历史危机时期对民族认同的追寻，是达扬虚无主义电影的突出特征。达扬的三部曲和这个时代的其他电影都是电影人对混乱转变结果的表现。他们脱离了20世纪80年代的政治批判电影，当时政治上复杂的主角和明显的受害者通常是左派的萨布拉犹太人。这带来了逃避现实主义电影的兴起，它们通过模糊以色列犹太复国主义的身份（地点、人物和故事）来避免采取直接的政治立场，同时寓言电影也有所发展，描绘了即将到来的以色列社会和犹太复国主义愿景的末日。

多元主义和超越

2000年以后的以色列电影往往倾向于描绘以色列社会各阶层的生活和文化，而这些以前很少出现在当地电影中。例如，2001年由新人多佛·科萨什威利（Dover Kosashvili）执导的《晚婚》（*Late Marriage*）描绘了一个格鲁吉亚移民家庭的生活，他们大多说格鲁吉亚语（影片配以希伯来语字幕）。令人惊讶的是，这部小众电影吸引了超过30万观众到电影院观影，广受好评，并被认为是以色列电影制作新阶段的开始。

虽然不是第一部，但《晚婚》是当前以色列种族或多元文化电影潮流中的一部重要代表作。这种类型的电影主要由来自不同背景、年轻有为的导演制作，描绘了不同领域的生活：《战时》（*Time of Favor*，约瑟夫·斯达，2000）中的正统右翼人；《叶娜的朋友》（*Yana's Friends*，阿里克·卡普伦，1999）中来自俄罗斯的新移民；《独立日烧烤》（*The Barbeque People*，大卫·奥费克，2003）中的伊拉克老犹太人；《芳心迷踪》（*To Take a Wife*，罗内特·艾尔卡贝兹和施洛米·艾尔卡贝兹,2004)中受宗法和宗教家庭压迫的摩洛哥妇女;《泡沫》(The Bubble,伊藤·福克斯,2006年)中的同性恋者,以及来自第三世界国家的外国非法劳工。甚至还有讲述哈瑞迪正统派犹太教徒的《香橼》①(The Holy Guests,吉地·达,2004),这个故事讲的是在住棚节期间,一对贫穷的没有孩子的犹太夫妇在耶路撒冷哈瑞迪社区的故事。这部独特的电影是在犹太教拉比院的监督下制作的,片头有一幕上面写着"神的旨意"(with divine providence),这是宗教犹太人在他们写作的任何文章上都要加的传统短语。

电影《魔咒惊魂》(Sh'hur,什穆埃尔·哈斯法瑞,1994)是根据编剧兼演员哈娜·阿祖莱·哈斯法里(Hana Azoulay Hasfari)的回忆录改编的一部自传体电影,讲述了20世纪70年代一个来自摩洛哥的犹太家庭生活在以色列南部城镇的故事。这个故事通过片中最年轻也是唯一萨布拉少女海莉的视角讲述。影片引发了人们对第二代移民身份的质疑。

"西化"的海莉并不是一个成功的典范:影片以一个电视工作室为背景,她的家以冷淡和疏远的蓝色为特征,而过去则以温暖的红色为特征,让人想起20世纪70年代布瑞卡斯喜剧中描绘的温暖、热情的米兹拉希犹太人的生活环境。这个"不真实"的海莉和她患有自闭症的女儿也没有情感上的联系,当她试图接近女儿时,女儿会爆发出疯狂的尖叫。她丈夫在很远的地方(只能通过电话听到他的声音),她几乎从未笑过。

这种方式是自20世纪90年代初以来以色列社会文化和政治动荡的直接产物:大量犹太人从苏联移民到以色列,以及沙斯党(米兹拉希正统派政党,选民主要是北非血统的犹太人)的崛起。这些电影承认以色列是一个多元化的社会。

当代以色列电影在国内外都取得了成功。埃特加·凯雷特

---

① 译者注:该片的中译名。

(Etgar Keret)是一位受欢迎的原创喜剧作家,他和希拉·格芬(Shira Geffen)共同执导的《蓝色果冻海》(*Jellyfish*)获得了2007年戛纳电影节的金摄影机奖。塞森·加布埃(Sasson Gabai)因在《乐队来访》(*The Band's Visit*,艾伦·科勒林,2007)中扮演埃及警察礼仪管弦乐队首席而获得2007年欧洲电影节最佳男演员奖。约瑟夫·斯达(Joseph Cedar)2007年获柏林电影节最佳导演银熊奖,他执导的《波弗特》(*Beaufort*)讲述了2000年以色列从黎巴嫩撤军前最后几天以色列士兵的故事,该片还获得2008年奥斯卡最佳外语片提名。

《美丽堡》开创性的动画纪录片《和巴什尔跳华尔兹》(*Waltz with Bashir*,阿里·福尔曼,2008)、《宽恕》(*Forgiveness*,乌迪·阿洛尼,2006)和《水中漫步》(*Walk on Water*,伊藤·福克斯和盖尔·乌齐斯基,2004)的共同之处在于:通过探索私人创伤来处理国家创伤。《和巴什尔跳华尔兹》讲述了一名以色列国防军士兵(福尔曼本人)对创伤性记忆的压抑——贝鲁特难民营萨布拉·夏蒂拉大屠杀发生时他在黎巴嫩,因此饱受内疚之苦。通过两种看似矛盾的艺术形式——纪录片和动画的结合,影片创造性地再现和解析了记忆。该片获得2009年金球奖最佳外语片奖,并获得2009年奥斯卡最佳外语片提名。

以色列一直不断发展其丰富的电影传统,制作反映和批判社会趋势的批评和流行电影。在建国前和建国初期,以色列电影起到了巩固犹太复国主义意识形态、加强犹太人与土地的联系,以及推动"新犹太人"重生的作用。从那以后,以色列电影经历了许多发展阶段,成为描绘社会边缘化的声音、审视和挑战社会的某些核心思想,并最终以艺术形式作为审视处理国家过去和现在人民日常生活中创伤事件的手段。

音　乐

音乐是塑造和理解何为以色列人的核心。每一种音乐风格都在为获得认可、合法性和主导地位而奋斗。同时，音乐的发展是以色列社会和政治发展进程的重要映射，结果就是创造出一种独特的民族音乐文化。

早期民乐

建国初期，被称为"以色列地之歌"（Shirei Erett Yisrael）的民歌歌词复兴了希伯来语，并表达了作为以色列人的感受。这些歌曲通常由大型唱诗班或表演者与观众一起演唱。在经济紧缩时期和电视时代之前，这种合唱是一种主要的娱乐形式，让民众有机会体验作为新国家成员的感觉。从1948年到1973年，从独立到赎罪日战争，民歌也是教育系统音乐课程和电台广播的主要组成部分。

一千年来，宗教歌曲一直是犹太宗教仪式的主要内容，歌曲往往聚焦于未来重返以色列地的主题。19世纪末，欧洲已经出现了现代犹太复国主义（即世俗和政治模式）的歌曲，表达了类似的憧憬。然而，反映希伯来民族意识的歌曲直到1930年左右才问世。在接下来的几年里，大卫·泽阿维（David Zehavi）、莫得海·泽拉（Mordehai Zeira）和亚历山大·阿尔戈夫（Alexander Argov）等作曲家和词作家创作的歌曲成为以色列的根基以及希伯来语的象征。

包括亚阿科夫·奥兰（Ya'akov Orland）、亚历山大·佩恩（Alexander Penn）和内森·奥特曼（Nathan Alterman）在内的著名诗人所作的歌词，实际上都改编自《圣经》文本和犹太祈祷文，为以色列歌曲的语体增加了文化价值。这些民歌旨在通过歌颂犹太复国主义先驱和庆祝土地复兴来团结人民。音乐本身是中东音乐元素和东欧旋律的混合。于是,以色列民歌风格各异,从俄罗斯民谣到巴尔干民族舞蹈(如霍拉舞),再到阿拉伯旋律(如德布卡)。

拿奥米·舍莫尔(Naomi Shemer)是以色列民间音乐最著名的作曲家和词作者之一,她创作的歌曲很快成为经典。她的歌曲涉及以色列风景、社会和公共事件。舍莫尔的《金色的耶路撒冷》(*Jerusalem of Gold*)创作于1967年六日战争爆发前那段焦虑的日子,这首歌几乎成了以色列的第二国歌。

事实上,以色列民歌的创作过程通常没有记录,歌曲集(*shironim*)因此而产生,这种歌曲集是一些小小的册子,里面有歌词,有时还有音符。这种歌曲集广泛分布在音乐教师、青年运动和其他在各种团体聚会中教授新歌的人当中。另一种形式的音乐娱乐方式是集体演唱(*shira betzibur*),人们在手风琴手兼指挥的伴奏下合唱小册子上的歌词。集体演唱是重要的社会活动,将人们团结到一起,加强了这个新国家公众情感的团结。

军乐团

军事娱乐单位,又称 *lehakot tzvaiot*,在战争期间为满足士兵娱乐需求和提高士气而组建,被认为体现了团队精神和所属的特定单位或部队的威望。第一个军乐团成立于1948年独立战争期间。"Hizbatron"是最有名的军乐团,它为后来者提供了一个借鉴模式:一群年轻的男女士兵表演短剧,唱民谣,反映出喜悦、英雄主义、忧郁等一系列情感。许多音乐家就是从这里学习并磨炼技艺,在军乐团中凸显出来。

20世纪50年代中期到1967年是军乐团发展的第一阶段,以简单的音乐和舞台剧为特色。这种特色不仅是由预算过低造成的,也因为人们把这种简单视为民族美德的核心。典型乐器仅限于手风琴和高脚鼓(darabuka)。第二阶段是从1967年到

1975年,其特点是制作更加精良,使用了更多的乐器:鼓、电吉他、管风琴和贝斯。从20世纪50年代中期到70年代中期的20年,军乐团剧目占据了以色列流行音乐的主导地位。

以色列摇滚乐的兴起

以色列摇滚乐的第一批杰作有三个特点:使用电子乐器和由个人作词的典型摇滚歌曲;使用类似于传统以色列音乐的旋律和歌词;大多数音乐家都毕业于军乐团(这意味着他们的摇滚是以色列主流文化的一部分)。20世纪70年代,早期以色列摇滚乐的主要特点是一群杰出的天才音乐家共同合作,他们中的许多人至今仍是明星。

自1965年以来,阿里克·爱因斯坦(Arik Einstein)一直是以色列最著名的流行音乐演奏家。爱因斯坦发布了超过25张专辑,在很大程度上定义了以色列音乐。他的杰出代表作有《抛兹》(*Pozzy*,1969)和《沙布卢》(*Shablul*,1970)。爱因斯坦是第一个具有国际风格的典型摇滚乐队的主唱。他的另一种风格在20世纪70年代后期唱片中占主导地位,这种风格更倾向于本土风格:其音乐包括改编自著名诗歌的以色列民歌。在第7张专辑《美好的以色列地》(*Good Old Land of Israel*)中,爱因斯坦将这些传统作品改编成流行/摇滚风格。

沙洛姆·哈诺克(Shalom Hanoch)多年来一直是阿里克·爱因斯坦的得力助手,他在爱因斯坦的乐队负责演奏和演唱。哈诺克与别的摇滚音乐家不同,他的歌词温和、严肃且富有诗意。20世纪70年代中期,在完成《沙布卢》的创作后,哈诺克离开了爱因斯坦的乐队,成为坦木兹(Tamuz)乐队的主唱,该乐队唯一的唱片堪称杰作。离开坦木兹后,哈诺克成为一位独奏音乐人,他的个人突破出现在20世纪80年代,《等待弥赛亚》(*Mehakim LeMashiah*)是他最流行的歌曲之一。他的音乐范围涵盖柔和的原声民谣、披头士式的流行/摇滚、硬摇滚,甚至"体育场摇滚"。

舒姆里克·克劳斯(Shmulik Kraus)是最早与爱因斯坦合作的音乐家之一。他是"高窗"(High Windows)乐队三人组的主要创作力量，爱因斯坦也是其中一员。1970年，克劳斯组建了另一个乐队"好望角"(Cape of Good Hope)，该乐队演唱的歌曲《给离开基布兹者的歌》(Ballad to a Kibbutz Leaver)，是对基布兹生活的嘲讽，也是对城市生活的评价，象征着以色列摇滚的反叛。

蜂窝(Kaveret)与以色列之前的任何乐队都有所不同，它是一个原创的、富有创造力的乐队。七位乐队成员自己写歌，甚至自己制作唱片。从1973年到1975年，乐队发行了三张唱片，刷新以色列唱片销售额记录。他们的早期作品有朗朗上口的曲调、披头士式的和声，以及精悍幽默又复杂的音乐表演。他们偶尔会把东方旋律和乐器与揭露以色列社会禁忌的讽刺歌词相结合。但这些歌曲中的歌词现在仍然经常被引用。

尽管有这些早期的摇滚明星，直到1980年，以色列摇滚在以色列音乐中仍远未占据主导地位，人们仍然认为传统民歌比其他任何音乐都更具以色列特色。

流行音乐节

从1960年开始，"以色列之声"(Kol Israel，后来的以色列广播局)赞助了一个歌唱比赛，以此来鼓励新希伯来语歌曲的创作，比赛一直持续了40年。到20世纪70年代初，这个被大众叫作歌唱节的歌唱比赛已经成为以色列其他音乐比赛的样板。这些音乐节对以色列音乐产生了巨大的影响，尤其在20世纪70年代和80年代，深深影响了歌曲的创作，并为新的表演者和作家奠定了事业基础。

自从首个音乐节在20世纪70年代成为主流以来，音乐界迫切要求增加更多的音乐节，有的侧重中东裔以色列人中的流行乐,有的侧重宗教音乐,这些音乐成为以色列音乐的另外两个维度。私营企业家也开始举办儿童歌唱节,并取得了巨大的成功。这些音乐节都变成了全国性的活动,经常在电台和电视台进行现场直播。其中许多新歌尤其是比赛获胜者的新歌,成为热门歌曲,专辑的销量极佳。

以色列流行乐/摇滚乐

到20世纪80年代中期,流行或摇滚音乐已经成为以色列的主流音乐。社会学家莫蒂·雷格夫(Motti Regev)认为,在这一时期,民乐与中东音乐仍然流行,而摇滚对年轻一代产生了影响,反映了他们将以色列视为当代西方社会不可分割的一部分的渴望。美国和英国的音乐创新以及地中海音乐都对以色列音乐的发展产生了重大影响。而俄罗斯音乐、宗教音乐以及阿拉伯音乐的影响并不太突出。哥伦比亚广播公司以色列分公司(CBS-Israel)和赫德阿尔兹公司(HedArzi)这两家最大的音乐公司认为本土摇滚乐有很大的市场。

随着越来越多的音乐公司与当地的摇滚音乐家签约并推广其作品,这个行业也越来越成功。耶胡达·波立克(Yehuda Poliker)就是一个著名的成功例子,希腊音乐是他的创作根基。他在苯曾(Benzeen)乐队的职业经历,使他成为公认的以色列最好的摇滚音乐家之一。在离开该乐队以后,他录制了两张名为《归根》(*Back to the Roots*)的唱片,第一次以摇滚乐的形式将当代希腊歌曲翻译成希伯来语。然后,1988年,他与他的作词人及联合制作人雅科夫·吉拉德(Ya'akov Gilad)一起,创作了被大多数评论家视为杰作的作品——《灰烬与尘土》(*Ashes and Dust*)。在这张唱片中,他融合了摇滚、朋克、东欧、希腊和阿拉伯音乐等多种音乐元素,以此展示他和吉拉德作为奥斯威辛幸存者之子在以色列的成长经历。这种融合不仅在情感上和音乐上非常吸引人,而且在风格和主题的混合上也具有鲜明的以色列特色。

正如西方音乐那样，随古典摇滚而来的是一段软摇滚时期。受埃尔顿·约翰（Elton John）的启发，拉米·克来斯汀（Rami Kleinstein）等创作型歌手创作了伤感民谣。魅力四射的女歌手也开始流行起来，丽塔（Rita）可能是其中名气最大的。耶胡迪特·拉维茨（Yehudit Ravitz）朴实无华的形象是以色列人的自我形象的最好反映，他带来了一波受南美影响的原创歌曲浪潮。

在21世纪早期的当代摇滚舞台上，带有民谣色彩的温和音乐尤其流行，其中包括尤尼·布洛赫（Yoni Bloch）和犹太人（HaYehudim）以及玩偶之家（Beit Habubot）等乐队。像梅赛德斯（Mercedes band）这样的乐队，歌词复杂且精致，在某种程度上扮演了诗歌曾经占据的角色。

米兹拉希音乐（中东音乐）

建国初期，米兹拉希音乐（中东音乐）几乎只能以地下音乐的形式存在，但到了20世纪70年代初，它开始崛起，并取得了相当大的成功（尽管从未占据主导地位）。它融合了中东和希腊-土耳其-地中海音乐风格，以及西方的流行精神。此类音乐既使用电吉他、贝斯、合成器和鼓这样的摇滚乐器，也使用卡农琴、乌得琴和布祖基琴等传统乐器。有些音乐家几乎完全照抄国外作品，用以色列词作家的希伯来歌词来创作以色列歌曲。这种类型的音乐在20世纪80年代开始成为主流的民族音乐，与特定的民族群体无关。

由于米兹拉希音乐的经济潜力、广播以及销量都不如摇滚乐，于是其表演形式更多的是现场演出。20世纪80年代初，齐利利·豪德（Tzliley HaOud）和齐利利·哈克勒姆（Tzliley HaKerem）等乐队努力了十年后，米兹拉希特音乐在歌手佐哈尔·阿戈夫（Zohar Argov）和海姆·莫舍（Haim Moshe）的音乐中开始发展成形。1983年，他们以两张经典专辑——阿戈夫的

NahonLeHayom 和莫斯赫的 *AhavatHayai* 进军主流音乐市场。正是他们取得的成功，使得这种类型的音乐开始得到了主流的认可，并且其追随者要求削减英美和以色列摇滚音乐的广播时间，增加这种音乐的广播时间。

1995年以前，所有以色列广播电台都是公有的，所以这种要求也成为一个政治问题，与中东裔的以色列犹太人争取以色列社会对其文化和传统更加认可的运动交织在一起。一方面，这种音乐被看作是对这个群体特殊身份的一种宣示；另一方面，它被认为代表了真正的以色列音乐。

人们用尽各种方法来普及这种音乐，或是将民歌的元素融入米兹拉希音乐中，或是坚持该音乐在以色列文化中的独特性和影响力。佐哈尔·阿戈夫在其职业生涯中采用了后一种方法，他的职业生涯堪比美国音乐界的"猫王"，人们也将其称为"国王"。他在1987年的悲剧性死亡，让他成为米兹拉希下层阶级的文化英雄。然而，到了20世纪90年代，米兹拉希特音乐仍然相对（尽管不是完全）缺席广播和电视节目。它的支持者继续要求得到承认和确认其合法性。

米兹拉希音乐的地位在20世纪90年代发生了重大转变，由于当时越来越多的人要求增加播放这种音乐的时间，广播电台和电视台开始做出改变。如今，这些音乐家的地位比以往任何时候都要高。他们多次当选为"年度歌手"，其音乐远比流行乐与摇滚乐受欢迎，并且到处都播放着这种音乐。这一转变表明，文化精英（这里指的是音乐创作者和制作人）的力量正在减弱。

如今，人们普遍认为颇受欢迎的米兹拉希音乐是以色列最成功的音乐流派。一些当代明星，如杜杜·阿哈龙（Dudu Aharon）通过借鉴其他风格的音乐，重振了这一流派，还有萨瑞特·哈大德（Sarit Hadad），她代表以色列参加了2002年的欧洲歌唱大赛，并在2009年10月摘得21世纪头十年以色列最佳女歌手桂冠。

古典音乐

古典音乐的中心是以色列爱乐乐团，它于 1936 年由小提琴家布罗尼斯拉夫·胡贝尔曼（Bronislaw Huberman）创建。该乐团在开国大典上演奏了以色列国歌《希望》（HaTikva）。1950 年 12 月，爱乐乐团与美国著名指挥家伦纳德·伯恩斯坦（Leonard Bernstein）在美国进行了首次巡回演出。在接下来的几年里，乐团也在欧洲巡演。在冷战结束及以色列与世界各国建立外交关系后，它还前往苏联、中国和印度等国家演出。

在乐团成立的前几十年里，发掘了许多有才华的年轻音乐家。其中包括小提琴家伊扎克·帕尔曼（Yitzhak Perlman）和钢琴家丹尼尔·巴伦博伊姆（Daniel Barenboim）。1968 年，世界著名指挥家祖宾·梅塔（Zubin Mehta）受邀成为爱乐乐团的音乐顾问，这被认为是以色列这个管弦乐团的巨大成就。1981 年，梅塔被任命为乐团终身音乐总监。

多年来，爱乐乐团表现优异，享誉世界。另外，还有一个名为"耶路撒冷交响乐团"的广播交响乐团，向成千上万的听众广播音乐会，将古典音乐介绍给公众和教育系统。有一家国营广播电台专门播放古典音乐。苏联移民也给以色列带来了许多专业音乐家，包括乐器演奏家、歌手和音乐教师，许多新交响乐团和室内管弦乐队以及规模较小的古典乐团纷纷成立。这些新移民也为学校、音乐学院和社区中心提供了大量人才和专业知识。

自 20 世纪 90 年代以来，人们对古典音乐的认识有所提高。主要乐团包括以色列卡梅拉塔乐团（the Israel Camerata）和以色列国防军教育团的室内管弦乐队。许多城镇都有自己的唱诗班，有几个音乐节专门举办合唱音乐会，如阿布高什（Abu Ghosh）教堂的声乐节。从独唱会到完整的交响音乐会等音乐表演，在各种不同的地方举行——从凯撒利亚和贝特希安的复原罗马圆形剧场到全国各地的音乐厅和艺术中心。

以色列也举办许多世界级的古典音乐活动,如国际竖琴比赛和亚瑟·鲁宾斯坦国际钢琴大师赛。以色列还举办地方性节日,如在恩格夫基布兹(Kibbutz Ein Gev)举行的音乐节和在可法尔布卢姆基布兹(Kibbutz Kfar Blum)举行的室内音乐节。耶路撒冷的以色列节被认为是以色列最负盛名的文化活动。虽然它最初是一个古典音乐节,但如今它包含了爵士乐、以色列音乐和其他音乐流派,以及来自世界各地的舞蹈和戏剧表演。古典音乐在以色列文化中获得重要地位的最后一个标志是创办了各种音乐研究部门和高等教育机构进行音乐学研究项目。

爵士乐

爵士乐也在以色列音乐舞台上占有重要地位,大量爵士乐人才涌现,如艾丽丝(Iris)和奥弗·波士加里(Ofer Portugali)。每年8月在埃拉特举行的国际红海爵士音乐节使爵士乐更加受欢迎。以色列的表演者在美国爵士乐舞台上同样表现优异。例如,低音音乐家兼爵士作曲家阿维沙伊·科恩(Avishai Cohen)就是由传奇人物奇克·柯瑞亚(Chick Corea)发掘的。以色列能够创造出强大的原创爵士乐,这种音乐流派似乎与其根源相去甚远,证明了以色列文化在音乐方面的多样性。

以色列音乐的发展趋势

如今的以色列音乐界主要受多样化和大众兴趣这两大趋势以及国际音乐的影响。这些趋势意味着,每一种国际风格,从嘻哈到流行电音再到说唱,都找到了独特的以色列表达方式。

例如,以色列版的嘻哈音乐始于20世纪90年代的沙巴克萨莓乐队(the band ShabakSameh),到2003年风靡全国。嘻哈音乐中也有政治元素。最受欢迎的两个乐队是左派的哈达格纳哈什乐队(HaDag Nahash,字面意思是"带鱼",但也是一个双关语，指刚拿到驾驶证的"新司机"使用的汽车贴纸）和右派的"潜意识"乐队（Subliminal）。哈达格纳哈什成员称自己是"嘻哈犹太复国主义者"，而"潜意识"乐队的专辑封面上印有大卫星，并写了一首名为"HaTikva"（希望，也是以色列国歌的名字）的歌。美国电影《别惹佐汉》（Don't Mess with the Zohan）中使用了哈达格纳哈什乐队的音乐，这是它的一个突破。

由寇比·奥兹（Kobi Oz）领导的"茶包"乐队（Teapacks）是以色列的诙谐乐队。在2007年的欧洲歌唱大赛上，茶包乐队演唱了一首关于伊朗获得核武器的歌曲《按下按钮》（Push the Button），相关部门试图审查这首歌，但最终没有成功。

另一个借鉴不同文化并将其融入当地以色列文化的乐队是伊丹瑞哈音乐项目乐队（the Idan Raichel Project）。它以埃塞俄比亚音乐为起点，借鉴了世界各地的音乐元素，将其与中东音乐、灵魂音乐和宗教音乐结合在一起，创造出了一些原创杰作。

许多新进入以色列流行音乐圈的人都是在电视节目《明星的诞生》（Kochav Nolad）中被发现的，这是以色列版的《美国偶像》。在一个小国家里，一种时尚可以很快吸引很多人，《明星的诞生》就出现了许多成功故事，其中包括妮内特·塔伊布（Ninet Tayeb，以色列最著名的明星之一）。在该节目第一年决赛中胜出的选手诗蕊·迈蒙（Shiri Maimon）与沙伊·盖布索（Shai Gabso）也发展得很好。

随着这些才华横溢的新歌手的出现，在20世纪90年代和21世纪初期关注点比较狭窄的以色列音乐产业，现在已经转向更流行的音乐，经历了一次复兴。集体合唱也再次流行起来，在电视节目和夜总会都有演出。在以色列，商业化的流行音乐取得了成功，这也促使所有类型的音乐都流行起来，尤其是传统的以色列歌曲。

以色列音乐在国际上取得成功的一个关键因素是歌手能够用英语表演，这是他们尝试性的突破。20世纪90年代，也门歌手奥芙拉·哈扎(Ofra Haza)在国际上取得了第一个重大突破，她凭借非凡的嗓音和歌曲中创造性的也门元素，赢得了广泛赞誉。21世纪头十年，以色列的所有音乐流派都得到了国际社会更广泛的认可。然而，令人惊讶的是，最成功的是一种以前被边缘化的风格——电子催眠音乐。在这个领域，星体投射乐队(Astral Projection)与感染蘑菇乐队(Infected Mushroom)得到了全世界的认可。

音乐也作为一种世俗的祈祷，在以色列扮演了新的角色。在阵亡将士纪念日、假日和各种庆典中，以色列音乐都占有特殊地位。1995年，以色列总理伊扎克·拉宾在特拉维夫举行的和平集会就是一个很好的例子。他离开舞台前唱了一首歌，而在他被暗杀后，年轻人也开始以唱歌的方式来哀悼他。

戏　剧

直到19世纪后期，犹太人才真正对戏剧有所了解。但在以色列的典型戏剧风格中，各种类型的戏剧混合在一起，创造了一种独特的民族戏剧风格。哈比马(HaBima)剧院于1917年成立于莫斯科，标志着以色列戏剧的诞生。这个讲希伯来语的剧团由俄罗斯导演康斯坦丁·斯坦尼斯拉夫斯基(Constantine Stanislavski)领导。斯坦尼斯拉夫斯基或许是现代西方世界最具影响力的表演理论家之一。剧院著名女演员汉娜·罗比娜(Hanna Robina，1882—1980)后来也成为这个希伯来剧院的"第一夫人"。建立这个剧院是为了促进犹太民族复兴，同时在意识形态戏剧的表演中树立很高的艺术标准。1931年，整个团队移民到了以色列地的特拉维夫，成为以色列的国家大剧院。

建国初期的戏剧反映了当时的一些事件，描绘了英雄的胜利故事。它们往往与国家体制的核心价值观一致。因此，这些故事中很少有阿拉伯人,也很少有公开的批评。实际上,出现了对偏离这一标准的批评。这一时期最著名的剧作家有摩西·沙米尔[Moshe Shamir,《他在田野里行走》(*He Walked Through the Fields*),1949]、伊格尔·莫辛松[Yigal Mosinzon,《在内盖夫》(*On the Negev*),1949]、内森·沙哈姆[Nathan Shaham,《他们明天就会到来》(*They'll Arrive Tomorrow*),1949]、尼西姆·阿洛尼[Nissim Aloni,《最残酷的国王》(*Most Cruel the King*),1954]、阿哈隆·麦格德[Aharon Megged,《亥德瓦和我》(*Hedva and I*),1954]和埃弗赖姆·基雄[Ephraim Kishon,《他的名字在他之前》(*His Name Precedes Him*),1953]。

这些戏剧先驱大多年龄相仿,背景相同,写作风格相似。许多人最终放弃了戏剧,转向散文。只有尼西姆·阿洛尼留在了戏剧界。他的第一部作品《最残酷的国王》是其作品中最好的一部。在这部剧中,他利用透视和历史类比来与当下相联系。

实验戏剧

20世纪60年代,戏剧的主要特点是对欧美有影响的作品进行实验与改编。其中德国诗人和剧作家贝托尔特·布莱希特(Bertolt Brecht)影响最大;其他有影响力的还有皮兰德罗(Pirandello)、塞缪尔·贝克特(Samuel Beckett)、尤金·艾里斯科(Eugene Ionesco)和让·热内(Jean Genet)。有四位杰出剧作家的作品深受这一趋势的影响创作了很多新的以色列剧本和戏剧,这些剧作家分别是尼西姆·阿洛尼(Nissim Aloni)、内森·奥特曼(Nathan Alterman)、约瑟夫·巴尔·约瑟夫(Yosef Bar-Yosef)和哈诺克·莱文(Hanoch Levin),其中阿洛尼和莱文最为杰出。

阿洛尼最重要的作品《皇帝的新衣》(1961年在哈比马剧院制作)为以色列戏剧的发展开启了新的篇章。阿洛尼的戏剧大多以神话、怪诞和幻想的世界为主题,以精彩的对话、丰富的词汇、各种典故和异国情调为特点。阿洛尼导演了许多自己写的剧本,其中最著名的有《美国王子》(*The American Princes*,1963,季节剧院)、《新娘与蝴蝶猎人》(*The Bride and the Butterfly Hunter*,1967,哈比马剧院,)和《丽莎阿姨》(*Aunt Lisa*,1969,比莫特剧院)。

汉诺赫·列文(Hanoch Levin)是以色列戏剧革命的主要人物,他在六日战争后声名鹊起。1969年,当人们仍沉浸在军事胜利的兴奋情绪中时,莱文试图破坏大家的这种兴奋感。他和一群学生在巴巴里姆俱乐部(Bar-Barim Club)举办了一场讽刺晚会,抨击政治和军事机构,讽刺当时文学和大部分新闻报道的悲情主义和感伤主义特点。

列文著名的戏剧《你和我还有下一场战争》(*You and Me and the Next War*)是一部以传统的政治歌舞风格创作的反战讽刺剧。列文从和平主义者和反军国主义的角度来描述这场战争,以及以色列的所有战争。列文把战争的主题与以色列的历史背景分开。这一讽刺戏剧引发了非常激烈的公众辩论,并持续了很多年。《你和我还有下一场战争》和《浴缸女王》(*The Queen of the Bathtub*)彰显出20世纪70年代和80年代的讽刺和反英雄主义态度。

20世纪60年代和70年代,以色列戏剧也逐渐脱离了原来的哈比马剧院和卡梅里剧院(都在特拉维夫)的传统,许多前卫大胆的小剧院开始兴起。渐渐地,小剧院的创新在大剧院中得到了体现。除了20世纪50年代成立的小剧院,如哆来咪(Do Re Mi)、祖塔(Zutta)和扎维特(Zavit,意为盎格鲁人)以外,新剧院也变得非常活跃,其中有奥瑙特(Onot,意为季节)剧院(尼西姆·阿洛尼是其主要演员)、比马特·哈萨卡尼姆剧院[Bimat HaSahkanim,意为演员舞台,拥有奥迪德·科特勒(Oded Kotler)和一个演员群体]、比莫特剧院[Bimot,意为舞台,拥有雅科夫·阿格蒙（Ya'akov Agmon）］。此外，以色列诗人和剧作家开始把莎士比亚、莫里哀和契诃夫的经典戏剧翻译成希伯来语，创造了一个新的戏剧宝库，既有古典戏剧，也有现代戏剧。

现实主义戏剧

20世纪60年代的戏剧，尤其是1967年以前的戏剧，以逃避现实为特征。20世纪70年代的戏剧则在赎罪日战争后陷入了残酷的现实，倾向于自然主义和讽刺。知识分子和艺术界对国家目的产生了强烈的怀疑，而剧院是表达这种怀疑的主要场所。早期的集体生活是一种绝对价值，正如《他在田野里行走》等剧作所表达的那样，批判个人生活而支持集体生活已经过时，对集体的批判反而没有了社会禁忌。

在奥戴德·科特勒（Oded Kotler）和诺拉·切尔顿（Nola Chelton）的管理下，海法剧院在20世纪70年代中期促成了这一转变，成为表达"第二个以色列"的平台。剧中首次出现了中东和北非犹太人、阿拉伯人以及其他类似的角色。切尔顿还招募了特拉维夫大学戏剧专业的学生，让他们从事一些特殊的项目，比如在贫困社区生活和制作纪实性戏剧。切尔顿在海法剧院的工作培养了一大批新的作家和演员，如耶霍舒亚·索博尔（Yehoshua Sobol）、伊齐克·魏因加滕（Itzik Weingarten）和希勒尔·米德尔朋克特（Hillel Mittelpunkt）。

戏剧和战争

1982年黎巴嫩战争导致以色列民族共识破裂，随即通过戏剧表现出来——既有原创戏剧，也有对翻译经典的解读。早期的合议制被强烈的对立所取代，一些剧团和知识分子甚至支持审查哈诺克·莱文（Hanoch Levin）的反战讽刺作品《爱国者》（*The Patriot*），这与1970年他们反对任何针对《浴缸女王》的类似行动形成了鲜明对比。黎巴嫩战争后几年，成立了一个抗议剧院。戏剧的新趋势非常清醒,充满了敌对情绪,一边赞美着犹太复国主义,一边又谈论着它的消亡。

在此期间,奥戴德·科特勒发起了独特的另类戏剧节,成为实验戏剧框架的展示窗口。然而,海法剧院仍然是敏感话题的主要阵地。例如,这个剧院大肆讨论以色列和阿拉伯之间的冲突,并使用了更多的阿拉伯演员。它在诸如法戛德(Faugard)的《岛》(The Island)这样的戏剧中表达了他们的身份冲突,有两个版本——一个是希伯来语版本,另一个是阿拉伯语版本(1983年)。其他还有希伯来语-阿拉伯语版本的《等待戈多》(Waiting for Godot, 1984),及耶霍舒亚·索博尔的《巴勒斯坦女孩》(The Palestinian Girl, 1985)。

然而,到20世纪末,随着公众对这种沉重话题的兴趣逐渐减弱,抗议和批评的声音被压制下来。1987年夏天,戏剧舞台发生了巨大变化,在特拉维夫的卡梅里剧院上演了戏剧《悲惨世界》(Les Miserables),从此以后,以色列的剧院就再也不同以往了。这出戏是以色列第一部华丽的戏剧,使用了先进的灯光技术和音响设备,这在以色列前所未有。这是第一次在以色列的剧院里,观众和评论家为这项技术成就本身而欢呼。《国土报》(Ha'aretz)的戏剧评论家迈克尔·汉德尔兹拉茨(Michael Handelzlats)称这种赞誉具有"生产价值",这与早期的传统戏剧不同,技术效率比实质内容更为重要。

这种变化一方面表明以色列戏剧技术的成熟和公众对高标准的要求。然而,另一方面也表明,重要的意识形态信息,已不再是公众的首要需求。结果,各个剧院开始制作更多具有商业导向的剧目。其中就有音乐剧,在此之前,人们普遍认为音乐剧对演员的职业很有挑战性,而且对演员的要求也很高。甚至大胆的阿卡(Acco)音乐节也开始追随这种潮流;参与的艺术家们加入这个机构大多把它当作跳板,而不是作为大胆的艺术实验的实验室。年轻的表演学院毕业生,对表演职业感兴趣的学生直接从学校被招进了制度化的剧院。虽然这些标准在西方国家是规范性的,但在以色列反映了一种变化。

当代戏剧趋势

在 1990 年第 11 届阿卡音乐节上,一等奖颁给了年轻剧作家伊兰·哈泽尔(Ilan Hazor)的第一部戏剧《蒙着面纱》(Reulim)。这是第一部涉及起义的以色列戏剧。然而,除了这类少有且明显的例外,20 世纪 90 年代的戏剧变得不那么政治化了。涉及个人生活,即个人生活质量和自我实现的戏剧取代了政治作品。虽然不一定通过喜剧和音乐剧的形式体现,但总的趋势是娱乐化。在这种趋势下,单口脱口秀这种新的戏剧形式变得非常受欢迎,成为年轻人可以接受的娱乐形式,取代了几近消失的讽刺喜剧。年轻的脱口秀演员通常会刻意避免对以色列局势发表直接的政治言论,而更愿意涉及一些个人日常生活的内容。

近年来,以色列戏剧明显地把新和旧、本国和外国的文化相结合。到 21 世纪初,大约一半的戏剧是希伯来语原创作品。每年,以色列的高中都会开设更多的戏剧课程,培训更多的戏剧教师,表演学校的录取标准也在提高。

政府资助了 6 家公共剧院,分别是特拉维夫的哈比马剧院、卡梅里剧院(Cameri)、拜特莱辛剧院(Beit Lessin)、海法剧院和贝尔谢巴的市政剧院,以及耶路撒冷的哈恩(Hahn)剧院。哈比马剧院和卡梅里剧院拥有大量原创的以色列戏剧和翻译的外国戏剧。拜特莱辛和海法剧院虽然在历史上曾遭受非议,但现在已转向音乐剧和更多的商业剧目。位于特拉维夫-雅法的著名的盖舍尔剧院(Gesher)是由俄罗斯移民创办的。

自 20 世纪 70 年代以来,人们曾多次尝试建立一个为阿拉伯语人士服务的专业剧院,但其中只有位于海法阿拉伯-犹太文化中心的贝特哈格芬(Beit HaGeffen)剧院保留下来。它的剧目包括阿拉伯国家的作品和翻译成阿拉伯语的当代作品。阿拉伯演员在表演学校获得文凭，从 20 世纪 80 年代开始活跃在希伯来戏剧中。知名演员包括：萨利姆·道（Salim Dau），穆罕默德·巴克里（Muhammad Bakri），萨尔玛·纳卡拉（Salma Nakara），马克拉姆·克利（Makram Khouri）和米拉·阿瓦德（Mira Awad）。

自从戏剧在这个新国家开始出现，与其他西方国家相比，以色列一直保持较高的戏迷比例。

舞 蹈

以色列的舞蹈发展有两条平行线——民间舞蹈和专业舞蹈。舞蹈表演是节日庆典的中心元素，尤其在基布兹和莫夏夫。然而，建国前最受欢迎的民间舞蹈是从国外引进的，主要源自东欧犹太人，比如霍拉舞和波尔卡舞。

直到 20 世纪 40 年代早期，以色列自己的民间舞蹈才开始发展。第一个里程碑是在古瑞特·卡德曼（Gurit Kadman）和泽伊夫·哈瓦泽莱特（Ze'ev Havatzelet）的倡议下出现的，这两位年轻的梦想家在 1944 年组织了第一届全国民间舞蹈大会，14 个舞蹈公司的 200 名舞者参加了演出，3500 位观众到场观看。1947 年举行的第二次达利亚舞蹈大会吸引了 2.5 万人。这个舞蹈大会现在仍在举办，称为卡米尔舞蹈节，是以色列规模最大的舞蹈节。

来自非洲、东欧（尤其是俄罗斯）和印度的不同民族的传统舞蹈在以色列也得到了发展，融入了已经在以色列发展起来的阿拉伯人、德鲁士人和切尔克斯亚文化的舞蹈。

除了民间舞蹈，以色列舞蹈还借鉴了西欧的古典芭蕾和现代舞。第一位以色列编舞家是巴鲁克·阿加达蒂（Baruch

Agadati）。他的舞蹈融合了多种风格,他所编的一种民间舞蹈成为最具象征意义的以色列舞蹈,即"霍拉阿加达梯"（Hora Agadati）舞蹈。

另一位杰出的编舞者是萨拉·莱维-塔奈（Sara Levi-Tanai）,她在 20 世纪 40 年代到 90 年代,用以色列的舞蹈艺术形式进行创作,被认为是以色列最具独创性的编舞者。从起源来讲,莱维-塔奈开发了一种新的艺术语言,通过添加更多的艺术元素让以色列民间舞蹈更有深度。她在 20 世纪 40 年代创立了因巴尔（Inbal）公司,这是一个专注于也门犹太人舞蹈的团体,他们也会在表演中融入吟唱。1957 年,因巴尔公司成为以色列第一个体制化和接受补贴的舞蹈公司。

以色列的现代舞在 20 世纪 50 年代末开始兴起,这要归功于三位重要人物的贡献:巴切瓦·德·罗斯柴尔德男爵夫人（Baroness Batsheva de Rothschild）和一对年轻的以色列夫妇——波塔·亚姆波斯基（Berta Yampolsky）和她的丈夫希勒尔·马克曼（Hillel Markman）,他们在国外多家国际舞团工作过,后来回到了以色列。

巴切瓦·德·罗斯柴尔德男爵夫人对舞蹈的兴趣来自她与美国编舞家玛莎·格雷厄姆（Martha Graham）的友谊。1958 年,在陪同格雷厄姆公司进行一次包括以色列在内的国际巡演后,她决定定居以色列。1964 年,她创立了巴切瓦（Batsheva）舞蹈公司,最初以格雷厄姆的方法为基础。到 20 世纪 90 年代,在奥哈德·纳哈林（Ohad Naharin）的指导下,巴切瓦转向更现代的风格,赢得了国际赞誉。

以色列芭蕾舞团是由波塔·亚姆波斯基和希勒尔·马克曼在 1967 年留学归国后建立的。他们最初被任命为以色列歌剧院芭蕾舞团的领舞和导演,但他们与剧院之间的分歧导致他们离开并成立了一个独立团体——以色列芭蕾舞团。该舞蹈团由 40 名来自苏联的舞者组成,在世界各地演出,剧目包括古典和新古典主义作品。

1989年,德拉尔家族(the Dellal family)与特拉维夫市政府和各种文化组织合作成立了苏珊娜·德拉尔舞蹈和戏剧中心(Suanne Dalal Center),该中心位于特拉维夫 Neve Tzedek 社区。这一可以被称为以色列舞蹈的总部,也是巴切瓦舞蹈公司、巴切瓦合奏团和因巴尔民族艺术中心的所在地。这些公司的技艺水平与世界顶级舞团不分伯仲,经常与耶路撒冷音乐节、卡尔米尔舞蹈节以及以色列各地的舞蹈学校合作。

视觉艺术

1906年,比撒列(Bezalel)学校在耶路撒冷成立,旨在培训专业的手工艺人和艺术家,以色列视觉艺术起源于此。到20世纪50年代,以色列艺术的主要群体分为两类,一类强调艺术作品的普遍美学维度(新视野),另一类表达与以色列历史和社会相关的当地维度[社会现实主义和"十人组"(Group of Ten)]。

1948年,一群艺术家成立了"新视野"(Ofakim Hadashim),在以色列建国的头20年里,它在艺术领域占主导地位。一开始,"新视野"受表现主义和立体主义的影响,同时也受犹太巴黎画派的影响,如柴姆·苏丁(Chaim Soutine)、米歇尔·基柯因(Michel Kikoine)和马克·夏卡尔(Marc Chagall)等人。和许多以色列文化运动一样,"新视野"在普遍主义和当地社会的具体现实之间左右为难。

最终,"新视野"转向抽象艺术,这也成为以色列艺术表现的主要风格,甚至可能是其标准上的高级艺术。"新视野"被视为强调普遍性而非以色列特殊性的运动。1958年,为纪念国家成立后的第一个十年而举办的展览中,展出了新视野艺术家的作品,其中包括该组织领导人约瑟夫·扎里茨基(Joseph

Zaritsky,1881—1985)的绘画《力量》(*Otzma*)。本-古里安总理出席开幕式时对这幅画感到不安,要求把它移到一个非中心的位置,因为他认为这幅画不足以代表以色列文化。

在艺术光谱的另一端是社会现实主义艺术家,他们认为自己的作品直接与社会联系在一起。他们创造了临时营地、示威、工人、工业发展和基布兹及城市生活的表现形式。一些人通过象征性的图像强调与民族主义价值观的联系。与"新视野"不同的是,这些艺术家从意大利和墨西哥艺术及美国绘画(如本·沙恩的作品和毕加索的《格尔尼卡》)中汲取灵感。这个多元化的群体包括来自基布兹的艺术家,如约哈南·西蒙(Yohanan Simon)、施瑞加·魏尔(Shraga Weil)和什穆埃尔·卡茨(Shmuel Katz);离开基布兹的艺术家,如阿维瑞海姆·奥菲克(Avraham Ofek)和茹思·施洛斯(Ruth Schloss);还有在城市中工作的艺术家,如纳夫塔利·贝赞(Naftali Bezem)、希蒙·查巴尔(Shimon Tzabar)、格申·柯尼斯佩尔(Gershon Knispel)和摩西·加特(Moshe Gat)。社会现实主义者批判新视野以自我为中心和反动,且只流于形式。

另一个反对"新视野"的组织是"十人组"(1951—1961),他们对抽象绘画大加批判。"十人组"的大多数成员都是新视野的主要人物耶希格尔·斯特莱赫曼(Yehezkel Streichman)和阿维格多·斯特马斯基(Avigdor Stematsky)的学生。"十人组"采用具象绘画观察当地的生活方式和风景。与社会现实主义者不同,他们回避任何公开的社会或政治问题。

"新视野"的第九次展览(1959)在特拉维夫艺术博物馆的赫莲娜·鲁宾斯坦(Helena Rubinstein)展馆举行,不仅展示了它的实力,也标志着其灭亡的开始。其他人则展示了不同于"新视野"抽象化的作品,其中包括雕塑作品,比如伊加尔·图马尔金(Igael Tumarkin)的《裤子恐慌》(*Panic over Trousers*),他把工作裤浸在聚酯纤维里,挂在作品的黑色表面上,让它看起来像一个行走的幽灵。他在作品的侧面打上印记,这些痕迹与表面的红色痕迹构成了一个十字架,艺术家把自己呈现为一种献祭。

"10+"是由10位艺术家组成的艺术组织,成员包括拉菲·拉维(Raffi Lavie)、乌里·利夫希茨(Uri Lifshitz)、布奇·施瓦茨(Buky Schwartz)、齐奥娜·希什(Ziona Shimshi)和本尼·埃夫拉特(Benny Efrat)。每个人都保留了自己独特的艺术视野。他们会为每个展览设定一个主题(例如"红色""维纳斯的形象"),并邀请其他人参与,因此他们的名字中有个"+"号。他们在材料的使用上受美国波普艺术拉里·里弗斯(Larry Rivers)和罗伯特·劳森伯格(Robert Rauschenberg)的影响,将讽刺、幽默和复杂性注入以色列艺术中。他们创造性地使用照片、日常用品,如娃娃、毛巾和其他材料创作拼贴和组合,并结合诗歌、戏剧、电影、电子音乐和时尚等不同媒介。他们尝试扩大艺术的范围,这是20世纪70年代特有的反体制艺术活动的开端。

后现代主义、反叛和激进的批判

1973年战争之后,艺术与社会的关系变得更具政治性和批判性。其中一个事件是比撒列学院的反叛,当时激进的老师们放弃了绘画和雕塑,转而选择了概念材料艺术。最终,米夏·乌尔曼(Micha Ulman)和摩西·格尔舒尼(Moshe Gershuni)等老师被解雇。学院重新把重点放在绘画上,但反叛时期的一些学生,如约拉姆·库伯明茨(Yoram Kupermintz)、大卫·瓦克斯坦(David Wakstein)和阿农·本(Arnon Ben)保留了政治艺术的精神,他们后来成为未来艺术的核心。

20世纪70年代,以色列的艺术家们在雕塑中使用防锈线等工业物品,以及人造黄油等材料来创造具有随机效果的图像。他们也在作品中批判艺术机构。因此,本尼·埃弗拉特(Benny Efrat)堵住了耶路撒冷以色列博物馆的展览(Information, 1972)入口;摩西·格尔舒尼在朱莉·M画廊(Julie M.

Gallery)的墙上涂鸦。

被早期以色列艺术的抽象强调所压抑的人体艺术,也在20世纪70年代回到了舞台的中心。1973年,平卡斯·科恩-甘(Pinchas Cohen-Gan)在尤法特画廊(Yodfat Gallery)的墙上雕刻了一个男性雕像,并把这个地方称为"作为物理位置的地点"(Place as a Physical Position)。在墙上挖掘一件不存在的物品,是艺术家定义和寻找自己作为摩洛哥人、难民和艺术家身份过程的见证,但也表明了以色列总体上的迷失。

在这十年里,作为改善社会、历史和政治环境的手段,艺术质疑艺术家、艺术品和以色列社会。大多数艺术家都意识到他们作品中的乌托邦色彩。1974年,米哈尔·纳曼(Michal Na'aman)在特拉维夫的海滩上放置了两个标牌,上面写着"国家之眼"(the Eyes of the Nation),反思了国家处理边界问题的方式。标志牌向西指向水,用海的颜色所画。这段文字来自一名士兵在赎罪日战争最后几天的讲话,内容与在戈兰高地占领的黑门山有关。

20世纪80年代和90年代的艺术家和文化名人相信以色列只要采取适当的措施就可以很容易获得和平,这激发了他们很多激进的观点。但这些观点要么被忽视,要么得到同情,要么被当作无关紧要的威胁对待。相反,艺术家们痛苦而愤怒地指责保守派和宗教势力破坏了以色列,扩大了冲突,尤其是他们认为冲突会给这个国家带来灾难的信仰和恐惧。

格尔舒尼在1981年的画作《歌唱士兵》(*Sing Soldier*)中,嵌入了1942年诗人亚科夫·奥兰德(Ya'akov Orland)的一首歌的歌词:"起来吧,请起来吧。"诗人鼓励读者去战斗;格尔舒尼用一层层的颜色抹去了歌词,表达了一种强烈的精神状态和热血情绪。他还在他的著作《以撒·以撒》(*Isaac Isaac*, 1982)中,将《圣经》故事中的以撒与第一次黎巴嫩战争联系起来。格尔舒尼游走于卑微与崇高、基督教与犹太教、理性主义与情感主义之间。

1982年黎巴嫩战争和第一次巴勒斯坦大起义是激发这种关键政治信息的特殊事件。例如,大卫·瑞布(David Reeb)创作了一长串的绘画作品,将约旦河西岸和加沙地带的暴力现实叠加在以色列平静的现实之上。但瑞布绘制的以色列地图中没有1967年战争以来以色列占领的领土。他在1987年的作品《绿线与绿眼》(*Green Line with Green Eyes*)中,将特拉维夫的海滨与起义的场景进行了对比。这幅画上满是凝视着观众的眼睛。他使用了以色列和巴勒斯坦旗帜的颜色,暗示了一种正在蔓延的盲区。黎巴嫩战争结束之后,帕梅拉·列维(Pamela Levi)于1983年创作了《阵亡士兵之画》(*Dead Soldier Painting*),描绘了非英雄般的死亡。

摄 影

20世纪80年代的另一个重要发展是摄影。亚当·巴鲁克(Adam Baruch)、阿纳特·萨拉古蒂(Anat Saragusti)等人将纪实摄影等同于艺术,并赋予它在描述政治和社会现实方面的重要地位。米夏·科什那(Micha Kirshner)在他的工作室拍摄的一系列起义肖像中,为汗尤尼斯难民营的艾莎·艾尔科德(Aisha El-Kord)拍摄了一幅肖像。艾尔科德是一名被橡皮子弹打伤眼睛的儿童。在照片中,她和她母亲的姿势让人想起了圣母怜子图(pietà)。

平静的生活与剧烈的动荡之间的对比是这一时期作品的共同主题。盖尔·温斯坦(Gal Weinstein)的装置艺术作品《斜坡》(*Slope*)就是一个很好的例子,描述了红色屋顶的小房子被黑色的煤烟掩埋。这幅作品看起来就像火山爆发后的庞贝古城,暗示着以色列正处于最后的日子,很快就会崩溃。

与此类似的是西格利特·兰道(Sigalit Landau)的《游泳者与墙》(*Swimmer and Wall*,1993),一个闪闪发光的小娃娃游到墙上,她的头在激烈的冲撞中爆炸了。洋娃娃的甜美在与现实的碰撞中迸发出来。赫茨利亚当代艺术博物馆20世纪90年代展览的策展人表示,这个"十年"的象征是年轻人意识到自己生命的短暂和人生必有一死命运的表现。在与死亡的对抗中,他们试图抓住青春,同时也对死亡保持清醒的认知。

哈立德·齐格里(Khaled Zighari)的《头对头》(*Head to Head*,1995)以跳舞的双胞胎形象讲述的是一名士兵和一名巴勒斯坦平民对峙的场景。这个二重唱的后期版本可以在莎瑞弗·维克德(Sharif Waked)的《杰里科优先》(*Jericho First*,2002)中看到,这个系列有32幅画,以杰里科的希沙姆宫为出发点,描绘了一只狮子攻击一头母鹿的画面。随着暴力行为的发展,图像变得越来越密集,直到最后,狮子和母鹿变成了一体,人们可以看到母鹿悬着的腿。这个形象介于连环漫画和抽象画之间,代表一个充满暴力和神话的世界,传达了强与弱、善与恶相互冲突的概念。

1997年,梅尔·加尔(Meir Gal)展出了《四百件作品中的九件:西方与其他》(*Nine Out of Four Hundred: The West and The Rest*)。这是一张彩色照片,展现的是艺术家从黑暗的背景中迸发出来,或者沉浸在黑暗中。这位艺术家手里拿着一本20世纪70年代的历史书,作者是什穆尔·科尔什鲍姆(Shmuel Kirshenbaum)。在400页的书中,只有9页是关于非欧洲犹太人的历史,而这就是他手中的书,其余的书页都垂下来。这张照片传达了一个明确的信息:米兹拉希(东方犹太人)已经从历史的篇章中被抹去了。

世界末日的情绪一直延续到新世纪。2002年10月,在特拉维夫的阿隆塞格夫画廊(Alon Segev Gallery)参加西格丽特·兰道《国家》展览的游客有一种强烈的迷失感。下到地下室,参观者进入特拉维夫的一个屋顶,就像考古学家挖掘出来的一样。该装置包括三个人物:一个摘水果,一个拿水果,最后一个是档案管理员或观察者,看起来像一个正在写字的古埃及人。那些被禁止的或有毒的水果是从报纸上剪下来的;这三个人像活死人一样,他们的身体裸露着肌肉,没有皮肤。地下室的空间就像地狱的化身。

一些当代艺术恰恰陶醉于其意义的缺失,甚至拥抱逃避主义。例如,在《风景与耶路撒冷》(*Landscape and Jerusalem*,2007)中,埃利泽·索南沙(Eliezer Sonnenschein)描绘了一幅奇妙的风景画,将早期欧洲绘画中的末日景象与 20 世纪 70 年代甜蜜风海报结合在一起,还加上了动画效果。

当然,这些作品并不能代表所有或大部分以色列艺术。20 世纪 90 年代和 21 世纪初,人们对美产生了新的兴趣。在文学中流行起来的那种魔幻现实主义也渗透到艺术中,幻觉、炫目的效果,甚至宗教思想都在艺术作品中有所体现。

烹 饪

好的食材是烹饪美食的关键。以色列全年都有各种各样的优质农产品,包括水果、蔬菜、乳制品、鱼和其他产品。以色列国土面积小,气候温暖,消费者很容易就能买到非常新鲜的食物。一种独特的以色列烹饪,或许更准确地说,多种烹饪,已经产生了广泛影响。

犹太食物

数百年来,犹太教饮食教规(Kashrut)塑造了虔诚犹太人的传统犹太饮食规则。这些饮食规则甚至对非宗教人士准备和食用的食物都产生了巨大影响。《古特曼研究报告》发现,将近 60% 的以色列犹太人不吃不符合犹太教规(non-kosher)的肉,44% 的遵守一些饮食教规,比如把肉类和奶制品分开。

许多犹太食物都和犹太节日有关,在以色列不同的季节里会更明显。在犹太新年(Rosh Hashana)那一天,犹太人用苹果蘸上蜂蜜,吃含蜂蜜的食物来庆祝对甜蜜新年的希望。光明节(Hanukkah)的庆祝方式是食用油炸食品,如土豆煎饼(latkes)和果冻甜甜圈(sufganiyot),以纪念在古以色列独立后仅够一天使用的圣油持续点亮金灯台八天的奇迹。

逾越节期间,犹太人吃无酵饼(matzoh),这是一种未发酵的面包,象征着以色列人离开埃及时吃的食物。虔诚的犹太人遵循这种做法是因为他们相信上帝命令他们这样做,而许多不太虔诚的以色列犹太人也吃无酵饼,这是一种民族和文化习俗。节前这种饼在商店里随处可见。许多餐馆在逾越节期间要么关门(因为所有发酵的谷物必须被清理干净,不能出现在菜单上),要么提供其他特殊食物。在暮春时节,犹太人会庆祝收获的节日七七节(Shavuot),按照传统,节日期间人们会食用乳制品,包括多种奶酪和酸奶。

遵守犹太洁食(Kosher)深深植根于犹太人的传统,在市场上占有很大的份额,因此大多数以色列食品制造商和许多餐馆的菜单都是按照犹太教饮食规定制作的。当然,在今天的以色列,食物种类和数量繁多。有一个基布兹集体农场专门生产猪肉制品;还有一家则专门销售一系列类肉素食食品。在饮食上有很多的创新,并没有严格的强制规则。市场因素决定了企业的机会和行为。

超市、酒店和许多集市拥有大量的客户群,通常只供应洁食产品。然而,高档餐馆,尤其是耶路撒冷以外的地方,就像俄罗斯移民创建的 Tiv‐Ta'am 连锁超市一样,可能不完全符合犹太教法。耶路撒冷地区的麦当劳餐厅是符合犹太洁食教规的,但在以色列的其他大多数地方的麦当劳餐厅并非如此。

穆斯林食物

正如犹太饮食教规影响以色列犹太地区对食物的选择,伊斯兰饮食戒律和传统(*hallal*)也影响着以色列最大的少数族裔穆斯林的食物选择。穆斯林也遵循饮食戒律,如禁食猪肉制品和酒精。这在穆斯林地区的餐馆和超市的食物选择上有所体现。

此外,与犹太人的传统,即会在某些季节影响食物消费和国家气氛一样,穆斯林传统也会影响食物消费和国家气氛。例如,在斋月期间的日出到日落时分,穆斯林必须禁食。在这一时期,穆斯林每晚都会举行名为"斋月"的宴会,月末会有一个名为"开斋节"的盛大庆祝活动。传统的开斋食物包括中东人最喜欢的羊肉沙瓦玛(lamb shwarma,碎羊肉)、法拉费(falafel)、胡慕斯(hummus,鹰嘴豆泥)、塔博勒沙拉(tabbouleh)和橄榄。

国际影响

由于以色列有来自许多国家的移民,它的食物也代表了各地不同的美食和传统。在以色列最突出而独特的传统菜系来自欧洲阿什肯纳兹德系犹太人和中东米兹拉希犹太人。

欧洲对以色列烹饪影响最大的是东欧。犹太人从波罗的海的渔场和河流中获得食物,在那里开发出了吉菲特鱼(精心剁碎的鲤鱼肉丸)和烟熏咸鱼等菜肴。另一道受欢迎的东欧犹太菜是霍伦特(*cholent*),这是一道炖菜,里面有肉、土豆、豆子以及厨师想加进去的任何东西。鸡汤是另一道常见的菜,加入了不同的配料,包括玛嚓无酵饼球(matzah balls)。这些食物仍然在传统家庭中食用,特别是在犹太人的安息日。然而,现在已经没有多少餐馆提供这些食物,而且阿什肯纳兹德系犹太人的食物一般也不被认为是高级菜系。

在北美广受欢迎的"东欧犹太人"食物中最常见的如熟食肉、熏鲑鱼和百吉饼,在以色列却很少存在,因为百吉饼在那里被视为美国美食。以色列的百格勒(*begele*)则截然不同,更干,也更咸。

摩洛哥菜是以色列最突出的中东菜。它的特色是水果或肉的炖菜配蒸粗麦粉（couscous）。除了库斯库斯（一种由粗麦粉制成的谷物，通常与蔬菜、汤和肉一起食用）之外，其他受欢迎的米兹拉希菜包括哈民（hamin，类似德系犹太人的霍伦特）、法拉费和胡慕斯。法拉费是一种用鹰嘴豆和香料制成的油炸肉丸，起源于埃及，如今在整个中东地区都很流行，通常和皮塔饼一起吃。胡慕斯是另一道用鹰嘴豆泥做的菜，通常配橄榄油和各种香料，和皮塔饼一起吃。法拉费和胡慕斯是以色列最受欢迎的两道菜。这两道菜也出现在快餐菜单上。另一种流行的快餐形式是烤肉，烤羊肉或火鸡肉，以烤肉串或沙瓦玛（中东旋转烤肉）形式食用。

两种主要的外国菜在以色列特别流行：一种是挑战传统快餐地位的意大利披萨；另一种是亚洲菜，包括泰国菜、中国菜和日本菜，这些餐馆里通常有外国厨师。尤其在特拉维夫，高端餐厅也引进了国外的时尚理念，如新式烹饪、融合菜、高品质食材、美观的环境和名厨。简而言之，以色列已经成为全球美食运动的一部分。在特拉维夫，人们对地中海烹饪也有浓厚的兴趣。

以色列有一种很受欢迎的饮料叫柠檬娜娜（limonana），味道浓烈，是混合柠檬水和薄荷叶（nana 在希伯来语中是薄荷的意思）的提神饮料。至于酒精饮料，以色列是商业和精品犹太洁食葡萄酒的主要生产国。从20世纪90年代左右开始，以色列的葡萄酒行业急剧扩张，耶路撒冷山（Jerusalem Hills）等地出现了许多新的精品品牌，很快就达到了很高的水准。

与其他西方国家相比，以色列人的啤酒和烈酒（以及其他常见的酒精饮料）消费量相对较低。据估计，以色列人平均每年最多消费4.5加仑啤酒，而美国人平均每年消费26加仑。以色列生产两种商业啤酒，金星（Goldstar）和马加比（Maccabee）啤酒，但许多人更喜欢进口啤酒。当地的小啤酒厂也提供其他的啤酒替代品。

以色列的国饮无疑是咖啡，有普通咖啡、哈福克咖啡（类似卡布奇诺）、速溶（nes）、过滤（natul）和浓咖啡（botz）。以色列人对待咖啡非常认真，喜欢喝浓咖啡。以调味咖啡为主的外国咖啡连锁店在以色列不太受欢迎。

媒体

以色列媒体的历史可以追溯到1948年建国之前。从19世纪中期开始，希伯来语报纸是犹太人在以色列地上复兴的重要组成部分。第一家希伯来语报纸于1863年在耶路撒冷成立。《国土报》（Ha'aretz）成立于1918年，至今仍然存在。目前最受欢迎的《以色列日报》（Yediot Ahronot）创办于1939年。希伯来语广播服务始于1936年。

如今，以色列的新闻界包括五家主要的希伯来语日报和一家英语日报、三家财经日报、数以百计的地方报纸和杂志；三个国家电视频道、两家颇受欢迎的有线电视和卫星电视公司（每家公司都提供多个电视台）、两个公共无线电网络；14家区域广播电台、四大互联网服务供应商，四家移动电话公司，以及成千上万的网站和门户网站。这个多元化的媒体世界，尤其是广播和新媒体，在20世纪90年代才随着技术、经济和政治的变化而出现。20世纪90年代初，以色列只有一个电视频道和两个公共广播网络。政府机构反对开放电子媒体市场，因为它想通过管理和经营电视和广播机构施加政治控制和影响力。

20世纪90年代以来，以色列媒体经历了一场彻底的变革。大多数有政治和意识形态色彩的党报都消失了，单一的公共电视频道失去了相当一部分观众，人们转而投向商业电视频道，以及通过有线电视或卫星电视收看外国频道。新的社交媒体也席卷了这个国家，以色列接入互联网的家庭比例约占总人口的四分之三,是世界上最高的国家之一。

印刷媒体

以色列主要报纸目前以四种语言出版:希伯来语、英语、俄语和阿拉伯语。如今在以色列有四家主要的独立希伯来语日报。另外三家日报是财经报纸。尽管多年来许多报纸已经停刊,尤其是党报,但2007年又有新的日报问世,2008年还有新的财经报纸创刊。《国土报》是精英报,而《以色列日报》、《晚报》(Ma'ariv Evening)和《今日以色列》(Israel HaYom Today)则是很受欢迎的小报,不同于世界各地的类似报纸,它们专门为新闻(包括外国新闻)和分析留出大量篇幅。传统上,《国土报》是晨报,而《以色列日报》和《晚报》是晚报,但如今它们都在清晨出版和发行。

表7-1 日报种类①

报纸	语言	所有者	创刊年份
独立报纸			
《国土报》	希伯来语	Schoken	1918
《以色列日报》	希伯来语	Moses, Fishman	1939
《晚报》	希伯来语	Nimrodi	1948
《今日以色列》	希伯来语	Adelson	2007
《以色列邮报》(Israel Post)	希伯来语	Nzor, Weisman	2007
财经报纸			
《环球报》(Globes)	希伯来语	Fishman	1983
《制造商报》(The Marker*)	希伯来语	Schoken	2008
《经济学家报》(Calcalist)	希伯来语	Moses	2008

---

① 译者注:没有官方中译名者均保留英文原文。

(续表)

报纸	语言	所有者	创刊年份
党报			
Hatzofe**	希伯来语	全国宗教党	1938
《广播员报》(*Hamodia*)	希伯来语	以色列正教党	1949
Yated Ne'eman	希伯来语	妥拉奇迹党 (Degel HaTorah)	1985
《伊蒂哈德报》(*Al-Ittihad*)	阿拉伯语	争取和平与平等民主阵线 (Hadash)	1948
其他部分报纸			
《耶路撒冷邮报》	英语	Mirkay Tikshoret and Canwest Global Communications	1932
《国土报/国际先驱论坛报》	英语	Schoken 及《纽约时报》	1997
Vesti	俄语	Moses	1992
Al-Sinara（周报）	阿拉伯语	Mashur	1983

注：* 2005 年,《制造商报》成为《国土报》的财经专刊,但自 2008 年 1 月开始该报被单独出售。

** 2007 年 4 月 25 日与 *Makor Rishon* 合并,不再附属于全国宗教党。

1995 年,《以色列日报》在工作日出版了约 35 万份,周末出版了约 60 万份,而《晚报》在工作日出版了约 15 万份,周末出版了约 25 万份。《国土报》周一至周五的发行量约为 5 万份,周末为 6 万份。2006 年,《国土报》称其在工作日平均印刷 7 万份,周末平均印刷 9.4 万份。《今日以色列》每天出版约 35 万份,在各主要人口中心免费分发。

和其他国家一样,报纸的读者人数也在下降。根据 Tele-Gal 的调查,在 2001 年到 2009 年,《以色列日报》和《晚报》的出版率下降了 13%。另一方面,最新的报纸《今日以色列》每年的发行率约为 5%。

《以色列日报》仍然是以色列最受欢迎的报纸,《今日以色列》排在第二位,《晚报》排第三,《国土报》远远落在后面。2005年,《以色列日报》在工作日和周末的曝光率超过了其他所有报纸的总和。如今,这种情况已不复存在,但《以色列日报》和《今日以色列》合计占每日报纸发行率的 60% 左右。《以色列日报》的口号是"国家的报纸",而《晚报》称自己是"面向所有人的报纸"。《国土报》恰恰相反,试图吸引的主要是精英阶层,它的口号是:"为有思想的人服务的报纸。"从历史上看,《晚报》偏保守,但《以色列日报》和《晚报》如今已不再是党报。《国土报》在很大程度上属于政治左派,同时还出版英文版。

电 视

以色列直到 20 世纪 60 年代末才开始电视广播。国家的创始者、第一任首相戴维·本-古里安认为,看电视会腐蚀文化和艺术,减少对书籍的阅读,降低戏剧、音乐会和展览等文化活动的出席率。此外,以色列经济疲软,人们只消费基本的商品。市场无法充分支持商业电视网络,政府也不想把税收花在电视节目上。这种态度在 1965 年发生了改变,当时政府首次授权私人资助的教育电视广播开播。

另一个重大变化发生在六日战争之后。战争期间,阿拉伯电视台垄断战争画面。因此,以色列政府决定设立一个公共电视台,即以色列电视台,该台于 1968 年开始广播。以色列电视台和教育电视台共用一个频道,前者晚上播出,后者上午播出。1994 年,以色列电视台设立了第二个公共频道(33 频道)。

第一个商业频道是 2 频道,于 1993 年 11 月开播。第二个商业频道为 10 频道,于 2002 年 1 月开播。随着商业电视频道的引进,以色列电视台成为第 1 频道。只有 1 频道和 2 频道直接传输,而其他频道只能通过有线或卫星服务获得。多频道有线电视始于 1989 年,而 DBS(直播卫星)始于 2000 年,分别由

"HOT"和"Yes"两家私营商业公司经营。

直到1989年,所有的电视和广播网络都是公共的。此后,政府采用了一种混合模式,保留了公共频道,但将广播许可证颁发给私营电视和广播公司。两个商业频道:2和10,由广告收入提供资金,并由第二电视和广播管理局(SATR)监管。2008年,大约75％的多频道用户获得数字电视服务,以色列是世界上比例最高的国家之一。

2005年,以色列170万户家庭中,约92％拥有电视,没有电视机的大多是哈瑞迪派犹太人和贝都因人。以色列国家统计局的调查发现,2008年,超50％的家庭拥有DVD,40％的家庭拥有视频设备。

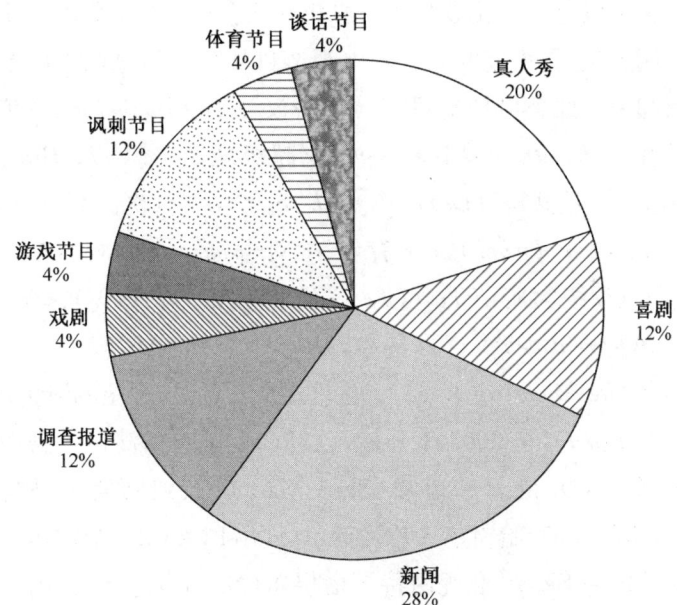

图7-1 2009年10月25日到31日播放的节目比例

注:2009年10月以色列播出的25个收视率最高的电视节目种类。(数据:以色列观众研究委员会,Tele-Gal,TNS;图表:Eytan Gilboa;制图:Bill Nelson)

图7-1显示了收视率最高的电视节目的类型分布。2009

年,大多数观众更喜欢看新闻(28%)、真人秀(20%)、讽刺节目(12%)和喜剧(12%)。考虑到以色列政治、安全和经济的迅速变化,这一结果并不令人惊讶。以色列人沉迷新闻;因为局势的紧张气氛,他们也经常逃避到真人秀和喜剧的世界。除新闻之外,以色列收视率最高的电视节目与美国等发达国家类似。

以色列的节目制作预算低于其他国家。然而,有时也会上演相对奢侈的作品,比如肥皂剧《爱太伤人》(Ramat Aviv Gimmel,以特拉维夫一个富裕郊区命名),还有多部关于米兹拉希移民和以色列历史方面的戏剧。另一个广受欢迎的节目是2006年至2009年播出的《冠军》(The Champion),它讲述的是一群足球运动员的生活,运动员真人秀。

关于以色列文化吸收西方思想并糅合进自身形象的一个有趣的例子是,受欢迎的以色列电视节目从吸收借鉴国外的节目发展起来。此类电视节目有:《单身汉》(The Bachelor)、《美女与极客》(Beauty and the Geek)、《超级减肥王》(The Biggest Loser)、《与星共舞》(Dancing with the Stars)、《老大哥以色列》(Big Brother Israel)、《幸存者》(Survivor)、《大厨》(Master Chef)、《顶级大厨》(Top Chef)、《生活频道》(TLV)、《学徒》(The Apprentice)、《百万富翁》(Race for the Million)、《极速赛车》(The Amazing Race)。也许最成功的是《明星的诞生》(A Star Is Born),从2003年开始,已经产生了包括沙伊·盖布索(Shai Gabso)、诗蕊·迈蒙(Shiri Maimon)、波阿斯·马乌达(Boaz Ma'uda)、哈雷尔·穆瓦亚尔(Harel Moyal)、哈雷尔·斯卡特(Harel Skaat)和妮内特·塔伊布(Ninet Tayeb)在内的几位歌星。

这些节目引起了人们的极大兴趣,引发了关于参赛选手各自优点的争论。以色列是一个小国,观众通常都很熟悉参赛者。但是,以色列也播出了一些针对特殊利益、事件和关注热点的节目。例如,真人秀节目《大使》(The Ambassador)中,一群来自不同族群的年轻人在各种试验和测试中互相竞争，以证明他们最能在国外代表以色列。在2006年黎巴嫩战争期间，从被导弹瞄准的北方播出了《明星的诞生》节目，并为宗教选手做了特别规定。相比之下，本地版的《顶级大厨》则完全不符合犹太洁食教规。

在以色列版的《办公室》(*The Office*，英国情景喜剧，也有美国版本)中，办公用品公司的员工包括世俗犹太人、达提犹太人、阿拉伯人、俄罗斯移民和埃塞俄比亚移民。《斯鲁吉姆》(*Srugim*，指达提犹太人戴的针织睡帽或无边便帽)讲述了几个住在耶路撒冷的年轻达提犹太人追求爱情和事业的故事。这部剧赢得了一批粉丝，因为他们认同剧中的描述。

一些以色列的节目已被美国电视网收购，包括2008年开始的热门情景喜剧《红绿灯》(*Ramzor, Traffic Light*)，讲述的是三个35岁左右的男性朋友，据说他们的个人情况与红绿灯相对应。伊兹科(红色)和他的妻子和女儿不和；阿米尔(黄色)和他的女朋友相处得很好，虽然也有紧张的时候；赫弗(绿色)是一个花花公子。另一部连续剧《塔尔和格林鲍姆》(*Tal and Greenbaum*)讲述了一对搭档的冒险故事：一个出轨的丈夫和一个有抱负的电影导演供职于一家专门拍摄婚礼和成人礼公司的故事。

一类很受欢迎的节目形式是政治讨论节目，在这种节目中，成功的标志往往是人们在说话的同时提高嗓门的程度。另一类受欢迎的节目是尖锐的政治和社会讽刺节目，以讽刺时事为特色，比如从2003年开始的《美好的土地》(*Eretz Nehderet*)和从2010年开始的《国家状态》(*Matzav HaUma*)。常规的喜剧节目包括短剧(Ktzarim)，开始于2004年，以各种各样的喜剧演员表演短剧为特色。

广 播

以色列最大的广播网络是始于1936年的"以色列之声"。

如今，它经营着几个频道：文化和教育、新闻、以色列流行音乐、阿拉伯语网络、音乐之声（Kol HaMusica，古典音乐），以及瑞卡（Reka，为外国移民准备的外语频道）。"以色列之声"还管理着50多个主要分布在大学、学院和高中的地方调频 FM 教育电台，用于教学和培训。

以色列国防军电台（Galei Zahal）成立于1950年，运营着两个频道，主营频道主要播放新闻、脱口秀和音乐，另外一个频道（Galgalatz）播放音乐和交通情况。初级员工主要由年轻士兵组成。这个电台在年轻人中很受欢迎，主要是因为它的非正式演说风格和播放的现代音乐。多年来，该电台一直是广播记者的主要训练学校，如今，从这个电台退役的专业人员很多都在以色列媒体中担任领导职位。

自2005年9月开始，广播领域的通信革命也促进了区域商业无线电台的建立。如今，有12个区域电台和两个国家电台面向特定的听众，一个是针对以色列阿拉伯人的阿拉伯语电台，另一个是面向正统派犹太人的电台。

还有大约150个海盗电台，大多由宗教、种族和意识形态团体运作，如正统派犹太人、阿拉伯人和约旦河西岸的犹太定居者。他们的资金来自广告和支持者的捐赠。这些海盗电台声称现有的电台不能代表他们所在的群体，因为政府拒绝为他们分配合法的频率，被迫非法运作。只要他们不干扰重要的通信系统，如空中交通管制，政府很少关闭这些海盗电台。

新媒体

以色列在国际上享有极高的高科技声誉，这与以色列人对新媒体的痴迷密切相关。以色列有4家主要的以及大约50家规模较小的互联网服务提供商，为大约400万13岁以上的用户提供服务，其中包括三分之二的家庭和四分之三的企业。移动电话公司在2001年引入了无线互联网。Strategy Analytics的一项研究发现,2008年,以色列的家庭宽带普及率达到77%,居世界第七位,领先于美国、英国、法国和加拿大。

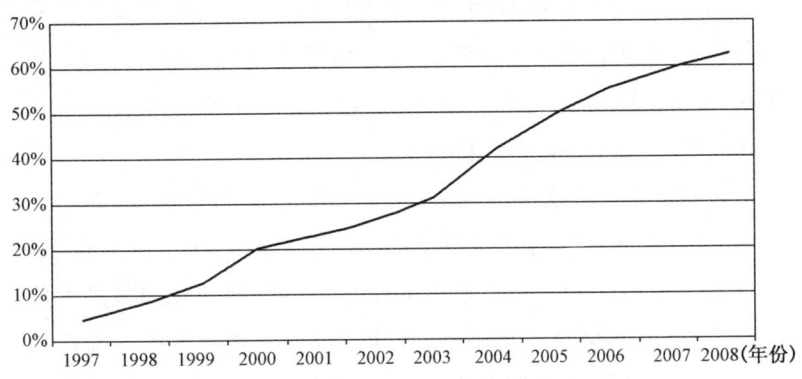

图7-2 1997—2008年以色列家庭接入互联网的比例

(数据:以色列中央统计局;图表:Eytan Gilboa;制图:Bill Nelson)

使用社交媒体和互联网通常需要具备英语能力,而以色列人大多都懂英语。也有大量的希伯来语新闻网站,尤其是由《以色列日报》运营的Ynet新闻网。鉴于国际上对以色列的巨大兴趣,以色列英文报纸网站是世界上访问最频繁的网站之一。还有大量的希伯来语和英语博客。

运 动

以色列最受欢迎的运动是足球,尽管篮球也赢得了一大批追随者,尤其是富裕阶层人士。以色列人密切关注有本国国家队参加的国际比赛,或以色列个人球员甚至教练参加的国际比赛。有该国顶尖球队,如比达耶路撒冷(Beitar Jerusalem)、海法马卡比(Maccabi Haifa)、特拉维夫夏普尔(Hapoel Tel Aviv)参与的比赛,经常会吸引成千上万的观众。顶级足球明星都是家喻户晓的人物。

然而，以色列在国际足球比赛中的成绩并不突出。历史上最辉煌的时刻，是1970年以色列获得世界杯参赛资格，以及2003年海法马卡比在欧洲冠军联赛中以3—0击败曼联。但是一些以色列球员已经在欧洲达到了顶级水平，特别是约西·贝纳永（Yossi Benayoun）、伊莱·欧哈纳（Eli Ohana）和艾亚尔·贝尔科维奇（Eyal Berkovic）。

体育运动并不是犹太人的传统。直到19世纪晚期，有进步倾向的欧洲犹太人，主要是大学生，开始对体育运动感兴趣，这种情况才有所改变。现代以色列体育运动的根源是国际马卡比运动，这是一个体育团体联盟，在建国前成为犹太复国主义组织的一部分。马加比厄运动会（Maccabiah Games）是相当于奥运会的犹太人国际体育赛事，始于1932年，是以色列的一项重要赛事。

鉴于建国前和建国初期的政治组织的影响，许多足球和后来的篮球队都代表一些政党和政治运动：夏普尔（Hapoel）代表工党；比达耶路撒冷代表现在的利库德集团；马卡比代表中间派政党；宾尼耶赫达（Bnei Yehuda）则代表全国宗教党。虽然这些名字现在仍然存在，但并没有什么意义，只是一些人在开玩笑时会提及，有时会在比赛口号中带有令人不快的意味。也许只有比达耶路撒冷仍被其支持者视为具有意识形态意义。球迷的偏好会受到地理因素而非政治因素的影响。以色列阿拉伯人已完全融入了联盟系统。与其他国家一样，电视转播比赛吸引了更多的观众，但现场观看比赛的观众人数减少了。

尽管其他球队也都表现出色，也赢得过联赛冠军，但总的来说，多年来处于主要领先地位的足球队有特拉维夫夏普尔、比达耶路撒冷、海法马卡比和特拉维夫马卡比。代表阿拉伯城镇的主要球队是沙克尼（Bnei Sakhnin），这支球队既有犹太球员，也有阿拉伯球员。2004年，它获得了全国冠军。每支球队最多允许有五名外援。除了顶级的图图联赛（Toto，指以色列足球超级联赛"以超"),还有许多其他较低水平的职业和半职业联赛。

有时政治会介入体育赛事,最明显的是因阿拉伯-伊朗联合抵制,以色列只能参加欧洲的国际比赛,而不是中东或亚洲联赛。以色列是亚足联(AFC)的创始国之一,但当阿拉伯国家开始加入亚足联时,1976年,他们要求将以色列开除。此后,以色列试图加入欧洲足球联盟(UEFA),但苏联一直阻止,直到1991年苏联解体才成功加入。

在国际比赛中,拒绝承认以色列的运动员和球队会拒绝参加比赛,有时还因此被剥夺参赛资格。拒绝接收以色列球员或球队的地方可能会失去举办国际比赛的机会。出于安全考虑,外国球队有时会取消访问以色列的行程。

篮球是以色列的第二大运动,本地的球队吸引了热情的人群。早年有几位在美国出生的球员尤其重要:塔尔·布罗迪(Tal Brody)、贝瑞·莱博维茨(Be'eri Leibowitz)和史蒂夫·卡普兰(Steve Kaplan)。现在外国运动员仍然很重要。以色列篮球很大程度上是在苏联解体后发展起来的,当时欧洲的篮球比赛向以色列球队完全开放。特拉维夫马卡比(Maccabi Tel Aviv)和耶路撒冷夏普尔(Hapoel Jerusalem)是最著名的两支球队。

篮球也是以色列在世界上最成功的体育运动,特拉维夫马卡比队分别在2004年和2005年赢得欧洲联赛冠军,并在2007年再次进入总决赛。2009年,以色列球员奥姆里·卡斯皮(Omri Caspi)被萨拉门托国王队(Sacramento Kings)选中,成为第一个参加美国国家篮球协会(National Basketball Association)比赛的以色列人。

网球在以色列很受欢迎,也是以色列人在国际比赛中最成功的运动之一。以色列网球中心在全国有14个分馆,还有许多其他场地。莎哈尔·佩尔(Shahar Peer)是最著名的以色列网球运动员,2010年世界排名中位列第13位。2009年,她被阿联酋拒签,无法参加迪拜网球锦标赛。其他球员包括双打搭档安迪·拉姆(Andy Ram)和乔纳森·厄利什(Jonathan Erlich),他们曾在2003年的温布尔登网球公开赛上进入半决赛。2006年,拉姆与俄罗斯选手维拉·兹沃娜列娃(Vera Zvonareva)合作,成为第一位在温布尔登网球公开赛上赢得大满贯的以色列选手。

其他一些运动也有一些追随者,如职业手球已经越来越受欢迎,甚至还组建了一个小型业余冰球联盟。以色列在帆船,尤其是风帆冲浪和武术方面也做得很好。以色列人获得的七枚奥运奖牌都属于这些项目。

说英语的移民喜欢打板球和橄榄球,也喜欢打棒球,但建立职业联赛的尝试都以失败告终。游泳,无论在海里还是在游泳池里,都很受欢迎,冲浪和手球运动也是如此。因为以色列的气候,冬季运动很少见,但黑门山可以进行高山滑雪。

以色列人在国际象棋比赛中表现出色,经常产生世界冠军,比如2009年国际象棋杯(World Chess Cup)冠军鲍里斯·格尔凡德(Boris Gelfand),他和许多其他以色列顶尖棋手一样,都是苏联移民。在米兹拉希犹太人中,西洋双陆棋(sheshbesh)非常受欢迎。另一个独特的以色列比赛是圣经问答比赛,尤其吸引达提犹太人的兴趣。以色列总理本雅明·内塔尼亚胡的儿子阿夫纳·内塔尼亚胡(Avner Netanyahu)赢得了2010年的比赛。

自1952年以来,以色列一直以国家身份参加奥运会,以色列从20世纪90年代开始赢得奖牌。他们在柔道、帆船和皮划艇项目上都获得了奖牌。1992年,雅埃尔·阿拉德(Yael Arad)为以色列赢得了第一枚柔道奖牌;2004年,高·弗里德曼(Gal Fridman)在帆船比赛中获得了第一枚金牌。

参考文献

Adelman, Tzvi Howard. "Modern Hebrew Poetry and Jewish History and Culture." Jewish Agency for Israel, Department for Jewish Zionist Education, http://www.jafi.org.il/JewishAgency/English/Jewish+Education/Compelling+Content/Jewish+History/Cultural+History/week+11.htm.

Agassi, Uzi. "'Aesthetic Distance,' in Contemporary Israeli Poetry," November 1, 2004. Israel: Poetry International Web, http://israel.poetryinternationalweb.org/piw_cms/cms/cms_module/index.php?obj_id=3149.

Aharoni, Sara, and Meir Aharoni, eds. *People and Deeds in Israel: The Jubilee Book*. Kfar Saba: Miksam, 1998. [In Hebrew.]

Anderson, Elliot, and Robert Friend, eds. *Contemporary Israeli Literature: An Anthology*. Philadelphia: Jewish Publication Society of America, 1977.

Avigal, Shosh. *Studies in Theatre*. Tel Aviv: Tel Aviv University, 2003. [In Hebrew.]

Avraham, Eli. *Behind Media Marginality: Coverage of Social Groups and Places in the Israeli Press*. Lanham, MD: Lexington Books, 2003.

Avraham, Eli, and Anat First. "I Buy American: The American Image as Reflected in Israeli Advertising." *Journal of Communication* 53, no. 2 (2003): 282-299.

Ballas, Gila. "The Artists and Their Works." In *Social Realism in the 50's*, 171-178. Haifa: Haifa Museum, 1998.

Ballas, Gila. *The Group of Ten: 1951—1960*. Ramat Gan: Museum of Israeli Art in Ramat Gan, 1992.

Ballas, Gila. *New Horizons*. Tel Aviv: Reshafi m and Papyrus, Tel Aviv

University, 1980. [In Hebrew.]

Ballas, Gila. "The Sixties in Israeli Art." In Zvi Zameret and Hanna Yablonka, eds., *Israel: The Second Decade*, 228. Jerusalem: Yad Ben-Zvi, 2002. [In Hebrew.]

Ballas, Gila. "Social Realism in the Test of Time." In *Social Realism in the 50's*, 155–170. Haifa: Haifa Museum, 1998.

Baruch, Miri. *Child Then, Child Now*. Bnei Brak: Sifriyat Hapoalim, 1991. [In Hebrew.]

Barzel, Hillel. *A History of Hebrew Poetry*. Vol. 5, *Avraham Shlonsky, Nathan Alterman and Lea Goldberg*. Tel Aviv: Sifriat Poalim, 2001. [In Hebrew.]

Ben Zvi, Tal. *Contemporary Palestinian Art and Biographies—Six Solo Exhibitions at the Hagar Art Gallery*. Jaffa: Hagar Association, 2006.

Bogen, Amir. "Eli Ohana: The Champion of Images." *Ynet*, May 27, 2002. [In Hebrew.]

Brinn, David. "Introducing Israeli Food to the World: One Recipe at a Time." *Israel 21C*, July 22, 2007. http://www.israel21c.org/people/introducing-israeli-food-to-the-world-one-recipe-at-a-time.

Buchweitz, Nurit. *Generation Shift in Israeli Poetry: From the Modernism of Zach to the Late Modernism of Wiezeltier*. Ph. D. diss., Tel Aviv University, 2001.

Buchweitz, Nurit. "Permit to Pass." In*Generation Shifts: Meir Wiezeltier and the Poetry of the 60s*. Bnei Brak: Hakibbutz Hameuchad, 2008. [In Hebrew.]

Caspi, Dan. "Israel: From Monopoly to Open Sky." In David Ward, ed., *Television and Public Policy: Change and Continuity in an Era of Global Liberalization*, 305–320. New York: Taylor and Francis, 2008.

Caspi, Dan. "On Media and Politics: Between Enlightened Authority and Social Responsibility." *Israel Affairs* 11, no. 1 (2005): 23–38.

Caspi, Dan, Hanna Adoni, and Akiba A. Cohen. "The Red, the White and the Blue: The Russian Media in Israel." *Gazette* 64, no. 6 (2002): 537 - 556.

Caspi, Dan, and Yehiel Limor. *The In/Outsiders: The Media in Israel*. Cresskill, NJ: Hampton Press, 1999.

"Casspi Scores 15 in Dream NBA Debut."*Jerusalem Post*, October 29, 2009. http://www.jpost.com/Home/Article.aspx? id=158908.

Chinski, Sara. "Silence of the Fish: The Local vs. the Universal in the Israeli Discourse of Art. "*Theory and Criticism* 4 (1993): 105 - 122. [In Hebrew.]

Cohen, Akiba A., Dafna Lamish, and Amit Schejter. *The Wonder Phone in the Land of Miracles: Mobile Telephony in Israel*. Cresskill, NJ: Hampton Press, 2008.

Cohen, Jonathan. "Global and Local Viewing Experiences in the Age of Multichannel Television: The Israeli Experience." *Communication Theory* 15, no. 4 (November 2005): 437 - 455.

David Reeb: Works, 1982—1994. Tel Aviv: Tel Aviv Museum of Art, 1994.

Dayan, Nissim. "From the Bourekas Back to the Ghetto Culture." *Kolnoa* 11 (1976): 54 - 56. [In Hebrew.]

Doron, Gideon. "The Politics of Mass Communication in Israel." *Annals of the American Academy of Political and Social Science* 555 (January 1998): 163 - 179.

Edelsztein, Sergio. "Israeli Art and the Media in the Last Decade." In *Blanks*. Tel Aviv: Center for Contemporary Art, 2006.

Elias, Nelly, and Leah Greenspan. "The Honey, the Bear, and the Violin: The Russian Voices of Israeli Advertising." *Journal of Advertising Research* 47, no. 1 (2007): 113 - 122.

Embassy of Israel, Washington, DC. "Did You Know? Israeli Cuisine." http://www.israelemb.org/education/publications/Cuisine.pdf.

Fisher, Yael, and Orit Bendas-Jacob. "Measuring Internet Usage: The Israeli Case." *International Journal of Human-Computer Studies* 64, no. 10 (2006): 984 - 987.

Foster, Hal. "The Return of the Real." In *The Return of the Real: Art and Theory at the End of the Century*. Cambridge, MA: MIT Press / October Books, 1996.

Furstenberg, Rochelle. "The State of the Arts: Israeli Literature."*Israel Review of Arts and Letters*, 1998. http://www.mfa.gov.il/MFA/MFAArchive/2000 _ 2009/2000/2/Israeli% 20Literature% 201995 - 1998.

Gilbert, Andrew. "The Israeli Jazz Wave: Promised Land to Promised Land."*Jazz Times*, May 2008.

Ginton, Ellen. "'The Eyes of the Nation': Visual Art in a Country without Boundaries." In *Perspectives on Israeli Art of the Seventies: "The Eyes of the Nation."* Tel Aviv: Tel Aviv Museum of Art, 1998.

Govrin, Nurit. *Reading the Generations: Contextual Studies in Hebrew Literature*. Vol. 3. Tel Aviv: Gvanim, 2002. [In Hebrew.]

Grossberg, Daniel. "An Introduction to Modern Israeli Literature." *Midstream Journal*, May-June 2003.

Halper, Jeff, Edwin Seroussi, and Pamela Squires-Kidron. "Musica Mizrakhit: Ethnicity and Class Culture in Israel." *Popular Music* 8, no. 2 (May 1989): 131-141.

Harris, Daniel. "Idan Raichel Project Unites the Sounds of Israel."*Times Online*, August 25, 2008. http://entertainment.timesonline.co.uk/tol/arts_and_entertainment/music/article4566384.ece.

Havatzelet, Zeev. *Our Dance Together: Reflections on Israeli Dance*. Tel Aviv: Gilboa, 2003.

Holtzman, Avner. *Road-Map: Hebrew Narrative Fiction Today*. Tel Aviv: Hakibbutz Hameuchad, 2005.

Hopkins, David. "Postmodernism: Theory and Practice in the 1980s."In *After Modern Art, 1945—2000*, 197 - 231. Oxford: Oxford University Press, 2000.

Hunt, Peter, and Sheila G. Bannister Ray. *International Companion Encyclopedia of Children's Literature*. London: Routledge, 1996.

Institute for the Translation of Hebrew Literature. "Nathan Alterman." 2004. http://www.ithl.org.il/author_info.asp?id=13.

Institute for the Translation of Hebrew Literature. "Yehuda Amichai." October 5, 2010. http://www.ithl.org.il/authors.html.

Institute for the Translation of Hebrew Literature. "Hayyim Nachman Bialik." November 10, 2008. http://www.ithl.org.il/authors.html.

Institute for the Translation of Hebrew Literature. "Avraham Shlonsky," 2004. http://www.ithl.org.il/author_info.asp?id=250.

Institute for the Translation of Hebrew Literature. "Natan Zach." September 30, 2010. http://www.ithl.org.il/author_info.asp?id=290.

"Israel." In Don Rubin, Péter Nagy, and Philippe Rouyer, eds., *The World Encyclopedia of Contemporary Theatre*, Vol. 1: *Europe*, 496–520. London: Taylor and Francis, 2001.

Israel-Travel-And-Tours.com. "Israel Food, the Unspoken Reason for Your Travel." http://www.israeltravel-and-tours.com/israel-food.html.

Katsman, Aaron. "Dining in Israel: Food That Reflects Jewish History." Israel Newsletter.com, April 22, 2009. http://israelnewsletter.com/2009/04/22/dining-in-israel-food-that-reflects-jewish-history/.

Katz, Elihu. "Television Comes to the People of the Book." In Irving Louis Horowitz, ed., *The Use and Abuse of Social Science*, 249–271. New Brunswick, NJ: Transaction Books, 1971.

Katz, Yaron. "The 'Other Media': Alternative Communications in Israel." *International Journal of Cultural Studies* 10, no. 3 (2007): 383–400.

Katz, Yaron. "Protecting Local Culture in a Global Environment: The Case of Israel's Broadcast Media." *International Journal of Communication* 3 (2009): 332–350.

Katz-Freiman, Tali. "Fata Morgana: The Magic Lantern of Consciousness." In *Fata Morgana: Illusion and Deception in Contemporary Art*, 166–176. Haifa: Haifa Museum of Art, 2006.

Kedem, Moshe. "The Evolution of Dance in Israel." In *People and Acts in Israel: The Anniversary Book*. Kfar Saba: Miksam, 1998. [In Hebrew.]

Korat, Yael. "Indigenization of Modernity and Inventiveness of Tradition: The Case of Israeli Hip-Hop." *Journal of Popular Music Studies* 19, no. 4 (2007): 359–385.

Koren, Haim. "The Arab Citizens of the State of Israel: The Arab Media Perspective." *Israel Affairs* 9, nos. 1–2 (Autumn–Winter 2003): 212–226.

Kristeva, Julia. *Powers of Horror*. New York: Columbia University Press, 1982.

Lachman, Dan. "The History of the Israeli Theatre." http://www.e-mago.co.il. [In Hebrew.]

Lehmann, David, and Batia Siebzehner. "Holy Pirates: Media, Ethnicity, and Religious Renewal in Israel." In Birgit Meyer and Annelies Moors, eds., *Religion, Media, and the Public Sphere*, 91–114. Bloomington: Indiana University Press, 2006.

Lehman-Wilzig, Sam, and Amit Schejter. "Israel." In Yahya R. Kamalipour and Hamid Mowlana, eds., *Mass Media in the Middle East*, 109–125. Westport, CT: Greenwood Press, 1994.

Leider, Philip. "Israel's 'Guernica.'" *Art in America* 91, no. 5 (May 2003): 60–63.

Lemish, Dafna, and Akiba A. Cohen. "On the Gendered Nature of Mobile Phone Culture in Israel." *Sex Roles* 52, nos. 7–8 (2005): 511–521.

Levi, Shimon, and Corina Shoef. *The Israeli Theatre Canon: One Hundred and One Shows*. Tel Aviv: HaKibbutz HaMeuhad, 2002. [In Hebrew.]

Levi-Faur, David. "The Dynamics of the Liberalization of the Israeli Telecommunications: Policy Emulation and Policy Innovations Outside the Joint-Decision Trap." In Eliassen Kjell and Marit Sajovaag, eds., *European Telecommunications Liberalization*, 175–192. London:

Routledge, 1999.

Levitt, Avraham. "Israeli Art on Its Way to Somewhere Else." *Azure* 3 (Winter 1998). http://www.jafi.org.il/JewishAgency/English/Jewish + Education/Educational + Resources/More + Educational + Resources/Azure/3/3-levitt.html.htm.

Lewis, Bernard. *The Jews of Islam*. Princeton, NJ: Princeton University Press, 1984.

Liebes, Tamar. "Acoustic Space: The Role of Radio in Israeli Collective History." *Jewish History* 20, no. 1 (March 2006): 69-90.

Liebes, Tamar. "Performing a Dream and Its Dissolution: A Social History of Broadcasting in Israel." In James Curran and Myung-Jin Park, eds., *De-Westernizing Media Studies*, 305-324. London: Routledge, 2000.

Limor, Yehiel. "Israel and the New Media." In Philip Seib, ed., *New Media and the New Middle East*, 157-169. New York: Palgrave, 2007.

Limor, Yehiel, and Chanan Naveh. *Pirate Radio in Israel*. Haifa: Pardes, 2008. [In Hebrew.]

Limor, Yehiel, and Hillel Nossek. "The Military and the Media in the Twenty-First Century: Towards a New Model of Relations." *Israel Affairs* 12, no. 3 (2006): 484-510.

Lubin, Orly. *Women Reading Women*. Haifa: University of Haifa Press and Zemora Bitan, 2003. [In Hebrew.]

Mann, Izi. *Voice of Israel from Jerusalem*. Jerusalem: IBA and Printive, 2008. [In Hebrew.]

Mann, Rafi, and Tzipi Gon-Gross. *Galei Zahal on the Scene*. Tel Aviv: Yediot Ahronot, 2002. [In Hebrew.]

Margolin, Yaron. "The History of Dance in Israel." Israel Dance Company, http://www.israeldance.co.il. [In Hebrew.]

Mendelsohn, Amitai. "The End of Days and New Beginnings—Reflections on Art in Israel, 1998—2007." In *Real Time, Art in Israel, 1998—2008*. Jerusalem: Israel Museum of Art, 2008.

Ministry of Foreign Affairs, State of Israel. "Culture: Dance." November 28, 2010. http://www.mfa.gov.il/MFA/Facts+About+Israel/Culture/CULTURE+Dance.htm.

Ministry of Foreign Affairs, State of Israel. "Culture: Literature." November 28, 2010. http://www.mfa.gov.il/MFA/Facts+About+Israel/Culture/CULTURE-+Literature.htm.

Ministry of Foreign Affairs, State of Israel. "Culture: Music." November 28, 2010. http://www.mfa.gov.il/MFA/Facts+About+Israel/Culture/CULTURE-+Music.htm.

Ministry of Foreign Affairs, State of Israel. "Culture: Theater and Entertainment." November 28, 2010. http://www.mfa.gov.il/MFA/Facts+About+Israel/Culture/CULTURE-+Theater+and+Entertainment.htm.

Moshe, Mira. "Right-Wing Pirate Radio Broadcasting in Israel: The Political Discourse about Channel 7, 1993—2003." *Journal of Radio Studies* 14, no. 1 (2007): 67-83.

Na'aman, Michal. "Artist-Society-Artist." In *Art about Society in Israel, 1948—1978*. Tel Aviv: Tel Aviv Museum of Art, 1978.

Ne'eman, Judd. "The Empty Tomb in the Postmodern Pyramid: Israeli Cinema in the 1980s and 1990s."In Charles Berlin, ed., *Documenting Israel*, 117-148. Cambridge, MA: Harvard College Library, 1995.

Ne'eman, Judd. "The Modernists: Genealogy of the New Sensibility."In Nurit Gertz, Orly Lubin, and Judd Ne'eman, eds., *Fictive Looks— On Israeli Cinema*. Tel Aviv: Open University Press, 1998. [In Hebrew.]

Ne'eman, Judd. "Zero Degree Cinema." *Kolnoa* 5 (1979): 20-23. [In Hebrew.]

Nossek, Hillel, and Hanna Adoni. "The Social Implications of Cable Television: Restructuring Connections with Self and Social Groups." *International Journal of Public Opinion Research* 8, no. 1 (1996): 51-69.

Ofek, Avraham. "Wall Painting: The Way to Folk Painting." *Massa*,

August 21, 1952.

Ofrat, Gideon. "The Sixties: The Rise of External Influences: 10+." In *The Story of Art in Israel: From the Days of Bezalel in 1906 to the Present*. Tel Aviv: Modan, 1980. [In Hebrew.]

Open Source Center. *Israel—Hebrew and English-Language Media Guide*, September 16, 2008. Media Aid, http://www.fas.org/irp/dni/osc/israelmedia.pdf.

Or, Amir. "Hebrew Poetry in the New Millennium." *Eurozine*, November 2, 1999. http://www.eurozine.com/articles/1999-11-02-or-en.html.

Or, Miriam. "Landscape." In Mordechai Omer, ed., *90 Years of Israeli Art: A Selection from the Joseph Hackmey-Israel Phoenix Collection*, 272. Tel Aviv: Tel Aviv Museum of Art, 1998.

Oryan, Dan. "Theatre and Society: The Israeli Theater." In *The Israeli Theater: Democratization Processes in the Israeli Society*, 83–89. Tel Aviv: The Open University, 1999. [In Hebrew.]

Perri, Tal. *It Is Not the Same Valley*, 18–19. Tel Aviv: Yediot Ahronot, May 2005. [In Hebrew.]

Piterberg, Gabriel. "The Nation and Its Raconteurs: Orientalism and Nationalist Historiography." *Theory and Criticism* 6 (1995): 81–104. [In Hebrew.]

Popovsky, Michal. "The Country." *Studio* 138 (2002): 61–63. [In Hebrew.]

Rabina, Doron. "Killing Time." In *Eventually We'll Die—Young Art in Israel of the Nineties*. Herzliya: Herzliya Museum of Contemporary Art, 2008.

Regev, Motti. "Ethno-National Pop-Rock Music: Aesthetic Cosmopolitanism Made from Within." *Cultural Sociology* 1 (2007): 317.

Regev, Motti. "IsraeliRock, or a Study in the Politics of 'Local Authenticity.'" *Popular Music* 11, no. 1 (January 1992): 1–14.

Regev, Motti. "To Have a Culture of Our Own: On Israeliness and Its Variant." *Ethnic and Racial Studies* 23, no. 2 (March 2000): 223–

247.

Regev, Motti, and Edwin Seroussi. *Popular Music and National Culture in Israel*. Berkeley: University of California Press, 2004.

Rogov, Daniel. "The International Israeli Table," February 15, 2004. Israel Ministry of Foreign Affairs, http://www. mfa. gov. il/MFA/Facts + About + Israel/Israeli + Cuisine/The% 20International% 20 Israeli%20Table.

Rogov, Daniel. "Israel's Wine Industry." Jewish Virtual Library, http://www. jewishvirtuallibrary. org/ jsource/Food/wine3. html.

Rovner, Michal. *Against Order? Against Disorder?* Exhibition catalogue of the Israeli Pavilion, curated by Modechai Omer, at the Venice Biennale, 2003.

Salhuv, Shva. "Deserted Still-Life, 1955." In *"Hebrew Work"—The Disregarded Gaze in the Canon of Israeli Art*. Ein Harod: Museum of Art, 1998.

Saperstein, Moshe. "The Development of Israel Rock." *Jerusalem Post*, May 21, 1990.

Saradas-Trutino, Sarit. "Israel Becomes Sushi Mecca." *Ynet*, January 28, 2008. http://www. ynetnews . com/articles/0,7340,L-3499855,00. html.

Schejter, Amit. "The Evolution of Cable Regulatory Policies and Their Impact: A Comparison of South Korea and Israel." *Journal of Media Economics* 20, no. 1 (2007): 1-28.

Schejter, Amit, and Akiva A. Cohen. "Israel: Chutzpah and Chatter in the Holy Land." In James E. Katz and Mark A. Aakhus, eds., *Perpetual Contact: Mobile Communication, Private Talk, Public Performance*, 30 - 41. Cambridge: Cambridge University Press, 2002.

Schorr, Renen. "Sabra Reflection in the Films of Uri Zohar." *Kolnoa*, nos. 15-16 (1978): 100-108. [In Hebrew.]

Shaked, Asaf. "Eli Ohana: 'The King.'" Beitar-Jerusalem. net, http://beitar-jerusalem. net/article _ 655. Shaked, Gershon. *Hebrew*

Narrative Fiction: 1880—1980. Jerusalem: Keter, 1998. [In Hebrew.] Shaked, Gershon. *Modern Hebrew Fiction*. Bloomington: Indiana University Press, 2000.

Shechori, Ran. "Avigdor Stematsky, Gordon Gallery." *Ha'aretz*, May 15, 1970.

Sheffi, Smadar. "New-Horizons: Ten Years of Art." In Zvi Zameret and Yablonka Hanna, eds., *Israel: The First Decade*, 285 - 286. Jerusalem: Yad Ben-Zvi Press, 1997. [In Hebrew.]

Shohat, Ella. *Forbidden Reminiscences*. Tel Aviv: Kedem, 2001. [In Hebrew.]

Shohat, Ella. *Israeli Cinema—East/West and the Politics of Representation*. Austin: University of Texas Press, 1989.

Strategy Analytics. "US Ranks 20th in Global Broadband Household Penetration," June 18, 2009. http://www.strategyanalytics.com/default.aspx?mod=PressReleaseViewer&a0=4748.

Swoden, Dora. "The State of the Arts: Israeli Dance." *Israeli Dance, 1995—1998*. July 23, 2000. http://www.mfa.gov.il/MFA/MFAArchive/2000_2009/2000/7/Israeli%20Dance%201995 - 1998.

Tal, Rami. "The Israeli Press." *Ariel: The Israel Review of Arts and Letters*, nos. 99 - 100 (July 1995).

Tammuz, Benjamin, Dorith LeVité, and Gideon Ofrat, eds. *The Story of Art in Israel: From the Days of Bezalel in 1906 to the Present*. Ramat Gan: Modan, 1980. [In Hebrew.]

Te'eni-Harari, Tali, Shlomo Lampert, and Sam Lehman-Wilzig. "Information Processing of Advertising among Children: The Elaboration Likelihood Model as Applied to Youth." *Journal of Advertising Research* 47, no. 3 (2007): 326 - 340. Teleseker/TNTIM Survey, February 2008.

Tenenbaum, Ilana. "Eleven Notes on Political Art in the 1990's." In *Social Realism in the 50's*, 142 - 148. Haifa: Haifa Museum, 1998.

Tenenbaum, Ilana. "The Israeli Context: Between the Private and the National Body." In *Video Zero: Live Acts Performing the Body*.

Videostoria series. Haifa: Haifa Museum, 1998.

"10+": *The Ten-Plus Group, Myth and Reality*. Tel Aviv: Tel Aviv Museum of Art, 2008. [In Hebrew.]

Toledano, Gila. *A Story of a Company: Sara Levi-Tanai and Inbal Dance Theatre*. Tel Aviv: Resling, 2005. [In Hebrew.]

Torstrick, Rebecca L. "Culture and Customs of Israel." In *Culture and Customs of the Middle East*. Westport, CT: Greenwood Press, 2004.

Trajtenberg, Graciela. *Between Nationalism and Art: The Establishment of the Sphere of Israeli Art during the Early Settlement Period and the Early Years of the State*. Jerusalem: Magnes Press of the Hebrew University of Jerusalem, 2005.

Vinitzky-Seroussi, Vered. "The Decade of Indifference." In *Real Time: Art in Israel, 1998—2008*. Jerusalem: Israel Museum of Art, 2008.

Weimann, Gabriel. "Cable Comes to the Holy Land: The Impact of Cable TV on Israeli Viewers." *Journal of Broadcasting and Electronic Media* 40, no. 2 (Spring 1996): 243-257.

Weimann, Gabriel. "Zapping in the Holy Land: Coping with Multi-Channel TV in Israel." *Journal of Communication* 45, no. 1 (Winter 1995): 96-102.

Weitz, Shosh. "Theatre and Society in Israel." *Skira Hodshit* 7 (1986): 1-13.

Ya'ar, Ephraim, and Ze'ev Shavit, eds. *Trends in Israeli Society*. Tel Aviv: The Open University, 2003. [In Hebrew.]

Zalmona, Yigal. "New Horizons: The Impresario Experience." *Kav* 1 (June 1980): 79-82. [In Hebrew.] Zalmona, Yigal. "To the East?" In *Kadima—The East in Israeli Art*. Jerusalem: Israel Museum, 1998.

Zimmerman, Moshe. *Hole in the Camera: Gazes of Israeli Cinema*. Tel Aviv: Resling, 2003. [In Hebrew.]

Zimmerman, Moshe. *Signs of Movies: History of Israeli Cinema in the Years 1896—1948*. Tel Aviv: Tel Aviv University Press, 2001. [In

Hebrew.]

延伸阅读:文学作品

Oz, Amos. *My Michael*. Orlando, FL: Mariner Books, 2005.

Oz, Amos. *A Tale of Love and Darkness*. Orlando, FL: Harvest Books, 2005.

Shalev, Meir. *The Blue Mountain*. Edinburgh, UK: Canongate, 2010.

Yehoshua, A. B. *Mr. Mani*. Orlando, FL: Mariner Books, 1993.

以色列大事年表

1860年,第一批犹太社区在耶路撒冷城外建立。

1878年,第一个犹太复国主义者定居点在佩塔提克瓦建立。

1881—1900年,第一批阿利亚。俄罗斯境内反犹运动引发第一波移民浪潮:共有3万—3.2万名犹太移民来到以色列地,但其中1.5万人继续前往其他目的地。

1897年,西奥多·赫茨尔在瑞士巴塞尔组织了第一届犹太复国主义者大会。在大会之前,"锡安热爱者"(Hovevei Zion)等团体发起了犹太复国主义活动,但缺乏中央指导或政治纲领。巴塞尔犹太人复国主义者大会是大规模犹太复国主义运动的基础。

1903—1914年,第二批阿利亚。基什尼奥夫大屠杀和1905年发生的俄罗斯犹太人遭屠杀引发了第二次阿利亚。这一波约4万犹太人的移民潮是由犹太复国主义运动组织的,其特点是工人移民和建立集体定居点(基布兹)。第二次阿利亚一直持续到第一次世界大战。这一移民群体在以色列建国方面发挥了核心作用。

1909年,特拉维夫建城,为世界上第一个现代犹太城市。

1910年,第一个基布兹—德加尼亚在加利利海附近建立。

1912年,以色列理工学院成立。

1917年的11月2日,英国发表《贝尔福宣言》,承诺为巴勒斯坦的犹太人建立"民族家园"。

1919—1923年,第三次阿利亚。这次阿利亚将大约3.5万名犹太复国主义者(主要来自前俄罗斯帝国)先驱带到了以色列。

1921年,首批两个莫夏夫成立:纳哈拉和卡法叶赫泽克。

1923年,英国在巴勒斯坦的托管开始。

1924—1929年,第四次阿利亚。第四波移民主要来自波兰和中欧,他们离开的部分原因是欧洲经济衰退。

1933年,现代化的海法港在英国的支持下建立。它现在是以色列的主要港口和工业中心。

1939年,英国发布白皮书,严格限制犹太人移民以色列。

1942年5月9日,以哈伊姆·魏茨曼和戴维·本-古里安为首的犹太复国主义领导人在纽约比特摩尔酒店(Biltmore Hotel)召开会议,宣布他们的战后计划。在"比特摩尔计划"中,他们要求结束英国托管,也就是结束英国对巴勒斯坦的统治,此外,由犹太人控制移民,目的是建立一个犹太国家。

1946年7月22日,联合抵抗运动(United Resistance Movement)成员组成的犹太地下组织哈加纳、伊尔贡和列希炸毁了耶路撒冷大卫王酒店,英国托管政府中央办公室所在地。

1947年11月29日,联合国大会通过第181号决议,将巴勒斯坦托管区(由英国托管政府管辖)划分为犹太和阿拉伯国家,其中耶路撒冷为国际城市。

1948年5月15日,英国在巴勒斯坦的托管正式结束,此前一天以色列宣布独立,英国人撤离。埃及、叙利亚、伊拉克、黎巴嫩、约旦和沙特阿拉伯对以色列宣战。

1948年5月15日—1949年5月7日,独立战争。

1948年5月—1949年11月,更多犹太人抵达以色列,共34万人(包括约27万大屠杀幸存者和5万也门犹太人),这个数字几乎相当于当时公民人数的一半。

1949年3月11日,以色列成为联合国成员国。

1949年4月3日,以色列和阿拉伯国家同意停火。以色列获得的领土比联合国分区计划最初分配的领土多50%。

20世纪50年代初,大约11.3万犹太人从伊拉克抵达以色列,罗马尼亚、叙利亚、利比亚、阿富汗和埃及的大部分犹太人也在这一时期抵达以色列。

1951年1月,以色列议会批准与德国就纳粹统治期间扣押犹太人财产、强迫劳动、集中营监禁和杀戮进行赔偿谈判。谈判最终形成条约,并于1953年3月获得批准。

1952年,以色列原子能机构成立。1953年,开发出从内盖夫沙漠中提取铀和生产重水的工艺。20世纪50年代末,在法国的帮助下,在南部城市迪莫纳设计和建造了核反应堆。

1956年10月29日,苏伊士战争。为了报复埃及支持的巴勒斯坦武装分子在边境发动的袭击,以及1956年封锁蒂朗海峡以及苏伊士运河到以色列的航运,以色列入侵了埃及的西奈半岛,并占领了数月。苏伊士战争之后,这条海峡和运河再次对以色列船只开放,直到1967年。

1958年,另一波移民潮从北非开始,主要是摩洛哥,在很短的时间内,16万人抵达以色列。

1960年5月23日,抓获纳粹战犯阿道夫·艾希曼。1962年5月31日,他被判有罪并被处以绞刑。

1964年,海法大学在这座新港口城市建立。

1964年,国家输水系统建设完成。这条巨大的管道横跨以色列三分之二的地区,每年输送845万亿加仑水(3.2亿立方米)。

1964年5月,巴勒斯坦解放组织成立,其目的是摧毁以色列。1968年的《巴勒斯坦国家宪章》正式要求对以色列进行清算。

1967年5月,埃及总统纳赛尔关闭蒂朗海峡,禁止以色列船运，并遣散联合国维和部队。重新开放海峡的谈判失败。

1967 年 6 月 5 日—10 日，六日战争。以色列击败埃及，占领西奈半岛和加沙地带，从约旦夺取约旦河西岸和东耶路撒冷，从叙利亚夺取戈兰高地。

1967 年 6 月 19 日，以色列内阁投票通过向叙利亚和埃及归还在战争中占领的领土，以换取全面和平。

1973 年 10 月 6 日—25 日，赎罪日战争。埃及和叙利亚在犹太赎罪日对以色列发动突然袭击。在阿拉伯人取得初步胜利后，以色列反败为胜，击退了叙利亚人，并威胁到大马士革。以色列军队穿过苏伊士运河，切断埃及第三军。以色列伤亡惨重。尽管战况不佳，叙利亚和埃及还是以胜利的方式庆祝这场战争的周年纪念日。

1975 年，贝塔以色列阿利亚。以色列正式承认埃塞俄比亚犹太人（也称贝塔以色列），他们中的一些人在 20 世纪 80 年代开始来到以色列。

1977 年 5 月 17 日，工党选举失败。工党在 1977 年的选举中首次失势，利库德集团领导的政府上台。

1977 年 11 月，埃及总统萨达特在以色列议会发表讲话。

1978 年 9 月，埃及总统萨达特和以色列总理梅纳赫姆·贝京达成协议：以色列归还西奈半岛，以换取全面和平。

1979 年 3 月 26 日，埃及和以色列签署和平协议。

1981 年 6 月 7 日，以色列摧毁了伊拉克在奥西拉克的核反应堆，以防止伊拉克发展核武器。

1981 年 10 月 6 日，埃及总统萨达特遇刺身亡。

1982 年 6 月 6 日，第一次黎巴嫩战争。以色列入侵黎巴嫩，驱逐那里的巴解组织武装。这次进攻被称为"加利利和平行动"。

1983 年下半年，以色列面临严重的货币危机，其特点是通货膨胀率飙升。

1987—1991 年，第一次巴勒斯坦大起义。在约旦河西岸和加沙地带，巴勒斯坦人起义反对以色列。

1991 年 1 月 17 日，在美国领导的联军袭击伊拉克驻科威特部队后不久，伊拉克开始向以色列发射火箭弹。

1991 年，来自苏联的阿利亚。随着苏联的解体，阿拉伯国家失去了他们的超级大国支持者，苏联解体后的俄罗斯政府开始与以色列建立关系。大批犹太人得以离开苏联的领土。20 世纪 90 年代，大约 110 万人移民到以色列，以色列的人口大约增加了 15％。

1993 年 9 月 13 日，奥斯陆协议。以色列和巴解组织签署《原则宣言》（奥斯陆协议），但该协议最终在 2000 年以失败告终。

1994 年 7 月 1 日，巴勒斯坦民族权力机构开始统治加沙和耶利哥。

1994 年 10 月 26 日，以色列和约旦签署和平协议。

1995 年 9 月 28 日，以色列和巴解组织签署临时协议。

1995 年 11 月 4 日，总理伊扎克·拉宾遇刺身亡。西蒙·佩雷斯继任。

1996 年 9 月，巴勒斯坦民族权力机构因以色列在圣殿山附近开凿隧道而引发暴乱，这是和平进程中的暴力高峰。

1997 年 1 月 18 日，签署《希伯仑协议》。以色列将把希伯仑地区 80％的土地（一部分是约旦河西岸的犹太人村庄，一部分是巴勒斯坦人村庄）移交巴勒斯坦民族权力机构。

1998 年 10 月，签署《怀依河协议》。以色列同意如果巴勒斯坦民族权力机构停止煽动反以活动和恐怖主义，以色列将交出更多的约旦河西岸领土，并释放巴勒斯坦因犯。

2000 年 7 月，戴维营会议。由于巴勒斯坦领导人阿拉法特拒绝了以色列提出的建立进一步会谈框架的所有建议（包括建立以东耶路撒冷为首都的独立巴勒斯坦国），在美国马里兰州戴维营举行的会晤失败。

2000—2005年,第二次巴勒斯坦大起义。巴勒斯坦人在2000年9月28日发动第二次起义。在接下来的几年里,以色列境内发生了多次恐怖袭击事件。

2002年3月—4月,"防御盾牌行动"。以色列在约旦河西岸开展防御盾牌行动,铲除恐怖分子的基础设施。

2002年6月,为保护以色列免遭来自约旦河西岸的恐怖袭击,以色列开始修建隔离墙。

2002年3月28日,"阿拉伯和平倡议"。沙特王储阿卜杜拉提出和平计划,但该计划在阿拉伯首脑会议上被淡化。

2003年12月18日,以色列总理阿里尔·沙龙在荷兹利亚会议上发表讲话时提出以色列单方面撤出加沙地带和约旦河西岸部分地区的想法。荷兹利亚会议是世界领导人每年在以色列一个研究所举行的讨论全球战略的国际会议。

2004年的10月25日,撤离加沙地带。以色列议会批准了从加沙地带和约旦河西岸部分地区单方面撤军计划,并颁布了一项补偿需要重新安置的犹太定居者的法案。

2004年11月11日,巴勒斯坦民族权力机构、巴解组织和法塔赫(巴勒斯坦民族主义组织)领导人阿拉法特去世。

2005年1月9日,巴勒斯坦人选举马哈茂德·阿巴斯领导巴勒斯坦民族权力机构。

2005年11月20日。沙龙总理宣布,他将离开利库德集团,成立自己的政党前进党。

2005年12月18日,沙龙中风。2006年1月4日第二次中风,导致昏迷。财政部部长奥尔默特接任代理总理。

2006年1月26日,哈马斯(伊斯兰抵抗运动)赢得巴勒斯坦立法委员会选举。在卡塔尔多哈举行的谈判中,哈马斯同意与法塔赫组建联合政府。

2006年7月12日,第二次黎巴嫩战争。真主党越境进入以色列,打死 3 名、抓获 2 名以色列士兵。真主党开始对以色列北部发动火箭弹袭击。以色列以轰炸和随后的地面进攻作为报复。

2006 年 8 月 14 日,联合国安理会第 1701 号决议,通过扩大联合国部队实现停火,防止真主党恢复对黎巴嫩南部的武装控制。

2007 年 6 月,哈马斯在一次无缘由攻击中将法塔赫驱逐出加沙地带,并随后统治该地区。

2007 年 11 月 26 日—28 日,安纳波利斯会议。美国与以色列和巴勒斯坦民族权力机构领导人在马里兰州安纳波利斯召开首脑会议。

2008 年 2 月 12 日,真主党激进分子领袖伊玛德·穆格尼耶在大马士革被汽车炸弹炸死。

2008 年 12 月 27 日—2009 年 1 月 18 日,"铸铅行动"。以色列在加沙地带实施了"铸铅行动",这是一项旨在阻止哈马斯火箭弹袭击的军事行动。

2009 年 4 月,本杰明·内塔尼亚胡当选总理。

2009 年 11 月,内塔尼亚胡政府同意暂停约旦河西岸犹太人定居点建设 10 个月,试图重启与巴勒斯坦政府的谈判。巴勒斯坦民族权力机构拒绝谈判。

2010 年 5 月,一支由哈马斯支持者组织的小型船队试图打破以色列对加沙地带的贸易禁运。9 名土耳其人在袭击以色列士兵后被打死。在国际压力下,以色列大幅减少对哈马斯控制加沙地带的制裁。

2011 年 1 月,工党分裂。其领导人埃胡德·巴拉克组建了名为阿兹莫特的新政党。

术语表

劳工联盟（Ahdut HaAvoda）——犹太复国主义工党，成立于以色列建国前，是以色列工人党（Mapai）的一个派系，曾在 1955 年、1969 年和 1961 年选举中独立参选，并获得以色列工人党支持，成为其联盟伙伴。1965 年，与以色列工人党联合参选。1968 年，劳工联盟与以色列工人党、以色列劳工名单党（Rafi）合并为以色列工党。

阿利亚（Aliya）——意为"上升"；指犹太人移居以色列。参见第一次阿利亚；第二次阿利亚；第三次阿利亚。

阿拉伯民主党（Arab Democratic Party）——1988 年成为首个在以色列议会获得代表权的阿拉伯政党；1996 年成为联合阿拉伯名单（United Arab List）一员。

停火协定（Armistice agreements）——1949 年，以色列与埃及、叙利亚、黎巴嫩及约旦达成的双边停火协定，双方结束交战，但并未结束他们之间的战争状态。

阿什肯纳兹犹太人（Ashkenazic）——指具有欧洲血统的犹太人以及欧洲大部分地区的犹太宗教习俗。这个名字来源于中世纪的一个犹太词，指后来成为德国的地区。

巴拉德党（Balad）——阿拉伯民族主义政党，成立于 1996 年，该党呼吁将以色列建立为双民族国家，并为此做了两次尝试（2003 年和 2009 年），均被以色列最高法院以支持恐怖组织为由禁止。

《贝尔福宣言》(Balfour Declaration)——1917年英国宣布支持在巴勒斯坦建立犹太家园。

《基本法》(Basic Laws)——由议会通过,与宪法同级,是具有较高权威的法律。

贝都因人(Bedouin)——半游牧阿拉伯人,以部落为聚居方式,在以色列境内主要生活在内盖夫和加利利地区。

贝塔以色列(Beta Israel)——对埃塞俄比亚犹太人移民的称呼。

布瑞卡斯电影(Bourekas films)——流行于20世纪60和70年代的电影,关涉米兹拉希犹太人和阿什肯纳兹犹太人之间的紧张关系。

《戴维营协议》(Camp David Accords)——1978年以色列与埃及达成的协议,以色列同意将西奈半岛归还埃及,以换取全面和平。此举促成了1979年的埃及—以色列和平条约。

克林顿计划(Clinton plan)——2000年12月,克林顿提出的中东和平计划,被以色列接受,但遭到巴勒斯坦拒绝。提议计划在约旦河西岸95%的土地上建立巴勒斯坦国,将东耶路撒冷定为巴勒斯坦首都,结束以色列和巴勒斯坦民族权力机构之间的冲突,并在巴勒斯坦国重新安置所有巴勒斯坦难民。

达提(Dati,复数Datim)——原义为"宗教的";指那些将充分遵守宗教信仰与融合现代思想相结合的犹太人;在西方通常称之为现代正统派。

达扬(Dayan)——犹太法庭上的宗教法官。

民主变革运动党(Democratic Movement for Change)——呼吁改革的政党,在1977年选举中赢得15个席位,致使工党落败。在之后的选举中,民主变革运动党退出了政治舞台。

大流散(Diaspora)——原义为"分散";指身处以色列地以外的犹太群体。但"Diaspora"本身是希腊词汇。通常,犹太人用流散(galut)一词来指称他们从历史故土中分散出来,这象征着以色列故土在他们生活和宗教中的中心地位。

撤离加沙地带（Disengagement）——2005年8月，以色列单方面撤出加沙地带和约旦河西岸北部的部分地区。

东耶路撒冷（East Jerusalem）——约旦军队于1948年占领的耶路撒冷部分地区。约旦军队驱逐了当地犹太居民且吞并了该地区。1967年，以色列占领了该地区，随后将其吞并，重新统一了该地区。巴勒斯坦民族权力机构力图使其成为巴勒斯坦国未来的首都。

《经济稳定计划》（Economic Stabilization Plan）——该计划制定于1985年，以应对当时的经济衰退。其带来了私有化，也是以色列社会主义时代走向终结的开端。

法塔赫（Fatah）——巴勒斯坦民族主义组织，成立于1959年，目的是摧毁以色列并以一个巴勒斯坦阿拉伯国家取而代之。1969年，法塔赫控制了巴解组织，组成了巴勒斯坦民族权力机构。尽管在2006年的选举中落败于哈马斯，但在哈马斯夺取加沙地带政权后，法塔赫继续管理巴勒斯坦民族权力机构并统治约旦河西岸。

第一次阿利亚（First Aliya）——在19世纪的最后20年（1881—1900年），从东欧向奥斯曼帝国统治下的以色列地的第一次犹太人移民潮，大约有30000—32000名犹太人移民。

加沙地带（Gaza Strip）——地中海沿岸25英里（40公里）长的狭长地带，南部与埃及接壤。它是1948年埃及、1956—1957年以色列和1967年以色列占领的巴勒斯坦托管地的一部分。2005年，以色列单方面从该地区撤出，将其移交给巴勒斯坦民族权力机构。2007年，哈马斯夺取了加沙地带控制权。

戈兰高地（Golan Heights）——1967年从叙利亚夺取的以色列东北边境山区，1981年并入以色列。以色列向该地区的德鲁兹族居民提供了公民身份。叙利亚要求归还该地。

大以色列（Greater Israel）——20世纪70年代到80年代，

以色列的民族主义国家概念,领土包括被其吞并或永久控制的西岸和加沙地带。

信仰者集团(Gush Emunim)——宗教政治运动,其成员相信在大以色列定居将带来宗教救赎。它于1974年正式成立,但到了20世纪80年代末,这场有组织的运动基本上渐渐消失了。

《国土报》(Ha'aretz)——持中左倾政治观点的报纸。

和平与平等民主阵线(Hadash)——1977年成立的阿拉伯共产党,取代了拉卡党(Rakah)。

哈马斯(Hamas)——伊斯兰抵抗运动,成立于1988年的巴勒斯坦伊斯兰组织,现在统治着加沙地带。它与国际穆斯林兄弟会有联系,后者拒绝承认以色列的存在,并寻求建立一个从约旦河(以色列东部边界)到地中海的伊斯兰国家,包括以色列的领土。哈马斯发起数十起恐怖袭击并且从加沙地带向以色列发射火箭弹。2006年,哈马斯在赢得大选后占领了加沙地带。

哈瑞迪犹太人(Haredi,复数 Haredim)——字面意思是"敬畏或惧怕神的力量的人";指严格遵守宗教律法的犹太人;传统的正统派犹太人,通常将其翻译成英文会被误导为"超正统派"。

哈西德派(Hasid,复数 Hasidim)——专注于成为有魅力的、世袭拉比的犹太人,并遵循部分神秘的犹太教教义,属于哈瑞迪犹太人。

自由党(Herut)——保守的民族主义政党,成立于1948年,由修正犹太复国主义,及其民兵组织伊尔贡发展而来。1948—1977年,自由党领导反对派,并赢得了一次选举。1988年并入利库德集团。

以色列总工会(Histadrut)——以色列工会联盟,成立于1920年,拥有多家企事业单位。

真主党(Hizballah)——伊朗资助、叙利亚支持的组织,总部设在黎巴嫩,致力于建立什叶派伊斯兰主义的黎巴嫩和毁灭以色列。

巴勒斯坦大起义(Intifada)——巴勒斯坦人反抗以色列的起义。第一次起义时间为1987年到1991年；第二次起义时间为2000年到2005年。

伊斯兰圣战组织(Islamic Jihad)——伊朗和叙利亚支持的巴勒斯坦伊斯兰组织。该组织成立于20世纪70年代,致力于消灭以色列,曾多次发动恐怖袭击。

以色列国防军(IDF)——以色列的"人民军队"。征兵是强制性的,只有哈瑞迪犹太人和阿拉伯人可免服兵役。以色列国防军在常规和非常规战争中保卫以色列。

犹太家园党(HaBayit HaYehudi)——犹太复国主义右翼政党,2008年,由全国宗教党(National Religious Party)和右翼政党复兴党(Tkuma)合并而成。该党在2009年的议会选举中赢得了三个席位。

朱迪亚和撒玛利亚(Judea and Samaria)——历史上犹太人对约旦河西岸地区的称呼。

卡赫党(Kach)——20世纪80年代,由梅厄·卡赫纳创立的极端右翼政党,主张驱逐以色列的阿拉伯人。1988年,该党被禁止参加选举。

前进党(Kadima)——阿里尔·沙龙于2005年创立的中间派政党。该党成为除工党和利库德集团以外第一个组建政府的政党。

犹太饮食法(Kashrut)——犹太教的饮食教规。

《喀土穆决议》(Khartoum Resolution)——1967年阿拉伯国家发表的声明。在声明中,这些国家决定对以色列实行不和解、不谈判、不承认的"三不原则"。

基布兹(Kibbutz,复数 kibbutzim)——公共农场或农业社区。

基布兹盖鲁特(Kibbutz galuyot)——字面意思是"流散者聚集";即犹太人可以移民到以色列并融合为一个国家的思想。

基尼烈湖（Kinneret）——加利利海的希伯来语名称，位于以色列东北部。

基帕帽（Kippa，复数 kippot）——也称亚莫克圆顶小帽（yarmulke）。是犹太教徒戴的无边便帽，其大小和颜色是宗教取向的标志。

以色列议会（Knesset）——以色列立法机构。

以色列工党（Labor）——以社会主义为根基的自由社会民主党，从20世纪30年代到1977年一直掌握着以色列的政权。该党经常领导政府或参与政府联盟。

劳工犹太复国主义（Labor Zionism）——主张通过社会主义理想建立犹太国家的意识形态，20世纪30年代到1977年犹太复国主义的主导意识形态。

土地日（Land Day）——是以色列阿拉伯人纪念1976年3月30日事件的年度纪念日，当时以色列阿拉伯人抗议土地征用演变成暴力事件，造成6人死亡。

《回归法》（Law of return）——这是以色列移民政策的基础。根据已修订多次的现行法律，任何犹太人（后来被定义为母亲为犹太人的人或皈依犹太教的人，且不属于其他宗教成员）只要不危及公共安全，就有权移民以色列。该法第四条将以下人员列为具有移民资格："犹太人的孩子和孙子，犹太人的配偶，犹太人的孩子的配偶和犹太人孙子的配偶，排除一直是犹太人但后来自愿改信其他宗教信仰的人。"

利库德集团（Likud）——于1973年由自由党和其他三个小团体组成的保守党，于1977年首次获得政府的控制权，从那时起就断断续续地控制着政府。

过渡营（Ma'abara，复数 Ma'abarot）——在永久居住安排完成之前，为移民建立的临时居住营地。该术语通常指的是20世纪50年代和60年代初为来自中东国家的犹太人建立的过渡组织。

《晚报》(Ma'ariv)——以色列第二大日报。

马德里会议(Madrid Conference)——1991年举行的国际和平会议,以色列、叙利亚、黎巴嫩和约旦—巴勒斯坦均派代表团出席。

边防守卫队(Magav)——边境警察,警察部队的军事分支,主要负责反恐和控制暴乱。

以色列工人党(Mapai)——1930年成立的犹太复国主义社会主义政党。从伊休夫时期统治到1977年,该党与劳工联盟(Ahdut HaAvoda)和以色列劳工名单党(Rafi)在1968年合并形成了工党。

统一工人党(Mapam)——1948年成立的犹太复国主义马克思主义政党。最初,它是议会的第二大党,后声望不断下降,于1992年与变革党(Shinui)和拉茨党(Ratz)合并成立统一工人党。

祖国党(Meimad)——在安全问题上与工党关系密切的自由派宗教政党。

梅雷兹党(Meretz)——左翼犹太复国主义政党,主张政教分离,并向巴勒斯坦人做出让步。它于1992年由拉茨党、变革党和统一工人党三党组成,随着和平进程的失败,它的受欢迎程度下降,从1992年在议会的12个席位下降到2009年的3个席位。

米兹拉希(Mizrahi,复数 Mizrahim)——字面意思是"东方的",指起源于中东和北非的犹太人及犹太人风俗和文化。

莫夏夫(Moshav,复数 moshavim)——私人租地集体耕作制,是以色列一种合作社形式。

摩萨德(Mossad)——负责收集外国情报的组织,相当于美国中央情报局。

全国宗教党(NRP,Mafdal)——现代正统派(达提)犹太复国主义政党,成立于1956年,在1992年之前一直服务于每一届的联合政府。在 20 世纪 80 年代，其受欢迎程度开始下降，在 2008 年与复兴党（Tkuma）联合成立右翼民族主义政党犹太家园党（Jewish Home Party）后，不再独立存在。

国家联盟党（National Union）——1999 年由祖国党（Moledet）、自由党（Herut）和复兴党合并而成的反对领土妥协的少数右翼民族主义宗教政党联盟。

内盖夫（Negev）——以色列南部的沙漠地区。

防御盾牌行动（Operation Defensive Shield）——以色列国防军在 2002 年 3 月和 4 月发动的针对第二次巴勒斯坦大起义的行动。另见巴勒斯坦大起义。

加利利和平行动（Operation Peace for Galilee）——以色列国防军 1982 年在黎巴嫩对巴解组织发动的进攻，也被称为黎巴嫩战争，后来又被称为第一次黎巴嫩战争。

《奥斯陆协议》（Oslo Accords）——1993 年以色列和巴勒斯坦解放组织之间签订的协议，正式名称为《原则宣言》，概述了旨在实现全面和平的进程。它在 2000 年以失败告终。

巴勒斯坦民族权力机构（PA）——成立于 1994 年，负责管理巴勒斯坦控制的西岸和加沙地带。

巴勒斯坦解放组织（PLO）——成立于 1964 年，领导巴勒斯坦民族主义运动。1969 年之后，该组织由亚西尔·阿拉法特和法塔赫领导。它在 1993 年与以色列签署了《奥斯陆协议》。作为一个独立组织，随着巴勒斯坦民族权力机构的出现以及后来阿拉法特的去世，重要性有所降低。

巴勒斯坦托管，英国托管巴勒斯坦（Palestine Mandate, British Mandate for Palestine）——1922 年至 1948 年，在国际联盟的授权下，英国接管巴勒斯坦的时期。这一时期的大部分领土由今天的以色列、约旦河西岸和加沙地带组成。1922 年以前还包括今天的约旦和戈兰高地。

分治决议（Partition Plan）——1947 年联合国提议，在英国托管结束后将巴勒斯坦划分为犹太国和阿拉伯国,耶路撒冷为国际共管城市。1947 年 11 月 29 日,联合国通过该决议,巴勒斯坦"伊休夫"(犹太社团)领袖表示赞成,而阿拉伯国家及巴勒斯坦的阿拉伯公民表示反对。

巴勒斯坦人民解放阵线(PFLP)——成立于 1967 年,是一个由叙利亚资助、由巴勒斯坦民族主义者和自称马克思主义者的团体组成。

和平进步党(PLP)——第一个独立的阿拉伯政党,成立于 1984 年,并迅速赢得了两个以色列议会的席位。1988 年,该党只赢得一个席位,到了 1992 年,该党未赢得议会席位后解散。

卡迪(qadi,复数 qadis)——宗教法庭上的穆斯林或德鲁士法官。

拉比法院(Rabbinate)——权威宗教机构,犹太教最高权威机构,监督以色列的犹太宗教问题,如皈依犹太教、结婚和离婚问题。

以色列劳工名单党(Rafi)——原本为以色列工人党中较为中立的一个派别。1965 年脱离工人党,成为由戴维·本-古里安领导的独立政党。1968 年,在该党赢得了 10 个议会席位后,与工人党和劳工联盟合并成工党。

拉茨党(Ratz)——民权与和平运动,1973 年工党左翼分裂出来的政党,主张政教分离。1992 年,与变革党和统一工人党联合成立梅雷兹党。

宗教犹太复国主义(Religious Zionism)——支持犹太教授权于以色列地重建的意识形态。大多数达提都是宗教犹太复国主义者,其意识形态与历史上的全国宗教党有所关联。

联合国第 242 号决议(Resolution 242)——联合国安理会于 1967 年 11 月 22 日通过的一项决议,要求阿拉伯国家承认以色列,同时以色列撤出在同年战争中占领的领土,以实现全面和平。

联合国第 425 号决议（Resolution 425）——1978 年 3 月,联合国安理会通过第 425 号决议,要求以色列从黎巴嫩全面撤军。在以色列撤回了在黎巴嫩南部的军力后,联合国宣布以色列履行了决议条款。

修正犹太复国主义（Revisionist Zionism）——由泽耶夫·亚博廷斯基发展起来的犹太民族主义意识形态,与右翼自由党的主张一致。

返回权（Right of return）——巴勒斯坦要求 1948 年离开现以色列的所有巴勒斯坦难民及其后代,无论目前身居何处,都有权返回以色列居住。

路线图（Road map）——美国、欧盟、联合国和俄罗斯四方在 2003 年提出的三阶段和平计划。

萨布拉（Sabra）——字面意思是"刺梨",是土生土长的以色列人的昵称,形容他们外表强硬但内心柔软。

第二次阿利亚（Second Aliya）——1903 年至 1914 年间涌向以色列（更确切地说是巴勒斯坦托管地）的犹太人移民潮,涉及约 4 万犹太人移民,主要来自俄罗斯和波兰。

安全围栏（Security fence）——也称为隔离墙。以色列与约旦河西岸的大部分巴勒斯坦领土之间的屏障,主要是一道电子围栏,在某些地方是墙,2002 年开始修建。其目的是防止恐怖分子和其他反以色列激进分子进入以色列。

塞法迪犹太人（Sephardic）——字面意思是"西班牙人";确切是指 1492 年从西班牙驱逐出境的犹太人。具体来说,中东、北非和巴尔干半岛国家犹太人的宗教活动与其他犹太人略有不同。它有时和米兹拉希犹太人互换使用,表示来自这些地方的犹太人。

沙巴农场（Shaba Farms）——沙巴农场位于黎巴嫩边界戈兰高地。在国际上它被认为是叙利亚的一部分,但真主党声称它是黎巴嫩的一部分,并利用以色列在那里的存在为其向以色列的攻击辩解。

安息日(Shabbat)——犹太安息日,从星期五的日落到星期六的黄昏。

沙拉夫(Sharav)——一种炎热干燥的风,通常在夏季以及春季到夏季和夏季到秋季的过渡期间吹向中东。

沙斯党(Shas)——塞法迪宗教政党,成立于 1984 年,现已成为以色列议会中最大的政党之一。它为支持者开展社会福利活动。

谢克尔(Shekel)——以色列的货币,官方称为以色列新谢克尔(NIS)。

辛贝特(Shin Bet)——以色列国家安全局,负责以色列国内安全、情报收集及约旦河西岸和加沙地带的安全。该机构相当于美国联邦调查局。

变革党(Shinui)——一个建立于 1974 年的非宗教中间派政党,1992 年到 1997 年成为梅雷兹党的一个派系,在 1997 年重新崛起为一个独立的政党。变革党在 20 世纪 90 年代末和 21 世纪初取得了成功,但因 2006 年未能赢得任何议会席位而解散。

以色列地之歌(Shirei Eretz Yisrael)——民族主义民歌。

西奈半岛(Sinai Peninsula)——埃及的沙漠地区,1956 年被以色列占领,1957 年归还,1967 年再次被占领,并作为 1979 年和平协议的一部分归还。

六日战争(Six-Day War)——1967 年以色列占领了约旦控制的西岸和东耶路撒冷、埃及控制的加沙地带和西奈半岛以及叙利亚控制的戈兰高地。

苏伊士战争(Suez War)——1956 年,在埃及将苏伊士运河国有化后,以色列、法国和英国对埃及发动了攻击,并在以色列发生了越界攻击。

塔米党(Tami)——1981 年从国家宗教党分离出来的代表

米兹拉希的小宗教党。1984年,随着沙斯党的出现,它的受欢迎程度有所下降;那一年它只赢得了一个议会席位,随后并入利库德集团。

特希亚党(Tehiya)——1979年成立的反对埃及和平协议的小型民族主义政党。它在20世纪80年代赢得2到5个议会席位,但在1992年丧失席位后解散。

第三次阿利亚(Third Aliya)——第一次世界大战后(1919—1923年)犹太人向以色列(巴勒斯坦托管地)移民的浪潮,约有3.5万犹太人移民来到以色列,其中大部分来自东欧。

市场收紧(Tsena)——字面意思为"财政紧缩"。1949年至1953年,这个新国家摇摇欲坠的经济形势要求实行定量配给。

乌尔潘希伯来语课程(Ulpan)——为移民开设的希伯来语强化课程。

联合阿拉伯名单党(United Arab List)——以色列阿拉伯党,成立于1996年。由倡导将以色列转变为伊斯兰国家的伊斯兰运动控制,有时在选举中与其他阿拉伯政党结盟。

联合妥拉犹太教(United Torah Judaism)——一个由以色列联盟和摩西五经旗帜所组成的政党联盟,属于哈瑞迪犹太教派,成立于1992年。

约旦河西岸地区(West Bank)——约旦河以西地区。第一次中东战争后,西岸地区被约旦吞并。1967至1994年被以色列占领。其间,大部分地区逐步割让给巴勒斯坦当局。以色列定居点也位于此。

《怀伊河协定》(Wye River Accord)——以色列和巴勒斯坦领导人于1998年签署的一项协议。协议签署后,以色列放弃约旦河西岸地区部分领土,而后巴勒斯坦同意加强在约旦河西岸的反恐行动。

《日报》(Yediot Ahronot)——以色列发行量最大的报纸。

耶利达(Yerida)——字面义是"下降",指以色列犹太人从以色列移民到其他国家。

授业座（正统派犹太教育机构）（Yeshiva，复数 yeshivot）——研究犹太传统宗教典籍的学校或神学院。

伊休夫（Yishuv）——在以色列建国前，巴勒斯坦犹太人社区的名称，于 19 世纪后期重建。

以色列移民党（Yisrael B'Aliya）——1996 年，由苏联移民组建的移民党。主席为纳坦·夏兰斯基。组建后初次在议会中占有 7 个席位，但在 2003 年议会选举中仅获 2 个席位，大选后宣布同利库德集团合并。

以色列家园党（Yisrael Beiteinu）——以色列俄系犹太民族主义政党，成立于 1999 年，领导人为阿维格多·利伯曼。2000 年到 2006 年，其与全国联盟党结盟。2009 年，该党在议会中赢得了 15 个席位。

赎罪日战争（Yom Kippur War）——1973 年，埃及和叙利亚在犹太人的赎罪日对以色列发起突袭战争。

犹太复国主义（Zionism）——支持建立犹太主权国家的民族主义运动；主张犹太人有权在犹太民族历史上的故乡建立一个自己的国家。

索 引

Abbas, Mahmoud, 66
African Hebrew Israelites, 154
Agadati, Baruch, 280, 300
Agnon, Shmuel Yosef, 272
Agriculture, 251–254
Al-Husayni, Muhammad Amin, 21
Aloni, Nissim, 296
Al-Sadat, Anwar, 9, 36
Altalena, 23
Alterman, Nathan, 274
Americanization, 183–185
Amichai, Yehuda, 276
Anglo-Saxons, 145–146
Appelfeld, Aharon, 274
Arabs, 146–152; towns and villages, 115–116
Arafat, Yasir, 10, 30, 49
Arava Valley, 95–96
Archaeology, 103–104
Art, 301–305; Bezalel School, 301; Group of Ten, 302; New Horizons, 302; photography, 304; postmodernism, 303
Ashkenazim, 138–140
Atomic Energy Agency, 28
Azoulay-Hasfari, Hana, 286

Balad, 219
Balfour Declaration, 19
Banking, 260; Bank of Israel, 258
Barak, Ehud, 54–56
Barbash, Uri, 283
Barghouti, Marwan, 57
Basic Laws, 193–194
Bedouins, 150
Beer Sheba, 96
Begin, Menahem, 8–9, 23
Ben-Gurion, David, 97, 199
Bialik, Hayim Nahman, 272
Biotechnology, 249
Biton, Erez, 277
Black Hebrews. *See* African Hebrew Israelites
Borders, 84–86, 91
Bukai, Rafi, 284

Burma Road, 23

Camp David Accords (1978), 9 – 10
Camp David summit (2000), 56 – 58
Capital imports, 243
Central hill country, 94
Chemicals, 249
Cinema, 280 – 288; *bourekas* films, 283
Circassians, 154
Citizenship, 135
Civil service, 208 – 209
Climate, 97
Coastal plain, 92
Conservative Judaism. *See* Judaism: non-Orthodox
Cuisine, 305 – 308; beverages, 308; international influences, 307; Jewish food, 306; Muslim food, 306
Currency, 257 – 259

Dance, 300 – 301; ballet, 301; Karmiel Dance Festival, 300; Suzanne Dalal Center, 301
Darwish, Mahmoud, 279
Datim, 165 – 167
Dayan, Assi, 281, 285
Dayan, Moshe, 31
De Rothschild, Batsheva, 300

Dead Sea, 101
Declaration of Principles. *See* Oslo Accords
Defense industry, 250
Demographics, 105 – 108, 129
Diaspora, 123, 156 – 157
Dimona, 28
Druze, 152 – 154

Economic growth, 244
Economic Stabilization Plan, 245, 257, 263
Education system, 8, 178 – 180
Egypt-Israel peace treaty, 38
Eilat, 97
Einstein, Arik, 290
Electoral system, 210 – 212; voting, 228
Emigration, 136
Energy sources, 250
Entebbe, 35
Environmental issues, 102
Ethiopia, 138, 143 – 145

Fatah, 30, 35
Finance, 254 – 256; financial markets, 260 – 261; GDP, 237 – 238; public sector, 261 – 263; U. S. aid, 263
Folman, Ari, 288
Foreign policy, 232 – 234
Foreign trade, 267 – 269

Foreign workers, 155 – 156
Frankel, Naomi, 278

Geography, 82, 92
Gershuni, Moshe, 303
Golan Heights, 87 – 89
Goldberg, Leah, 275
Government: cabinet, 198; coalitions and ministries, 196 – 199; local governments, 209 – 210
Greenberg, Uri Tzvi, 275
Grossman, David, 274, 278
Guttman Report, 159

Habibi, Emile, 279
Hadash Party, 218
Haganah, 21
Haifa, 93, 114
Hamas, 43 – 44, 69, 71 – 72
Hanoch, Shalom, 290
Haredim, 161 – 165
Hareven, Gail, 278
Health care, 14, 180 – 181
Hebron, 117
Herzl, 3, 19
High technology, 247 – 249
Histadrut, 265
Hizballah, 42 – 43, 55, 69 – 70
Homosexuality, 173 – 174
Hula Valley, 94
Hussein (king of Jordan), 43
Hussein, Saddam, 46

Immigration, 25, 132 – 146; Law of Return, 133
Industries, leading, 247
Inflation, 256 – 257
Infrastructure, 27
Intifada (1987), 44
Intifada (2000), 57, 63
Irgun, 20
Islamic Jihad, 49
Israel Defense Forces (IDF), 23, 174 – 177; Galei Zahal radio, 314
Israel Philharmonic Orchestra, 293

Jaffa, 94
Jerusalem, 18, 94, 109 – 110, 112
Jewish Agency for Israel, 21
Jezreel Valley, 94
Jordan Rift Valley, 95
Judaism, 122, 135, 157 – 159; conversion, 143; non-Orthodox, 167 – 168
Judicial system, 203 – 206

Kadima Party, 68, 220 – 221
Kahan Report, 41
Kahana-Carmon, Amalia, 278
Kashua, Sayed, 279
Kaveret, 291
Kibbutzim, 114 – 115, 186, 253 – 254
Kishon, Ephraim, 283

Knesset, 192-196
Kosashvili, Dover, 286
Kraus, Shmulik, 291
Kuwait, 45

Labor federation. *See* Histadrut
Labor force, 263-265
Labor Party, 215-217
Law enforcement, 177-178
League of Nations, 19
Lebanon, 55; South Lebanon Army, 42; war (1982), 39-42; war (2006), 69-70
Lehi, 20
Lerski, Helmar, 281
Leshem, Ron, 278
Levin, Hanoch, 297
Levi-Tanai, Sara, 300
Likud, 38, 222-223
Literature, 271-280; Holocaust, 274; Israeli Arab writing, 279; Likrat, 276; modern poetry, 274; novels, 276; Palmach generation, 273; women writers, 278

Mavi Marmara, 77
Media, 309-314; Internet, 314; newspapers, 309-311; radio, 314; television, 311-313
Meimad, 217
Meir, Golda, 36, 171
Meretz, 217

Michael, Sami, 277
Military. *See* Israel Defense Forces (IDF)
Mishnah, 17
Mizrahim, 138-140
Modern Orthodox Judaism. *See Datim*
Moshavim, 115
Music, 288-296; army ensembles, 289; classical, 293-294; folk songs, 288-289; global styles, 295; Israeli rock/pop, 289-291; jazz, 294; *muzika mizrahit* (Middle Eastern), 292-293; song festivals, 291

Nasser, Gamal Abdel, 27
National Religious Party, 166
Natural gas, 251
Negev desert, 96-97
Netanyahu, Binyamin, 52-54, 223
Nobel Prize winners, 127

Obama, Barack, 75
Olmert, Ehud, 68, 74
Olympic village, 35
Oslo Accords, 9, 47-49
Oz, Amos, 276

Palestine, 19
Palestine Liberation Organization

(PLO), 9, 30, 35, 41 – 52
Palestinian Authority (PA), 9, 11, 48 – 51
Palestinian National Council (PNC), 44
Peres, Shimon, 10, 43, 52
Perlov, David, 282
Pharmaceuticals, 249
Poliker, Yehuda, 291, 292
Politics: corruption and scandal, 229 – 231; foreign policy, 232 – 234; parties, 199 – 201, 212 – 215, 217 – 229; reforms, 231 – 232
Population, 105 – 108
Poverty, 266
President, 206 – 208
Prime minister, 196, 199 – 200
Promised Land, 18, 82

Rabbinate, 158
Rabin, Yitzhak, 10, 23, 47, 52
Rabinyan, Dorit, 278
Rainfall, 97
Ratosh, Yonatan, 275
Reeb, David, 304
Reform Judaism. *See* Judaism: non-Orthodox
Robina, Hanna, 296

Saison operation, 21
Sea of Galilee, 99 – 100

Security fence, 63
Settlements, 116 – 119
Shabtai, Yaakov, 276
Shalev, Meir, 278
Shamir, Yitzhak, 42
Sharon, Ariel, 41, 59, 202
Shas Party, 139, 225, 226
Shemer, Naomi, 289
Shlonsky, Avraham, 274
Six-Day War, 30
Social classes, 15
Society, 123 – 126
Soviet Union, 140 – 143
Sports, 315 – 317
Stanislavski, Constantine, 296
State of Israel, 19 – 20, 23
Stock exchange, 260
Suez Crisis, 27

Talmud, 17
Tchernichovsky, Saul, 272
Technion, 15, 93
Tel Aviv, 94, 108, 112 – 113
Textiles, 250
Theater, 296 – 300; Acco (Acre) Festival, 298; HaBima, 296; Haifa Theater, 297
Tsena, 242

Ultra-Orthodox Judaism. *See* *Haredim*
UN Resolution 242, 33, 43

United Arab List, 219
United Resistance Movement, 21

Wars, 182 - 183
Water, 99 - 101; aquifers, 100
Weizmann Institute, 15
West Bank, 48
White Paper of 1939 (British), 19
Women in society, 168 - 172
Wye River Accord, 53

Yehoshua, A. B., 277
Yiddish, 3, 271
Yishuv, 3, 6, 20
Yisrael Beiteinu, 227
Yom Kippur War, 36

Zion, 17
Zionism, 2, 123, 130 - 132, 157;
　Revisionist, 222
Zohar, Uri, 282